هشت نامه به چریک‌های فدایی خلق

مصطفی شعاعیان

هشت نامه به چریک‌های فدایی خلق

نقد یک منش فکری

به‌همت خسرو شاکری

نشر نی

سرشناسه:	شعاعیان، مصطفی، ۱۳۱۵ ـ ۱۳۵۴.
عنوان و پدیدآور:	هشت نامه به چریک‌های فدایی خلق [نقد یک منش فکری]/ به همت خسرو شاکری.
مشخصات نشر:	تهران، نشر نی، ۱۳۸۶.
مشخصات ظاهری:	۲۵۲ ص.: مصور، نمونه.
فروست:	مجموعه آثار مصطفی شعاعیان؛ ۱
شابک:	ISBN 964-312-860-1
یادداشت:	فیپا
یادداشت:	کتابنامه به صورت زیرنویس.
موضوع:	شعاعیان، مصطفی، ۱۳۱۵ ـ ۱۳۵۴، نامه‌ها.
موضوع:	روشنفکران ـ ایران.
موضوع:	ایران ـ تاریخ ـ پهلوی، ۱۳۲۰ ـ ۱۳۵۷ ـ جنبش‌ها و قیام‌ها.
شناسه افزوده:	شاکری، خسرو
رده‌بندی کنگره:	۴ آ ۷ ش / ۵ / ۱۵۳۴ DSR
رده‌بندی دیویی:	۹۵۵/۰۸۲۴۰۴۵۶
شماره کتابخانه ملی:	۸۵ـ۲۳۸۷۲ م

نشر نی

تهران، خیابان کریم‌خان، نبش میرزای شیرازی، شمارهٔ ۱۶۵، کد پستی ۱۵۹۷۹۸۵۷۴۱
تلفن: ۲ و ۸۸۹۱۳۷۰۱، صندوق پستی ۵۵۶ ــ ۱۳۱۴۵
www.nashreney.com

دفتر فروش: خیابان دکتر فاطمی، خیابان رهی معیری، شمارهٔ ۵۸
تلفن: ۹ و ۸۸۰۰۴۶۵۸، فکس: ۸۸۰۰۸۲۱۱
کتابفروشی: خیابان کریم‌خان، نبش میرزای شیرازی، شمارهٔ ۱۶۹
تلفن ۸۸۹۰۱۵۶۱

مجموعه آثار مصطفی شعاعیان (۱)

هشت نامه به چریک‌های فدایی خلق

[نقد یک منش فکری]

به همت خسرو شاکری

• **چاپ اول** ۱۳۸۶ تهران • **تعداد** ۲۲۰۰ نسخه • **لیتوگرافی** باختر • **چاپ** غزال

شابک ۱ـ۸۶۰ـ۳۱۲ـ۹۶۴ ISBN 964-312-860-1

به مناسبت
سی‌ویکمین سالگرد درگذشت او

فهرست مطالب

پیش‌واژه:

تک‌اندیشی شعاعیان و برخوردِ چپ آئینی

پیمان وهاب‌زاده

اگر روزی پژوهنده‌ای تاریخ روشنفکری صد سال اخیر ایران را بنویسد، و از روی آسانگیری یا از ترس دشواریِ کار، از نام مصطفی شعاعیان درنگذرد، بی‌تردید وی را در جایگاهی جدا از دیگر روشنفکران ایران قرار خواهد داد. شعاعیان چهره‌ای یگانه و اندیشمندی بی‌همتا خواهد ماند. این یگانگی و بی‌همتایی را البته نباید به برتری و بالاتری تعبیر کرد، که اینها خود قضاوت‌هایی ارزشی هستند، و نه رویکردهایی تحلیلی. از این‌روست که چنین قضاوت‌هایی می‌توانند، همچون تمجیدهای توخالی، سرچشمهٔ بی‌ارزش‌کردن آثار و اندیشه‌های شعاعیان شوند. اگر شعاعیان را روشنفکری یگانه و بی‌همتا خواندم، از آن‌روست که اندیشهٔ وی در هیچ مقوله‌ای به‌راحتی نمی‌گنجد (حتی در مقوله‌هایی که او اندیشه‌اش را در آنها جا می‌داد)، اندازه‌بَردار نیست، و در ارزش‌گذاری آن نمی‌توان از معیارهای استاندارد استفاده کرد. کسانی چون نویسندهٔ این جُستار که بیش از دوهزار صفحه نظریه‌ها، تحلیل‌ها، بحث‌ها، نقدها، نامه‌ها، خاطره‌ها و شعرهای او را به‌دقت خوانده‌اند ــ و دریغا که شمار اینان بس اندک است ــ می‌دانند چرا اندیشهٔ شعاعیان مقوله‌بردار نیست. نشان‌دادن این امر با یک تحلیل گسترده و با حوصلهٔ بسیار ممکن خواهد بود و فرصتی دیگر می‌خواهد. در اینجا از آن مهم می‌گذرم تا در این فرصت به موضوع بهای انسانیِ تک‌اندیشی در میان چپ آئینی ایران بپردازم.

بیشتر آثار شعاعیان به همت خسرو شاکری و توسط انتشارات مزدک (فلورانس) در نیمهٔ دوم دههٔ ۱۳۵۰ منتشر و در اروپا پخش شدند. شیوهٔ دریافتِ آثار شعاعیان توسط جنبش چپ و کوشندگان کنفدراسیون در اروپا ــ که با سکوت خویش اندیشهٔ شعاعیان را برای دست‌کم یک نسل به هزارتوی فراموشی فرستادند ــ نیز خود موضوع پژوهشی دیگر است. اما در این فرصتی که آثار و اندیشه‌های وی پس از سی و یک سال برای نخستین‌بار در ایران منتشر می‌شوند، می‌توانیم واکنش چپ رزمندهٔ معاصر شعاعیان را از پس دو فاکت تاریخی نشان دهیم: نخست، برخورد چپ رزمنده اما آئینی ایران، که همانا چریک‌های فدایی خلق باشند، با شعاعیان که به منزوی‌کردن وی انجامید؛ و دو دیگر، رویکردِ «شورشی» خود شعاعیان بر ضد آئینی‌کردن چپ و اعتراض وی علیه

استالینیسمی که نمایندگان سیاسی چپ ایران را تا همین سال‌های اخیر از درون تهی می‌کرد. همین که بپرسیم چرا باید پس از سی و اندی سال آثار نظریه‌پرداز مهمی چون شعاعیان در ایران منتشر شوند، و تازه پس از سی و اندی سال چرا برای نخستین‌بار، تازه «نیم‌گامی در راهِ» درک یگانگی و اندیشهٔ بی‌مانند شعاعیان نهاده‌ایم.

شعاعیان و چپ رزمنده

پس از کودتای مرداد ۱۳۳۲، مصطفی شعاعیان از تعلّقات پیشین پان‌ایرانیستی بریده، و دیگر مارکسیسم را به‌عنوان چارچوب تحلیلی، و نه ایدئولوژی، پذیرفته بود. در اواخر دههٔ ۱۳۳۰، شعاعیان به جرگه‌ای از اعضای سابق حزب تودهٔ ایران پیوست که نقد میراث حزب و آسیب‌شناسی شکست آن را آماج خود می‌دیدند. علاوه بر او، مصطفی مدنی، بهروز راد، و چند تن دیگر، محمود توکلی چهرهٔ برجستهٔ این محفل و نویسندهٔ دو نقد دقیق بر علت شکست حزب توده بود.[1] از آنجا که این گروه خود را حزبی و سازمانی نمی‌دید، نامی هم نداشت. از همین‌رو، حاضران آن از محفل خود با نام «جریان» یاد می‌کردند. محفل «جریان» پس از مدتی در میان کوشندگان چپ آن زمان نام «گروه جریان» را گرفت و از آنجا که «جریان» برابر فارسی واژهٔ فرانسوی «پروسه» بود (واژه‌ای محبوب در گفتارِ چپ) برخی محفل «جریان» را با نام «پروسه» هم می‌شناختند. در سال‌های ارتباط با «جریان» شعاعیان دو نقد بر جامعهٔ سوسیالیست‌های خلیل ملکی نوشت.[2]

با پدیداری دوبارهٔ جبههٔ ملی در ساحت سیاسی ایران در سال ۱۳۳۹، که برخی نام «جبههٔ ملی دوم» نهادند، شعاعیان به جبهه پیوست و به سبب گرایش‌های رادیکالش خودبه‌خود به «جناح چپ» جبههٔ ملی گروید. از کوشندگان دیگر «جناح چپ»، که بیشتر از دانشجویان تشکیل می‌شد، بیژن جزنی و حسن ضیاء ظریفی بودند، که در سال‌های بعد با همکاری دیگران پایه‌های «گروه یک» را ریختند. این همان گروهی است که پس از دستگیری جزنی و یارانش در سال ۱۳۴۶ اعضای بازماندهٔ آن عملیات سیاهکل را آغاز کردند، و تنی چند از آنان که از دستگیری‌های سیاهکل به سال ۱۳۴۹ گریخته بودند با پیوستن به گروه مسعود احمدزاده و عباس مفتاحی و امیرپرویز پویان (مشهور به «گروه دو») چریک‌های فدایی خلق را در فروردین ۱۳۵۰ بنیان نهادند.

باری، می‌دانیم که در زمینهٔ کوشش‌های «جبههٔ ملی دوم» شعاعیان چند بار با جزنی ملاقات کرد.[3]

---

۱. ***چند مقاله و تحلیل از گروه «جریان» (۱۳۴۵-۱۳۳۵)***، تهران، بی‌نا، ۱۳۵۸.

۲. مصطفی شعاعیان، «تحلیلی از جامعهٔ سوسیالیست‌های ایران»، در: خسرو شاکری (ویراستار)، ***اسناد تاریخی جنبش کارگری/ سوسیال‌دموکراسی، و کمونیستی ایران (جلد ۱۰)***، استکهلم (۱۳۶۳) و تهران (انتشارات پادزهر)، ۱۳۶۲، ص‌ص ۱-۸۰.

۳. کریم لاهیجی، «حق دوستی»، در کانون گردآوری و نشر آثار بیژن جزنی (ویراستار)، ***جُنگی بر زندگی و آثار بیژن جزنی***، پاریس، نشر خاوران، ۱۹۹۹، ص ۲۳۴.

در همین سال‌ها بود که جزنی، پس از خواندن برخی از تحلیل‌های «گروه جریان»، به‌استهزاء «جریان» را «مارکسیست‌های امریکایی» نامید؛ این توصیف تحقیرآمیز حتی یک دهه پس از روزهای «جبههٔ ملی دوم»، در فضای چپ ایران، که فضایی بود بس مبارز، اما همچنین آئینی، سربازخانه‌ای و ساده‌نگر، خود آفتی شد به جان شعاعیان و اندیشه‌هایش. شعاعیان می‌نویسد که توصیف «مارکسیست امریکایی» ریشه در یکی از تحلیل‌های ضعیف محفل «جریان» داشت. در ***تاریخ سی‌سالهٔ سیاسی***، جزنی تحلیل «جریان» را چنین شرح می‌دهد:

> اولاً، در ایران نظام فئودالی حاکم است و بورژوازی به‌خصوص بورژوازی کمپرادور بر علیه آن مبارزه می‌کند، ثانیاً، در ایران امپریالیزم انگلیس حاکم است و متحد فئودالیزم است، حال آنکه امپریالیسم امریکا متکی به بورژوازی کمپرادور است و خواستار دگرگونی در نظام ایران. ثالثاً، نیروهای مترقی، ازجمله طبقهٔ کارگر، در این تضاد باید جانب بورژوازی کمپرادور را گرفته، بر ضد فئودالیسم مبارزه کند. شعاری که به این ترتیب از طرف حزب کمونیست داده می‌شود این بود: «اگر نگوییم زنده باد امپریالیسم امریکا، زنده باد بورژوازی کمپرادور، باید بگوییم پیروزباد امپریالیسم امریکا، پیروزباد بورژوازی کمپرادور».[1]

بیش از یک دهه پس از سال‌های «جریان» شعاعیان خود نیز با دیدی انتقادی به این تحلیل ساده‌انگارانه می‌نگرد و می‌نویسد:

> از آنجاکه ما هیچ نام ویژه‌ای نداشتیم، خودمان به‌هنگام گفتگو از خودمان به نام «جریان» یاد می‌کردیم. روشن است که نام‌مان «جریان» نبود! و پس، در اینجا نیز واژهٔ جریان از همین‌رو به کار رفته است. افزودنی‌ست که این «جریان» گفتن را با سازمانی با نام «جریان»، یعنی «پروسه» نباید اشتباه گرفت. سازمان «جریان» پدیده‌ای پلیسی همانند «تشکیلات تهران حزب تودهٔ ایران» بود! به‌هررو، هرچند به‌هنگام گفتگو خودبه‌خود «جریان» می‌گفتیم، لیکن در نوشته‌هایمان هرگاه سخن به خودمان می‌رسید، مثلاً می‌نوشتیم «ما مارکسیست‌ها بر آنیم که...» تکرار «ما مارکسیست‌ها، ما مارکسیست‌ها»، نام «مارکسیست» را در بیرون از «جریان» خودبه‌خود به رویمان گذاشت. ولی ضمناً چون‌بر این باور بودیم که میان دو امپریالیسم امریکا و انگلیس در ایران، اولاً [باید از] تضاد این دو امپریالیست به سود جنبش بهره گرفت، و پس رابعاً این پیشنهاد که چون امپریالیست امریکا، امپریالیست درجه دوم است، پس بایستی با امپریالیسم امریکا علیه

---

۱. بیژن جزنی، ***تاریخ سی‌سالهٔ سیاسی***، آلمان فدرال، سازمان چریک‌های فدایی خلق ایران، بی‌تا، ص ۱۰۵.

> امپریالیست انگلیس متفق شد، به‌ناچار کار [را] بدانجا کشاند که کسانی که صمیمانه دوست داشتند مسائل نظری را با هوچی‌گری خیابانی و روزنامه‌ای هم درآمیزند، پسوند «امریکایی» را نیز به «مارکسیست‌ها» افزودند و ترکیب پرشگون «مارکسیست‌های امریکایی» را ساختند.[1]

بعید به نظر می‌رسد که شعاعیان توانسته بوده ***تاریخ سی‌سالهٔ سیاسی*** جزنی را خوانده باشد. چراکه جزنی ***تاریخ سی‌ساله*** را، همچون دیگر نوشته‌هایش، در زندان نوشته و توسط یاران و پیروان اندک اما وفادارش به خارج از زندان و برای حمید اشرف، رهبر افسانه‌ای فداییان، فرستاده بود. تا میانه‌های دهۀ ۱۳۵۰، کسی جز اعضای مورد اطمینان مرکزیت چریک‌های فدایی به این نوشته‌ها دسترسی نداشت. شمار اندکی از نوشته‌های جزنی که در ***نبرد خلق*** (ارگان سازمان چریک‌های فدایی خلق) پدیدار شدند نیز تا پیش از قتل جزنی و یارانش در زندان (۳۰ فروردین ۱۳۵۴) بدون نام نویسندۀ آنها منتشر شده بودند. از این‌رو، شعاعیان از روی نگرش خودانتقادی به برخورد با این نظر نادرستِ «جریان» رسیده بود. اما برخورد جزنی با شعاعیان و «جریان» نه‌تنها باید به مرکزیت فداییان منتقل شده بوده باشد، بل از طریق شفاهی نیز باید به گوش کوشندگان آن زمان رسیده بوده باشد. باری، تأثیر فوریِ برخورد جزنی با شعاعیان و همفکرانش همانا منزوی‌کردن مصطفی شعاعیان در «جبهۀ ملی دوم» بود، و به نظر می‌رسد همین امر آخری انگیزۀ جزنی در تحقیر شعاعیان بوده باشد. افزون بر این، توصیفِ توهین‌آمیز جزنی ـ که چون گویای یکی‌پنداشتن اندیشه و اندیشه‌گر است، جز ترور شخصیت نمی‌تواند باشد ـ اثر ویرانگرش را تا سال‌های بعد بر رابطه‌های انقلابی شعاعیان حفظ کرد.

سال‌ها بعد از تجربۀ «جبهۀ ملی دوم»، به‌هنگام نگارش ***تاریخ سی‌ساله***، اما، برخورد تحقیرآمیز جزنی تا حد اتهامی جدی علیه شعاعیان و یارانش در «جریان» فرارفت ـ اتهامی که دیگر نمی‌توان آن را از دیدِ رقابت ایدئولوژیک توجیه کرد. در ***تاریخ سی‌سالهٔ سیاسی***، جزنی پس از نام‌بردن از برخی اعضای «جریان» از این محفل به نام «پروسۀ مارکسیست ـ لنینیست‌های ایران» یاد می‌کند، یعنی با یک چرخش قلم، دو محفل بسیار متفاوت را یکی می‌گیرد. جزنی از «پروسۀ مارکسیست ـ لنینیست‌های ایران» به‌درستی به منزلۀ گروهی پلیسی یاد می‌کند، که دامی بود برای شناسایی و دستگیری فعالان چپ در سال‌های چهل. ترفند قابل توجه جزنی در آن است که با آنکه از «پروسه» و «مارکسیست‌های امریکایی» به عنوان «دو جریان» یاد می‌کند، اما توگویی هر دو یکی هستند، تا بدانجا که وی می‌نویسد:

---

۱. مصطفی شعاعیان، ***شش نامۀ سرگشاده به سازمان چریک‌های فدایی خلق ایران***، تهران، انتشارات مزدک، ۱۳۵۹، ص‌ص ۲۳ـ۲۴.

در سال ۴۳ ظاهراً «پروسه» که به «جریان» نیز شهرت داشت خود را منحل ساخت. مارکسیست‌های امریکایی نیز ظاهراً خود را منحل کردند. این تصمیم به این خاطر گفته شده بود که دیگر هیچ‌کس از زعمای خود این محافل نمی‌توانستند انکار کنند که پلیس از همه چیز آنها اطلاع دارد. ولی علیرغم این ادعا (انحلال) بقایای این جریان‌ها ادامه یافت و طی چند سال پس از آن عناصر وابسته به این جریان‌ها با گروه‌ها و محفل‌های تازه‌کار تماس گرفته و کوشش می‌کردند که طرز تربیت و تفکر خود را به آنها منتقل سازند.[۱]

نوشتهٔ بالا البته می‌تواند چنین نیز تفسیر شود که جزنی حتی «پروسهٔ مارکسیست ـ لنینیست‌ها» را کاملاً کار پلیس نمی‌دانست و بر آن بود که پلیس در آن «رخنه» کرده بود. باری، شعاعیان نیز از «پروسهٔ مارکسیست ـ لنینیست‌های ایران» به‌عنوان دام پلیس یاد می‌کند.[۲] اما، یکی‌انگاشتن محفل مطالعاتی توکلی ـ شعاعیان که از سر بی‌نامی به نام «جریان» شناخته می‌شد با «پروسهٔ مارکسیست ـ لنینیست‌های ایران» فراتر از یک خطای تاریخنگارانه است. آنچه ما را در انگیزهٔ جزنی دچار تردید می‌کند، ماجرای مکملی است که در *تاریخ سی‌ساله* پدیدار می‌شود. جزنی در کتابش به شرحی از گروهی می‌رسد که آن هم، به سبب بی‌نامی، به «گروه تربت حیدریه» یا «گروه دامغانی ـ راد» مشهور بود. جزنی دستگیری اعضا و متلاشی‌شدن این گروه را در سال ۱۳۴۷ به «جریان» یا «پروسه» (از یاد نبریم که جزنی این دو گروه را یکی می‌انگاشت) نسبت می‌دهد. روایت جزنی چنین است:

> پس از عضوگیری‌های نخستین، دامغانی و راد مزرعه‌ای در نزدیکی تربت حیدریه خریدند[۳] تا از آن به عنوان پایگاهی برای آموزش نظامی اعضای گروه استفاده کنند. در مزرعه تربت حیدریه علاوه بر چند مرد، دو زن نیز رفت‌وآمد داشتند. رفتار این عده دهقانان را به شک انداخت[۴] و خبرهایی از آنها به ژاندارمری و پلیس رسید.[۵] از سوی دیگر، «پروسه» در جریان کلی فعالیت‌های این عده بود و با نفوذی که پلیس در آن داشت

---

۱. جزنی، *تاریخ سی‌سالهٔ سیاسی*، ص ۱۰۶. همچنین نگاه کنید به:
C. Chaqueri, "History of the Historiography of the Iranian Left in the Twentieth Century: A Critical Appraisal," a paper delivered at the Conference held at the University of London, June 2000, on the History ot the Iranian Left, forthcoming in English.
ترجمه در *شالوده‌شکنی یک افسانه؛ حزب توده از پس اسناد ناشناخته و تاریخنگاری چپ ایران* که به‌زودی منتشر خواهد شد.

۲. شعاعیان، *شش نامهٔ سرگشاده*، ص ۲۳.

۳. در اصل: می‌خرند. و. ۴. در اصل: مشکوک کرده. و. ۵. در اصل: می‌رسد. و.

> حرکات این عده را زیر نظر داشت. در سال ۴۷ ژاندارمری به مزرعهٔ تربت حیدریه رفت[۱] و پسرها را همراه با یک دختر بازداشت کردند[۲].[۳]

به بیان دیگر، ساواک گروه تربت حیدریه را از طریق ارتباط آن با «پروسه» زیر نظر داشت. اما در چنین خطا یا تحریف بزرگی جزنی نکته‌ای را فراموش می‌کند: در سال ۱۳۴۷، سال دستگیری دامغانی، راد و رفقایشان، نه «جریان» توکلی ـ شعاعیان و نه «پروسهٔ مارکسیست ـ لنینیست‌های ایران» هیچ‌یک دیگر وجود نداشتند. دست‌کم، دو سال پیش‌تر از این تاریخ این هر دو گروه (که جزنی یکی می‌انگارد) از میان رفته بودند؛ «جریان» به خاطر پخش‌شدن افرادش و «پروسهٔ مارکسیست ـ لنینیست‌های ایران» به خاطر روشدن دست ساواک.

پیش‌تر به تردید در انگیزه‌های جزنی اشاره کردم، و یکی‌انگاشتن دو گروه بسیار متفاوت را فراتر از خطایی تاریخنگارانه یا اشتباه در روایتِ تاریخ شفاهی دانستم. دقت در ظرافت ماجرا ما را به عرصه‌های تازه‌تری می‌برد. به یاد بیاوریم که از همان سال‌های «جبههٔ ملی دوم» جزنی نظر خوشی نسبت به شعاعیان و ایده‌های نامتعارف وی نداشت. برای نشان‌دادن این نکته شرحی لازم است. می‌دانیم که در سال ۱۳۵۰، شعاعیان معلمی را رها کرد تا به‌گونه‌ای حرفه‌ای به سازماندهی چریکی بپردازد. نخستین گروه مصطفی شعاعیان، که بهزاد نبوی هم عضو آن بود، حالت جبهه‌ای و غیرایدئولوژیک داشت. گروه طرحی برای انفجار در ذوب‌آهن اصفهان داشت که، پس از دستگیری مهندس رضا عسگریه، از اعضای گروه، لو داده شد و به دستگیری نبوی و مخفی‌شدن کامل شعاعیان در سال ۱۳۵۱ انجامید. در این سال‌ها، شعاعیان رابطهٔ بسیار نزدیکی با مجاهدین خلق ایران داشت. پس از ضربات شهریور ۱۳۵۰ به مجاهدین و دستگیری گستردهٔ اعضای آن، مصطفی شعاعیان در رابطهٔ مستقیم با رضا رضایی قرار گرفت، و در بازسازی شبکهٔ مخفی مجاهدین با وی همکاری نزدیک داشت. سبب این نزدیکی هم دیدگاه جبهه‌ای شعاعیان بود، چه او باور داشت که تنها یک جبههٔ متحد از تمامی گروه‌های مسلح و مبارز، صرف‌نظر از ایدئولوژی، می‌توانست به جنبشی برای سرنگونی رژیم شاه بینجامد که پرداختن به آن فرصتی دیگر می‌خواهد.

در سال ۱۳۵۱، شعاعیان با نادر شایگان شام‌اسبی آشنا شد. پس از خواندن کتاب *شورش* شعاعیان، شایگان دیدگاه ضدلنینیستی شعاعیان را همسو با نگرش انتقادی خویش نسبت به انقلاب اکتبر یافت. گروهی که شعاعیان به‌تازگی (پس از لورفتن گروه ماجرای ذوب‌آهن) در حال شکل‌دادن بود به گروه شایگان پیوست و «جبههٔ دموکراتیک خلق» را به وجود آورد. در خرداد ۱۳۵۲، آزمایشگاه نظامی جبههٔ دموکراتیک خلق لو رفت و با کشته‌شدن شایگان، نادر عطایی و حسن

---

۱. در اصل: رفته. و.　　　۲. در اصل: می‌کنند. و.

۳. جزنی، ***تاریخ سی‌سالهٔ سیاسی***، ص ۱۶۸.

رومینا، و دستگیری بیژن فرهنگ‌آزاد، عبدالله اندوری، صدیقه صرافت، رضا پورجعفری، اقدس فاضل‌پور، و چند تن دیگر، گروه صدمه‌ای جدی خورد. اما دست‌کم دو تیم ـ یعنی تیم شعاعیان در تهران (شعاعیان، مرضیه احمدی اسکویی، صبا بیژن‌زاده و میترا بلبل‌صفت) و تیم تبریز (حسن ناهید، هوشنگ عیسی‌بگلو، دکتر محجوبی و خواهرش؛ به مسئولیت اسکویی) ـ از خطر کشف‌شدن رهیدند، و ساواک تا یک سال بعد از وجود این تیم‌ها بی‌اطلاع ماند. با از دست‌رفتن امکانات و خانه‌های امن، باقیماندهٔ اعضای جبههٔ دموکراتیک خلق به چریک‌های فدایی خلق پیوست.

حتی پیش از پیوستن به فداییان، شعاعیان با برخی از جنبه‌های ایدئولوژیک و سازمانی چریک‌ها مخالف بود. شرط شعاعیان برای پیوستن به چریک‌های فدایی موافقت آنان برای آغاز یک مبارزهٔ تئوریک بر اساس کتاب **شورش** (که نامش در روایت سوم نویسنده به ***انقلاب*** تغییر یافت) بود. دو تیم باقیماندهٔ جبهه در خرداد ۱۳۵۲ به فداییان پیوستند. حمید اشرف به منزلهٔ یک رهبر پراگماتیست، جبههٔ دموکراتیک خلق را گروهی کارآمد و زبده می‌دید. پیوستن این گروه از نظر نیروی انسانی فداییان را تقویت می‌کرد. از این‌رو، اشرف با شرط شعاعیان به‌گونه‌ای فرصت‌طلبانه موافقت کرد. چرا فرصت‌طلبانه؟ پس از پیوستن گروه، اشرف کادرهای ورزیدهٔ جبهه، مانند مرضیه احمدی اسکویی، را در تیم‌های موجود فدایی سازمان داد. احمدی اسکویی فردی سختکوش و با ارتباطات گسترده بود و هم برای جبهه و هم برای فداییان عضوهای تازهٔ بسیاری آورد. می‌دانیم که درست پیش از مرگش در اردیبهشت ۱۳۵۳، احمدی اسکویی هم‌تیم حمید اشرف بود. یعنی وی در میان فداییان با شتاب پیشرفت کرده بود. اما، از همان ابتدا، فداییان برای شعاعیان طرح دیگری داشتند و مصطفی را به همراه رفیق مادر (فاطمه سعیدی، مادر نادر شایگان) و دو فرزند خردسالش، ناصر و ارژنگ، در یک «تیم» در مشهد زیر نظر مرد شمارهٔ دو چریک‌ها، علی‌اکبر جعفری، سازمان دادند (فرزند نوجوان رفیق مادر، ابوالحسن شایگان، در تیم دیگری در تهران قرار داده شد). بدین‌ترتیب، شعاعیان از بدنهٔ سازمان به دور نگه داشته شد. کتاب وی هرگز در میان فداییان پخش نشد، و جدای از مباحثه‌های پرتنش شعاعیان با حمید مؤمنی، تئوریسین سازمان (که خود موضوع یک جُستار جداگانه است) هیچ بحثی در میان فداییان به بررسی نظرهای شعاعیان نپرداخت.[1] چمدانی از نوشته‌های شعاعیان که به امانت نزد جعفری مانده بود نیز از میان رفت.[2]

اما در همین زمان، جزنی که سازمان را از درون زندان زیر نظر داشت و با آن در ارتباط بود، از

---

۱. ن.ک: حمید مؤمنی و مصطفی شعاعیان، **جویشی پیرامون روشنفکر یا روشنگر طبقهٔ کارگر**، بی‌جا، انتشارات انقلاب، بی‌تا.

۲. مصطفی شعاعیان، **ششمین نامهٔ سرگشاده به چریک‌های فدایی**، فلورانس، انتشارات مزدک، ۱۳۵۵، ص‌ص ۳۵، ۳۸.

پیوستن شعاعیان به سازمان ابراز نگرانی کرد. جزنی در زندان به رفقای دستگیرشدهٔ جبههٔ دموکراتیک خلق، عبداله اندوری و بیژن فرهنگ‌آزاد، مراجعه کرد تا اطلاعاتی از چارچوب ایدئولوژیک گروه بگیرد، اما اینان از گفتگو با جزنی خودداری کردند.[1] در سال ۱۳۵۲، مهدی فتاپور، که به‌تازگی دستگیر شده و دوران بازجویی را پشت سر گذاشته بود، در زندان با جزنی دیدار کرد. فتاپور به یاد می‌آورد که در این دیدار جزنی از پیوستن رفقای جبهه به فداییان ابراز نگرانی کرد، و به سبب اندیشه‌های «رادیکال و تروتسکیستی» شعاعیان، عضوگیری وی را امری «خطرناک» برای موجودیت سازمان می‌دانست. نگرانی جزنی به‌ویژه از آن‌رو بود که، به ارزیابی وی، شعاعیان می‌توانست به خاطر توانایی تئوریکش، اشرف و مؤمنی را در زمینهٔ تئوری شکست دهد، و در پایان به چیرگی نظریه‌های شعاعیان بر چریک‌های فدایی بینجامد.[2] ما هیچ راهی برای دانستن این امر نداریم که آیا هشدار جزنی هرگز به اشرف رسید، یا این‌که بریدن ارتباط سازمان با شعاعیان به ابتکار خود اشرف انجام گرفت. آنچه می‌دانیم آن است که سازمان از احمدی اسکویی، نزدیک‌ترین یار شعاعیان در جبههٔ دموکراتیک خلق، خواست خاطراتش را، ازجمله دربارهٔ شعاعیان، بنویسد. این دستور سازمانی، البته، خود یادآور تک‌نویسی‌های بازجویی به‌هنگام تسویه‌های استالینی در بین‌الملل کمونیست است. نوشته‌های احمدی اسکویی دربارهٔ شعاعیان هرگز در کتاب مشهور او، ***خاطرات یک رفیق*** (خاطرات مرضیه احمدی اسکویی)، منتشر نشدند.[3] به گفتهٔ شعاعیان، این «خاطره‌نویسی‌ها» را حمید اشرف نیز تأیید می‌کرد.[4] اما از گفته‌های شعاعیان در نامه‌ها و همچنین در اشاره‌های جسته و گریختهٔ وی در مجموعهٔ چند نوشته و دیگر جاها می‌دانیم که شعاعیان و احمدی اسکویی رابطهٔ چندان خوبی با یکدیگر نداشتند. این‌که تیرگی رابطهٔ شخصی شعاعیان و احمدی اسکویی از چه پیش‌زمینهٔ ناگفته‌ای برمی‌خاست نکته‌ای است که بر ما ناآشکار خواهد ماند، هرچند که برخی دوستان شعاعیان این امر را ناشی از رابطه‌ای عاطفی می‌دانند.

در ***شش نامهٔ سرگشاده به چریک‌های فدایی خلق***، شعاعیان گزارش می‌دهد که از فرزندان خردسال رفیق مادر، ناصر و ارژنگ، نیز خواسته شده بود خاطره‌هایی از مصطفی بنویسند.[5] این پرونده‌سازی‌های استالینی، که باید زیر نظر اشرف و جعفری انجام گرفته بوده باشد، از دید مصطفی به‌دور نماند.

---

۱. حیدر، «رفیق بیژن جزنی و سازمان چریک‌های فدایی خلق ایران»، در: ***جُنگی بر زندگی و آثار بیژن جزنی***، ص ۲۵۰.

۲. مهدی فتاپور، «گفتگوی تلفنی نویسنده با مهدی فتاپور»، ونکوور، ۲۴ نوامبر ۲۰۰۱.

۳. شعاعیان، ***ششمین نامهٔ سرگشاده***، ص ۳۷.

۴. شعاعیان، ***همان***، ص ۱۳۹.

۵. شعاعیان، ***همان***، ص‌ص ۱۲۷ـ۱۳۸.

آنچه رابطه با فداییان را تلخ‌تر نمود و بالاخره به جدایی او از چریک‌ها انجامید، دستگیری رفیق مادر بود، که به دستور جعفری به یک مأموریت خطرناک (و برخلاف اصول پایه‌ای چریکی) فرستاده شده بود. جعفری از فاطمه سعیدی خواسته بود که برای آوردن «اموال سازمانی» به خانه‌ای تخلیه‌شده برود. می‌دانیم که چریک‌ها به پیروی از یک اصل امنیتی هرگز به خانه‌های تخلیه‌شده یا مشکوک برنمی‌گشتند. همچنین می‌دانیم که چریک‌ها دستور داشتند پیش از ترک خانه آن را از تمام مدارک سازمانی خالی کنند یا این مدارک را از میان ببرند. پس در این مورد ویژه «اموال سازمانی» چیزی جز اشیاء و اسباب زندگی نمی‌تواند بوده باشد، که اگر زندگی تیمی راهبانهٔ چریک‌ها را در نظر بگیریم، اینها را نباید چیزهای گرانقیمت و بی‌مانندی شمرد. شرح این ماجرا را نیز شعاعیان در *ششمین نامهٔ سرگشاده* می‌دهد.[1] فاطمه سعیدی بر سر اسبابی بی‌ارزش و به دستور نابخردانهٔ جعفری، که تنها می‌خواست با این دستور وفاداری و درجهٔ سربه‌راهی رفیق مادر را بیازماید، دستگیر شد. از آنجا که ساواک از ارتباط رفیق مادر با شعاعیان، که تحت پیگرد شدید بود، اطلاع داشت، این زن میانسال را پس از دستگیری به‌سختی شکنجه و آزار داد. سعیدی بازجویی دشواری را پشت سر گذاشت. از آنجا که این‌گونه برخوردهای چریک‌ها با شعاعیان و یاران نزدیکش به اعتراض مستمر وی انجامید، نمایندهٔ سازمان در بهمن ۱۳۵۲ بر سر قرار حاضر نشد، و ارتباط شعاعیان با چریک‌ها از سوی فداییان بدون هشدار قبلی و به‌گونه‌ای یک‌جانبه بریده شد. مهدی فتاپور به یاد می‌آورد که انوشیروان لطفی در زندان به وی گفته بود که رابطِ سازمان با شعاعیان، خشایار سنجری، دستور داشت که بر سر قرار مصطفی حاضر نشود.[2] بدین‌گونه، نظریه‌پرداز چپ، یکی از برجسته‌ترین چهره‌های چپ رزمنده و از تحت پیگردترین کوشندگان سیاسی دههٔ پنجاه، به‌ناگاه بی‌هیچ پوششی و امکاناتی به امان خدا رها شد، تا همان گونه که ماه‌ها پس از این ماجراها در نامه‌اش به انتشارات مزدک نوشت، «درگوشهٔ قبرستان‌ها و در دل خلق» پناهی بیابد. ***ششمین نامهٔ سرگشاده به چریک‌های فدایی*** به شرح آخرین دیدار شعاعیان با حمید اشرف در ۱۸ شهریور ۱۳۵۳ در ساعت دو بعدازظهر می‌پردازد. این قرار که از طریق مجاهدین خلق تنظیم شده بود، ماه‌ها پس از جدایی (یا اخراج) شعاعیان از چریک‌های فدایی صورت گرفت.[3] اشرف در این دیدار مصطفی را آگاه کرد که آن عده از رفقای فدایی که نامه‌های پیشین مصطفی به آنها داده شده بود، به این نکته رسیده بودند که شعاعیان و فداییان نمی‌توانستند در یک سازمان باشند. به گفتهٔ شعاعیان، اشرف به او خبر داد که: «نامه‌ات را آن عده از رفقایی که لازم بود، خواندند. نظر رفقا این است که ما نمی‌توانیم با هم در یک سازمان جای

---

۱. شعاعیان، **ششمین نامهٔ سرگشاده**، ص ۱۶-۱۸.

۲. فتاپور، «گفتگوی تلفنی نویسنده با مهدی فتاپور».

۳. شعاعیان، **ششمین نامهٔ سرگشاده**، ص ۳.

گیریم. ضمناً دشمن فوری یکدیگر هم نیستیم. البته اگر در جامعه کار به درگیری برسد ــ که روزش به‌ناچار خواهد رسید ــ آنگاه رودررو‌ی هم می‌ایستیم.» و پاسخ شعاعیان این است که: «من دیگر میان خود و شما هیچگونه رابطهٔ سازمانی نوع حزبی نه احساس می‌کنم و نه دیگر حاضرم به زیر بار آن بروم... شما را هرچند، نه به چشم رفیق، ولی به چشم دوست می‌نگرم. دربارهٔ درگیری احتمالی در جامعه نیز، نه جای شک است و نه جای نگرانی.»[1] از این پس شعاعیان، چریک تنها، از فداییان به‌کلی بُرید. و این شگفت‌انگیز نیست. لازمهٔ اندیشهٔ جبهه‌ای شعاعیان، پذیرش پلورالیسم و چندگانگی فکری و دموکراسی سازمانی بود ــ امری که فداییان آن را تا «موقعیتی بهتر» به تأخیر می‌انداختند. آنگاه که شعاعیان امر دموکراسی درون‌سازمانی را مطرح می‌کند، از اشرف این پاسخ را می‌گیرد که: «ببین رفیق! جنبش هنوز سخت ناتوان است. بگذار ما تا اندازه‌ای رشد کنیم و نیرو گیریم. آنگاه خوب، هر کس هر نظری داشته باشد، آزاد است که بگوید!» و پاسخ شعاعیان در این مورد فشردهٔ همان درس بزرگی است که چپ ایران از شعاعیان نیاموخت تا با درد و رنج بسیار از تاریخ و از تحولات پساانقلابی بیاموزد:

> رفیق جون! سازمانی که به‌هنگام ناتوانی از پخش اندیشه‌ای که نمی‌پسندد جلو می‌گیرد، به‌هنگام توانایی، آن مغزی را می‌ترکاند که بخواهد اندیشه‌ای کند سوای آنچه سازمان دیکته می‌کند.[2]

در فاصلهٔ میان این دیدار و مرگ شعاعیان اطلاع چندانی از زندگی و کوشش‌های مصطفی نداریم. در ۱۶ بهمن ۱۳۵۴، پس از یک درگیری مسلحانه در خیابان استخر مصطفی شعاعیان زخم برداشت و دستگیر شد، اما توانست با استفاده از کپسول سیانور در راه زندان خودکشی کند.

به‌یقین می‌دانیم که پس از جدایی از فداییان وی در صدد تشکیل گروهی تازه بود، اما بیش از این خبری نداریم. مصطفی شعاعیان نه گروهی با پژواک اجتماعی داشت و نه پیرو مکتبی بود تا «رهروانش» او را به مقام «شهید» برسانند و هالهٔ قدیسی انقلابی را بر سرش ببینند. او تنها زیست، یگانه اندیشید و تک مُرد. و از زندگیش جز تلاشی خستگی‌ناپذیر برای دادخواهی، جز یک تک‌صدا که از نوشته‌هایش سر برون می‌کشد، باقی نماند.

تک‌اندیشی، ایدئولوژی و اخلاق سیاسی رُخدادهایی که در برگ‌های پیشین به‌گونه‌ای فشرده به آنها اشاره کردم حاوی یک نکتهٔ مهم هستند. نکته اینجاست که شعاعیان در برخوردها و رفتارهایی که به انفراد سازمانی‌اش انجامید، افراد و شخصیت‌های آنان را گناهکار نمی‌داند.

شعاعیان علاقه‌ای به کاوش انگیزه‌های شخصی دیگران ندارد. او با ایراد شخصیتی و

---

۱. شعاعیان، *همان*، ص ۵. ۲. شعاعیان، ***شش نامهٔ سرگشاده***، ص ۴۹.

برجسته‌کردن نقش فرد در کُنش اجتماعی مخالف است، بل رفتار و انگیزه‌های افراد را همانا نمودِ دشواری و بیماریِ دیگری می‌یابد که آن پیروی کورکورانه از ایدئولوژی است. تسلیم غیرانتقادی اندیشه به ایدئولوژی به پاک‌خواهی و جهان‌بینی جزمی می‌رسد و این سرچشمهٔ سرکوب استالینیستی است. جزنی، اشرف، یا احمدی اسکویی کوشندگانی صادق و بر سر باورهای خود پایدار بودند، و مصطفی شعاعیان در تمام نوشته‌هایش ــ حتی در انتقادهایش ــ از این اینان به منزلهٔ افرادی مبارز با احترام یاد می‌کند. اما نکتهٔ شعاعیان آن است که مرزهای باور ایدئولوژیک کجایند؟ برای وفادارماندن به باورهایمان تا کجا حاضریم پیش برویم؟ چه کارها و رفتارهایی را حاضریم به خاطر باورهایمان انجام دهیم؟ آیا دست‌آخر باور ایدئولوژیک می‌تواند توجیه‌گر رفتارهای غیرانسانی و تک‌نویسی‌های بازجویانه و پرونده‌سازی‌های استالینی باشد؟ آیا باور و صداقت و مبارزهٔ انقلابی می‌توانند ما را از رفتار اخلاقی بی‌نیاز کنند؟ و دست‌آخر، آیا مبارزه‌ای که از چنین شیوه‌هایی استفاده می‌کند، می‌تواند به جامعه‌ای بهتر و انسانی‌تر بینجامد؟

از دیدِ شعاعیان، پیوستن به مبارزه نتیجهٔ قضاوت اخلاقی کوشندهٔ اجتماعی است که شرایط موجود را ناعادلانه و متناقض با اصول اخلاقی خویش می‌یابد، اما او مسائلی مانند باور و مبارزه و عمل را مبنای اخلاق انسانی می‌داند و این بزرگ‌ترین درسی است که از اندیشه و زندگی وی می‌گیریم: برای ساختن جامعهٔ انسانی و دادخواهانهٔ آینده مهم آن است که بتوانیم امروز، در شرایط بس غیرانسانی و ناعادلانه، انسانی قضاوت کنیم و دادخواهانه تلاش کنیم.

اسفند ۱۳۸۳

سرسخن ویراستار [مزدک]

با انتشار این جزوه، سند مهم دیگری از داخل کشور در اختیار علاقمندان به سرنوشت و سرشت در حال تکوین جنبش انقلابی ایران قرار می‌گیرد.

از پیش متصور است که برخی بر انتشار این سند نه خرده گرفته، بل تهاجم خواهند برد. چراکه افشای شیوه‌های ناکارگری یا غیرکمونیستی (به عبارت ساده، شیوه‌های متعلق به اقشار خرده‌بورژوای اختناق‌کشیده) آنان را نیز آماج حمله خواهد گرفت. پس هراس، پنهان‌ساختن هراس، پس تهمت و افترای بیش از پیش.

اما ما چرا به انتشار این سند دست می‌زنیم؟ آیا ناحقی‌ای که در مورد رفیق «سرخ» روا داشته شد به‌خودی‌خود سزاوار بازگویی علنی است؟ آری، زیراکه هر ناحقی تجاوز به حق است، و اگر تجاوز به حق بازگو و افشا نشود، احتمال تکرار و رشدش بسیار است، و آنجاست خطر. اما ناحقی در مورد رفیق شهید «سرخ» تنها دلیل ما برای انتشار این سند نیست؛ مهم‌تر این است که بیماری‌ای که رفیق در این جزوه بیان می‌دارد، یک بیماری عمومی است و حتی در میان فداکارترین فرزندان خلق زحمتکش ایران نیز سخت رواج دارد.

برای مبارزه با هر بیماری، نخست باید آن را شناخت و سپس راه رفع آن را یافت. شناختن و شناساندن اثرات و بقایای تفکر خرده‌بورژوایی در میان روشنفکران انقلابی متمایل به کمونیسم یا کمونیست و حتی در میان کارگران انقلابی، از شرایط گذشت‌ناپذیر موفقیت و سلامت یک جنبش انقلابی است و بدون آن، جنبش نخواهد توانست به سوی جامعهٔ کمونیستی گام‌های فراخ بردارد، بل همواره لنگان‌لنگان و با سختی و مرارت به جلو خواهد رفت. در اینجا هدف ما بازشناساندن آن بیماری دهشتناکی است که در اثر فرهنگ مسلط پهلوی بر جامعه، بر تفکر ما مستولی شده؛ باید این را درمان کرد... درمان از شناخت می‌آغازد.

ویراستار مزدک

(فلورانس. اول دسامبر ۷۶)

بنگاه انتشارات مزدک

سلام.

۱- کتاب‌هایی با نام‌های «انقلاب» [شامل «انقلاب ۱»، «انقلاب ۲»]، «شورش نه، تدارک سنجیده در راه انقلاب»، نوشته «سازمان چریک‌های فدایی خلق»، که گویا مخفی‌شان پاسخی است به «انقلاب»، «در راه کاری سنجیده برای انترناسیونال کمونیستی» و نیز «پاسخی به نسنجیده» به «مسائل سنجیده»، که پاسخی است به پاسخ فداییان به «انقلاب ۲»، «نگاهی به روابط شوروی و نهضت انقلابی معاصر» [که دارای پیوستی است با نام «نامه سرگشاده به بنگاه انتشارات مزدک»]، «ما چه نوشته‌ایم» [که کتابی است شامل مجموعه‌ای از مقالات و سخنرانی‌ها]، و سرانجام «یک نامه» [که انتقادی است به دو اثر کوچک چریک‌های فدایی خلق] برایت فرستاده شده. یافت می‌شود. این کتاب‌ها را بخوانید...

۲- هرچند جای ترس کوچکی نباشد، با این همه، همینجا باید گفت: «ارشاد تاریخی...» جلد دوم «زیر پرچم حزب توده ایران» که به سبب ... کتاب ... ایران نام را تکمیل

الف- جزوه «زیر پرچم حزب توده ایران»، مربوط به پایان کتاب ملت، مربوط به پایان کتاب ... متن ... رساله از جزوه‌ای، مربوط به پایان ... که پیش برایت فرستاده شده، «راه‌حل‌های حزب توده ایران» ... «زیر پرچم...» به نظر می‌رسد کوتاه است. ... انقلاب ... برای ...

ب- ترجمه ... پیداست که مقاله‌ای برای ... و دشواری‌ای که درک آن از ... نوشته شده. تا مقاله، ترجمه ... بسیار پیچیده ... باشد. و امید است ... گزارش تاکنون ... بیشتری فرستاده است. امید است ... تغییر داده شده، زیرا در اصل توضیح ... تغییر است.»

رفیق

زمستان ۱۳۵۴

انتشارات «مزدک»

سلام،

۱- تنها نسخه‌ای برایم می‌رسد که پیامی را که در پاییز ۱۳۵۳ داده بودید، به زودی دریافت دارم. ولی، امید است که تأخیر نامه را موجه بدانید.

۲- «مجموعهٔ انتقادی» از نوشته‌های این گروه نیست، از نوشته‌های شخصی به نام «محمود ترکمن» است.

۳- «مجموعهٔ انتقادی» و برخی کتاب‌ها و مجموعه‌های دیگری که بیرون فرستاده شده، تنها از سری نوشته‌های پنهان سازمان بیرون است که خودشان گاهی با نام «مائوئیست‌های آمریکایی» به شما داده‌اند. و در «دوره‌ی پیرو فرقه» — و در نظامی‌ها — نوشته‌های این سازمان را پنهان «محمود ترکمن» نوشت.

۴- در بارهٔ نامه و نکاتی که در «نامهٔ شرکت دهم» بود، می‌گویید که از این روش در میان نیست. این موضوع باشد که اصل برای آنکه نوشته‌های این گروه درست است.

۵- در بارهٔ انتشار «نامهٔ شرکت دهم» از سوی «مزدک»، هیچ چیز نمی‌توانم بگویم جز اینکه عملی آگاهانه و دموکراتیک «مزدک» بوده که در جنبش ایران، در میان حتی «روشنفکران پیشرفته» و رزمندگان انقلابی آنان نیز، هست، و آن هم بسی سخت کمیاب است. امید است روزی این شکل باید به دوره‌ای پایان حل شود.

سرکش

خرداد ۱۳۵۴

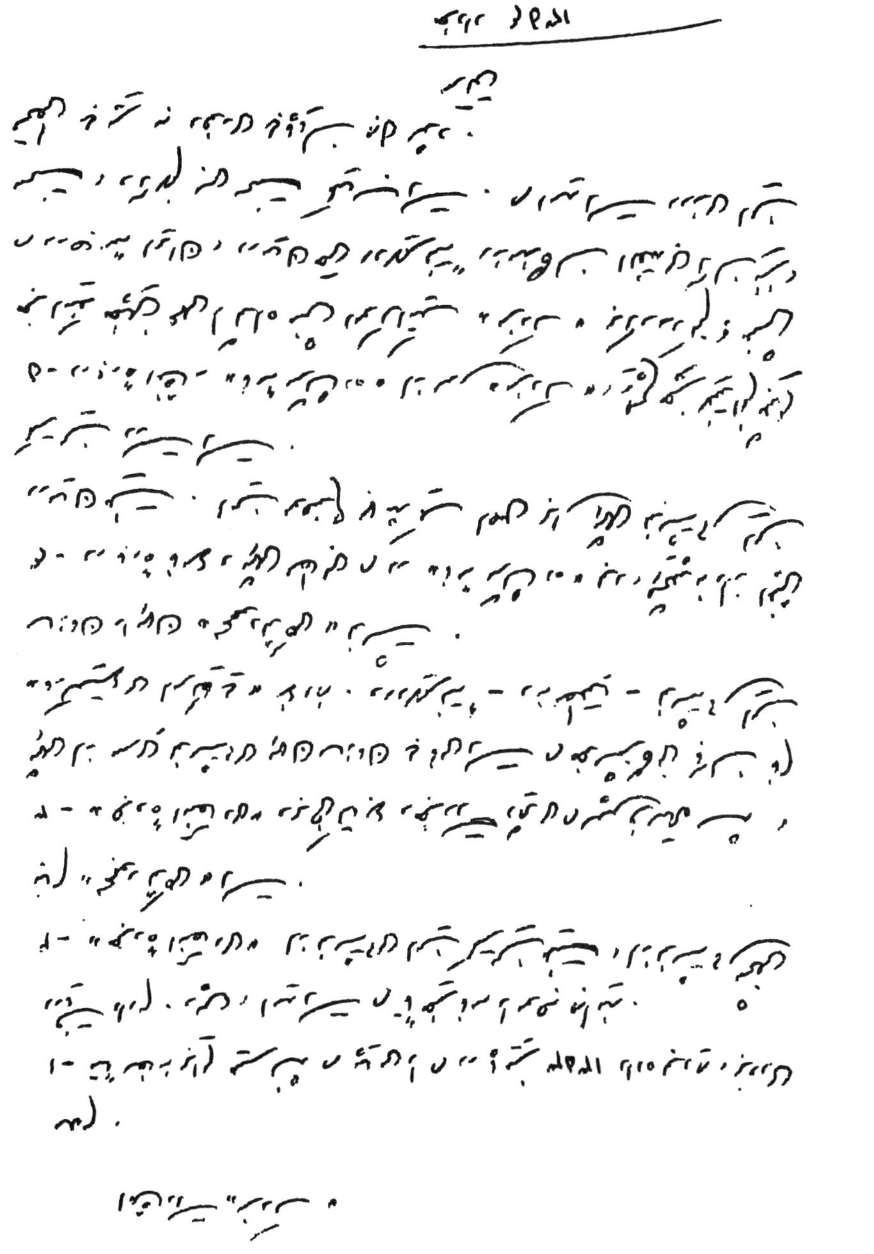

مقدمهٔ انتشارات مزدک

با انتشار این کتاب، پنج نامهٔ منتشرنشدهٔ رفیق شهید مصطفی شعاعیان به رهبری سازمان چریک‌های فدایی خلق در اختیار همگان قرار می‌گیرد.

انتشار این نامه‌ها، به دنبال سه نامهٔ دیگر که پیش از این نشر یافتند، انجام می‌گیرد. همچون سه نامهٔ پیشین، این نامه‌ها شیوه‌ای را برملا می‌کنند که آثار مرگبارش بر تن و روان جنبش انقلابی ایران، هنوز پس از هیجده ماه که از سقوط دستگاه پهلوی می‌گذرد، آشکار است؛ و تا بدان‌جا عمق برداشته است که جنبش نیمه‌جان را از هرگونه حرکت سازنده وضعیت جدید عاجز ساخته است. سیاست سازشکارانه و درعین‌حال متزلزل «اکثریت» رهبری این سازمان در این نامه‌های مصطفی، نه تنها پیش‌بینی شده که موبه‌مو شکافته و افشا شده است.

مایهٔ حیرت و تأسف است که این روش‌ها را دیگران نشناختند تا چون ضربهٔ فلج‌کننده بر خودشان نیز فرود آمد که از خواب بیدارشان کرد، اما آن‌قدر دیر که از حرکت افتاده بودند.

مبارزان انقلابی ملهم از آموزش‌های علمی مارکس اگر می‌خواهند جامعه‌ای عاری از ستم و زور بسازند باید به آموزش‌های همو روی آورند و نه به جزواتی بسنده کنند که کاسبکاران سیاسی با تحریف محتوای نظرات و شیوه‌های علمی مارکس و حفظ ظاهر آن به بازار سیاست عرضه کرده‌اند.

۱۸ ماه سرگردانی..... و کشاندن و کشاندن ایران و جنبش انقلابی آن به سقوط کامل باید بیش از هر چیزی آموزندهٔ این نکته باشد که «مارکسیسم ـ لنینیسم»، این ارثیهٔ حزب توده، به کار مبارزه برای ساختمان آن‌چنان جامعه‌ای نمی‌خورد و اگر به کاری می‌خورد، همان حزب تا حال توانسته بود تأثیری در جریان انقلابی جامعه بگذارد و این‌همه نیرو و توان را به باد نداده بود!

باید این دندان کرم‌خورده را کند و به‌دور افکند. تاریخ دربارهٔ کسانی که پس از تجربهٔ فلج‌کنندهٔ حزب توده بخواهند همان راه را طی کنند قضاوتی سخت‌تر و بیرحمانه‌تر خواهد کرد.

اما در این میان باز این مردم ستمکش ایران‌اند که باید بار سنگین شکستی دیگر را به دوش بکشند. مسئول برقراری حکومت‌های مستبد آینده توده‌ایست‌های تازه‌پا نیز خواهند بود!

تهران. ۳۰ تیرماه ۵۹
ویراستار مزدک

نام واقعی رفقایی که در متن نامه با نام مستعار از آنها یاد شده است:

نام مستعار	نام اصلی
فریدون	شهید حمید اشرف
مجید	شهید حمید مؤمنی
فاطمه	شهید مرضیه احمدی اسکویی
مسئول مشهد	شهید علی‌اکبر جعفری
طاهر	شهید مصطفی شعاعیان
دانه	شهید ناصر شایگان شام‌اسبی
جوانه	شهید ارژنگ شایگان شام‌اسبی
شکوفه	ابوالحسن شایگان شام‌اسبی
نادر	شهید نادر شایگان شام‌اسبی
رفیق مادر	فاطمه سعیدی
میهن	صدیقه صرافت
مهین	صبا بیژن‌زاده
بیژن	بیژن فرهنگ‌آزاد

سرگذشت مصطفی شعاعیان

او به سال ۱۳۱۵ در محلهٔ آب انبار مُعَیِر در جنوب تهران در خانوادهٔ تنگدستی چشم به جهان گشود. پدرش از دوستداران نهضت جنگل بود. او با از دست‌دادن پدرش در کودکی بیش‌تر با فقر آشنا شد. با این‌همه، او توانست تحصیلات خود را ادامه دهد و وارد هنرستان صنعتی شود. در این هنگام برای امرار معاش ناگزیر از کارِ شب در کارگاه‌های خصوصی بود. وضع مالی وی چنان بود که گاه ناچار از ساختن با حداقل معاش می‌شد. وی در سال ۱۳۳۷ در هنرسرای عالی فنی تهران (دانشکدهٔ علم و صنعت کنونی) در رشتهٔ مهندسی جوشکاری ادامهٔ تحصیل داد و در سال ۱۳۴۱ فارغ‌التحصیل شد. این سال‌ها دانشگاه تهران قلب مبارزات ضد استبدادی بود، و او نیز در صف اول این مبارزه قرار داشت. او از سال‌های نوجوانی، همانند بسیاری از همگنان خود، به فعالیت سیاسی جلب شده بود. او خود می‌نویسد:

> در زمان دولت رزم‌آرا بود که دیگر به سیاست کشیده شدم، به دلایلی که ریشه‌های آن باز هم به گذشته‌های دورترم بازمی‌گشت. خیلی زود به «پان‌ایرانیزم» کشیده شدم. یکی از یاران «سازمان پان‌ایرانیزم» **پرچمدارهای مهردادیون** شدم.[1] پس از خیزش

---

۱. پان‌ایرانیست‌ها، که پس از جنگ جهانی دوم به وجود آمدند، به‌زودی به سه دسته تقسیم شدند: حزب ملت ایران بر بنیاد پان‌ایرانیسم به رهبری فروهر؛ سازمان پان‌ایرانیست به رهبری مهرداد؛ و حزب پان‌ایرانیست به رهبری پزشکپور. سازمان‌های اول و دوم عمدتاً در میان دانشجویان و دانش‌آموزان یارگیری می‌کردند. حزب پزشکپور به رکن دو ارتش و دربار وابسته بود و در زمان جنبش ملی نفت با نهضت و رهبر آن مخالفت شدید می‌ورزید. دو سازمان دیگر از حامیان مصدق بودند. در آن زمان مهرداد هدف تیر یک عامل رکن دو قرارگرفت و از کمر به پایین فلج شد. او که کارمند راه‌آهن بود، به توصیهٔ مصدق، از طرف بیمهٔ راه‌آهن برای درمان به اروپا اعزام شد، اما فلجی او علاج‌ناپذیر بود. او به مدت پنجاه‌وسه سال زمین‌گیر ماند و در سال ۱۳۸۴ از جهان رفت.

شهری ـ خیابانی سی‌ام تیر ۱۳۳۱ بود که از این سازمان جدا شدم، و نه به دلیل این‌که از شوونیسم پان‌ایرانیستی دور شده بودم. اصولاً مرامی در میان نبود. مگر پان‌ایرانیست‌ها «مرام» و یا «ایدئولوژی» هم دارند؟ مرامشان چیست؟ جداشدنم از پان‌ایرانیست‌ها از گرایش‌های شوونیستی‌ام نکاست، که آن‌ها را فزونی نیز داد. چنان‌که بعدها با تنی چند از دوستان همکلاس و هم‌محل خود جرگه‌ای چند نفری سامان دادیم که هدف آن را با نهایت خاکساری در شعار «ایران برتر از همه» تبلور داده بودیم.

با گذشت باز هم بیش‌تر زمان از روی کودتای انگلیس ـ ارتجاع ـ امریکا و اندک مطالعه‌ای که پیگیری می‌کردم، رفته‌رفته به سوی مارکسیسم کشیده شدم. ولی چگونه برای من مقدور بود که به گوهر مارکسیسم و ارزش‌های تاریخی، فلسفی، و اخلاقی و دیدگاه‌های جهانی آن، به گونه‌ای زنده و ریشه‌ای پی ببرم؟ راستی را که مارکسیست‌شدن‌های ما هم از آن حرف‌ها بود، و هست. چه پرشکوه است فروتنی همهٔ ما که حتی بدون خواندن ولو یکی از آثار مارکس مارکسیست می‌شویم! و آن هم مارکسیستی ناب و چیره به سراپای فلسفه و رهنمودهای آن، و آن هم به گونه‌ای زنده.

او با طعنه می‌افزاید:

به‌هررو، من نیز این روش خاکی را پیدا کردم که بدون درنگ خود را یک مارکسیست آگاه و تمام‌عیار بدانم. [اما] دور و بر آغاز دههٔ ۱۳۴۰ بود که با جریان بی‌نامی، که بعدها نیک‌طبعان بدان نام «مارکسیست‌های امریکایی» دادند،[1] آشنا و همبسته شدم. در این جریان نیز هرگز از «تنگ‌نظری‌های مالی» پالوده نشدم. زمانی که **جنگل**[2] را نوشتم البته دیگر «مارکسیست‌های امریکایی» هم وجود عینی نداشتند. با این‌همه، ارزش‌های چیره بر اندیشهٔ من هنوز از مایهٔ ناسیونالیستی خود پالایش نیافته بود. لیکن در روند جنگل و به دنبال آن، دیگر رفته‌رفته دریچهٔ نوینی به سویم گشوده شد، که، گمان می‌کنم، از «تنگ‌نظری‌های ملی» مایه نگرفته باشد. این دریچهٔ نوین، دریچه‌ای‌ست که در نوشتهٔ **شورش [انقلاب]** مشخصاتی از آن را تصویر کرده‌ام. اینک نیز، با همهٔ سرگردانی‌ها، و گرفتاری‌هایی که وجود دارد، باز هم در تکمیل آن می‌کوشم.

---

۱. طنز تاریخ را نگر که «مارکسیست ـ لنینیستی» آن برچسب کذایی را بر این گروه زد که خود از شرکای بزرگ‌ترین دستگاه تبلیغات غربی برای فیلم‌های خارجی، به‌ویژه امریکایی بود، و شرکت بین‌المللی کنسرسیوم نفت یکی از بزرگ‌ترین مشتریانش بود! نگاه کنید به: م. ا. سرایی، ***سال‌های پشت سر، از قزل‌قلعه تا زندان قصر، ۱۳۴۱ ـ ۱۳۳۸***، دفتر دوم، کلن، ۱۳۸۴، ص‌ص ۲۰ ـ ۲۱، ۱۸۵.

۲. این کتاب منتشر خواهد شد.

پس از پایان تحصیلات دانشگاهی، او همچون شاگرد ممتاز بورسی برای سفر به امریکا دریافت داشت که مقامات با اشکال‌تراشی‌های بسیار او را از پذیرفتن آن منصرف کردند. آن‌گاه او را برای تدریس به محمدیهٔ کاشان فرستادند تا از محیط مبارزاتی تهران دور کنند. او این شغل را پذیرفت و عازم آن دیار شد، اما محیط آن‌جا برای مبارزهٔ گسترده‌ای که مد نظر داشت کافی نبود. در محمدیه، او در کنار اتاق باغبان هنرستان اتاقی برای خود برپا کرد و با زیلویی و مجموعهٔ کتاب‌هایش زندگی ساده‌ای را آغاز کرد. آموزش او به نحوی بود که هر روز بر تعداد شاگردانش، در درون و برون، افزوده می‌شد. اما دوری از تهران و ناتوانی در ادامهٔ مبارزهٔ جدی ــ تبعیدی ناگفته ــ او را طی این سال‌های نخست رنج می‌داد و افسرده می‌کرد.

سرانجام، با کوشش دوستانش در تهران موفق شد بر اساس کارنامهٔ پزشکی‌اش وزارت آموزش و پرورش را قانع کند که دستور به انتقالش به تهران را صادر کنند؛ وی در سال ۱۳۴۵ به تهران بازگشت. او اکنون در هنرستان صنعتی هفت‌چنار مشغول به تدریس شد و به مدت چند سال در این سمت باقی ماند. طی این سال، هرکجا که بود به قرائت، تحقیق و نگارش ادامه داد.

طی این سال‌ها تماس خود را با گروه‌های دانشگاهی گسترش داد تا بتواند میان دانشجویان یارگیری کند، و از طریق تحقیقاتی که طبق کنترات‌های کوتاه‌مدت برای مؤسسهٔ تحقیقات اجتماعی انجام می‌داد موفق به سفر به مناطق مختلف کشور شد و خود را با زندگی مردم عادی بیش‌تر آشنا می‌کرد. از جمله کسانی که در این دوران با آنان آشنا شد و در مورد مسائل ایران بحث می‌کرد جلال آل‌احمد بود. او در نیمهٔ دوم مردادماه ۱۳۴۸ برای دیدار آل‌احمد به اَسالم رفت و عکسی با او گرفت، که در این کتاب به چاپ می‌رسد.

سرانجام، با تشکیل یک گروه مسلحانه در سال ۱۳۵۰ بود که او ناگزیر از ترک تدریس و ورود به زندگی مخفی شد. در سال ۱۳۵۱، با لورفتن طرح «عملیاتی ذوب‌آهن»، به قول خودش، «پاک فراری» شد. در همین سال با گروه نادر شایگان (شام‌اسبی) آشنا شد. نادر شایگان، که پیش از آن با لنینیسم برخورد انتقادی کرده بود و آن را مردود دانسته بود، پس از مطالعه و پذیرش خطوط نظری کتاب *انقلاب*، با گروه او مشترکاً «جبههٔ دموکراتیک خلق» را تشکیل داد، که نامی درون‌سازمانی بود. پس از کشف آزمایشگاه نظامی **جبهه**، نادر شایگان، حسن رومینا، و نادر عطایی به دست ساواک به قتل رسیدند، و عدهٔ دیگری از اعضای سازمان نیز دستگیر شدند. در خرداد ۱۳۵۲، او به همراه بقایای اعضای **جبهه** به **چریک‌های فدایی خلق** پیوست. فداییان یاران او را در شاخه‌های گوناگون سازمانی پخش کردند. تنها او و فاطمه سعیدی («رفیق مادر») را به همراه دو فرزند خردسالش به نام‌های ناصر و ارژنگ (نام‌های سازمانی دانه و جوانه) همچون اعضای یک تیم به مشهد (عملاً تبعید) اعزام داشتند و تحت رهبری یک تن از فداییان به نام علی‌اکبر جعفری قرار دادند. (فرزند دیگر «رفیق مادر» به نام ابوالحسن قبلاً به تیم دیگری از فداییان فرستاده شده بود.)

پس از مدتی درگیری‌های فکری (بحث پیرامون انقلاب) و اِعمال شیوه‌های غیر دموکراتیک، از جانب فداییان بر ضد شعاعیان (که شرح مفصلشان در نامه‌های شش‌گانه در این مُجلد آمده‌اند)، «رفیق مادر» به سبب سهل‌انگاری مسئول مشهد جعفری دستگیر شد؛ شعاعیان ناچار به‌تنهایی از فداییان جدا شد و به تهران بازگشت تا بتواند گروه خود را از نو سازمان دهد. برخی از اعضای پیشین جبهه به قتل رسیده و برخی دیگر به زندان افکنده شده بودند، که به‌هنگام پیروزی انقلاب آزاد شدند.

این را هم نباید ناگفته گذارد که در همین زمان (پس ازانتشار *انقلاب* توسط مزدک در ایتالیا) یکی از همکاران قدیمی شعاعیان به نام پرویز صدری ناپدید شد و تا مدت‌ها این گونه به نظر می‌آمد که وی باید به دست عمال ساواک کشته شده بوده باشد. در چنین صورتی مسلماً، همچون موارد دیگر، می‌بایستی محل دفن او پس از سقوط رژیم سابق از طریق بررسی دفترهای ثبت ساواک کشف می‌شد. اما چنین نبود. این امر می‌رساند که او باید به احتمال قوی از سوی گروه‌هایی که با شعاعیان و یارانش توافق نداشتند به قتل رسیده بوده باشد. آن‌چه انگشت اتهام جدی را به سوی مسئولان فداییان آن زمان متوجه می‌کند، نامه‌ای‌ست که یکی از آنان (حمید اشرف) به اشرف دهقانی در خارج از کشور نوشته بود و میکروفیلم آن در یورشی به اقامتگاه موقت وی توسط پلیس آلمان به دست ساواک رسید.[1] این نامه چند ماه بعد در *کیهان* به چاپ رسید و اخیراً نیز در یک مجموعه از اسناد ساواک مجدداً چاپ شده است.[2] در این نامه نویسنده به رفقایش اعلام می‌داشت که طی یک «تصفیهٔ» سازمانی سه تن عنصر «ناصالح» «محاکمه» و اعدام شده بودند. یکی از این سه تن بدون تردید منوچهر حامدی، دبیر پیشین کنفدراسیون و عضو قدیمی جبههٔ ملی بود که از طریق «جبههٔ ملی ایران در خاورمیانه» در چارچوب همکاری و «پروسهٔ تجانس» با فداییان به نزد آنان به تهران اعزام شده بود. حامدی هم مانند پرویز صدری ناپدید شده بود و در اسناد ساواک نیز کوچک‌ترین ردپایی از او یافته نشده است. و چون ساواک او را به قتل نرسانده بود، او باید، همانند صدری[3]، یکی از آن سه تن «ناصالحی» بوده باشد که توسط فداییان مشمول «تصفیه» شده بود. باید یادآور شد که

---

۱. در برابر برخی اظهارنظرهای بی‌مسئولیت، باید تدقیق کرد که اشرف دهقانی به‌هنگام هفدهمین کنگرهٔ کنفدراسیون جهانی (دسامبر ۷۵ ـ ژانویهٔ ۱۹۷۶) در منزلی که موقتاً در اختیار کامبیز روستا قرار داشت در یک یورش شبانهٔ پلیس دستگیر شد و همهٔ اسناد و مدارکش ضبط شدند. او پس از مداخلهٔ وکیل کنفدراسیون آزاد شد و همهٔ مدارکش (پس از کپی‌برداری) به او پس داده شدند. او بلافاصله از آلمان اخراج شد.

۲. *کیهان*، ۱۳۵۵/۲/۲۹ (سه روز پس از محاصره و یورش به خانهٔ تیمی اقامتگاه حمید اشرف و برخی دیگر از فداییان)؛ مرکز بررسی اسناد تاریخی، ***چپ در ایران به روایت ساواک، کنفدراسیون دانشجویان ایرانی در اروپا***، ۱۲، تهران ۱۳۸۳، ص‌ص ۴۳۲ ـ ۴۳۴.

۳. بنا بر گفتهٔ یکی از همرزمان شعاعیان که به حبس ابد محکوم شده بود و با انقلاب از زندان رهایی یافت، یک افسر ارتش در زندان به بهزاد نبوی، هم‌سازمانی مشترک صدری و شعاعیان، گفته بود که صدری را فداییان به قتل رسانده بودند.

«رفقای» تشکیلاتی پیشین حامدی، به‌رغم پرسش‌های مکرر، هرگز حاضر نشدند کوچک‌ترین اطلاعی در مورد سرنوشت او در اختیار دیگران قرار دهند. نفر سوم هم باید یکی از افراد جوان سازمان بوده باشد که شناخته نشده است.

پس از بریدن از فداییان، که بیش از پیش مسموم شیوه‌های استالینی ـ توده‌ایستی بودند، او سخت افسرده بود، اما امیدواری خود به مبارزه را از دست نداد. او کتاب ***انقلاب*** را چاپ و مخفیانه پخش کرد. او نوشته‌های خود را برای دوستان قدیمی‌اش در دوران دانشجویی در تهران به اروپا فرستاد، با این امید که آنان آن کتب را در میان دانشجویان خارج از کشور پخش خواهند کرد. اما هیچ کدام از این مدعیان دموکراسی اقدام به چاپ آن‌ها نکردند و نوشته‌ها را در انبان‌های خود «محفوظ» می‌داشتند. توطئهٔ سکوت مرگبار همچنان بر نوشته‌های او حاکم ماند، و فداییان برای سرکوب وی نام «جذامی» «تروتسکیست» را بر او نهادند تا او را در خارج از سازمان نیز منفرد کنند. اتخاذ این تاکتیک از این‌رو بود که در میان چپ ایران تفکر توده‌ایستی غالب بود و هر کس که کوچک‌ترین انتقادی به استالین یا لنین داشت با برچسب «تروتسکیست» طرد و منفرد می‌شد ــ غافل از این‌که تروتسکی خود لنینیست بود و تا مرگ لنین نزدیک‌ترین همکار او به شمار می‌آمد. این ارثیهٔ تفکر استالینی بود که از حزب توده به عمدهٔ جریان‌های چپ سرایت کرده بود و به آن لطمات سنگینی وارد آورد.

در این زمان او نسخه‌ای از ***انقلاب*** را برای انتشارات مزدک در ایتالیا فرستاد. مزدک با افزودن مقدمه‌ای انتقادی آن را چاپ و پخش کرد. در این هنگام بود که یکی از فداییان (حمید مؤمنی)، که ظاهراً نظریه‌پرداز سازمان به شمار می‌رفت، سرانجام به خواست شعاعیان اجابت گفت و نقد آن کتاب را تحت عنوان ***شورش نه، قدم‌های سنجیده در راه انقلاب*** نوشت. شعاعیان به نوبهٔ خود به این جوابیه پاسخ داد: ***پاسخ‌های نسنجیده به قدم‌های سنجیده***، و هردوی آن‌ها را برای انتشارات مزدک فرستاد که به‌زودی چاپ و منتشر شدند. او همچنین ***نامه‌های سرگشادهٔ*** خود خطاب به فداییان را، که برایشان فرستاده بود و بی‌جواب مانده بودند، برای مزدک فرستاد و آن‌ها نیز توسط انتشارات چاپ و پخش شدند ــ امری که کارزار زشتی را از جانب مباشران و هواداران فداییان، در خاورمیانه، اروپا و امریکا بر ضد شعاعیان و ناشر آثار او به راه انداخت. واماندگان سیاسی، به جای بحث تئوریک به پراکندن شایعات پلید دست یازیدند تا ناشر مزدک را از میدان به در کنند ــ که کوششی عبث بود.

مصطفی شعاعیان، به‌هنگامی که دست‌اندرکار تدارک ادامهٔ مبارزه و نیز ارسال مجموعهٔ نوشته‌هایش برای مزدک بود، در روز ۱۶ بهمن ۵/۱۳۵۴ فوریهٔ ۱۹۷۶ (یک ماه پس از یورش پلیس آلمان و دستگیری اشرف دهقانی و ضبط اسناد مراودات او با درون کشور) در خیابان استخر مورد هجوم عمال ساواک قرار گرفت و پس از یک مقابلهٔ مسلحانه شدیداً زخمی شد و جنازهٔ (نیمه‌جان)اش توسط عمال ساواک به کمیتهٔ مشترک منتقل شد. به‌هررو، او قرص سیانورش را جوید

تا مگر زنده به دست ساواک نیفتد. در محل کمیتهٔ مشترک، مسئولان بالای ساواک که باورشان نمی‌شد سرانجام توانسته بودند این نظریه‌پرداز چپ برجسته و کارآمدترین مردکار سیاسی مخفی در ایران را به چنگ آورند، چند تن از همرزمان زندانی او را به سر جنازهٔ وی بردند تا هویت او را قطعاً تشخیص دهند. عمال ساواک از خوشحالی در پوست خود نمی‌گنجیدند.

ساواک خود تشخیص داده بود که نمی‌شد شعاعیان را به‌آسانی به دام افکند. برخی روایت قتل تصادفی او را توسط یک پاسبان همچنان باور دارند که انتشارات مزدک پس از آن قتل از قول رابطش برای نخستین‌بار نشر داد؛ اما اکنون با هویداشدن برخی جزئیات نمی‌توان کشف و زخمی‌کردن او را، از یک‌سو، به شک‌بردن یک پاسبان معمولی که از ترس عرق می‌ریخت، و از دیگر سوی، به ناتوانایی شعاعیان در دفاع مسلحانه و نیز در فرار از آن محل نسبت داد. در این سرگذشت کوتاه جای آن نیست که به این مسئلهٔ پیچیده به‌دقت پرداخته شود. تنها باید پرسید چرا معلوم نیست رزمنده‌ای چون شعاعیان که رودرروی پاسبان ایستاد بود و برای دفاع از خود اسلحه هم کشید نتوانست او را از پای درآورد، اما همان پاسبان وحشت‌زده با دستی «لرزان» موفق شد شعاعیان را، که در این فاصله به پیاده‌روی دیگر خیابان جهیده بود، چنان با یک تیر بزند که او را در آن نقش بر زمین سازد و شعاعیان قادر نشود به فرار خود ادامه دهد. مهارت پاسبان وحشت‌زده با دست‌های لرزان و در عین به‌کاربردن تاکی-واکی برای دریافت کمک از کلانتری محل باید در تیراندازی به‌مراتب بهتر از قهرمان‌های فیلم‌های هالیوودی بوده باشد و باید شایستگی دریافت جایزهٔ بهترین هنرپیشهٔ سال را داشته بوده باشد!

آن‌چه می‌دانیم و روشن شده است[1] این است که در آن ساعات صبحگاهی منطقهٔ حوالی خیابان استخر در محاصرهٔ نیروهای ساواک بود. بنا بر گفته یک زن جوان حامله، که در آن ساعت به قصد دیدار پزشک از خانه خارج شده بود، مأموران مدتی از حرکت او مانع شدند و او را مجبور ساختند که در آستانهٔ منزلی پناه بگیرد تا پس از پایان عملیات به او اجازهٔ حرکت دهند. زن باردار نقل کرده است که تعداد زیادی عُمال مسلح ساواک در آن منطقه جمع بودند و پس از بازکردن رگبار مسلسل به روی شعاعیان بود که آنان توانستند به او نزدیک شوند. در برابر این شهادت آن زمان، «شاهدان عینیِ» در محل نمی‌توانند پس از نزدیک به سی سال برای رویدادی که به «سرعت برق» اتفاق افتاده بود منبع معتبری شناخته شوند. همچنین گزارش رسمی ساواک را نیز نمی‌توان منعکس‌کنندهٔ عین برنامهٔ اجراشده دانست، چه، در صورت وجود توطئه‌ای توسط شخص خائن

---

۱. این روایت را عباس عاقلی‌زاده، که از دوستان نزدیک شعاعیان بود، یکی دو روز بعد از رویداد از زن باردار شنید. به هنگام نقل روایت مشاهدات خود زن باردار نمی‌دانست که شخص در محاصرهٔ چه کسی بود. گفتگوی تلفنی با عاقلی‌زاده، ۹ آوریل ۲۰۰۶.

همکار ساواک، نمی‌توان انتظار داشت که سازمان امنیت در گزارش رسمی رویداد سخنی از همکاری یک خائن به میان آورد. شخصی باید مخفیگاه و آمدوشدهای شعاعیان را به ساواک لو داده بوده باشد. اگرچه اجراکنندهٔ احتمالی این خیانت بزرگ هنوز کشف نشده است، اما پس از انقلاب پاسبان یونسی که ظاهراً نخستین تیر را بر او انداخته بود دستگیر و اعدام شد، و بدین‌سان پروندهٔ قتل او بسته شد. به‌هررو، کشف محل تردد شعاعیان، ورنه یکی از خفاگاه‌های او، پس از لورفتن اسناد فداییان در آلمان تعمق‌برانگیز است.

اگر ساواک موفق نشده بود که در بهمن ۱۳۵۴/ فوریهٔ ۱۹۷۶ او را به قتل برساند و او تا یک سال دیگر، تا آغاز جوانه‌های انقلاب، زنده مانده بود، مسلماً در فضایی که هر روز بازتر می‌شد، این بخت وجود می‌داشت که وی بتواند با توانایی‌های فکری و سازمانی‌اش بخش مهمی از نیروهای چپ را که به دنبال توده‌ایسم کشانده شده بودند از هلاکت سیاسی نجات دهد. حادثهٔ «کوچکی» که عاقبت سنگینی برای آتیهٔ ایران دربرداشت.

مصطفی شعاعیان پژوهشگری بسیار جدی، نظریه‌پرداز انقلابی، و نویسنده‌ای پرکار بود. نوشته‌های او هم به امور جاری سیاسی مربوط می‌شد و هم به مسائل تئوریک. او انسانی فروتن نیز بود، و بالاتر از همه، با خشک‌مغزی تئوریک و سیاسی در جبههٔ اپوزیسیون مبارزه می‌کرد. متأسفانه، به علت اختناق حاکم در ایران و جزم فکری اپوزیسیون چپ ایران که در حصار مارکسیسم ـ لنینیسم اسیر بود، مصطفی شعاعیان نتوانست به همهٔ ادبیات تاریخی و تئوریک مورد علاقهٔ خود و ضروری برای یک متفکر انقلابی دست بیابد. اگر او توانسته بود با تسلط به یک زبان اروپایی و مدتی اقامت در غرب با امور تاریخی و مسائل تئوریک بیش‌تر آشنا شود، مسلماً می‌توانست با دید وسیع‌تری به مسائل مبتلا به جامعهٔ ایران بنگرد. اما پای‌بندی او به عمل انقلابی، این اندیشمند برجسته را از انکشاف استعدادها و دانش تئوریک و تاریخی محروم ساخت. به هر تقدیر، با همهٔ دشمنی‌های بلاانقطاع چپ سنتی (استالینیستی ـ توده‌ایستی) و کارشکنی‌ها در راه او، تجربیات پس از انقلاب صحت نظر او را در مورد چپ سنتی، چه در زمینهٔ منش فکری (جزم‌گرایی) و چه در قلمرو رفتار سیاسی (اپورتونیسم) نشان داد. با این‌که آثار مصطفی شعاعیان در محیط بسیار محدودی قرائت می‌شد، تأثیر او بر تاریخ ایران در آینده به‌مراتب بیش از آن است که مخالفان او حاضرند در مورد او بپذیرند.

سرگذشت نادر شایگان

او در ۲۴ دی‌ماه ۱۳۲۴ در یک خانوادهٔ کارگری چشم به جهان گشود. مادرش در کارخانهٔ کنسروسازی شهر شاهی (قائم‌شهر) کار می‌کرد و پدرش در معدن معصومی‌نامی کارگر سنگتراش و از اعضای

فعال حزب توده بود.[1] نادر شایگان در پنج سالگی مادرش را از دست داد و تا چندی نزد خانوادهٔ مادری‌اش زندگی می‌کرد، تا این‌که پدرش او را همراه خود به تهران برد. او در ۲۸ مرداد در کلاس سوم دبستان بود و به‌هنگام دستگیری پدرش هنوز به دبستان می‌رفت. او ناگزیر از این بود که برای دیدار پدر هر روز به زندان برود. از این‌رو، نمی‌توان تردید داشت که این رویدادها در روحیهٔ این کودک مصیبت‌دیده تأثیر ژرفی گذاشته بودند. با این همه مصیبت‌ها، او دانش‌آموزی ساعی و باهوش و همواره شاگرد اول کلاس بود. در سال آخر دبیرستان به خاطر این‌که دانش‌آموزی برجسته بود توانست بدون پرداخت شهریه در یکی از دبیرستان‌های خصوصی نام‌نویسی کند و با رتبهٔ شاگرد اولی فارغ‌التحصیل شود. با این‌همه، به‌رغم قبولی در کنکور، «مقامات» از ورود او به دانشگاه جلوگیری کردند. لذا، او به جای خدمت سربازی به سپاه دانش رفت؛ پس از شش ماه دورهٔ مقدماتی به استان خراسان اعزام و در روستای رَه‌وَر مشغول شد. پس از پایان این دوره باز مقامات مانع از ورود او به آموزش و پرورش شدند. پس، او در کنکور مدرسهٔ عالی نقشه‌برداری شرکت جست و از آن مؤسسه با موفقیت فارغ‌التحصیل شد. با توجه به پیشینهٔ پدرش، از او خواسته شد که برای استخدام دولتی تضمینی کتبی بسپارد، اما او تن به چنین تضمینی نداد.

در این زمان به استخدام یک شرکت خصوصی به نام دستور درآمد و مسئولیت نقشه‌برداری مس سرچشمه به او واگذار شد. او در این محل در تماس بلافصل با کارگران قرار داشت. پس از آن وی به استخدام یک شرکت چندملیتی درآمد که سازنده سد طالقان بود. وی همچنین مدت کوتاهی در جزیرهٔ خارک لنگرگاه بارکش‌های نفتی به کار مشغول بود.

در سال ۱۳۴۸ او تصمیم گرفت که برای آشنایی با مبارزات دانشجویان خارج از کشور در چارچوب کنفدراسیون، که در میانشان دوستانی داشت، از راه ترکیه به آلمان سفر کند. در آن‌جا وی با یکی از دبیران کنفدراسیون ملاقاتی هم به عمل آورد، اما پس از مدتی به ایران بازگشت، چون، بنا بر توصیهٔ رفقایش در آلمان، اقامت و مبارزه در آلمان و شناخته‌شدنش بر سازمان امنیت مانع از آن می‌شد که بعدها بتواند در ایران، چنان‌که می‌خواست، به مبارزه ادامه دهد.

---

۱. او به نام حزبی «سنگتراش» برای سخنرانی در میان دهقانان به روستاها می‌رفت. در یکی از این سخنرانی‌ها در شهریار مورد حملهٔ مخالفان قرار گرفت که با بیل بر سر او کوفتند. او که در معرض خطر جدی قرار داشت توسط رفقایش به بیمارستانی رسانده شد؛ در آن‌جا اطبایی که یا متمایل به حزب توده یا عضو آن سازمان بودند توانستند او را معالجه کنند. پس از ۲۸ مرداد، به‌هنگام یورش فرمانداری نظامی، او همراه چند تن از رفقایش به اتهام داشتن اسلحه دستگیر شد. متهمان توانستند دادگاه را متقاعد سازند که اسلحه‌های یافت‌شده را برای استفاده در شکار تهیه کرده بودند. همه تبرئه و آزاد شدند. او که پس از ۲۸ مرداد دستگیر و آزاد شده بود همراه با فرزندش نادر در جنوب پارک شهر یک نوشابه‌فروشی به راه انداخت و از این طریق امرار معاش می‌کرد. روزی یکی از رفقای سابقش که به جنبش پشت کرده بود و برای فرمانداری نظامی کار می‌کرد او را لو داد و، درحالی‌که در مسجد محل در حال استراحت بود، مجدداً توسط مأموران نظامی دستگیر شد.

پس از بازگشت به کشور، او در دانشکدهٔ مدیریت بازرگانی نام‌نویسی کرد. اما درعین‌حال دست‌اندرکار تشکیل گروهی بود که آنان را وارد مبارزهٔ عملی بر ضد رژیم می‌کرد. گروه او در اواخر سال ۱۳۵۰ تشکیل شد. او در زمستان ۱۳۵۱ با مصطفی شعاعیان آشنا شد. نظرات این دو در بسیاری از موارد بسیار به یکدیگر نزدیک بود، به‌ویژه در انتقاد نسبت به لنین، چه در زمینهٔ انقلاب و چه در قلمرو سیاست لنین در مورد نهضت انقلابی جنگل. در این زمان هر دو تحت تعقیب سازمان امنیت بودند. این دو و همکارانشان متحد شدند و گروه جدید ملقب به **جبههٔ دموکراتیک خلق** (ج.د.خ.) را به وجود آوردند.

پس از مدتی شعاعیان در قضیهٔ آموزش مهرسازی به کادرها نسبت به عبدالله اندوری ظنّ برد، چون او به جای آنکه مهر را خود بسازد آن را به یک مهرسازی سپرده بود. این امر به شناخت او از طرف سازمان امنیت کمک کرد. از این رو تصمیم گرفته شد که او را تحت نظر قرار دهند و مراقبش باشند. در ۵ خرداد ۱۳۵۲ عبدالله اندوری در آستانهٔ قرارش با نادر شایگان او را از درون اتوموبیل کمیتهٔ مشترک به مأموران سرکوب نشان داد که بلافاصله مورد هجوم نیروهای کمیتهٔ محاصره‌کنندهٔ منطقهٔ جمشیدآباد جنوبی قرار گرفت. در زدوخوردی که بین نادر و مأموران سرکوب رخ داد، نادر توانست چند تن از آنان را از پای درآورد، اما چون فشنگ‌هایش تمام شد و نارنجکی که همراه داشت منفجر نشد، ناگزیر از نبرد تن‌به‌تن با مأموران سرکوب شد تا آنان را به زمین افکند و بتواند از محوطهٔ محاصره خارج شود. (او سابقهٔ کشتی‌گیری داشت.) اما در این هنگام به دستور تهرانی پاهای او به مسلسل بسته شد تا از فرار او جلوگیری به عمل آید. در این لحظه او با جویدن قرص سیانور به حیات خود پایان داد. در همین عملیات یار نزدیک او حسن رومینا نیز توسط نیروهای سرکوب از پای درآمد. در همین زمان بیژن فرهنگ آزاد و صدیقهٔ صرافت، که آنها نیز از طریق اندوری لو رفته بودند[1]، در رستورانی دستگیر شدند. خصومت فداییان خلق با ج.د.خ. آن‌قدر زیاد بود که پس از شهادت نادر شایگان به دست مأموران ساواک، برخلاف رسمی که وجود داشت، هیچ گونه اعلامیه‌ای در آن مورد از جانب آن صادر نشد و ایشان نسبت به اعتراض فاطمه شایگان («رفیق مادر») هم بی‌اعتنا ماندند.[2] نادر شایگان هم اهل مطالعه و کار تئوریک بود، اما متأسفانه

---

۱. در برابر ارزیابی مصطفی شعاعیان، و تأکید فاطمه شایگان («رفیق مادر»)، برخی از یاران شعاعیان این برآورد را نادرست می‌دانند و اندوری را مسئول شناخت آنان توسط ساواک نمی‌دانند.

۲. از میان برادران نادر شایگان، ابوالحسن قبلاً توسط مجاهدین به یکی از خانه‌های تیمی فداییان منتقل شده بود. دو برادر خردسالش، ناصر و ارژنگ، که در این زمان ده سال و یازده سال داشتند، همراه مادرشان فاطمه شایگان («رفیق مادر») و مصطفی شعاعیان به مشهد اعزام شدند. این دو پس از دستگیری مادرشان از طرف فداییان به خانهٔ تیمی احمد اشرف برده شدند. آنان در هجوم ساواک در اردیبهشت ۱۳۵۵ به شهادت رسیدند.

←

دست‌نوشت‌های او در یورش‌های متعدد ساواک از بین رفتند. چنان‌که در بالا آمد، با از دست‌رفتن رفقای نزدیکش و نیز دستگیری برخی دیگر، مصطفی شعاعیان به فداییان پیوست که او نیز سرنوشت تلخی داشت.

* * *

کسروی در آغاز ***تاریخ مشروطهٔ ایران*** بر نکتهٔ مهمی انگشت می‌گذارد که همواره در تاریخنگاری ایران یکی از ضعف‌های اساسی بوده است. او از نادانی‌ای در میان ایرانیان صحبت می‌دارد که، در اثر «سستی اندیشه» برخی کسان را در تاریخ برجسته می‌کنند، حتی کسانی را که با نهضتی دشمنی کرده بودند، اما از ذکر نام کسانی که کار جنبش را با «گمنامی» و «بی‌شکوه» پیش بردند پرهیز می‌شود. از این‌رو، با از میان‌رفتن نام و خدمات این چنان کسان و ارج‌نگذاشتن به آنان «راستی‌ها بی‌پرده نمی‌گردند»، یعنی تاریخ دچار تحریف می‌شود. او مردمی را که نام «توانگران بنام را به‌دیده می‌گیرند و کارهای بزرگ را به نام آنان می‌خوانند و دیگران را که کنندگان آن‌ها بوده‌اند» «سست‌اندیشه» می‌شناسند. نکته‌ای را که کسروی شاهد نبود و لذا نمی‌توانست ارزیابی کند گرایش وارونهٔ کسانی است که می‌کوشند در هر فرصت مناسبی، ابن‌الوقتانه، از خادمان نهضت که به بوتهٔ فراموشی سپرده شده‌اند یا عامدانه نفی (سرکوب) سیاسی شده‌اند یاد کنند و بدین سان برای خود حیثیت و اعتباری کسب کنند. دردناک این است که در پاره‌ای از موارد این «زنده‌کنندگان» فراموش‌شدگان تاریخ خود از میان کسانی برمی‌خیزند که در گذشته در نفی یا سرکوب قربانیان توطئهٔ سکوت یا مستقیماً دست داشتند یا با آنان همکاری کرده بود. نمونه‌ای از این رندی را در مورد مصطفی شعاعیان شاهد هستیم.

مدتی بعد ساواک اعلام داشت که ابوالحسن در ۹ تیر ۱۳۵۵ در هجوم دیگری کشته شده بود، اما بعدها معلوم شد به‌دروغ. پس از ۹ ماه او را چند بار با مادرش مقابله دادند. او مسلماً تا حوالی قیام ۱۳۵۷ حیات داشت و تحت نظر ساواک قرار داشت. این‌که پس از آن چه به سر او آمد دانسته نیست.

نامهٔ یکم

نخستین نامه به چریک‌های فدایی خلق

۱. طرحی که بر پایهٔ آن از همهٔ رفقا خواسته شده بود تا یادبودهای خود را پیرامون برخوردها و گفتگویشان با اپورتونیست‌ها بنویسند، تا شاید در *نبرد خلق* چاپ و پراکنده شود، طرح پسندیده‌ای بود. در عوض از اینکه دومین شمارهٔ *نبرد خلق* هم چاپ و پراکنده شد و در آن هیچ نوشته‌ای در این زمینه وجود نداشت، چنین برداشت می‌شود که هیچ‌یک از رفقا به این درخواست سازمان عملاً لبیک نگفتند.

این رفتار رفقا که به درخواست سازمان با خاموشی و بی‌عملی پاسخ داده‌اند، بی‌گمان رفتار ستوده‌ای نیست. با این‌همه، نبودِ ولو نیم‌نوشته‌ای در این باره در دومین شمارهٔ *نبرد خلق* گواه آن است که حتی طراحان و یا طراح طرح یادشده نیز خود به طرح خود در کردار لبیک نگفته است، که این دیگر از هر سو نگریسته شود، نکوهیده هم هست! زیرا خود گفتن و خود نکردن هزاران بار نکوهیده‌تر از شنیدن و پذیرفتن و نکردن است!

به هررو، طرح نوشتن یادبودهایی از اپورتونیسم طرح خوبی بود؛ و هست. ارزش این طرح به‌ویژه آنگاه بیشتر نمود می‌کند که پس از نوشتن یک رشتهٔ مناسب از این یادبودها، یک جمع‌بندیِ کلی از همهٔ آنها انجام شود. خود این جمع‌بندی نیز درست از آن‌رو بیشتر ارزشمند است که چون بر پایهٔ آزمون‌های روزانهٔ رفقا استوار است، به‌ناچار نمود و خودویژگی‌های اپورتونیسم را در محیطی که ما خود مستقیماً در آن زندگی می‌کنیم، آفتابی می‌کند. زیرا اگر اپورتونیسم را همانا «بی‌اصولی» بگیریم، این بی‌اصولی، درست از آن‌رو که بی‌اصولیت به‌ناچار همواره و در همه جا و در همهٔ زمان‌ها دارای یک نمود و یک چهرهٔ یگانه و ثابت نیست، بلکه در هر جا و هر زمان، بنا به ویژگی‌های زمان‌مکانی خود، به رنگ‌ها و چهره‌های گوناگونی درمی‌آید که چه بسا با نمودهای پیشین آن زمین تا آسمان فرق داشته باشد، هرچند گوهر و نهاد آن که همانا «بی‌اصولی» است، همچنان یگانه و ثابت باشد. و درست از همین‌رو هم هست که خطر و تهدید اپورتونیسم برای هرگون اصول، و پس، برای

یک انقلابِ اصولی، خطر و تهدیدی سخت جدی و همچنین سخت پیچیده و تودرتوست. سخن کوتاه: همهٔ جلوه‌های اپورتونیسم را نمی‌توان یک‌بار برای همیشه مرزبندی کرد و ابعاد آن را چنان تعیین کرد که گویی هرگز نمود دیگر و گسترش بیشتری نخواهد داشت؛ زیرا همهٔ پدیده‌های اجتماعی و در این میان به‌ویژه اپورتونیسم، پدیده‌ای نیست که بتوان همانند پدیده‌های فیزیکی درازا و پهنا و بلندای آن را یک‌بار برای همیشه اندازه گرفت و ثبت کرد و پیوسته هم دلخوش بود که به شناخت روشن و کاملی دست یافته‌ایم!

۲. سخن دربارهٔ **اپورتونیسم**، سخن دربارهٔ گونه‌ای اندیشه و شیوهٔ تفکر، گونه‌ای خوی و اخلاق، گونه‌ای منش و نهاد است که خود از گونه‌ای زندگی، زندگی طبقاتی و لایه‌بندی‌های آن می‌تراود. و پس، سخن دربارهٔ اپورتونیست، سخن بر سر عنصری از چنین نمود و پدیدهٔ طبقاتی است. ولی گاه نیز سخن بر سر رفتاری اپورتونیست (اپورتونیستی) سخن بر سر اپورتونیسم‌زدگی است. یعنی گاه سخن بر سر کسی است که نه به‌یکباره اپورتونیست است که هر گون کنش و رفتارش از نهادی اپورتونیستی جوشیده باشد، بلکه سخن پیرامون کسی است که دچار بیماری اپورتونیستی است. اپورتونیسم‌زده است. به گفتاری دیگر: برخی یا مشتی از رفتارها و کردارهایش اپورتونیستی است، هرچند سرشت و گوهرش، همان سرشت و گوهر اپورتونیست‌ها نیست. و پس، این‌گون رفتارها و کردارهای اپورتونیستی‌اش عارضه و بیماری اوست. و نه سرشت و گوهر او!

از همین‌روست که همواره بایستی بتوان میان اپورتونیست به‌مانند عنصری که به‌ناچار پیوسته و به گوهر دارای رفتار و منشی اپورتونیستی است، با آن کس که همچنین کارها و رفتاری اپورتونیستی هم از او سر می‌زند، تمیز داد. بی‌تمیزی در این زمینه، کار را به خطرات و داوری‌های ناسنجیده‌ای می‌کشاند که چه بسا خودِ آنها نیز اپورتونیستی باشد!

شاید نیازی به پرگویی نباشد که خطر اپورتونیسم‌زدگی همواره طبقهٔ کارگر و همچنین نیروهای پیشتاز و حتی سازمان انقلابی‌اش را نیز سخت به تهدید گرفته است [و در آینده نیز به‌سادگی نمی‌توان از چنگ آن رهایی یافت؛] و پس، طبقهٔ کارگر دست‌کم تا به اکنون نتوانسته است خود را از بیماری مرگبار اپورتونیسم‌زدگی به‌یک‌باره برهاند.(۱) و چرا؟

۳. روشن است که طبقهٔ کارگر پدیده‌ای جدا از این جهان عینی و مادی، پدیده‌ای جدا از تاریخ، جدا از جامعهٔ جهانی و جوامع کشوری و جوامع صنفی و غیره، پدیده‌ای جدا از دیگر طبقات و زندگی طبقاتی جهانی نیست. طبقهٔ کارگر نیز هرچند نفی‌کنندهٔ این روابطِ بهره‌کشانهٔ جهانی در همهٔ پهنه‌های مادی و معنوی آن است، با این‌همه درست از همین‌رو خود نیز بخشی از همین جهان است. و پس، از آنجا که فرهنگ و منش و اخلاق و به‌یکباره همهٔ روساخت اجتماعی در واپسین بررسی بازتابی

است از زیرساخت آن به‌ناچار فرهنگ چیره، فرهنگ طبقهٔ چیره است. و پس، طبقهٔ کارگر نه چون طبقه‌ای ناچیره، همواره در چهارراه آلودگی به انواع بیماری‌های روانی و اخلاقی و فرهنگیِ طبقات ناکارگری و فرهنگ‌های چیره، با همهٔ تودرتویی‌های آنها نیز جای دارد. به گفتاری دیگر: استثمار از طبقهٔ کارگر، به استثمار نیروی بدنی او منحصر نمی‌شود؛ این استثمار تا به استثمار فرهنگی و روانی و اخلاقیِ طبقهٔ کارگر نیز گسترش می‌یابد. سخن کوتاه، طبقهٔ کارگر با همهٔ زندگی‌اش، چه مادی و چه معنوی، به‌یکباره به استثمار کشیده می‌شود. و درست از همان روست که هرگز نباید پنداشت که طبقهٔ کارگر پیوسته به‌گونه‌ای عینی «از سرشت ویژه» است و از «مصالح خاصی برش یافته» است. و همچنین درست از همین‌روست که هرگز نباید دچار این پندار شد که با یکی دو جلوهٔ انقلابی و کمونیستی و نااپورتونیستی، به‌یکباره از هرگون بیماری اپورتونیسم‌زدگی رهایی یافته‌ایم و پاکیزه شده‌ایم؛ پاکیزهٔ ناب!

طبقهٔ کارگر نیز جدا از این جهان نمی‌زید. و به‌ویژه، طبقهٔ کارگر هر اندازه بیشتر در گندابِ نظامِ چیره فرو رفته باشد و هر اندازه بیشتر از نبرد و زندگیِ انقلابی و نقش رزمنده و تاریخی خود دور مانده باشد و هر اندازه کمتر در سازمان‌یابی انقلابی و همبستگی جنگی و سازمانی‌اش پیش رفته باشد، به همان نسبت نیز بیشتر در معرض آغشتگی به انواع بیماری‌های روانی و فرهنگی و اخلاقیِ طبقات و نیروهای دیگر و ازجمله اپورتونیسم‌زدگی است. از این‌رو دلخوش‌کردن به اینکه می‌خواهیم از عناصر طبقهٔ کارگر باشیم؛ دلخوش‌کردن به اینکه از عناصر طبقهٔ کارگریم؛ دلخوشی به اینکه با نیتی کارگری پای در رزمگاه انقلاب گذاشته‌ایم... به این حساب که پس از هرگون آلودگیِ ناکارگری وارسته‌ایم و به این شعار که پس «از سرشتی ویژه‌ایم» و «از مصالح خاصی برش یافته‌ایم» و پالوده از هرگون ناپاکی و بیماریِ ناکارگری هستیم؛ دلخوشی دست‌کم سخت کودکانه‌ای است که بدبختانه، جهانی کمر به تأدیب این‌گون سرخوشی‌های کودکانه بسته است، که سخت کهنسال است و بی‌شکیب؛ سخت نامهربان است و خشن. جهانی که با دلی ساخته از «خار و خاراسنگ» منطق و اصولِ مادی داوری می‌کند، و نه مهر و خویشاوندی و گذشت ترسایی!

و درست از همین‌رو نیز هست که برای جستجوی عناصر و جان‌های کارگری نمی‌بایستی به دنبال کسانی گشت که از هرگون کاستی و زشتی به‌یکباره وارسته باشند. زیرا مادام که وجه چیره بر جهان پلیدی و تباهی است، هرگز چنین آدمیزادگانی در این جهان مادی یافت نخواهد شد. البته این رسم در فرهنگ‌های آسمانی جاودانه است که همواره پیشوایان مذهبی را به‌یکباره پالوده از هرگون نارسایی و کاستی، معصوم و پاکیزهٔ ناب و پدیده‌هایی یکپارچه نیکی و خرد و فرزانگی جا بزنند. ولی فرهنگ زمینی طبقهٔ کارگر که اسیر بداختری زندگی مادی است، از چنین اساطیر سحرآسایی بهره‌مند نیست. طبقهٔ کارگر، جان‌ها و رفتارهای کارگری را چیزی در فراسوی هرگون کاستی و انتقاد نمی‌جوید. طبقهٔ کارگر گوهر کارگری را در چگونگی برخورد این یا آن تن و این یا آن گروه و جرگه و

سازمان و حزب و لایه و طبقهٔ اجتماعی با انتقادهایشان، با کاستی‌هایشان و با واقعیات عینیِ پیرامون و درونشان ارزیابی می‌کند. از این‌رو نباید پنداشت که به‌یکباره نداشتن انتقاد، این است آنچه گواه کارگری بودن است! زیرا چنین چیزی در چنین جهانی، ناشدنی است؛ بلکه بایستی به‌درستی دریافت که چگونگی برخورد با انتقادها و کاستی‌ها، این است که نشانگر رفتار و منشی کارگری یا ناکارگری، یکی از این‌دو است!(۲)

۴. بنابراین بر آنم که در لبیک‌گفتن به دعوت ***نبرد خلق*** برای نوشتن یادبودهای خود در برخوردها و زندگی با اپورتونیسم و شیوه‌های اپورتونیستی، یک نیم‌چرخی بزنم و به جای نوشتن یادبودهایم از اپورتونیسم ناب و اپورتونیست‌های خُلَّص، از بیماری اپورتونیسم‌زدگی‌ای یاد کنم که در برخوردهای خود از رفتارها و کارهای رفقایی که با آنها تماس داشته‌ام، آشکارا دیده‌ام. و بر آنم که این نیم‌چرخ به‌ویژه از آن‌رو سخت حیاتی‌تر است که مادام‌که نتوانیم خود و سازمان خود را از اپورتونیسم‌زدگی برهانیم؛ و به‌ویژه مادام که حتی ندانیم چه‌گون رفتاری اپورتونیستی است؛ و پس، سرخوش و بی‌خیال سرگرم انجام آن باشیم، آنگاه پیکار ما نه با گوهر و همهٔ هستی و همهٔ جلوه‌های اپورتونیسم بلکه به برخی نمودها و پاره‌ای ریشه‌های آن محدود خواهد شد. و پس، بدین‌سان پیکار با اپورتونیسم، نه به مرگِ یکپارچه و جاودانهٔ آن، بلکه به زخمی‌کردن آن و به شکستِ برخی نمودهای آن و باروری برخی دیگر و در روند آن، به بازآفرینی دوبارهٔ همان شاخساران شکسته و ریشه‌های بریده نیز منتهی خواهد شد. و این، درست همان دور باطل جادویی است که دست‌کم تا به اینک جنبش‌های کارگری از طلسم آن رهایی نیافته‌اند.

به‌هررو، من به جای نوشتن یادبودهای خود از اپورتونیسم و اپورتونیست‌های ناب، از یادبودهای خود در پیرامون رفتارها و کنش‌های رفقای «چریک فدایی خلق» یاد می‌کنم، و بدین امید که هرآینه برداشت‌هایم درست باشند، رفقا در درستی خود بکوشند و هرآینه نادرست باشند، با بررسی رفقا، من در تصحیح خود بکوشم.

و روشن است که هرگون ماستمالی و توجیه‌گری در برابر انتقادات و پاسخ‌ها و انتقادات متقابل، دیگر قضیه را از بیخ‌وبن عوض می‌کند و نشان می‌دهد که بیماری اپورتونیسم‌زدگی در ما چندان ریشه دوانیده است که خود، به نهاد و گوهر ما مبدل شده است. و پس، به‌یکباره اپورتونیست شده‌ایم.

همین‌جا بدون درنگ یادآور شوم که شکی نیست آنچه از سوی من در خرده‌گیری به رفقا طرح می‌شود، نه به معنی آن است که پس من خود از هرگون بیماری اپورتونیستی به‌یکباره پیراسته‌ام. به‌هیچ‌رو! شکی نیست که بر بنیاد آنچه یاد شد، آنچه آشکارا شک‌ناپذیر است این است که خودِ این کمترین نیز در چارسوق انواع بیماری‌های اپورتونیستی جای دارد. و پس، می‌خواهم امید فراوان

داشته باشم که نوشتن این یادبودها، خود زمینه‌ای برای نوشتن آشکارا و پوست‌کندهٔ نظر رفقا دربارهٔ کارهای اپورتونیستی من نیز بشود!

بگذار خسی را که زندگی در خارستان اپورتونیسم در پیکرمان فرو کرده است، حتی با چنگ و دندان خود و یکدیگر، از کالبد و زندگیِ یکدیگر بیرون کشیم؛ بی‌آنکه حتی یک آن هم که شده نگران باشیم که مبادا دیگران چنین داوری کنند که آنها خودشان به جان هم افتاده‌اند؛ و پس ولشان کن. که این داوری نیز خود اپورتونیستی است که پاسِ این‌چنین داوری‌ها را نگاه‌داشتن و به حساب این نگرانی‌ها از شکافتن پوسته‌هایی که به چشم سالم و شاداب می‌آیند، ولی در پشت آنها کیسه‌های آکنده از چرک و خون انباشته است، سر باززدن، این هم خود اپورتونیستی است.(۳)

۵. برای اینکه رفتارهای اپورتونیستی رفقا شکافته شود، نخست بایسته است از برخی ارزش‌هایی یاد شود که بر بنیاد آنها رفتارهای اپورتونیستی تمیز داده می‌شوند:

ـ انجام کاری را به گردن گرفتن، ولی درست بدان هنگام که انجام آن کار در کردار پیش می‌آید، از زیر آن دررفتن و تازه به جای برخورد انقلابی و بُرا با این رفتارِ خود، به مشتی پرگویی که صرفاً توجیه‌گرانه‌اند، آویختن؛ این است آنچه اپورتونیستی است!

ـ از خرده‌گیری یا انتقاد رویاروی و اصولی سر باززدن و در عوض پنهانی خرده‌هایی را که چه بسا ساختهٔ مغز خودمان باشد، ساخت مادی دادن و بر پایهٔ آنها رفتار و داوری‌کردن؛ این است آنچه اپورتونیستی است!

ـ گاه برای شناخت و داوری دربارهٔ این یا آن موضوع، به واقعیات مادی و عینی، بی‌پروا و یا بی‌توجه‌بودن و در عوض مسائلی را که در واپسین تحلیل هیچ‌گونه دلیل مادی و بزّایی دربارهٔ آنها به دست نیامده، به‌دلخواه و سبک‌سرانه در پندارِ خود واقعیت مادی‌بخشیدن و همان‌ها را معیار شناسایی و داوری‌گرفتن؛ این است آنچه اپورتونیستی است!

ـ نسبت به این یا آن تن، نه برخوردهای انقلابی کارگری، بلکه برخوردهای شخصی را معیار همبستگی و رفاقت و یا جدایی و دشمنی گرفتن، این است آنچه اپورتونیستی است!

ـ در برابر انتقادها، به بهانهٔ شیوهٔ انتقاد، سنگرِ نترانهٔ انتقام‌گیری و کینه‌توزی گرفتن و به همین دستاویز اصل موضوع را به فراموشی سپردن و با رندی و دغلکاری از زیر مشتی مسئولیت‌ها دررفتن و در عوض، کارها و رفتارهای حساب‌گرانهٔ دیگری را در دستور گذاشتن و کوتاه‌سخن، به دستاویزهای گوناگونِ حتی ضد انقلابی و یا دست‌کم ناانقلابی آویختن؛ این است آنچه اپورتونیستی است!

ـ بهانه‌جویی‌کردن و بهانه را به جای اصول نشاندن، این است آنچه اپورتونیستی است!

ـ برای داوریِ عامِ نهایی، نه به برگه‌ها و دلایل عام، بلکه به کاستی‌ها و نارسایی‌های خاص

اقتداکردن و بدین‌سان میان عام و خاص، یا میان استراتژی و تاکتیک، به بهای لغزشی تاکتیکی داوریِ استراتژیک کردن ــ و البته همچنین به‌عکس ــ این است آنچه اپورتونیستی است!

ــ رفتار روشن و برّا نداشتن و زیگزاگ‌کارکردن، یعنی حتی پس از واپسین داوری نیز با برایی و گستاخیِ انقلابی و کمونیستی برخورد نکردن ــ آشکارا نگفتن و یکراست به پهنهٔ کردار گام‌ننهادن و در عوض ادا و اطوارهای اشراف‌منشانه پیشه‌کردن: ماچ و بوسه‌های به‌ظاهر گرم ولی به‌گوهر دغلکارانه، دست‌دادن با پنجه و خنجر پنهان‌کردن در آستین ــ سخن کوتاه: به جای رفتاری روشن و سرراست و استوار به شیوهٔ کج‌دار و مریز آویختن؛ این است آنچه اپورتونیستی است!

ــ بدون مسئولیت رفتارکردن و تلافی را جانشین برخورد سازمانی و کمونیستی‌کردن؛ این است آنچه اپورتونیستی است!

ــ برای کارهای خود دلایلِ یکپارچه توجیهی تراشیدن و آرام و خونسردبودن در برابر این امر که به‌راستی هیچ‌کدام این دلایل به اندازهٔ یک خشخاش نیز پایهٔ مادی و راستین ندارد؛ این است آنچه اپورتونیستی است!

ــ چشم برای دیدن دیگران داشتن و برای دیدن خود نداشتن؛ گوش برای شنیدن سخنانِ دیگران داشتن و برای سخنان خود نداشتن؛ چشم برای دیدنِ تنها برخی مسائل داشتن و برای انبوهی دیگر نداشتن؛ گوش برای شنیدن تنها مشتی سخنان داشتن و برای رشته‌های دیگر نداشتن؛ این است آنچه اپورتونیستی است!

ــ حاشاکردن و آنگاه هم که مچ باز می‌شود، یواشکی و همراه با نیم‌لبخندی زیرکانه از زیر موضوع با خاموشی و به‌نرمی دررفتن؛ این است آنچه اپورتونیستی است!

ــ گویا نظرها و اندیشه‌های استوار و سنجیده داشتن و وعدهٔ نوشتن آنها را با برّایی و استواری‌دادن، و با این‌همه هر بار به بهانه‌هایی، کار را انجام‌ندادن و پابه‌پای آن دیگران هم برای همهٔ اینها دلیل و برهان تراشیدن؛ این است آنچه اپورتونیستی است!

ــ تعصب تئوریک، حتی بدون دانستن تئوری ــ و چه بسا درست به علت ندانستن تئوری ــ داشتن؛ این است آنچه اپورتونیستی است!

ــ پیکار مرامی یا پیکار ایدئولوژیک را همواره به آینده‌ای مبهم سپردن، بدین بهانه که گویا نه فرصت این کار در دست است و نه زمان آن اکنون است، حال آنکه درد جای دیگری‌ست، این است آنچه اپورتونیستی است!

ــ و چون اینها!

دوم

۶. یادبودها:

موضوع یگانگی سازمانی با «چریک‌های فدایی خلق» موضوعی بود که از همان آغازِ آشکارشدن جنبش مسلحانه از سوی همین سازمان، برای ما نیز مطرح بود. بی‌آنکه اینک سخن بر سر ارزشیابی قضیه باشد، بایستی افزود که این موضوع به‌ویژه برای من بیشتر مطرح بود. زیرا چه بنا به اندک مطالعه‌ای که در پیرامون تاریخ این جامعه داشتم و چه بنا به زندگی گذشته‌ام، به‌هررو، نبرد یکپارچه و «جبهه»‌ای علیه این نظام از یکسو، و یگانگی سازمانی نیروهای کارگری برای پرچمداری این «جبهه» از سویی دیگر، مرا سخت وامی‌داشت تا ضمن دلبستگی به پیکار جبهه‌ای همهٔ نیروهای انقلابی، به یکپارچگی نیروهای کارگری شیفتگی فراوان نشان دهم. و این اندیشه که پیشینهٔ نیروهای «چپ» در جامعهٔ ما، به هر دلیل و به هر رو، ستایش‌انگیز نیست، بیشتر مرا وامی‌داشت که به سرنوشت جنبش نوین با دلسوزی و امید بیندیشم؛ و پس، کوشش داشتم که تا به هر کجا که بشود خود را از تنگ‌اندیشی و خواری «ما و من» برهانم و به‌ویژه به سرنوشت جنبش در پویهٔ تاریخی و جایگاه کنونی آن بپردازم. این بود که به‌ویژه من نسبت به یگانگی سازمانی با «چریک‌های فدایی خلق» بیشتر دلبستگی نشان می‌دادم.

افزودنی است که رفیق فاطمه نیز، به هر دلیل، به هر رو، چنین دلبستگی سختی را نشان می‌داد.

باز هم بی‌آنکه سخن بر سر ارزشیابی باشد، بایستی افزود که برداشتِ به‌ویژه رفیق نادر برداشتی دیگر بود. نه بدان معنی که او به یگانگی نیروهای کمونیستی پاک بی‌باور بود و آن را نادرست می‌دانست، به‌هیچ‌رو! تنها بدان معنی که او بر آن بود که در اینجا دو دیدگاهِ از بُن جداگانه وجود دارد، که یکی دیدگاه **لنینیسم** است و دیگری دیدگاه ***انقلاب***.(۴) به‌ویژه رفیق نادر بر آن بود که چه بخواهیم و چه نخواهیم در اینجا قضیه‌ای ریشه‌ای در میان است که به گونه‌ای ریشه‌ای نیز، خود را تحمیل می‌کند؛ و بایستی هم به‌گونه‌ای ریشه‌ای حل شود. و پس، نمی‌توان با ماستمالی و ختم صلوات از کنارش گذشت که گذشتنی نیست و درست همین برداشت بود که یک‌بار آن را با رفیق فریدون در میان گذاشتم.(۵)

ولی این داستان نزد ما به همین جا پایان نپذیرفت. من همچنان دربارهٔ آن می‌اندیشیدم و راه‌جویی می‌کردم؛ به‌ویژه که داوری من چنین بود که داستان لنینیسم و ***انقلاب*** داستانی نیست که بتوان به سرنوشت فوری آن امیدوار بود. این کار، زمانِ تاریخی‌ای متناسب با خود می‌خواهد؛ و افزون بر آن، می‌بایستی آرامش و هوشیاری کوشایی برای گام‌برداشتن در این راه داشت. شکیبایی و پیگیری دانشین و پاکیزه از تعصب و خشکیده‌مغزی فراوانی می‌خواهد. چه بسا کاستی‌ها در آن

هست که تمیز نداده‌ایم؛ چه بسا مطالب دیگر هست که بایستی بدان افزود. سخن کوتاه: چون تازه طرح شده و به‌ویژه که چون تازه «به بحث» گذاشته شده، پس دست‌کم از هم‌اکنون نبایستی ما آن را به‌گونه‌ای سپر پولادین درآوریم که یا این‌ور سپر و یا آن‌ور سپر! از این‌رو ما بایستی در زندگی عینی و همراه با بحث‌های شفاهی و کتبیِ فراوان، پابه‌پای سرنوشت آن ره‌جویی کنیم. و روشن است که هیچ‌کدام اینها به معنی پناه‌گیری در سنگر اپورتونیستی و محافظه‌کارانهٔ ماستمالی و ختم صلوات نیست. اینها تنها بدان معنی است که بایستی خود همراه با برداشت‌هایمان به هر سو برویم و اندیشه‌ها و داوری‌ها را دربارهٔ آن جویا شویم و پس، با رفقای فدایی نیز بایستی حتی در یگانگی سازمانی زندگی کنیم، منتها اندیشه‌های‌مان را چه تن‌به‌تن و شفاهی و چه کلی و کتبی با یکدیگر برخورد دهیم تا آنچه درست است به‌درستی پیدا و پذیرفته و پیاده شود.

همین برداشت‌ها بود که باعث شد باز هم من دبه درآورم و درخواست کنم که باری دیگر موضوع یگانگی سازمانی با «چریک‌های فدایی خلق» بررسی شود. در این زمینه با رفیق فاطمه گفتگویی کردم، و از او خواستم که در نشستی که با رفیق نادر داشت و من نمی‌توانستم شرکت کنم، این موضوع را بدین‌سان طرح کند:

ــ یگانگی سازمانی، ضمن آزادی در اندیشه و ضمن ایجاد محیطی مساعد برای برخورد اندیشه‌ها!

گفتن دارد که رفیق فاطمه بدون درنگ با این طرح همداستانی یا موافقت نشان داد.(۶)

البته این پیشنهادِ تازه هرگز با رفیق نادر در میان گذاشته نشد؛ زیرا پیش از آن نشستی که رفقا با هم داشتند، رفیق نادر شهید شد.

به دنبال شهادت نادر و دیگر رویدادهای همراه با آن، این پیشنهاد، آشکارا از سوی من با رفیق فریدون در میان گذاشته شد. رفیق بدون درنگ پذیرفت. و حتی با لحنی سرزنش‌آمیز افزود:

ــ خودتان از اول یگانگی سازمانی را وابسته به سرنوشت «انقلاب» کردید.

ــ آره!

که بگذریم.

به‌هررو، بدین‌سان یگانگی سازمانی به‌معنی نفی سازمان ما و پیوست‌مان به «چریک‌های فدایی خلق» شکل گرفت، منتها با همان شرط:

ــ یگانگی سازمانی ضمن آزادی در اندیشه و ضمن ایجاد محیطی مساعد برای برخورد اندیشه‌ها!

هرچند به‌راستی پرگویی است، با این‌همه شاید بهتر باشد که افزوده شود که البته جملهٔ بالا واژه به واژه نه به زبان آمد و نه طی مراسم ویژه‌ای روی کاغذ نوشته شد و نه به مُهر و امضا رسید. روشن است که به‌اصطلاح قرارومدارها چنین مفهومی را می‌رساندند. کمااینکه در زمینه‌های دیگر نیز داستان به همین سان بود.

۷. برنامه‌ها چیده شدند. وظیفهٔ من چنین تعیین شد:

> رفتن به مشهد. کوشش در زمینه‌های نظری. همکاری در زمینهٔ سامان‌دادن به یک نشریه. همکاری در راه ساختن برخی جنگ‌افزارها!

بنا به همین برنامه گفته شد که رفیق «مجید» یعنی همان کسی که پیشتر مأمور پاسخگویی به ***انقلاب*** شده بود هم به مشهد آید و خلاصه یک هسته از کسانی که شایسته برای مسائل نظری و سامان نشریه تمیز داده شده بودند، شکل گیرد که این کمترین نیز جزء آنها باشد.

در روند همین برنامه بود که همچنین قرار شد، رفقا دانه و جوانه، یعنی دو برادر کوچک‌تر رفیق شهید نادر و نیز رفیق مادر، یعنی مادر رفیق نادر، و من، همگی با هم باشیم و نیز قرار شد که خانه‌ای که ما در مشهد می‌گیریم حتماً دارای تلفن هم باشد تا بتوان بدین‌سان یک پیوستگی تلفنی نیز با تهران برقرار کرد و سرانجام این هم قرار شد که چون هنوز شرایط اتاق تکی من در تهران مطلوب است، پس برای اینکه آن را بیهوده از دست ندهم و همچنین برای برخی کارهای دیگر، گهگاه نیز به تهران بازگردم: ماهی، دو ماهی کمتر بیشتر، یک‌بار!

۸. رفتن به مشهد انجام شد. خانهٔ تلفن‌دار گرفته شد. پس از چندی به رفیق مجید شناسانده شدم. دلیل این آشنایی چنان‌که یاد شد دلیلی سازمانی و روشن بود: گفتگوهایی در پیرامون ***انقلاب*** و پس، بررسی خرده‌هایی که رفیق مجید به «انقلاب» داشت. کوشش برای به پاکردن نشریه و بحث‌های نظری و سیاسی! به‌ویژه این هم افزوده شد که روی‌هم‌رفته کوشش شود که گفتگوهایمان سرانجام به‌گونه‌ای کتبی شکل گیرد تا دیگر رفقا نیز بتوانند بخوانند و در بحث‌ها شرکت کنند.

آیا بدیهی نیست که اگر برنامهٔ ویژه‌ای برایمان وجود نداشت، معرفیمان به یکدیگر نیز بایستگی که نداشت هیچ، نادرست هم بود؟

به‌هررو بر پایهٔ چنان برنامه‌هایی شناسانده شدیم.

دربارهٔ سرنوشت آشنایی ما با یکدیگر و دربارهٔ روابطی که با هم برقرار کردیم و دربارهٔ سخنانی که میانمان ردوبدل شد و دربارهٔ مسائلی که با یکدیگر گفتگو کردیم و دربارهٔ این دوره از زندگیمان با یکدیگر چه بنویسم؟ که همهٔ اینها دست‌کم برای من به‌راستی چندان یادبودهایی به جا نهاده است که هرگاه بتوانم داستانی بنویسم می‌توانم از آنها به‌فراوانی بهره‌گیرم و چون البته خواستم از نوشتن این نامه، پرداختن به اینها و روی‌هم‌رفته پرداختن به رفیق مجید نیست، این است که به اندکی از آنها می‌پردازم و می‌گذرم:

الف) رفیق مجید در بحث، رویه‌ای داشت که من این رویه را به‌ویژه در **توده‌ای‌ها** زیاد دیده بودم. گفتگوهای پراکنده کردن، احساس مسئولیت نکردن برای نتیجه‌گیری از این‌همه وقت که برای بحث

صرف شده و می‌شود؛ مانند گنجشک پیوسته از شاخی به شاخی جهیدن؛ از برنامه و نظم گریختن؛ ناچیرگی و حتی ناآگاهی به بُنِ آنچه می‌گوید و در عوض اطمینان صددرصد ـ و حتی بدون اندکی تخفیف ـ داشتن به اینکه به سخنان خود با ژرفایی بی‌مانند آگاه است و اطمینان صددرصد ـ و حتی بدون اندکی تخفیف ـ به اینکه در درستیِ آنها نیز هیچ‌گونه شکی نیست و نمی‌تواند باشد؛ و یک رشتهٔ دراز از این مایه خودویژگی‌ها، که به چشم من سخت نکوهیده است و حتماً در اندیشهٔ آن رفیق بسی ستوده.

ب) چنان‌که گفته شد، رفیق مجید، حتی بسی پیش از آشنایی‌مان با یکدیگر، مأمور شده بود که *انقلاب* را بررسی کند و خرده بگیرد. این کار به درازا کشید؛ ضمناً من هم می‌خواستم آن را دوباره چاپ و پراکنده کنم. و قرار بر این بود که این چاپ تازه با پیوستِ انتقادی منتشر شود که رفیق مجید به عنوان نظر «چریک‌های فدایی خلق» به آن می‌گرفت. به درازا کشیدن پاسخ از یکسو و اینکه رفیق مجید انگار نه انگار که مسئولیتی به گردن دارد، مرا واداشت که سرانجام از او بخواهم زمانی را برای دادن مادی و عینی پاسخ به *انقلاب*، تعیین کند:

ـ تا کی پاسخت را می‌دهی؟

ـ تا ده بیست روز دیگر، حداکثر!

ـ تا یک ماه دیگه که حتماً کار تمام است؟

ـ حتماً! آره بابا!

ـ پس باشه تا یک ماه دیگه!

یک ماه گذشت و از پاسخ حتی به اندازهٔ یک جمله نیز خبری نشد:

ـ پس چی شد؟

ـ می‌دونی! یک مشت کارهای واجب‌تر پیش آمد که نشد آن را تمام کنم.

ـ اکنون که آن کارهای واجب به پایان رسیده‌اند؟

ـ آره!

ـ خب! پس از حالا تا کی می‌دهی؟

ـ تا ده بیست روز دیگه!

ـ تا یک ماه دیگه که حتماً بس است!

ـ حتماً! آره بابا!

ـ پس باشد برای یک ماه دیگه!

یک ماه دوم با پیش‌درآمد شورانگیزتری آغاز شد:

ـ ما دیگه بهتره با هم قرار دیدار نگذاریم!

ـ چرا؟

ـ چون‌که من می‌خواهم سخت به کار پاسخگویی به ***انقلاب*** بپردازم و این دیدارها وقت می‌گیرند.

ـ هر جور دلت می‌خواهد.

بدین‌سان قرار همان دیدارهای خاطره‌انگیز هم گویا به خاطر پاسخ به ***انقلاب*** بریده شد. و بازی فلک را نگر که با این‌همه آن «پاسخ» که دیگر همانند «گودو» به «انتظاری» افسانه‌ای مبدل شده بود، دست‌کم هرگز به دست این کمترین نرسید. حتی تا اینک که این اراجیف را گِل هم می‌کنم!

ـ خب! رفیق چی شد؟

ـ می‌دونی؟

ـ نه، نمی‌دونم! چی رو؟

ـ من اصلاً به این اندیشه افتادم که به جای اینکه خودم پاسخ گویم، یک رشته جملات از مائو و لنین و دیگران تهیه کنم و در یک ستون بنویسم، و در برابر آنها جملاتی که درست نقیض‌شان است از ***انقلاب*** درآورم و بنویسم، و بدین‌سان نشان دهم که اینها به هررو، ضد مارکسیستی است.

ـ هر کاری می‌خواهی بکن، آزادی، ولی بکن!(۷)

پ) گفتگوهای خیابانی و بی‌سروتهی که با رفیق مجید دنبال می‌شد، سرانجام یک‌بار کار را به آن رشته نوشته‌هایی کشاند که در پیرامون «روشنفکر» به سازمان نیز داده شد. به همراه آن نوشته‌ها و پاره‌ای مطالب دیگر، دست‌کم برای من کار به یک مشت جمع‌بندی‌ها کشید. و نتیجه گرفتم که شاید علت همهٔ اینها آن بود که ما با یکدیگر خو نداشتیم و به همین دلیل با عضلات ازپیش‌سفت‌شده با یکدیگر برخورد می‌کردیم.

شاید پذیرفته نشود، با این‌همه افزودنی‌ست که من خود به‌راستی و به‌هیچ‌وجه عضلاتم را در برخورد با آن رفیق سخت نکرده بودم. من به‌راستی برای شنیدن برهان و منطق می‌دویدم و با این‌همه بنا را بر این گذاشتم که شاید من نیز چنین حالتی داشتم. به هررو، نتیجه گرفتم که برای اینکه ما بتوانیم از گفتگوهایمان به نتیجهٔ مناسبی برسیم، بایستی نخست چندی با هم باشیم تا کم‌کم با هم خو بگیریم، شاید عضلاتمان را آزاد کنیم و آنگاه بهتر به بُنِ سخنان و خواست و نیت یکدیگر توجه کنیم.

این اندیشه را هم با رفیق مسئول مشهد، هم با رفیق فریدون و هم با خود رفیق مجید در میان گذاشتم؛ و شگفتا که اندکی پس از آن بود که به‌ناگاه رفیق مجید گویا به علت صرف وقت شبانه‌روزی برای پاسخگویی به ***انقلاب***، دیدارهایمان را بیهوده ارزیابی کرد. و در نتیجه دیگر روی‌هم‌رفته یکدیگر را حتی ندیدیم، وای به اینکه خو بگیریم.

۹. تأخیر پیاپی برای پاسخ به ***انقلاب*** و ابهام و تیرگی ـ شاید هم روشنایی ـ آینده‌ای که سرانجام نتوان چنان پاسخی را دریافت کرد و در نتیجه ***انقلاب*** را یک‌بار دیگر چاپ و پراکنده کرد، وادارم کرد که داستان را آشکارا با رفیق مسئول مشهد در میان گذارم:

ـ پس من دست به کار چاپ ***انقلاب*** بشوم!

ـ نه!

ـ آخه رفیق مجید که پاسخش را نداد.

ـ کارهایی پیش آمد که نتوانست.

ـ پس چه باید کرد؟

ـ بایستی بماند برای بعد که او هم پاسخش را بدهد!

ـ این «بعد» بایستی معلوم باشد یا نامعلوم؟ کدام‌یک؟

ـ معلوم! معلوم!

ـ خب! تا کی معلوم می‌شود؟

خنده! زدن بر روی پای من! فشردن بازوی من!

ـ پس من دست به کار چاپ ***انقلاب*** بشوم!

ـ نه!

ـ چرا؟

ـ در یک سازمان که نمی‌شود چندین نظر باشد!

ـ دِه! رفیق! ما قرارمان از همان اول چنین بود که آزادی سخن و نظر داشته باشیم.

رفیق مسئول مشهد تو لب رفت، با اندکی خشونت:

ـ نه! بایستی یگانگی مرامی سازمان حفظ شود.

ـ رفیق! من که نمی‌گویم ***انقلاب*** به امضای «چریک‌های فدایی خلق» پراکنده شود که اشکال داشته باشد. این به نام من است. به نام مشخص. نظر سازمان نیست که گواه دوگانگی باشد، و نه یگانگی!

ـ باشد! باز هم نمی‌شود! به هررو، تو عنصری از سازمانی.

ـ درست است! ولی اینکه عیبی ندارد. مگر اعضای سازمان‌ها هیچگاه هیچ نظری که ویژهٔ خودشان باشد، ندارند؟ اصولاً روی‌هم‌رفتهٔ نوشته‌های لنین و مارکس و انگلس و مائو و گوارا و روزبه و بسا کسان دیگر، نظریات حزب‌ها و سازمان‌هایشان نبود. حزب و سازمان، تنها آنچه را که خود در پایانش امضاء می‌گذارد، نظر سازمانی خود می‌داند، وگرنه اعضایش آزادند اندیشه‌ها و داوری‌هایشان را با حزب و با طبقه و با توده و با تاریخ در میان بگذارند.(۸)

ـ خب! مگر تو هم تایپ نکرده‌ای و نداده‌ای؟

ـ اینکه نامش انتشار نیست! پس تو می‌خواستی اگر من نظری هم داشتم حتی تایپ هم نکنم و به شما هم ندهم؛ چراکه با اندیشه‌های پیشین سازمان یکی نیست؟

خنده، خاموشی، تو لب رفتن بیشتر!

ــ ببین رفیق! این سخنان تو آشکارا بدان معنی است که من هرگز نبایستی با توده و طبقهٔ کارگر اندیشه‌هایم را در میان گذارم!

ــ نه! چرا؟ این‌جور نیس!

ــ خب، پس چگونه این کار را بکنم؟

ــ ببین رفیق! جنبش هنوز سخت ناتوان است. بگذار ما تا اندازه‌ای رشد کنیم و نیرو گیریم، آن‌گاه خب، هر کس هر نظری داشته باشد، آزاد است که بگوید!

ــ رفیق جون! سازمانی که به‌هنگام ناتوانی از پخش اندیشه‌ای که نمی‌پسندد جلو می‌گیرد، به‌هنگام توانایی، آن مغزی را می‌ترکاند که بخواهد اندیشه‌ای کند سوای آنچه سازمان دیکته می‌کند.

بلند خندیدن، و خاموشی!

به هررو پاسخ نداشتن و نپذیرفتن!

نتیجه: بلاتکلیف‌ماندن من از یکسو، به اندیشه افتادن آن رفیق از سویی دیگر! چه اندیشه‌ای؟ اندیشهٔ اینکه بایستی یکبار برای همیشه دکانِ این‌گون سخنان را تخته کرد که هر کس و ناکسی چیزی نوشت نخواهد چاپ و پراکنده کند. یا که هر کس و ناکسی که از خونهٔ ننه‌اش قهر کرد، هوس نکند که در گوشهٔ حرم مقدس و کبریایی لنینیسم دراز بکشد و خُرناسه درکند.

بر آنم که جملهٔ «قرار ما از همان آغاز چنین بود که آزادی سخن داشته باشیم» به آن رفیق سخت گران آمد.

سرانجام قرار شد این بار که به تهران می‌روم، داستان و نتیجهٔ آن را با رفیق فریدون در میان گذارم.

۱۰. به تهران آمدم. موضوع را در میان گذاشتم. به‌ناگاه روشن شد که رفیق فریدون نیز از همان مایه سخنانِ رفیقِ مسئولِ مشهد را می‌زند. پس از مشتی گفتگوهای تکراری، سرانجام گفتم:

ــ ببین رفیق! حتی اگر هم بگذریم از اینکه این سخنان تا به چه اندازه درست یا نادرست هستند، باز هم یک چیز دیگر هست: اینها با قرارهایمان یکی نیست و ضد آنهاست.

لبخند!

ــ به هررو، چه باید کرد؟

ــ ببین رفیق! من تنها کسی هستم که قضیه را از دیدگاه عملیش بررسی می‌کنم و می‌سنجم...

این سخنِ آشکار می‌رساند که دیگر رفقایِ مرکزی و از جمله رفیق مسئول مشهد، بر آن بوده‌اند که بایستی جلوی چاپ و پراکندگی *انقلاب* را یکراست گرفت و آشکارا هم گفت: فضولی موقوف! نمی‌توان هم با «چریک‌های فدایی خلق» بود و هم یاوه‌های *انقلاب* را منتشر کرد. و در این میان، این تنها رفیق فریدون بوده است که نرمشِ بیشتری داشته و تا بدان اندازه تند و تیز نبوده است. این سخن آشکارا این مفهوم را می‌رساند. به هررو، رفیق فریدون دنبالهٔ سخنش را چنین گرفت:

ــ و پس، بر آنم که انتقادش نیز به پیوست آن بوده باشد.

ــ رفیق! مگر من مخالفم؟ این مطلوب‌ترین است. ولی آیا نباید زمانی برای آن معلوم کرد؟

ــ چرا!

ــ به نظر تو چه اندازه زمانِ دیگر بس است؟

ــ چهل روزی بس است!

ــ تا اول آذرماه خوب است؟

ــ خوب است.

ــ پس باشد تا اول آذرماه!

و تا اول آذرماه ۱۳۵۳ بیش از پنجاه روزی مانده بود.

ــ ببین رفیق! اگر به‌راستی قرار است رفیق مجید به *انقلاب* پاسخ گوید، بگذار پوست‌کنده بگویم که او فعلاً شایستگی و دانشِ چنین کاری را ندارد. نمی‌تواند.

لبخند، خاموشی!

ــ ببین رفیق! پاسخ‌دادن به *انقلاب* اگر به‌راستی کسی پاسخی و اندیشه‌ای روشن و جدی داشته باشد، دیگر این قدرها دنگ و فنگ ندارد. رفتن و در لابلای کتاب‌های آسمانی[1] به دنبال آیات گشتن و آنها را رج‌زدن و دوگانگی *انقلاب* را با آن آیات و احادیث بازنمودن که شیوهٔ علمی و کارگری نیست. نخست اینکه، من پوشیده نداشته‌ام که *انقلاب* با لنینیسم یگانگی ندارد که هیچ، حتی درست ضد آن است. و پس اینکه تازه شما می‌خواهید بروید و اثبات کنید که *انقلاب* با لنینیسم یکی نیست که چیزی را از نهان آشکار نکرده‌اید. دوم اینکه من برای پذیرش و ردِ چیزی، نیازی به آیه ندارم. هر کس چیزی بگوید که بیانگرِ روابطِ درونیِ واقعیات و روشنگر واقعیات عینی باشد، برای من پذیرفتنی است؛ ولو آشکارا ضد آیه‌های هر تنابنده‌ای و از جمله مارکس باشد. اگر ماتریالیسم دیالکتیک و ماتریالیسم فلسفی و ماتریالیسم تاریخی درست‌اند، از آن‌روست که بازگوگر واقعیات عینی و روابط درونی آنها و ره‌گشای آیندهٔ عینی می‌باشند، نه از آن‌رو که مارکس یا هر کس دیگری گفته است. و پس، شکی نیست که اگر این یا آن سخن، واقعیت عینی را تحلیل نکند به‌هیچ‌رو پذیرفتنی نیست. ولو از مارکس، لنین، مائو، و یا هر کس دیگری باشد یا نباشد. طبقهٔ کارگر خدا را در آسمان‌ها رها نکرده است که در زمین بتراشد. از این‌رو اگر شما با دلیل و برهان ثابت کنید که سراپای *انقلاب* یاوه است، من می‌پذیرم. هرچند یک نیم نمونه و نیم آیه و نیم واژه‌ای هم از مارکس و دیگران نیاورید. اصولاً من در درون خود این را خواری و زبونی نفرت‌انگیزی می‌دانم که پذیرفتن و نپذیرفتن مفاهیم، صرفاً وابسته به سرکتاب بازکردن باشد، نه واقعیت عینی و دلایلی که از خودِ این واقعیات برخاسته‌اند.

---

۱. در این‌جا طعنه به آثار لنین، استالین و مائو است. ــ ویراستار.

ـ نه! چنین کاری هم در پیش نیست. صحبت آیه نیست!

ـ دِ! رفیق! رفیق مجید خودش به من گفت که چه برنامه‌ای در پیش است. او می‌خواهد دو ستون برپا دارد که در یکی جملاتی از *انقلاب* و در دیگری جملاتی از خداوندانی چون لنین و دیگران باشد...

لبخند! خاموشی! و بدون هیچ پاسخی، به‌نرمی موضوع را رهاکردن!

و اندیشهٔ من. چرا رفیق حاشا می‌کند؟ و چرا آن‌گاه که در برابر واقعیت گذاشته می‌شود یواشکی از کنار آن لیز می‌خورد؟ آیا این درست است؟ کارگری‌ست؟ رفیقانه است؟ مسلماً نه. چنین بود پاسخی که به این‌گون پرسش‌ها دادم. زیرا به خود آشکار است که چنین شیوه‌ای نه کارگری بلکه اپورتونیستی است:

حاشاکردن و آن‌گاه که مچ باز می‌شود، یواشکی و همراه با نیم‌لبخندی زیرکانه از زیر موضوع با خاموشی و به‌نرمی دررفتن، این است آنچه اپورتونیستی است.

ـ ببین رفیق! آیا ما بایستی یا نبایستی از توده و طبقهٔ کارگر آموزش بگیریم.

ـ بایستی!

ـ آیا بایستی یا نبایستی توده و طبقهٔ کارگر را به اندیشه واداریم؟

ـ بایستی!

ـ آیا ما کسانی هستیم که به همه چیز آگاهیم و توده و طبقهٔ کارگر یکپارچه نادان و یابویند؟

ـ نه!

ـ خب! پس بگذار *انقلاب* به دست هرچه بیشتر توده‌ها و طبقهٔ کارگر برسد، آنها را به اندیشه وادارد. چه بسا که آنها خیلی روشن‌تر و دقیق‌تر از ما بتوانند کاستی‌ها و نادرستی‌های آن را یادآور شوند.

ـ ببین رفیق! آخر این مطالب برای شرایط کنونی ما هنوز فوریت ندارد. مسائل ما مسائل دیگری‌ست!

ـ گیریم که چنین باشد، ولی آیا برای مثلاً ویتنام هم فوریت ندارد؟

ـ چرا، دارد!

ـ پس به همین دلیل بایستی کوشید بیشتر گسترش یابد و حتی به ویتنام هم بکشد. نه اینکه بیشتر مچاله شود و از دستور بیرون گذاشته شود.

ـ دربارهٔ ترجمهٔ *انقلاب* به زبانی دیگر، ما کسی را داریم که بتواند چنین کاری را انجام دهد. اگر بخواهی می‌توانیم این کار را بکنیم.

ـ چرا نمی‌خواهم؟ از خدا می‌خواهم! آرزوی من است!

۱۱. یادبودهایی که طی مدت انتشار **شورش** برایم درست شد، بر آنم داشت که برایِ چاپ تازهٔ آن،

بخش تازه‌ای نیز به نام «یادبودها» بگشایم، و گشودم. در این بخش مشتی از یادبودهایم را در این زمینه نوشتم. که اینک یگانه پیش‌نویس همهٔ اینها در نزد رفقای فدایی خلق است؛ پس، اکنون و در اینجا بیش از این دربارهٔ آنچه به **انقلاب** یا **شورش** مربوط است چیزی نمی‌نویسم، مگر یک نکتهٔ دیگر:

ظاهراً ستون فقرات همهٔ استدلالات رفقا دربارهٔ جلوگیری و یا دست‌کم کارشکنی در چاپ و پراکندگی **انقلاب**، همان‌جا است که می‌گویند در یک سازمانِ یگانه نمی‌توان اندیشه‌هایی چندگانه را تبلیغ کرد.

در پاسخ به این برهان، گذشته از آنچه یاد شد، یک پرسش دیگر هم هست:

ـ نام سازمانی که چنین انتشاری را بیرون و مغایر با یگانگی خود می‌داند چیست؟ حزب؟

ـ نه! حزب نیست!

ـ پس نام آن چیست!

ـ **«چریک‌های فدایی خلق»!**

ـ پس، حتی نام ویژهٔ «سازمان» و «گروه» و حتی «دسته» و «جرگه» هم روی خود نگذاشته است!

ـ درست است، نگذاشته است!

ـ و تنها به نام «چریک‌ها» و چریک‌هایی که «فدایی خلق»اند خود را معرفی کرده است.

ـ درست است!

ـ و چرا به نام «چریک‌ها» اقتداء شده است؟

ـ زیرا بتواند همهٔ نیروهای «چریکی» را که آماده باشند در راه و برای «خلق» «فدا»کاری کنند، دربرگیرد.

ـ پس، آیا ایرادی دارد که کس یا کسانی باشند که بخواهند جزو «چریک‌ها» باشند؛ بخواهند «فدایی» باشند؛ بخواهند «فدایی خلق» باشند و درعین‌حال به لنینیسم بی‌باور و به **انقلاب** باور داشته باشند؟

ـ ...

ـ آیا این، گواهِ بهم‌پاشیدگی «چریک‌ها»ست؟

ـ ...

ـ آخر حتی در خودِ نام‌گذاری «چریک‌های فدایی خلق» نیز چنین رازی نهفته نیست.

ـ ...

ـ و آیا جز این است که خودِ بنیان‌گذاران «چریک‌های فدایی خلق» این نام را درست به همین دلیل که در بالا یاد شد، گذاشته‌اند؟

ـ نه!

افزودنی است. این را، که این نامگذاری به دلیلی است که در بالا یاد شد، من خود از زبان رفیق فریدون شنیده‌ام! البته اگر او بگوید نه، ناچار من دروغ می‌گویم!

۱۲. رفت‌وآمدهای من به تهران، خود داستان جداگانه‌ای ساخت. کم‌کم از چگونگی و نوعِ پرسش‌های رفیق فریدون و برخی رفتارهای رفیق مسئول مشهد دریافتم که گویا رفقا دچار این شک شده‌اند که خواست من از به تهران‌آمدن، به‌راستی نه همان چیزهایی است که از همان آغاز، آشکارا در میان گذاشتم، رازی دیگر در کار است. به‌یکباره گفته شود: دریافتم که رفقا بر این گمانند که من در تهران سرگرم سازمان‌دادنی تازه‌ام.

این دیگر خیلی هنگامه بود!

پرسش‌های یواشکی و پراکنده و تکرارِی رفیق فریدون که شیوهٔ خوانده‌شدهٔ اوست، رو به فراز نهادند. رفیق مسئول مشهد درست همان رفتاری را پیشه کرد که هرآینه به اردوگاه جذامیان مشهد می‌رفت، پیش می‌گرفت: بی‌میل ولی ناچارگام به پیش نهادن؛ با احتیاط و زیرچشمی نزدیک‌شدن؛ و ضمن خودمانی نشان‌دادن خود، درعین‌حال با خشونت و چابکی بدبینانه‌ای آمادهٔ واکنش بودن!

و البته همهٔ اینها درست پس از گفتگویی که با رفقا در زمینهٔ ***انقلاب*** پیش آمد، به‌روشنی سر گرفت و هرچه بیشتر رو به تبلور گذاشت.

همین جا باید افزود که هنوز رفیق فریدون حتی در حکم پارتی من بود.

روشن است که بازتاب من در برابر این گمان نورسته چیزی جز یک پوزخند درونی نبود که آن را نیز با انتظار رسیدن زمانی درآمیختم که زندگی، خود بر چنین گمانی پوزخند زند!

ولی راز کار اینجا بود که اگر چنین شکی وجود دارد، پس چرا نبایستی آشکارا طرح و دنبال شود تا به تصمیم و عمل روشنی نیز پایان پذیرد؟

به هررو، این برداشت من از هر سو نیرو می‌گرفت. نمونه: چنان‌که گفته شد، قرار بود خانه‌ای که ما در مشهد می‌گیریم حتماً تلفن داشته باشد. و پس چنین هم شد. و به همین دلیل در همان اوایل هر بار که رفیق مسئول مشهد می‌خواست به تهران بیاید و به او پیشنهاد می‌کردم که در فاصله‌ای که در تهران است، گه‌گاه تلفنی بشود تا هم از وضع تهران و هم تهران از وضع مشهد آگاه شویم، ولی هرگز چنین پیشنهادی سازمان داده نشد. زیرا اصولاً پذیرفته نشد. البته فراموش نکرده‌ام که بعدها یکی دو بار پیش آمد که قرار شد من در فلان‌جا علامتی را ببینم و در فلان روز و فلان ساعت هم از تهران تلفن بشود و در نتیجه سخنانی که گواه وضع موجود است، بازگو شود؛ چنین هم شد، ولی چنان‌که گفته شد، آن پیشنهاد **سازمان** داده نشد. این گذشت، ولی هم‌پای شک رفقا دربارهٔ سازمان‌دادن من، کم‌کم دریافتم که رفیق هر بار که می‌خواهد به تهران برود، دربارهٔ تلفن هم قراری به این‌گون می‌گذارد.

ــ از فردا تا فلان روز، هر روز تا ساعت فلان پای تلفن باش، ممکن است لازم باشد و تلفن شود!

و این «تا فلان روز» تقریباً یکی دو روزی پیش از قرار دیدارش با خود من در مشهد بود! روشن است که هرگز تلفنی هم نمی‌شد.

اندیشه‌های من: رفقا حتی تا بدان اندازه خوشبینی رفقانه‌شان به من رو به فراز نهاده که گمان می‌کنند من در غیاب آنها برای همان سازماندهی افسانه‌ای به تهران خواهم رفت. و از این رو می‌خواهند افسار را به میخ طویلهٔ تلفن ببندند تا زمین‌گیرم کنند.

غوغایی است! داستایوفسکی را می‌خواهد و جادوی روانکاویش را!

این هم گفتن دارد که این پیوند افسار من و میخ طویلهٔ تلفن، به‌ویژه پس از اینکه دیگر رفیق مجید برای اینکه کوشش شبانه‌روزیش برای پاسخ به ***انقلاب*** به او امکان دیدار مرا نمی‌داد، سازمان داده شد.

پس از آن گفتگویی که با رفیق مسئول مشهد پیرامون ***انقلاب*** پیش آمد و پس از آمدن من به تهران و بازگشتم به مشهد و نیز چندین بار آمدوشد او به تهران و مشهد، به‌ناگاه دیدم که رفیق نامبرده، خود چندین‌بار است که از من می‌خواهد که به تهران بروم! ولی من می‌خواستم زمانی به تهران بازگردم که دوروبر آغاز آذرماه باشد؛ و این هم طبعاً از آن رو بود که از سرنوشت ***انقلاب*** و «پاسخ» آن آگاهی یابم. و پس، هر بار که رفیق می‌خواست قرار دیداری در تهران برایم بگذارد، به بعد می‌انداختم. لیکن آنچه در این میان سخت اندیشه‌انگیز بود این بود که چرا رفیق چنین اصراری برای رفتن من به تهران دارد؟ حال آنکه پیشترها هر بار که می‌خواستم به تهران بروم، این من بودم که یکی دو بار و گاه بیشتر درخواست می‌کردم و رفقا به واپس می‌انداختند، ولی این بار درخت وارونه کاشته شده بود!

اندیشه‌های من: رفقا با هم گفتگو کرده‌اند، نتیجه گرفته‌اند که بی‌شک زیر کاسهٔ به تهران‌آمدن من نیم‌کاسه‌ای هست، و پس تصمیم گرفته‌اند کار را یکسره کنند. و این کار هم به عهدهٔ رفیق فریدون گذاشته شد. این است که در رفتن من به تهران و دیدار با رفیق فریدون کوشا شده‌اند.

نتیجه: خب! چه بهتر از این! پس دیگر همه چیز آشکار طرح و دنبال می‌شود. این بود برخورد ذهنی من به آن برداشت‌ها! گفتن دارد که یک چیز هم در این میان پیش آمد که این برداشت مرا بیشتر نیرو داد:

در دیداری که میان رفیق مادر و رفیق فاطمه انجام شد، در میان گفتگوهای فراوان، گفتگوهایی بدین‌سان پیش آمد:

رفیق مادر: رفیقمان (یعنی این کمترین) می‌گوید که اگر ***انقلاب*** را با آرم ویژهٔ «چریک‌های فدایی خلق» درنیاورند، من از سازمان می‌روم.

رفیق فاطمه: یعنی می‌خواهد به‌تنهایی مبارزه کند؟

ــ خب، نه!

ـ پس مگه مصطفی کسی رو داره؟

ـ نه دیگه! با تو، مهری، من، و بچه‌های دیگه!

ـ من و مهری که نیستیم. به مصطفی بگو روی ما حساب نکند.(۹)

این داستان «آرم» و این داستان «قهر» کردن من برای «آرم» هم خود ترانهٔ دیگری شد. این داستان «آرم» و دنباله‌اش دیگر رفقا را مطمئن کرد که پس من حتماً سازمان دیگری دارم و آن را نیم‌سامانی هم داده‌ام و تنها به دنبال بهانه می‌گردم که بروم. و پس به این نتیجه رسیدند که خود زودتر دست به کار شوند. این است که آمدنم به تهران برایشان فوریت گرفته بود.

لیکن آیا رفیق مادر به‌راستی اندیشهٔ مرا بازگو کرده بود؟ بهتر است داستان را از جایی دیگر دنبال کرد:

اگر اشتباه نکنم ـ که گمان نکنم ـ نخستین چیزی که رفقای هم‌خانهٔ من پلی‌کپی کردند تا پراکنده شود، یکی از نوشته‌های کوچک لنین بود؛ ولی فراموش شده بود و این نوشته بدون «آرم» «چریک‌های فدایی خلق» چاپ شده بود؛ همین فراموشی برای من کلی اندیشه درست کرد که حتماً رفقا چنین می‌پندارند که خصوصاً آرم زده نشده است؛ و پس شتابزده از رفیق مسئول مشهد پرسیدم:

ـ آرم را چگونه درست می‌کنید، تا ما هم بر روی آنها بیندازیم؟

ـ آرم نمی‌خواد!

ـ چرا؟

ـ چون چاپش خوب نیست. آرم نمی‌خواد!

ـ گمان نمی‌کنم که چاپش تا این اندازه مهم باشد. بایستی به ارزش تبلیغاتی آن اندیشید!

ـ چرا! تجربه نشان داده که کتاب ***حماسهٔ مقاومت*** که عنوان‌هایش حتی چاپ سربی است و خیلی تمیز و مرتب بوده، خیلی هم اثر داشته؛ این گواه رشد سازمان و دلگرمی دیگران است!

خاموشی. اندیشه!

ـ و تازه، مگر تو نمی‌خواهی مردم اینها را بخوانند خب، می‌خوانن دیگه! به‌هررو، آرم نمی‌خواد!

برداشت من: رفقا نمی‌خواهند چیزی به نام «چریک‌های فدایی خلق» انجام شود که دست من در آن کار باشد. زیرا روشن است که کتاب ***حماسهٔ مقاومت***، یگانه کتابی است که دارای آن ویژگی‌هاست. و انتشارات پیشین سازمان هیچ کدام چیزی نیست که این کارهای رفقای هم‌خانهٔ من دشنامی به آنها شمرده شود.

لیکن در برابر پرسش‌های رفیق مادر که داستان آرم چه شد؟

بازگوکردن من دلایل شنیده‌شده را؛ و سپس زیر بار نرفتن رفیق؛ سرانجام ناگزیر شدم داوری خود را با او نیز در میان گذارم. و گذاردم.

این از این سو. ولی بماند تا بعد!

ولی از سویی دیگر، سرگذشتی که بر *انقلاب* می‌گذشت کمابیش در خانه نیز طرح می‌شد. یک‌بار رفیق مادر پرسید:

ـ خب! اگر اصلاً با چاپ آن مخالفت کردند، سرانجام چه می‌خواهی بکنی؟

ـ درست نمی‌دانم! ولی موضوعی جدی‌ست. این موضوع خیلی چیزهای دیگر را نیز نشان می‌دهد و حتی می‌خواهم شبهه را بالا برم و بگویم حتی افزودم:

ـ سرنوشت *انقلاب*، سرنوشت مرا هم تعیین می‌کند. اینها هر دو گذشته، و رفیق مادر این دو موضوع، یکی آرم را بدان‌سان که یاد شد و دیگری این تعیین سرنوشت را به این‌سان که بازگفتم، در اندیشهٔ خود به هم آمیخت و آن را بدان‌سان ساخت که با رفیق فاطمه در میان گذاشت.

شکی نیست آن‌گاه که رفیق مادر ماجرای این گفتگوی خود را با رفیق فاطمه به من بازگفت، من آشکارا نادرستی برداشتش را برایش شکافتم. و نیازی به پرگویی نیست که رفیق تا به چه اندازه از این لغزش افسرده و پریشان شد.(۱۰) البته رفیق برای تصحیح این خطا راه‌هایی پیشنهاد کرد که بیشتر به خودش مربوط بود و دیدار بعدیش با فاطمه و آینده؛ و به هررو، برای من تنها یک شیوه مطرح بود: انتظارکشیدن برای زمانی که خورشید چنان بتابد که در ژرفای زمین و آسمان نیز هیچ چیز تاری نماند، و پس:

دیدم شکیبایی خردمندی‌ست، پس شکیبایی کردم، در حالتی که چشمانم را خاشاک و غبار، و گلویم را استخوان گرفته بود.(۱۱)

بد نیست این هم افزوده شود که برداشتم چنین است که آنچه داوری رفقا را برای اینکه رفیق مادر اصل داستان را به‌سادگی بازگو کرده، استخوانی می‌کند این است که من چندین بار از رفیق مسئول مشهد خواستم که کاری کند که رفیق مادر، رفیق فاطمه را ببیند، چنین گمان دارم که این پافشاری و درخواست دو سه بارهٔ من دربارهٔ این دیدار، خود پایه‌ای شد برای اینکه رفقا بپندارند که پس رفیق مادر اصولاً جاسوس و یا پیام‌آور چنین پیامی بوده است.

هرآینه این برداشت درست باشد، باید گفت بی‌اندیشه است که این هم از بُن پندار است؛ و چرا؟ زیرا، دلیل پافشاری من، خودِ شیفتگی رفیق مادر بود. زیرا چنان‌که خود او بارها می‌گفت، رفیق نادر به او گفته بود:

ـ اگر من نباشم، رفیق فاطمه به‌ویژه کسی است که می‌تواند شما را جمع کند و سامان دهد.

این بود که رفیق مادر بسیار شیفته بود که چندی هم شده، با رفیق فاطمه همنشین باشد؛ و من نیز مطلقاً می‌خواستم در راه این شیفتگی بکوشم؛ البته با این شرط که زیانی تشکیلاتی و حتی وقت‌گیری سازمانی هم پیش نیاورد.

درکوله‌بار رفیق مادر هیچ پیام جادویی و محرمانه‌ای وجود نداشت، زیرا اصولاً پیامی در کار

نبود. آنچه من از رفیق مادر خواسته بودم که از رفیق فاطمه بپرسد، دو پرسش بود که هر دوی آنها را نیز پیشتر آشکارا در نامه‌ای که برایش فرستاده بودم، طرح کرده بودم:

ـ چرا دربارهٔ *انقلاب* نوین نظری نداد؟

ـ چرا در بحث «روشنفکر» شرکت نکرده؟

و دیگر هیچ! هیچ!

لیکن دربارهٔ اینکه همنشینی رفیق فاطمه، برای رفیق مادر چه داوری‌ها و برداشت‌هایی را تولید کرد، موضوعی‌ست که بهتر است از رفقا دانه و جوانه پرسید و من چیزی اینک نمی‌نویسم.

ولی گذشته از همهٔ اینها، بایستی افزود که تا بدان اندازه که بتوانم یک برداشت کمابیش روشنی بکنم، از رفتارهای حتی پیشین رفیق فاطمه دریافته بودم که به هر دلیل به هررو، داوری او دربارهٔ من، نمی‌گویم نادرست، می‌گویم با داوری خودم دربارهٔ خودم خوانا نیست؛ یعنی درواقع خوانایی پیشین خود را از دست داده است. به هررو، برداشت من چنان بود که دیگر او خود را اگر نه جدا، ولی یگانه نمی‌دیدم. که البته این نسبت به گذشته‌ها چیزی تازه بود. و پس تصادفی هم نبود که حتی در همان زمان‌ها هم که هنوز به «چریک‌های فدایی خلق» نپیوسته بودیم، باز قرار بود که رفیق فاطمه و من از یکدیگر جدا شویم. او با رفیق شهید حسن رومینا و آقای عبدالله اندوری برود. (دربارهٔ آقای عبدالله اندوری، نگاه شود به توضیح آخر کتاب *انقلاب*.)

و حتی برای اینکه نمونه‌ای عینی از تارهای داوری و اندیشهٔ رفیق فاطمه را دربارهٔ خودم بازگویم، بهتر می‌دانم از گفتگویی یاد کنم که پس از شهادت رفیق نادر و گرفتاری بیژن و میهن، میانمان پیش آمد:

فاطمه: این شیوهٔ سنجیده‌ای بود که تو پیش گرفتی و گفتی: من حاضر نیستم آنچه را که سالم در دست دارم، هول‌زده به جایی بفرستم که از سلامتیش اطمینانی ندارم.

مقصود رفیق فاطمه این بود که کاری خوب بود که من نگذاشتم او بر سر قراری که با میهن داشت برود، زیرا ما هیچ‌گونه آگاهی دلگرم‌کننده‌ای از وضع آنها نداشتیم. و من در پاسخ گفتم:

ـ خب! آره رفیق! آخه اینکه درست نیست، درحالی‌که همه چیز داره فعل و انفعالات نامشخصی را انجام می‌ده و ما هم از روابط و کم‌وکیف آنها هیچ‌گونه آگاهی نداریم و رفقا یکی پس از دیگری دست به کارهایی می‌زنند که اندکی هم دربارهٔ آن اندیشه نکرده‌اند، تازه من، تو را که سالم و تندرست ایستاده‌ای بفرستم به سر قراری که از آن هیچ چیز نمی‌دانم؛ آن هم در آن جای گندی که شماها قرار گذاشته‌اید. و این هم کار خطا و نوآوری شخص من در این لحظه نیست. ما همیشه گفته‌ایم و قرار گذاشته‌ایم که به‌هنگام ماجراها و خطراتی که پیاپی فرو می‌ریزند، همهٔ رفقایی که سالم‌اند، می‌بایستی یک دوره درنگ را در دستور بگذارند. بیهوده این در و آن در نزنند. و پس اگر ما نرفتیم کار نادرستی نکردیم، آنها که رفتند ناسنجیده کار کردند.

پس از همهٔ این گفتگوها می‌دانید رفیق فاطمه چه گفت؟ گفت:

ـ تازه، باز هم کار خوبی شد. زیرا فرضاً ما می‌رفتیم و میهن و بیژن را نجات می‌دادیم، آنها به چه درد می‌خوردند؟ تازه وبال گردنمان می‌شدند.

و با کنجکاوی تیزی در چشمان من که با پرسشی اندوهناک و رنجیده به چشمانش می‌نگریست، خیره شد. بزرگواری را نگر، رفیق فاطمه بر آن بود که من از روی برنامه نگذاشتم که او به سر قرار میهن برود، تا شاید آنها به تور پلیس افتند. و این‌سان می‌گفت تا تأیید مرا هم از زیر زبانم بیرون کشد. که البته من هیچ نگفتم و چندی در چشمانش نگریستم و گذشتم. حتی به رُخش نیز نیاوردم. که به‌راستی بیش از آن چندشم شد که حال دنباله‌گیری آن را در همان دم داشته باشم.

البته در این شکی نبود که در من دیگر خوشبینی پیشین نسبت به میهن وجود نداشت، ولی نه تنها در این مورد بلکه در همهٔ مواردی که همانند اینها پیش می‌آمد، نظر من همواره روشن و بُرّا بود و بدون اندکی نگرانی و هراس از داوری دیگران و حتی رفقا بازمی‌گفتم. برای من هیچ کاری وجود نداشت و ندارد که جنبش برای انجام آن خود را نیازمند دشمن و پلیس بداند. برای من هیچ‌کس نیست که تأدیبش را از سوی دشمن انتظار داشته باشم. این انتظار تنها می‌تواند در مغز آنهایی لانه بگذارد، که توان یک تصمیم‌گیری نظامی و انقلابی را ندارند. و جالب اینجاست که بدبینی نسبت به میهن هم، درست همانند خوشبینی نسبت به او، را به‌ویژه خود رفیق فاطمه در من سخت ریشه‌دار کرده بود. اینک واژگونی افسانه‌باری پیش آمده بود: رفیق فاطمه به‌یکباره به یاد سجایای بی‌شمار و زندگی پیراسته از هر خرده‌ریز انتقادی میهن افتاده بود، که من همهٔ آنها را نادیده گرفته بودم و به جای آنها جانی خطاپیشه و اهریمنی را نشانده بودم، و او فرشته‌سان همواره مرا راهنمایی می‌کرد و من خیره‌سری می‌کرده‌ام. ای روزگار!

رفیق مهری در جریان گفتگوها بود!

همین جا افزوده شود که اینها همه مطالبی بودند که برای من بیشتر ارزش شخصی می‌گرفتند و همهٔ اینها را که در برابر گوهر پیکارجو و انسان‌دوستانهٔ رفیق فاطمه می‌گذاشتم، چیزهایی جز خرده‌ریزهایی فرعی نمی‌دیدم. و پس با گذشت و خاموشی، با لبخندی نه شاداب که اندوهگین، پاسخ می‌دادم و می‌رفتم. و حداکثر کاری که می‌کردم، کوشش بود برای اینکه از یکدیگر جدا شویم، آن هم به‌گونه‌ای که او خود درنیابد که ریشهٔ کار کجاست. در نظر من او نیروی خوبی برای خدمت به خلق در درون خود اندوخته داشت. و این را نمی‌توانستم به حساب شاید بچگی و سبکسری و ناپختگی او، فراموش کنم و نکردم، که بگذریم.

به هررو، با یکچنین محبت‌های بی‌پیرایه‌ای که از رفیق فاطمه دیده بودم، دیگر روشن است که ولو من چنان اندیشه‌ای هم داشتم، باز هم هرگز با او در میان نمی‌گذاشتم. این یک. و

دوم اینکه اگر حتی می‌توانستم تمیز دهم که رفیق مادر از گفتگوهای پراکنده‌مان چنان برداشتی را

ساخته است، با توجه به آشنایی‌هایی که از وی به دست آورده بودم، حتماً به او سفارش می‌کردم که در این یا آن زمینه، چه بگوید و چه نگوید! و اگر هیچ‌یک از اینها انجام نشد، نه تصادف بود و نه حسابی و نه ولنگاری و حتی نه سرکشی رفیق مادر. هیچ‌کدام نبود. آنچه بود، این بود که به‌یکباره چنین مسائلی در میان نبود، و نیز این بود که خود را در روابطی نمی‌گذاشتم که بخواهیم رفتاری جز رفیقانه داشته باشم، اینها همه دست‌کم نالوطی‌گری و نامردی بود. و این در مرام من نبود. و مبادا!

اینکه من در تهران سرگرم سازمان‌دادن جداگانه‌ای هستم، البته داستانی از هر سو جدی بود. و پس، نمی‌شد سرسری از سر آن گذشت. و خوشبختانه رفقا هم نگذشتند.

برنامه‌های بازجویی زیرکانهٔ پیچاپیچی چیده شد و پرونده‌هایی در مغزها سامان یافت، که بگذریم؛ و البته که من همواره آماده‌ام که دربارهٔ یکایک آنچه رفقا می‌خواهند، مو به مو پاسخ گویم تا آنچه بوده و هست یکپارچه آفتابی شود. از دیرگان گفته‌اند: «آن را که حساب پاک است، از محاسبه چه باک است».(۱۲) به هررو، رفقا دچار شک شده بودند؛ و پس، تخم شک همه چیز را شک‌زده می‌کرد و کرد. که بگذریم. ولی آنچه اینجا به‌ویژه گفتنی است این است که: هم اینک و به همین گونهٔ کتبی و به‌روشنی اعلام می‌دارم که رفقا حتی یک نیم دلیل، با این شرط که همان نیم دلیل دارای پایه‌ای مادی و عینی باشد، در این‌باره بیاورند که من سرگرم سازمان‌دادنی دوباره بوده‌ام و یا شاخهٔ دیگری برجای بود که از رفقا پنهان داشته‌ام، بدون درنگ، و نه به عنوان یک انقلابی و یک چریک، و حتی نه به عنوان یک آدم خوب معمولی بازاری، بلکه حتی به عنوان یک خائن و یک اپورتونیست و یک کلاش بی‌همه چیز ناب، دست به خودکشی بزنم؛ و حتی نه با انجام یک عمل فدایی که شاید اندک‌غباری از دامانم بزداید، بلکه دست به یک خودکشی عقرب‌وار، و با مرگ موش! ولی چه خوب بود هرآینه رفقا هیچ دلیل و برگهٔ مادی و روشنی نداشتند حتی بی‌آنکه داوری خود را دربارهٔ من درست کنند ــ که به‌راستی این مهم نیست ــ زین پس پایه‌های داوری و شناخت خود را برای جنبش و برای شناخت عینی زندگی و جهان آدمی و نبرد تصحیح کنند ــ که به‌راستی این مهم است. و «انشاءالله و البته!»

۱۳. از روند گفتگویی هم یاد شود که میان رفیق مادر و رفیق مسئول مشهد پیش آمد:

رفیق مادر: من می‌خواستم یک نامه‌ای بنویسم به سازمان که چرا برای رفقای خودشان که شهید می‌شوند اعلامیه می‌دهند و برای مثلاً نادر چنین نکردند. مگر فرق دارد؟ ولی رفیقمان (یعنی این کمترین) گفت: منویس. زیرا اعلامیه چیز گذرایی است، همین که یک‌بار خوانده شد، دیگر تمام است، من خودم جزوه‌ای می‌نویسم که ارزش کتابی داشته باشد، و در نتیجه ماندگارتر باشد.[1]

۱. این جزوه مفقود است. ــ ویراستار.

رفیق مسئول مشهد: نه! انتقاد کاملاً به‌جاست! وارد است! می‌بایستی می‌نوشتی. و رفیقمان هم کار نادرستی کرده که گفته منویس!

این هم از آن هنگامه‌هاست!

بایستی از آن رفیق پرسید آیا به‌راستی آن انتقاد وارد است؟ به چه دلیل؟ دلیلش. و نه فتوایش!

رفیق! آخر تاکنون کدام سازمانی موظف بوده که دربارهٔ شهدای سازمانی دیگر اعلامیه بدهد؟ شما و ما، به هررو یگانگی سازمانی نداشتیم؛ و پس روشن است که شما به عنوان یک وظیفه، وظیفه نداشتید که اعلامیهٔ ویژه‌ای برای شهادت نادر و دیگر رفقا بدهید. درست به همان‌سان که برای دیگرانی هم که از سازمان‌های دیگر ــ مثلاً «آرمان خلق» ــ بودند، ندادید؛ آنها هم ندادند. و درست به همان‌سان که هنوز هم نداده‌اید. و پس از این هم نخواهید داد.

البته اینک سخن بر سر این نیست که آیا اصولاً چنین شیوه‌ای درست یا نادرست، کدامین یک است. و نیز سخن بر سر این نیست که تا به چه اندازه‌اش به‌جا و نابه‌جاست. و همچنین اینکه سخن بر سر این نیست که اگر هم قرار باشد چنین کارهایی در دستور گذاشته شوند، به چه شرایط و پایه‌هایی نیازمندند. اینک سخن تنها بر سر این است که تاکنون چنین وظیفه‌ای در میان سازمان‌های گوناگون وجود نداشته است. و دست‌کم، هوسبازانه و کشکی هم نمی‌توان آن را پیاده کرد. هر ساختمانی اگر بخواهد به‌راستی ساختمان باشد، پس، به پی و شالوده نیز نیازمند است.

پرسشی دیگر:

تا به اکنون که آغاز ماه اردیبهشت سال ۱۳۵۳ است که من دارم این جملات را می‌نویسم چند ماه از این گفتهٔ رفیق مادر که گویا به نظر آن رفیق به‌یکباره درست بود، می‌گذرد؟ دست‌کم پنج ماه، که بیشتر، و نه کمتر! خب! آیا آن رفیق می‌تواند بگوید که در این پنج ماه در این زمینه چه کاری انجام شده است؟

شاید از بیانیه‌ای یاد شود که به مناسبت ۱۹ بهمن داده شد. و پس بایسته است روشن شود که آن‌چنان بیانیه‌ها و آن‌چنان یادآوری‌ها هرگز بدان مفهوم نیستند که رفیق مادر می‌گفت و آن رفیق به‌جا تمیز داد، زیرا آن بیانیه حالت عام داشت. و به‌ناچار حتی اگر تاریخی هم می‌نوشت، از این رویدادها هم یاد می‌کرد. و پرگویی است اگر یادآور شود که این با اعلامیهٔ جداگانه، درست به همان‌سان که برای یک رفیق هم‌سازمان داده می‌شود و خواست رفیق مادر بود، فرق دارد. آن هم فرقی بنیادین!

افزون بر اینها، اگر انتقاد رفیق مادر به‌یکباره به‌جا باشد، آنگاه تنها برای نادر و رفقای دیگر درست نیست؛ انتقاد گوهر همگانی‌تری دارد، عام است. و نه خاص. و پس، مثلاً دربارهٔ گروه آرمان خلق و گروه فلسطین نیز به‌جاست. پس، پرسیدنی است که آیا آن رفیق می‌تواند هم‌اینک که حدود نیم سالی از آن خرده‌گیری شفاهی رفیق مادر می‌گذرد، برای نمونه هم که شده حتی از یک یادبود گذرا دربارهٔ

این گروه‌ها یاد کند؟ مسلماً نه! حتی در بیانیهٔ سالروز جنبش انقلابی هم چنین چیزی نیست! و چرا؟ زیرا زمینهٔ بیانیه بر رشد و پیکارجویی مسلحانهٔ پیشتاز در سال ۱۳۵۲ استوار بود. و پس به‌ناچار از گروه‌ها و شهدایی یاد شد که در این سال آشکارا نمود کردند، کمااینکه از گروه رفیق شهید عباد نیز سخن به میان آمد. ولی مثلاً از جنبش کردستان یادی نشد. و شکی نیست که اگر بیانیه پهنهٔ تاریخی گسترده‌تری می‌گرفت و به زمان‌های پهناورتری گسترش می‌یافت، آنگاه نه تنها از آرمان خلق و جنبش کردستان، شاید بایستگی می‌یافت که از «انجمن تبریز» و «سربداران» هم یاد شود. ولی اینها هیچ‌کدام به معنی این نیست که یک سازمان حتماً موظف است که همواره اعلامیهٔ ویژه‌ای نیز دربارهٔ شهدای سازمان‌های انقلابی دیگر و یا انقلابیون شهید دیگر بدهد.

و جالب اینجاست که این‌گون سخنان رفیق مادر با صمیمیت و مهربانی و سادگی فراوانش بازگو شده، آن رفیق را دچار این اندیشه می‌کند که گویا من حتی به رفیق مادر هم نگفته‌ام که ما به «چریک‌های فدایی خلق» پیوسته‌ایم و اینک جزو آنها هستیم و خود وجود مستقلی نداریم. و در نتیجه رفیق مادر عوضی گرفته و به‌گمان اینکه آن رفیق از «خودمان» است، سفرهٔ دل را گشوده است.

البته اگر آن رفیق اندکی هم خوش داشت که مسائل را کمی ریشه‌ای ارزیابی کند، باز هم خود اینکه رفیق مادر او را از «خودمان» دانسته و چنین خرده‌ای را طرح کرده، خودبه‌خود گواه آن بود که می‌داند پس ما جزو فداییان هستیم، منتها آن رفیق از رفقای پیشین هم هست.

جای آن دارد همین جا افزوده شود که البته رفیق مادر چنین گمان می‌کرد که رفیق مسئول مشهد از جمله رفقای پیشین است. آیا بایستگی داشت که من برای او توضیح دهم که به هررو من چنین نکردم.

اندیشیدنی است که چرا من نبایستی این پیوستگی به «چریک‌های فدایی خلق» را به رفیق مادر بگویم؟ آیا جز این تفسیری دارد که پس من از چنین پیوستی ننگ داشته‌ام؟ اگر چنین هم بود باز می‌گفتم! زیرا رفیق! من تاکنون در زندگیم از آنچه هرگز ننگ نداشته‌ام و حتی در آن فراغ‌بال هم بوده‌ام، گفتن این یا آن کاری بوده است که کرده‌ام. آنچه برای من همواره ننگین و زشت است، خود کار بد است و نه گفتن آن. و بالاتر از این: این هم زشت و پلید بود که نگویم، ولی بکنم. برای من خوبی و بدی در خودکار است و نه در بازگوکردن آن! و حتی بازنگونکردن کار بد را هم بد می‌دانم؛ از این‌رو اگر این پیوست را زبونی و زشتی ارزیابی می‌کردم، نمی‌پیوستم، نه نمی‌گفتم.

کمااینکه در آن اعلامیه‌ای که دربارهٔ آن دکل‌ها نوشتم اگر فراموش نشده باشد، من سخت به خود انتقادکرده بودم. البته می‌دانید که قرار نوشتن اعلامیه نبود، منتها ما به حساب انتقاد از خود در نوشتن و چاپ و پراکندن آن اصرار داشتیم. گمان نمی‌کنم که در آن انتقادها هیچ گونه شیوهٔ ماستمالی به‌کار رفته بود. راستی این است که حتی تندروی هم شده بود. بگذار همین جا بگویم که ما برای انجام آن کار حتی یک دوچرخه هم عملاً نتوانسته بودیم تهیه کنیم. ساعت چهار بعدازظهر ــ اگر اشتباه

نکنم ــ واپسین روز، مواد به دست ما رسید و قرار بود ساعت شش کارگذاشته شود. ما هیچ امکانی برای رساندن خود به محل نداشتیم مگر ماشین‌های شرکت واحد. که استفاده از آن هم به‌راستی بی‌خردانه بود. با این‌همه به خود سخت خرده گرفتیم؛ و نه در درون خویش. بلکه بدان‌سان که به صورت اعلامیه پراکنده شود و همه بدانند، زیرا لاپوشانی هم اپورتونیستی است. به هررو ارزیابی ما چنین بود که چون انجام کاری را به گردن گرفتیم که عملاً بیش از گنجایش مادیمان بود، پس رفتاری اپورتونیستی کرده‌ایم. چرا باید وظیفه‌ای را به گردن گرفت و قولی را داد و به هررو نکرد؟

بایستی این هم همین جا افزوده شود که رفیق نادر در واپسین دم نیز بر آن بود که نخست برویم و ماشینی را مصادره کنیم و سپس برنامه را انجام دهیم. و من نپذیرفتم. به هررو، در سراسر این ماجرا هرچه گناه است، یکراست به گردن من است و رفیق نادر به‌یکباره پاکیزه است.

ضمناً این شک که شاید رفیق مادر حتی نمی‌داند که دیگر «ما»یی وجود ندارد و آن «ما» اینک جزو «فداییان» است، آن رفیق را وامی‌دارد که از رفیق فاطمه بخواهد که از رفیق مادر بپرسد:

ــ رفیق! آیا تو می‌دانی که ما با کی هستیم؟

ــ من چه می‌دانم؟

ــ چطور چه می‌دانی؟

ــ من تنها می‌دانم که تو با آن رفیقی! رفیق مسئول مشهد.

ــ نه رفیق! من خودم و رفقای اینجا را نمی‌گویم.

ــ پس چه می‌گویی؟

ــ من می‌پرسم که آیا تو می‌دانی که ما جزو چه گروهی هستیم؟

ــ خب، آره! مگر ما جزو «چریک‌های فدایی خلق» نیستیم؟

ولی رفیق! رفقا! آیا بهتر نبود که اگر هم قرار بود بیشتر مسائل را در ذهن خود سامان دهید، دست‌کم به برخی واقعیات مادی و عینی حتی پیش‌پاافتاده‌ای که زیر دست و پایتان ریخته بود، اندک التفاتی می‌کردید؟ اگر چنین می‌کردید آنگاه به‌مانند یک واقعیت عینی به‌سادگی می‌دیدید که بسا از شعرها و نوشته‌هایی که رفقا دانه و جوانه می‌نوشتند، بسته به زمینهٔ کار، همواره از «چریک‌های فدایی خلق» یاد می‌کردند. آیا از اینجا نمی‌شد نتیجه گرفت که آنها این برداشت‌ها را از محیط خانه داشتند؟

همین جا بایسته است از داوری رفیق فاطمه نیز در این باره یاد شود:

چنان‌که رفیق مادر می‌گفت، داوری رفیق فاطمه دربارهٔ اینکه من به رفیق مادر گفته بودم که اعلامیه ارزش ماندگاری ندارد و من خود چنان جزوه‌ای می‌نویسم که چنین ارزشی را داشته باشد، این بود که من سخن زشت و بدی گفته‌ام. و اصلاً نبایستی چنین می‌اندیشیدم. این از این‌سو.

حال بگذار از گفتگویی هم یاد شود که کمابیش در همین زمینه میان رفیق مادر و رفیق فاطمه پیش آمد:

رفیق مادر: نادر شهید شد و رفت و فراموش شد.

رفیق فاطمه: مگر من می‌گذارم فراموش شود؟ چیزی می‌نویسم که برای همیشه بماند.

که گویا خواستش، نوشتن داستانی بود که قهرمانش نادر باشد. خب، اینک پرسیدنی‌ست که مگر من چیزی جز همین مفهوم را گفتم؟ بگذار داوری رفیق مادر را بازنویسم:

ــ من که به بحث و گفتگو وارد نیستم. من که نمی‌توانم زود پاسخ گویم. ولی اکنون متوجه می‌شوم که بایستی همان‌دم به رفیق فاطمه می‌گفتم که خب! مصطفی هم عین همین حرف تو را زده است!

و راستی را که چشم‌بستن به روی گفته‌ها و رفتار خود و با **دیدگانی** ترسایی به تک‌تک نیت‌ها و سخنان و کارهای خود نگریستن و در عوض هر یک از آنها را برای دیگری زشت و پلید دانستن، این هم نه شیوه‌ای کارگری، که شیوه‌ای اپورتونیستی است!

۱۴. نزدیک‌های آذرماه بود که به تهران آمدم. رفیق فریدون را دیدم. گفتگوهایی به میان آمد، ولی هرگز سخنی دربارهٔ سازمان دادن و این‌گون قضایا پیش کشیده نشد. در این رشته دیدارها به وارونهٔ همیشه، بارها و بارها خاموشی گزیدم تا هرآینه رفیق فریدون سخنی دارد، آغاز کند. که نکرد. و تازه خود این خاموشی‌ها گویا تفسیرهای شورانگیز دیگری بود که بگذریم. به هررو، از دیدگاه من این سفر واپسین سفرم به تهران شمرده می‌شد. و از دیدگاه رفقا هم دست‌کم عملاً همین معنی را داشت. و این، تنها دستگیری رفیق مادر و دستور رفیق مسئول مشهد بود که وادارم کرد باری دیگر به تهران بازگردم.

لیکن آن بنا به تعریف واپسین بازگشت من به تهران، به سرانجام به‌راستی کمدی موزیکال نوینی کشید:

ضمن دیدارهایی که با رفیق فریدون پیش می‌آمد، یک‌بار که هنوز دو سه روزی به آذرماه مانده بود، از او پرسیدم:

ــ خب! داستان ***انقلاب*** چه می‌شود؟

غنچه‌کردن لب‌ها. اندکی فرورفتن ابروها در هم. نگاه کردن به دورگاه ذهنی. و **خاموشی!**

و من از آن‌رو که هنوز دو سه روزی به یکم آذرماه مانده بود دنبالهٔ آن را نگرفتم. و گذشت. واپسین دیدار ما درست برای یکم آذرماه گذاشته شد؛ و در همین دیدار بود که می‌بایستی چند کار انجام شود:

ــ مشتی یاوه‌ها که من نوشته بودم، برای رفیق بیاورم.

ــ او پیامی برای مشهد داشت که بگوید تا برسانم.

ــ و من، واپسین کلام را دربارهٔ سرنوشت ***انقلاب*** یا **شورش** بشنوم.

و از سویی دیگر قرار شد که پس از این دیدار، به سوی مشهد روانه شوم. و پس قرار شد که بلیط دیرترین ساعت حرکت ماشین‌ها را بگیرم. در آن فصل سال دیرترین ساعت حرکت، ساعت هفت شب بود. و پس همان را گرفتم.

لیکن ساعت قرار را گویا من اشتباه کردم. و در نتیجه دیدار انجام نشد، ولی به هررو، من تا ساعت شش و ده دقیقه در محل قرار ماندم.

حال چه باید بکنم؟ بمانم؟ بروم؟ چه کنم؟

هیچ پرسشی را نمی‌توانستم بدون ارزیابی زمینه‌های مادی و عینی آن پاسخ گویم تا در نتیجه دست به کار شوم. ولی زمینه‌های مادی:

ـ یک چمدان یادداشت و نوشته و برگه‌های گوناگون داشتم که می‌بایستی به مشهد ببرم.

ـ این چمدان را همان روز به هنگام گرفتن بلیط به انبار گاراژ سپرده بودم که بار بزنند.

ـ در دست خود نیز مشتی خنزر و پنزر از همین مایه داشتم که قرار بود مبالغی از آنها را تحویل رفیق فریدون بدهم.

ـ برای شب جای روشن و ویژه‌ای نداشتم که به روز برسانم. و بازگشت به خانهٔ تکی هم پسندیده نبود. و البته نه اینکه مطلقاً شدنی نبود.

ـ در تهران هیچ جا و مکانی و خانه‌ای را از رفقا و سازمان نمی‌دانستم و مطلقاً با رفیق فریدون در تماس بودم. و این تماس‌ها هم به‌یکباره خیابانی بود.

ـ محلی برای علامت‌گذاری با رفیق فریدون داشتم.

ـ هرچه بیشتر دیرکردن من در رسیدن به مشهد، برای رفقای همخانه‌ام نگرانی‌های فراوان‌تری پیش می‌آورد.

با توجه به همهٔ این واقعیات چنین ارزیابی کردم:

ـ رفتن من ولو بدون اندکی نشانی، عملاً و از لحاظ مادی برای رفقای تهران هیچ گونه گزندی عینی و مادی ایجاد نمی‌کند. البته ممکن است رفیق فریدون نگران شود. ولی این نگرانی صرفاً ذهنی است، هیچ گونه گزند مادی و حتی هیچ گونه آلاخون والاخونی موهوم، ولی عملی هم به بار نمی‌آورد؛ زیرا من جایی را بلد نیستم که ناگزیر به رهاکردن حتی موقتی آن شوند.

ـ در عوض در مشهد داستان چهرهٔ دیگری دارد. رفقای هم‌خانهٔ من بایستی نگرانی خود را به عملی مشخص مبدل کنند.

ـ چون فاصلهٔ محل دیدار با محل علامت زیاد است و از سویی دیگر زمان حرکت ماشین نزدیک است، پس درکردار نمی‌توانم حتی کمترین نشانی که گواه رفتنم به سوی مشهد باشد، از خود به جای گذارم.

ـ موضوع گذراندن شب، به هررو اهمیتی تعیین‌کننده ندارد. ولی وجود چمدان و

آت و آشغال‌های دستم قضیه را چهرهٔ دیگری می‌دهد. با آنها چه کنم؟

ـ حتماً رفیق فریدون علامتی خواهد زد. و دست‌کم برای فردا بعدازظهر. و چون من به آن پاسخ نمی‌دهم، او به‌ناچار و بدون درنگ به مشهد تلفن می‌کند، تا نگرانی خود را به اطلاع رفیق مادر برساند و او را برهاند، و البته تا بدان‌هنگام هم من در مشهد خواهم بود. و خودم پاسخ تلفن را خواهم داد و همهٔ قضایا روشن می‌شود. و پس نگرانی ذهنی آن رفیق نیز از میان خواهد رفت.

بر بنیاد همهٔ این ارزیابی‌ها بود که مهم‌تر دیدم به سوی مشهد روانه شوم و شدم.

به پرگویی نیازی نیست که من خود دست‌کم برای اینکه از سرنوشت واپسین ***انقلاب*** آگاه شوم، تا چه اندازه دوست داشتم که آن دیدار و یا به هررو، دیدار دیگری انجام می‌شد. که بگذریم.

به هررو، به سوی مشهد به راه افتادم. و البته رفیق فریدون را در نگرانی گذاشتم. به مشهد می‌رسم. بنا به قراری که بود، رفیق مسئول مشهد را می‌بینم. ماچ و بوسهٔ همیشگی رفیق به‌پاست. داستان را برایش می‌گویم. و البته با اطمینان اینکه من ساعت قرار را درست رفته‌ام، و پس اگر رفیق فریدون اشتباهی نکرده باشد، شاید اتفاقی افتاده!

از تهران تلفن نمی‌شود. می‌گذرد. رفیق مسئول مشهد چند روز دیگر روانهٔ تهران می‌شود. رفیق فراموش نمی‌کند و رابطهٔ افسار من و میخ طویلهٔ تلفن را برقرار می‌کند؛ و البته هرگز تلفنی هم نمی‌شود. هرچند قرار بود که دست‌کم در رابطهٔ با این پیشامد واپسین، زنگی زده شود، ولی زده نمی‌شود. خیر است! رفیق از تهران بازمی‌گردد! دیدار انجام می‌شود برنامهٔ ماچ و بوسه همچنان برجاست. ولی داستان حرکت من به مشهد:

ـ رفیق فریدون یک ساعت زودتر بر سر همان قرار آمده است. نیم ساعت بعدی را هم به گمان اینکه مبادا محل قرار اشتباه شده باشد، به فلان جا رفته. و سپس علامت زده. و از قضا همان شب رادیو خبرهای دلواپس‌کننده‌ای داده. در رادیو از تو و فاطمه نام برده می‌شد. و پیاپی خواسته می‌شود که اسناد را زودتر برسانند. برای رفقا شکی نمی‌ماند که تو دستگیر شده‌ای. البته فردایش با رفیق فاطمه گفتگو می‌شود، معلوم می‌شود که تازه به خانهٔ خیابان کوشک رسیده‌اند.

ـ خب! اگر رفیق مطمئن به دستگیری من شده پس چرا بدون درنگ به مشهد تلفن نکرده و رفقا مادر و بچه‌ها را آگاه نکرده که خانه را رها کنند؟

ـ او می‌دانست که مادر با من قرار دارد.

ـ ولی آیا این را هم می‌دانست که من با رفیق مادر درست برای چه روزی قرار گذاشته‌ام؟

خاموشی!

خاموشی! اندیشه. رفیق مسئول مشهد! قرار تو و رفیق مادر خودش سه چهار روزی به درازا می‌کشید. تا آن زمان وظیفه‌اش چیست؟ و تازه روشن است که من یک قرار حداقل و یک قرار حداکثر با او داشته‌ام؛ و پس، او ناچار است که تا قرار حداکثرش که شما نمی‌دانید چه زمانی به پایان

می‌رسد، صبر کند. و پس از این قرار است که او بایستی برای تو علامت بزند و تازه سه چهار روز هم در انتظار بماند. پس چرا از فن حاضرجوابی استفاده می‌کنی، ولی چیزی را می‌گویی که درست نیست؟ بگذریم.

ولی شوربخش‌ترین بخش ماجرا آنجاست که رفیق مسئول مشهد با لبخند فاتحانه‌ای می‌افزاید:

ـ رفیق فریدون گفت فقط به تو بگویم «ایوالله»! گفت فقط همین را بگو!

خاموشی! شرمساری! اندیشه!

دربارهٔ این «ایوالله» همان شب و پس از آن بارها و بارها اندیشیدم. مفاهیم فراوانی از آن ساختم. برایم تکان‌دهنده بود ولی یک چیز را که هرگز نتوانستم دریابم این بود که آیا «ایوالله» انتقاد، نظر، و خلاصه کاری سازمانی و چریکی است؟

در پایان همین دیدار بود که رفیق مسئول مشهد گفت:

ـ فردا شب فلان ساعت رفیق فریدون تلفن می‌کند. آنچه را که پس از احوالپرسی و تعارف می‌گوید خوب به یاد بسپر و یا یادداشت کن، مثل دفعه پیش، رمز در همان‌هاست.

ـ باشد.

خوشحال شدم که خودبه‌خود فرصتی هم پیش می‌آید که از رفیق، به هررو، از بابت آن ماجرا پوزش جویم.

رفیق در ساعت تعیین‌شده تلفن کرد. احوال‌پرسی‌های کشکی آغاز شدند. و دنبال شدند. دنبال شدند؛ دنبال شدند و به‌ناگاه تلفن قطع شد و هرگز هم وصل نشد.

دو سه ساعتی به انتظار گذشت. اندیشه‌های گوناگونی به مغزم رسید. ماجرا دو رو بیشتر نگرفت: یا اتفاقی افتاده و یا رفیقی که پیام «ایوالله» را فرستاده بود که دست‌کم برای من تکان‌دهنده بود، ضمناً دست به رفتاری زده که به هیچ‌رو نمی‌شد حتی برای یک آن هم شده انتظار چنین کاری را از او داشت: تلافی‌جویی و انتقام‌گیری بر پایهٔ دوخت و دوزهای ذهنی، آن هم در روابط سازمانی! و این دیگر خیلی خیلی اندوهبار بود. و دست‌کم.

اینک چه باید کرد؟ تلفن شده و سپس بریده شده؛ و این هر دو شک در میان است. چه باید کرد؟ آیا می‌شود به‌یکباره به شک نخستینی که پیشامدی رخ داده است، تکیه کرد؟ دشوار! به شک دوم چه؟ ساده! پس آیا درست است که به‌یکباره بر پایهٔ شک دوم برنامه ریخت؟ پاسخ هر کس هرچه باشد، راهی که عملاً پیموده شد، راهی بود که از ترکیب این هر دو شک به دست آمد: هرچند با توجه به دو سه ساعتی که تاکنون از گسست تلفن گذشته و هیچ ناامنی پیش نیامده و دیده نشده، منطقی نیست که ماجرا را ماجرایی امنیتی بینگاریم، با این‌همه اگر به‌راستی پیشامدی امنیتی در میان باشد، چه؟ پس بهتر است رفقا مادر و دانه و جوانه از خانه بروند، بروند یک مسافرخانه‌ای تا ببینیم چه می‌شود.

ولی خود من چه؟ چون منطق مادی حکم می‌کند که رفیق با هم‌اندیشی و سنجش دیگر رفقای مرکزی، دست‌کم بچگی کرده است، پس من در خانه می‌مانم.

و پس همین کارها نیز انجام شد. رفقا نیم‌شبان به راه افتادند؛ به سوی مسافرخانه‌ای. و من ماندم.

روز و ساعت دیدار با رفیق مسئول مشهد پیش آمد.

نخست گفته شد که چون رفقای هم‌خانهٔ من مشتی چیزها تایپ و پلی‌کپی کرده بودند، قرار بود که در این دیدار، نه تنها رمزهای رفیق فریدون را برای رفیق مسئول مشهد بیاورم، همچنین قرار بود که این کارهای رفقا را نیز بیاورم؛ و پس، همهٔ آنها را در یک چمدان نیمچه‌ای می‌شد، بسته‌بندی کرده و همراه بردم.

این هم بایستی زودتر گفته شود که رفیق مسئول مشهد، مرتب‌ترین و منظم‌ترین و یا وقت‌شناس‌ترین رفیق فدایی بود که من با آنها آشنا شده بودم. درست وارونهٔ رفیق فریدون که وقت‌ناشناس‌ترین بود. که داستانش می‌آید.

ولی «قضا را» رفیق مسئول مشهد این بار که گمان می‌کنم برای نخستین‌بار بود، سر وقت نیامد؛ و البته درست نیم ساعت بعد هم نیامد. پس از بیست‌وچند دقیقه پیدایش شد. با لبخندی گویا! و بی‌آنکه حتی اندکی توضیح دربارهٔ علل دیرکردش بدهد، گویی نیازی نبود.

روشن است که نخستین گفتار من پیرامون تلفن تهران بود:

ــ رفیق فریدون به‌ناگاه تلفنش قطع شد و دیگر هم تلفن نکرد.

ــ اِ!؟

و قیافه‌ای که بیا و ببین! که من یک‌بار دیگر هم چنین قیافه‌ای را البته بسی زودگذر، از او دیده بودم.(۱۳)

به هررو، گفتگوهایی پیش آمد. رفیق به گردن گرفت که به تلفن‌خانه برود و جویا شود که آیا سیم بریده شده یا درست است. ضمناً من هم وضع رفقای هم‌خانه را برایش بازگفتم. رفیق چنان‌که خود می‌گفت، از تلفن‌خانه پرسیده بود. و البته شنیده بود که سیم آزادی نگرفته است.

ــ پس، رفیق چه می‌شود کرد؟

ــ دو سه شب دیگر هم صبر کنید، اگر پیشامدی نشد، که چیزی نیست!

و برای اینکه نمایش هرچه بیشتر طبیعی باشد، رفیق حتی یکبار هم از من خواست که شب را به خانه نروم. و پس، مرا چشم‌بسته به اتاق تکی خود برد.

به هر رو، آن «دو سه شب» جادویی هم گذشت. رفقا به خانه برگشتند.

آنچه در این میان گفتن دارد این است که این دوره از قرارهای رفیق مسئول مشهد روی‌هم‌رفته با دیرکردن و حتی نیامدن و علامت‌گذاری آمیخته شد. تا اینکه این هنرهای گویا کارگری، مرا واداشت که یک‌بار به رفیق بگویم:

ببین رفیق! اگر به‌راستی رفقا مطمئن هستند که آن‌سان آمدن به مشهد نادرست بود، خب، تنبیهی سازمانی برایم تعیین کنند تا انجام دهم؛ البته من خود برای خود تنبیهی در نظر خواهم گرفت، ولی سازمان هم باید بگیرد.

خاموشی. اندیشه...

آیا گفتن آن سودبخش است که البته هرگز چنین تنبیهی به‌روشنی تعیین نشد و همان رشته ادا اطوارها دنبال شد؟

رفیق فریدون روی‌هم‌رفته سر قرارهایش دیر می‌آید. و این دیرکردها چنان‌که خودش می‌گوید کار معمولی اوست، یعنی روی‌هم‌رفته سر همهٔ قرارهایش دیر می‌رود. و چرا، خودش این‌طور برهان می‌آورد:

ـ کارها زیاد است. راه‌بندان است. دیر می‌شود!

ولی اندیشیدنی است که آیا این برهان حتی به‌ظاهر هم منطقی است؟ راستی را که حتی بنا به هندسهٔ مسطحه هم منطقی نیست. و چرا؟

چنین گیریم که رفیق فریدون همواره پانزده دقیقه‌ای دیرکرد داشته باشد. و نیز چنین گیریم که رفیق در یک روز بایستی پنج تن را ببیند. روشن است که اگر بنا به قانون «کار زیاد، راه‌بندان، دیرکرد» برای نخستین تن یک ربع دیر برسد، برای دیدار دوم بایستی نیم ساعت دیرکرد داشته باشد، زیرا حتماً باز هم همین قانون «کار زیاد، راه‌بندان، دیرکرد» برپاست. و پس، بنا به این قانون پولادین، پنجمین دیدار بایستی با یک ساعت و ربع دیرکرد انجام گیرد، حال آنکه چنین نمی‌شود. رفیق گویا برای همه همان یک ربع را دیرکرد دارد. از این‌رو اینها که می‌گویند به‌یکباره توجیهند، و نه دلیل؛ و توجیه ناب! و تازه اگر هم دلیل بودند، باز هم پذیرفتنی نبود، زیرا می‌بایستی برای آن اندیشه‌ای می‌شد. که البته به اندیشه‌های پیچیده و خدایی اعجازانگیزی نیز نیاز ندارد. رفیق می‌تواند همهٔ قرارهایش را برای یک ربع پس از آن ساعتی که می‌خواهد بگذارد، بگذارد.

آیا نیازی به آن هم هست که برای نادرستی دیرکردن به‌طورکلی و آن هم در زندگی چریکی و آن هم در وضع کنونی جنبش به‌طور خاص، به برهان خلف و قوانین حمورابی چنگ انداخت؟ ولی غرض از طرح این موضوع در اینجا، تنها خود آن نیست؛ همچنین این است که گفته شود که آن رفیق پنداشته است که رفتن من به مشهد و نماندنم و علامت نزدنم در تهران، به تلافی دیرکردن‌های فراوان او بوده است. که البته این هم همان پندار است! «خیلی هم ممنون»!

من دلایل رفتن به مشهد را گفتم، حال این دلایل چه درست و چه نادرست، هر کدام باشند، به هررو، علت رفتن من به مشهد همان‌ها بودند، و نه هیچ چیز دیگر؛ و از جمله تلافی دیرکردهای رفیق فریدون!

البته من از دیرکردن، از سوی هر کس باشد، ولو خودم، سخت بیزارم. بدم می‌آید. از توجیه آن هم

بدم می‌آید. اصولاً از توجیه‌گری بدم می‌آید، ولی اینها هیچ‌کدام نمی‌تواند مرا در روابط رفیقانه به تلافی‌جویی بچه‌ننرهای هرزه وادارند. گذشته از همهٔ اینها، چه از نظر من و چه از نظر رفقا، آن سفر من به تهران، واپسین سفرم به تهران شمرده می‌شد. آیا ابلهانه نیست که من تلافی‌جویی‌ها از رفیق فریدون را برای دیرکردهای فراوانش، در یک چنین هنگامی انجام دهم؟ آن هم در واپسین دیدار این سفر؟ بگذریم!

رفیق مسئول مشهد به تهران بازگشت. برنامهٔ افساربندان مو به مو انجام شد. منگوله‌هایی هم به افسارم آویخت: یکی از همین روزها دربارهٔ ماجرای تلفن به وسیلهٔ همان رفیق توضیح داده خواهد شد. که البته چنین تلفنی نشد. و پس به‌ناچار پیوست آن هم که توضیح آن ماجرای زرین باشد، نرسید.

سفر دیرپای رفیق به تهران به پایان رسید. به مشهد بازگشت. یکدیگر را دیدیم. ماچ و بوسهٔ همیشگی رفیق سر جایش بود. شهادت رفیق حسن نوروزی هم پیش آمده بود. برای من دیگر حال حتی آن هم نبود که برای دیدن پرده‌های دیگر نمایش باشکوه «تلفن گسسته» از ماجرا پرس‌وجو کنم. در عوض رفیق خود از آن یاد کرد:

ــ ولی قطع تلفن! رفیق گفت که رمز در همان احوال‌پرسی‌ها بود دیگه!

ــ اگر چنین بود که تو هم می‌بایستی می‌دانستی دیگه!

و نگاهی که رفیق بس کن! زشت است!

و راستی که این دروغ‌ها و رفتارها و نمایش‌ها یعنی چه؟ هرچند بچگانه، با این‌همه اگر می‌خواستید که تلافی آن از تهران‌آمدن مرا درآورید، که پس چرا دارید پیاپی توجیه می‌کنید که نه، این‌چنین نیست و آن‌چنان است. تلافی‌ای که من ندانم تلافی است و در نتیجه درنیابم که رفقا به این هنر نیز آراسته‌اند که به چه درد می‌خورد؟ و اگر می‌خواستید که با این نمایش‌ها مرا خر کنید. که رفقا! من خرم! خر که نیازی به خرکردن ندارد. خر، خر است. آدم را باید خر کرد تا عمل خرکردن انجام شود.

گذشته از این، اگر به‌راستی می‌خواستید مرا خر بکنید که آخر رفقا! اگر رفیقی آن هم در شرایطی این‌چنین دشوار و ظریف که جنبش دارد، تا بدین اندازه یابو باشد که حتی چنین دوز و کلک‌های کودکانه‌ای را نیز درنیابد، که هرگز نمی‌تواند حتی یکی از دسیسه‌های پلیس سیاسی را دریابد. و به‌ناچار پیوسته به‌گونهٔ یک خطر بالقوه در زیر سینهٔ جنبش پنهان است. و پس، هم‌نشینی با او به چه درد می‌خورد؟ چرا باید این‌سان یارگیری کرد؟ و تازه آیا جز این است که آن منشی که به آدمی می‌آموزد که دیگران خر و نادانند، و خود خردمند و زیرک بی‌همتایی است، منشی کارگری نیست و منشی اشرافی و پوسیده است! رفقا! انسان‌ها را، حتی آنها را که سخت کودن و ساده‌دل می‌نمایند، زیاد زیاد هم نادان و کودن نینگارید. حتی آنها که یابوهای سخت فرسوده‌ای به چشم می‌خورند باز هم در بسا موارد دارای آن اندازه هوشمندی و مغز زنده هستند که دست‌کم اندکی از پیچیدگی‌های زندگی عینی خود را دریابند.

من این یادآوری‌ها را مطمئناً از آن‌رو نمی‌کنم که به خودم مربوط است. من که خودم خر هستم! و

پس، دربارهٔ من مهم نیست؛ و راستی را می‌گویم. اینها همه دربارهٔ من می‌گذرد. و گذشته است، آن هم با پوزخندی آمیخته با اندوه! من این یادآوری‌ها را به‌ویژه از آن‌رو می‌کنم که این‌چنین برداشت‌ها برای جنبش سخت مرگبار است.

رفقا! هر گاه دیگران را کرگدن انگاریم، درحالی‌که آنها به‌راستی کرگدن نیستند، آن‌گاه ما خود گول خورده‌ایم، نه آنها. آیا نیازی بدان هم هست که به یاد آوریم که مثلاً حزب توده چگونه دشمن را پیوسته سخت ناچیز و نادان می‌پنداشت؟ و این پندار را نیز القا می‌کرد؟ و آیا همچنین نیازی بدان هم هست که از سرنوشت آن خدای هوش و زیرکی و این خدای نادانی و بی‌خردی، یادی بشود؟ گمان می‌کنم نیازی نیست؛ ولی برآنم که نیاز دیگری هست: ریشهٔ این گون داوری‌های حزب توده دربارهٔ دستگاه آن بود که حزب توده اصولاً جامعه و تودهٔ ایران را نادان می‌انگاشت و دستگاه طبقهٔ چیره را نیز به‌چون بخشی از این جامعهٔ خران و بی‌خردان دست‌وپاچلفتی، به‌ناچار نادان به شمار می‌آورد.

پرسیدنی‌ست: میان آن‌کس که می‌خواهد دیگری را خر کند و دست به کار می‌شود، با آن‌کس که وانمود می‌کند که به‌راستی خر شده و در نتیجه نفر نخستین خود را پیروزمند احساس می‌کند، به نظر شما کدام‌یک خر شده‌اند؟

پس همواره به یاد داشته باشیم که در پیکار خود بسته به شرایط، ما موظفیم برای اینکه هماوردی را که می‌خواهد ما را گول بزند، خودگول بزنیم، به او چنین بقبولانیم که نقشه‌هایش به‌خوبی گرفته است و ما سخت گول خورده‌ایم، این است خود یک شیوهٔ خاک‌کردن کسی که می‌خواهد ما را خاک کند؛ که بگذریم.

در پایان این بخش یک چیز هم هست که باید افزود: به دنبال ماجرای آمدن من از تهران، یگانه پارتی من که همانا رفیق فریدون باشد نیز نه تنها از دست رفت بلکه به استوارترین مخالف نیز دگردیسی پذیرفت. یاهو!

۱۵. به‌ناگاه رفیق مسئول مشهد خواست که گه‌گاه نیز با رفیق مادر دیدار کند.

شکی نیست که این کار خوبی بود. و هرچند آن رفیق به یاد نداشت، ولی اگر خواب ندیده باشم، به یاد داشتم که از همان آغاز رفتن به مشهد از آن رفیق خواستم که هر جور شده گاه‌گاهی نیز رفیق مادر را ببیند، ولی رفیق بر آن بود که بایستگی ندارد. اینک همان که بایستگی نداشت، بایستگی یافته بود. خب! دیالکتیک است و شدن. و باید بشود. که نشدن، خود نشدنی است. به‌هررو، باز هم بایستی افزود که این تغییر رأی به هر دلیل بود، باز، نه تنها در اصول خوب بود، در روند این ماجراهای جیمز باندی و هنرنمایی‌های روانبخش نیز خوب بود.

ولی برداشت من: رفقا می‌خواهند مزهٔ دهن رفیق مادر را نیز بدانند تا دریابند که تصمیم‌شان بایستی با من به‌تنهایی پایان پذیرد یا رفیق مادر و در نتیجه رفقا دانه و جوانه را نیز دربرگیرد؟

البته اگر رفقا سخنان رفیق مادر به رفیق فاطمه دربارهٔ جدایی سازمانی که گویا من گفته بودم، خوب ارزیابی می‌کردند، روشن می‌شد که رفیق مادر خود را آشکارا آماده اعلام کرده بود. و پس، دیگر نیازی به سُنداژ تازه نبود. با این‌همه چون می‌شد گمان کرد که رفیق مادر با افسون ابلیسی من «اغفال» شده است، خب، سنداژهایی بایستگی می‌یافت و بگذار بیابد.

در زمینهٔ دیدار رفقا مسئول مشهد و مادر، از رفیق مسئول مشهد خواستم:

ــ قرار منظمی با هم بگذارید که من اصلاً ندانم، تا برای هر بار دیدارتان نیازی به پیغام من و در نتیجه آگاهی من نباشد.

خاموشی!

البته من این پیشنهاد را از آن‌رو کردم که رفقا بدانند من از هیچ‌گون کندوکاوی نه تنها ناخرسند نیستم، بلکه بسی هم خشنودم.

به هررو، همین درخواست را از رفیق مادر هم کردم که در دیدارش با رفیق مسئول مشهد طرح کند. و کرد و پاسخ شنید:

ــ لازم نیست. اگر باز هم نیازی به دیدار بود، می‌نویسم می‌دهم به رفیقمان بدهد. به هررو، گفتگوهایی کردند. که رفیق مادر چکیده‌ای از آنها را گفت. برداشت من این شد که رفیق سنداژهایش را دلپذیر نیافت.

سپس رویدادهای دیگر رخ داد که در روند آنها رفیق مادر نیز دستگیر شد.

۱۶. رفیق مادر دستگیر شد. اینکه چرا؟ فعلاً بماند. رفیق مسئول مشهد دستور داد که رفقا دانه و جوانه، به همراه من به تهران بازگردیم.

در تهران کجا برویم؟ جایی نداشتیم! این موضوع با رفیق مسئول مشهد در میان گذاشته شد. قرار شد به هرگون شده، بگذرانیم تا رفیق فریدون را ببینیم و او سامان کارها را بدهد. پس قرار شد که من برای رفیق فریدون علامت بزنم و او هم بیاید و دنبالهٔ کار!

پرسیدنی بود که اصولاً چرا رفیق فریدون بایستی به محل علامت بیاید تا علامت را ببیند و دنبالهٔ کار؟ پس از رفیق مسئول مشهد پرسیده شد. رفیق پاسخ داد:

ــ من همین امشب برای رفیق فریدون تلفن می‌کنم و به او می‌گویم که به محل علامت بیاید.

ــ پس بگو از همین فردا بیاید.

ــ باشد.

ضمناً رفیق مسئول مشهد گفت:

ــ بهتر است یک قرار هم با یکدیگر در تهران بگذاریم.

ــ چه عیب دارد!

پس، قرار شد که از ده روز دیگر به مدت نمی‌دانم یک هفته یا ده روز، من از فلان‌جا بگذرم.

ما به راه افتادیم. نخستین پرسشی که در مغزم جوشید: چرا رفیق مسئول مشهد با خودش هم قرار جداگانه‌ای گذاشت؟

پاسخ‌های خوشبینانه و بدبینانه، هر دو ستون‌بندی شدند. ولی پاسخ واپسین، یعنی پاسخ واقعی را خود واقعیت می‌داد؛ و پس، داوری واپسین هم ماند برای پس از جلوه‌گری واقعیت!

نگاه کنید به ششمین نامه.

به تهران رسیدیم. علامت‌زدن آغاز شد. به مدت یک هفته، هر روز. پیاپی، ولی «قضا را» هیچ پاسخی داده نشد. رفیق فریدون به سر قرار نیامد.

این یک هفته را به دامان طبیعت پناه بردیم. برای خواب. که گمان می‌کنم این بخش، دست‌کم برای رفقا دانه و جوانه آموزنده بود. تا آینده چه نشان دهد.

نیامدن رفیق فریدون بیش از آن آموزنده بود که دیگر جای داوری را به زمان‌های آینده وابسته کند. برداشت من! رفقا مرا اپورتونیست تمیز داده‌اند. و به‌ناچار تصمیم خود را گرفته‌اند، ولی بی‌گفتگوست که این یک تصمیم و تمیز شخصی نیست که تنها به رفیق فریدون وابسته باشد، این یک تصمیم و تمیز سازمانی است؛ پس، رفیق مسئول مشهد هم در آن شریک است.

لیکن این داوری‌های رفقا، چه درست و چه نادرست، جای خود دارد، ولی چرا آن را سرراست و پوست‌کنده طرح و دنبال نکردند؟ و گذشته از این: اگر این تمیز و تصمیم یک تمیز و تصمیم سازمانی است، پس، دستورهای گوناگون رفیق مسئول مشهد دربارهٔ اینکه من بایستی چه کنم و چه نکنم، پس قرارهایش و دیگر قضایا، اینها چیست؟ و به‌ویژه دیگر به او چه که برای من تعیین تکلیف کند که به تهران بازگردم یا در مشهد بمانم و یا به کهکشان‌ها بال کشم؟

خب! اینم یه شکلشه!

به هررو، هرچه بود، واقعیت عینی این بود که رفیق فریدون نیامده بود. و این، خود به‌هیچ رو به معنی آن بود که تلفنی نشده بود و یا نمی‌دانست. این ریشهٔ دیگری داشت. و این ریشه بنا به آنچه تاکنون نیز گذشته‌هایی از آن گذشت، یکراست به من مربوط می‌شد. واپسین سخن این بود که رفقا به‌ویژه پس از آن رفتن من به مشهد، تصمیم واپسین را گرفتند: پالایش «چریک‌های فدایی خلق» از وجود عنصر پلیدی چون من! و این تصمیمی بود که تا آن زمان تنها یک رأی برای اتفاق آرا کم داشت، آن هم رأی رفیق فریدون بود. پس از آن به مشهد رفتن من، این رأی نیز داده شد. و به خط نستعلیق و با قلم درشت!

ولی اینها همه یکجا، واقعیت عینی اینک این بود که رفقا دانه و جوانه بودند و من. و پرسش بنیادین نیز اینکه: اینک چه باید کرد؟

پاسخ فوری نهایی این شد که نخست جایی بگیریم. سپس برای رفقا کاری جور کنیم. تا بعد.

جایی گرفتیم. کار جورکردن را گذاشتیم برای پس از پایان قراری که با رفیق مسئول مشهد در تهران گذاشته شده بود، زیرا، به هررو، با آن رفیق قراری گذاشته شده بود. و پس بایستی رفت. و رفتم.

پس از چند روز رفیق پیدایش شد. ماچ و بوسه و درآغوش‌گیری همیشگی. منتها با نعناداغ بیشتر و گذشت. اندکی گفتگو. کمی راه‌رفتن. دمی نشستن. و سرانجام:

ـ رفیق! فردا بچه‌ها را بیاور تحویل بده!

ـ باشد.

و اندیشه!

فردا آمد. در این فردا ـ چهارشنبه هشتم اسفندماه ۱۳۵۲ ـ(۱۴) رفیق فریدون هم آمد. دستی داد. و فشاری هم بدان افزود. ولی بچه‌ها نیامدند. اشتباهی برایشان در محل دیدار رخ داده بود؛ و به‌ناچار قرار تحویل ماند برای فردای دیگر. در همین دیدار بود که ضمناً گفتم:

ـ چون ما تازه دو سه روز است که اتاق گرفته‌ایم، و من هم هم‌اکنون جایی ندارم که بدون درنگ عوض کنم، پس بهتر است تا چند روز دیگر هم رفقا با من باشند تا جایی پیدا کنم و با هم بیرون آییم، منتها آنها همراه شما بیایند و من هم بروم. که گذشته از اینکه انعکاسش در خانه بهتر است، ضمناً اگر برای بچه‌ها پیشامدی هم روی داد، ترکشش به من هم نمی‌کشد.

که البته رفیق مسئول مشهد بر پایهٔ امنیت بچه‌ها که گویا نزد من وجود نداشت، و رفیق فریدون با دلداری‌دادن به من که جایی که بچه‌ها می‌روند، حتماً دست‌کم تا چند روز دیگر امن خواهد بود، به هررو، عملاً نپذیرفتند، هرچند آشکارا هم پاسخ ندادند. پس، من زیاد درنگ نکردم و گفتم:

ـ خب! خب! باشه! باشه! نمی‌خواد! همان فردا! اصلاً نمی‌خواد! مهم نیس! یه طوری می‌شه!

در پایان همین دیدار بود که باز هم رفیق مسئول مشهد یک قرار ثابت هم برای خودش و من در تهران گذاشت:

ـ اگر احتمالاً قرار تو با فریدون بریده شد، هر روز صبح و بعدازظهر، ساعت‌های فلان و فلان از فلان‌جا بگذر!

ـ چطور؟ هم صبح و هم بعدازظهر؟ تا کی؟

ـ خب! تنها همان بعدازظهرها!

ـ ولی تا کی؟ تازه بهتر است محلی برای علامت بگذاریم.

ـ باشد! کجا؟

ـ هر جا می‌خوای!

ـ من همین الان حاضرالذهن نیستم. می‌نویسم و می‌دم رفیق فریدون که در دیدار بعدی برایت بیاورد.

ـ باشد.

و اندیشه!

و رفت.

فردای دیگر هم آمد. بچه‌ها تحویل داده شدند. رفیق فریدون تحویل گرفت. نامه‌ای که رفیق مسئول مشهد وعده داده بود، نرسید. هرگز نرسید. رفیق فریدون قرار دیگری هم با من گذاشت. این قرار هم انجام شد. دیدار کوتاهی بود:

ـ خب رفیق! من کار دارم و باید زودتر بروم. ضمناً چند روزی هم در ارتباط با جریانات اخیر بایستی بروم مسافرت. قرار باشد برای فلان روز فلان ساعت فلان جا.

ـ باشد.

و رفت.

فلان روز و فلان ساعت به فلان‌جا رفتم، رفیق فریدون نیامد. نیم ساعت ضامن را هم ماندم، نیامد. پس ارتباط دوباره گسست. چه باید کرد؟ آنچه من کردم این بود: به مدت یک هفته یا ده روز درست نمی‌دانم، هم به محل علامت با رفیق فریدون رفتم و هم به محلی که رفیق مسئول مشهد گفته بود. از هیچ‌کدام هیچ خبری و هیچ اثری نشد. همین!

۱۷. چندی گذشت. یک روز تصادفاً ـ که گویا این «تصادفاً» درست همان چیزی‌ست که رفقا باور ندارند. این هم عیبی ندارد بگذار چنین باشد. زندگی داور نهایی است ـ به هررو، یک روز تصادفاً به یکی از «مجاهدین» برخوردم. پس از مشتی گفتگوها و خبردادن‌های او و اظهارات من که خبری ندارم و شگفتی او که چطور اینها را نمی‌دانی؟ که بیشترش به خودتان مربوط است! سرانجام ناگزیر شدم که بگویم:

ـ آخر رابطه‌مان گسسته است!

ـ یعنی چه؟

ـ یعنی همین!

ـ یعنی تنهایی؟

ـ آره! تنها مثل ابلیس!

ـ پس زودتر وصل کنیم.

ـ نه.

ـ چرا؟

ـ بگذار قدری بگذرد تا ببینیم چه می‌شود!

ـ مگه چی شده؟

ـ چون نمی‌خوام فعلاً راستش را برایت بگویم، پس مپرس.

ـ نه نمی‌خوام فضولی کنم.

خلاصه مشتی استدلال و اندرز از او و مشتی ناز و سرکشی از من. دنبالهٔ داستان ماند برای دیدار دیگر.

دیدار دیگر انجام شد. در روند گفتگوهایی که در این زمینه شد، او سرانجام گفت:

ـ پسری به پدرش گفت: بابا! هرچند اجازه ندهی من می‌روم، ولی خودت اجازه بده که بروم مسافرت. و پدر هم به‌ناچار خودش را سبک نکرد و اجازه داد. حالا تو هم خودت می‌دانی، ولی بگذار بگوییم که تو را پیدا کردیم، زیرا، اگر هم موافقت نکنی، به هررو، ما از نظر سازمانی و روابط خودمان این کار را خواهیم کرد.

ـ خیلی خوب! آزادی! هر جور خودت خواستی بکن، من هم موافقم!

مجاهدین گفتند و قراری گذاشته شد. رفیق فریدون آمد. و در پیرامون این گسست ارتباط گفت:

ـ مسافرت من طولانی شد. آن رفیق هم در تهران نبود.

این، یگانه توضیحی بود که رفقا در سراسر این ماجراهایی که یاد شد، دادند. دیگر ماجراها مطلقاً بدون توضیح گذشتند. بگذریم.

سه چهار قرار دیگر هم گذاشته شد. که باز یکی از آنها به علامت‌گذاری کشید. و باز هم قراری گذاشته شد. که باز هم رفیق فریدون نیامد. علامت هم زدم. که پاسخ نداد. و باز اکنون هم که این جملات را می‌نویسم، ارتباط همچنان گسسته است!

۱۸. آیا منطقی نیست بیندیشیم که در آن رشته دیدارهای واپسینی که با رفیق فریدون انجام شد، به‌ویژه گفتگوهایمان پیرامون روابط و اندیشه‌هایمان، و به هررو یک تعیین تکلیف پوست‌کنده و سرراست و رویاروی دور می‌زد؟

چه چنین اندیشه‌ای منطقی باشد و چه نباشد، واقعیت این است که چنین نشد.

گفتن اینکه گفتگوهای ما در این سه چهار دیدار واپسین و ضمن توجه به شرایطی که داشتیم، چه بود، بی‌گمان از خود واقعیتی که به‌گونه‌ای عینی پیاده شد، زشت‌تر نیست؛ و پس نگفتن ندارد که این گفتگوها که همواره هم از سوی رفیق فریدون سر انداخته می‌شد، یا دربارهٔ خاورمیانه بود و یا دربارهٔ گرفتن اسلحه و یا مشتی سخنان پراکندهٔ دیگر، و به هررو، چیزی جز گپ‌زدنی خیابانی و گذرا نبود.

ولی پرسیدنی‌ست که خوب چرا من خود طرح نکردم؟ علت آن بود که من اصولاً با طرح شفاهی میانه‌ای نداشتم. حتی پیش خود قرار گذاشته بودم که اگر هم رفیق فریدون پیش کشید، من تنها با یکی از این دو شرط آمادگی خود را برای پاسخ و بررسی اعلام دارم: یا کتبی باشد، و یا ضبط‌صوت بگذاریم!

گذشته از این، از سویی دیگر، همین که یکی دو بار دیدار و گفتگوهایمان را با معیارهایی که از رفقا داشتم ارزیابی کردم، دیگر خود را موظف کردم که نوشتن را آغاز کنم، و کردم که آنچه اینک در دست است، فرآوردهٔ همان اقدام است.

پرسش دیگری هم هست: چرا همین کار را از همان آغاز نکردم؟

پاسخ: درگوهر این کار یک عیب اساسی وجود داشت ــ که اینک هم دارد ــ و آن اینکه بدین‌سان من خود هم بُرنده و هم دوزنده، هر دو بودم؛ البته که چنین شیوه‌ای ستوده نیست. با این‌همه روند رویدادها و نمایش‌ها وادارم کرد که به هررو، باز هم به همین شیوه پناه برم. پذیرش این شیوه از سوی من یک دلیل بنیادین داشت:

این شیوه چه بهترین باشد و چه نباشد، به هررو، یک خاصیت دارد، موضوع را آشکارا و کتبی در میان می‌گذارد.

بگذار این هم همین جا افزوده شود که چون جای مناسبی برای نوشتن نداشتم، به شیوهٔ محصلین از گوشهٔ پارک‌ها بهره گرفتم. و درست به همین دلیل بود که عملاً نتوانستم تند و پیاپی پیش روم. و نیز چون جای مناسبی هم برای نگاهداری آنها نداشتم به‌ناچار هر بار که می‌نوشتم، آنها را در خرابهٔ دوردستی به زیر مشتی خاک به امانت می‌گذاشتم.

نیک‌اختری را نگر، یک‌بار که پیش‌نویس‌ها تقریباً رو به پایان داشت، رفتم و دیدم که جا تر است و بچه نیست. و بداختری را نگر: بخش‌های اول آن را با کاربن دونسخه‌ای نوشته بودم و نسخهٔ دوم را به خاک دیگری امانت داده بودم، این خاک خیانت نکرده بود و پس آنها را برداشتم و دنبالش را گرفتم. این شد که اینک پیشکش می‌کنم.

باز هم نیک‌اختری را نگر: نسخهٔ اصلی پیش‌نویس اینها را باز هم به خاک دیگری به امانت سپردم، که باز هم خیانت کرده و باز هم بداختری را نگر: این بار این نوشته را از آغاز تا پایان دونسخه‌ای نوشته بودم، و پس دوباره ــ که سه‌باره آنها را نوشتم، و اینکه اینک پیشکش می‌شود، آن سه‌باره‌ای است.

سوم

۱۹. اکنون برایم دشوار است باورکردن به اینکه رفقا از این نامه نیز همان دریابند که به‌راستی نیت و خواست من است. البته، اینکه رفقا چه شکی بکنند، چه شکی نکنند، به‌هررو، یک چیز هست: برای خودم هیچ شکی نیست که همهٔ آنچه را که نوشتم راستی را پیش چشم داشتم و راستی را به‌راستی نوشتم؛ و این، همه از عشق به جنبش است، نه دفاع خصوصی از خود!

برای من چون آفتاب نیمروز تیر ماهی روشن روشن است که از زندگی‌ام به خـودی خـود هـم چیزی برجای «نمانده، مگر ته‌مانده‌ای، مانند ته‌ماندهٔ آب در مشک کوچکی»(۱۵).

پس اگر تا به اکنون به جنبش عشق ورزیده‌ام و همهٔ هستیم را عشق پیکار و انقلاب در راه توده و طبقهٔ کارگر ــ که در آغاز میهن‌پرستی شوونیستی بود؛ ولی به هررو، ضد آنچه هست ــ راه برده و نگهداشته است، بی‌گمان در این واپسین دمان که دیگر حتی هیچ هوسی هم به چیزی برایم نمانده است، هرگز دست به رفتاری درست ضد آنچه تا به اینک داشته‌ام، نخواهم زد. و پس، اگر تا به اکنون آنچه نوشته‌ام و کوشیده‌ام ــ با همهٔ تحولات به‌راستی کهکشانی که در آنها وجود داشته ــ از روی عشق و دوستی بوده و بر پایهٔ همین عشق و دوستی هم بوده که خط عوض‌کردن‌هایم نـیز چـنین کهکشانی بوده است، بی‌گمان زین پس نیز این عشق و دوستی را به کار خواهم برد.

آری در هر زمینه از زندگی خود از مراحل گوناگونی می‌گذرد. و البته نه بدان معنی که دیگر هیچ ته‌مانده‌ای از مراحل پیشین در او به جای نمی‌ماند، تنها بدان معنی که مرحلهٔ تازه‌اش کیفاً از مرحلهٔ پیشین جدا شده است. در زمینهٔ انتقاد، اینک من خود را در مرحله‌ای نمی‌یابم که بی‌انتقاد پنداشتن خود را گواه کمال و بالندگی زندگی و جان خود بدانم. و پس، اینک خود را در آن مرحله‌ای نمی‌یابم که انتقادی را که بر این یا آن عمل و اندیشه‌ام وارد است، هم دانستگی یابم و هم حاشا کنم، تا بدین‌سان خود را وارسته‌تر و برجسته‌تر جا بزنم. من اینک خود را در مرحله‌ای می‌یابم که هـرچـه بیشتر اندیشه‌ها و رفتارهای گذشته‌ام را پوسیده‌تر و نارساتر و نادرست‌تر تمیز دهم و خود آن را گواه زنده‌بودن و بالندگی خود ارزیابی می‌کنم. و پس، آن‌گاه که می‌نگرم که دیری‌ست که به فلان اندیشه و رفتارم با دیده‌ای از همه‌سو پذیرا برخورد می‌کنم، به‌راستی که به خود می‌لرزم، زیرا به‌راستی که کم‌کم خود را ازپا فتاده و از ره‌مانده، فرتوت و مرده احساس می‌کنم، زیرا بر آنم که به‌هررو، هیچ چیز من نمی‌تواند به‌یکباره در فراسوی هر گون انتقاد، حتی هر گون کاستی و نارسایی باشد. و پس، هرآینه نتوانم از دست‌کم، کاستی و نارسایی خود در هر زمینه‌ای هر آن، آگاهی تازه‌تری به دست آرم، آن‌گاه، این نه گواه رسیدن من به فرازی مطلق که گویای فروماندگی‌ام در فرودی مطلق است!

از این‌رو بر آنم که اگر رفقا انتقادی از من در هر زمینه‌ای داشته باشند، حتی با شیفتگی بسیار من

روبه‌رو می‌شود. و هرآینه آن انتقادها را درست تمیز دهم، البته که در تصحیح خود سخت کوشش خواهم کرد، ولی شرط آغازین هر انتقاد، مستدل‌بودن آن نیز هست. فتوی و سلیقه را نباید جانشین انتقاد کرد.

من در رفتار برخی از رفقا آشکارا دیده‌ام که بی‌آنکه هیچ گونه برهانی بیاورند، صرفاً فتوایی داده‌اند و بسیار هم دوست داشته‌اند که من آن فتوی را به جای انتقاد بپذیرم. و چون طبعاً من نتوانسته‌ام آنها را هضم کنم، بزرگواری فرموده و مرا به انتقادناپذیر و خشکیده‌مغزی نه متهم، که محکوم کرده‌اند. مثلاً چنین انتقادی را شنیده‌ام:

ـ رفیق! من دربارهٔ ***انقلاب*** چه بنویسم؟ روشن است که هرچه بنویسم تو نمی‌پذیری!

البته منتقد محترم هرگز خوش نداشته است اندکی هم که شده پیش خود کلاهش را قاضی کند و به خود بگوید که آیا من نوشته‌ام و به او داده‌ام و او نپذیرفته، یا هنوز ننوشته با این پیش‌داوری لایحهٔ محکومیت را دستینه می‌نهم!؟ به‌هررو، این بود «انتقاد»!

سخن کوتاه: از دو حال بیرون نیست: یا رفقا اصولاً تضادهای میان خود و مرا از جمله تضادهایی می‌دانند که مائو آنها را «تضادهای درون خلق» نامیده. و یا از جمله تضادهای دشمنانه! و روشن است که شیوهٔ حل هر یک از این تضادهای جداگانه، جداگانه است. اگر تضاد دشمنانه نیست و در زمرهٔ «تضادهای درون خلق» است، پس، چنین تضادی «مربوط به تمیز حق از ناحق می‌شود»(۱۶).

و این به‌هیچ‌وجه بدان معنی نیست که در درون خلق برای حل مسائل مرامی و مسائل مربوط به تمیز حق از ناحق، می‌توان به تدابیری جبری توسل جست. سعی در حل مسائل آرمانی و یا حل مسئلهٔ حق و ناحق به وسیلهٔ تدابیر اداری و جبری، نه تنها بیهوده است بلکه زیان‌آور نیز می‌باشد... مسائل مرامی و مسائل مورد اختلاف در درون خلق را تنها می‌توان از راه‌های دموکراتیک یعنی از راه‌های بحث، انتقاد، اقناع و تربیت حل کرد، نه به وسیلهٔ جبر و فشار... [و] فرمول [آن چنین است!] «وحدت ـ انتقاد ـ وحدت»... [و] این فرمول بدین معنی است که از **تمایل به وحدت** حرکت کنیم، سپس از طریق انتقاد یا مبارزه تضادها را حل کنیم تا سرانجام بر پایه‌ای نوین به وحدتی نوین دست یابیم. چنان‌که تجربهٔ ما نشان داد، این شیوه برای حل تضادها درون خلق، شیوهٔ درستی بود... آنچه مهم است این است که در این مورد بایستی پیش از هر چیز از مبدأ **تمایل به وحدت** حرکت کرد...(۱۷)

و البته، این تازه شیوهٔ «حل صحیح تضادهای درون خلق» است، و بدیهی‌ست که اگر این تضادها، حتی نه تضادهای درون خلق، بلکه تضادهای درون خود طبقهٔ کارگر بود و بالاتر: اگر این تضادها، تضادهای درون پیشتاز و سازمان پیشتاز طبقهٔ کارگر بوده باشد، آنگاه شیوه‌های حل‌شان، باز هم دموکراتیک‌تر و پُرشکیب‌تر و صلح‌آمیزتر خواهد شد.

پس، اگر رفقا تضادهای خود و مرا از جمله تضادهای درونِ طبقهٔ کارگر و درون سازمان پیشتازِ طبقهٔ کارگر می‌دانند، آنگاه ناگزیر، بایستی شیوه‌های حلی همساز یا منطبق با آن یافت، و اگر از جمله

«تضادهای درون خلق» ارزیابی می‌کنند، آنگاه به‌ناچار بایستی شیوه‌های حلیِ هماهنگ با آن را جستجو کرد، و سرانجام اگر از جملهٔ تضادهای دشمنانه شناسایی می‌کنند، طبعاً این هم راه‌حلی ویژهٔ خود را دارد: راه‌حل جنگ‌آمیز!

سخن کوتاه: ریشه‌ها و بنیان‌ها هرچه هستند، گو باشند، به‌هررو، یک چیز هست، هر تضادی شیوهٔ ویژه‌ای برای حل خود دارد. و پس، برای حل هر تضادی، نخست بایستی آن شیوهٔ ویژه را آموخت و به همان شیوه نیز در راه‌حل آن کوشید. و پس، اگر میان ما ـ شما و من ـ جدایی ریشه‌ای است، بگذار به‌گونه‌ای ریشه‌ای نیز بدان بپردازیم. اگر میان ما، نه یگانگی طبقاتی و حتی خلقی بلکه دوگانگی طبقاتی دشمنانه‌ای در میان است، بگذار قوانین زندگی دشمنانهٔ طبقاتی نیز آشکارا و سرراست فرمان رانند؛ اگر تضادهای ما چنان‌اند که بایستی منفجر شوند، گو بشوند؛ اگر زندگی ما نه رفیقانه و صلح‌آمیز، بلکه دشمنانه و جنگ‌آمیزند، بگذار بیهوده به ضریح بی‌جان صلح صلواتی دخیلِ اپورتونیستی نبندیم، زیرا همهٔ این پیچ‌وتاب‌ها، بی‌گمان بیهوده‌اند و قوانین مادی، بی‌پروا و مستقل از خوشامدهای ذهنی و نیک‌خواهی‌های اپورتونیستی ما، راه می‌پیمایند، و با صلابت و برّایی! پس بگذار با واقعیات با چشمانی گشوده و اندیشه‌ای فراخ، و پنجه‌ای کوشا روبرو شویم. و پس بگذار این را نیز به تابناکی خورشید جهانتاب روشن کنم: من به چهرهٔ یک بچه‌ننه و نُنُر و لاپنبه‌ای، هرگز قهر نمی‌کنم و نمی‌روم. اگر به‌راستی بخواهید بروم، این شمایید که بایستی مرا به عنوان یک اپورتونیست، چه با دلیل و چه بی‌دلیل، به هررو به‌روشنی و با تف و لعنت بیرون بیندازید. و از آنجا که سر دواندن را نیز نمی‌توانم جاودانه بپذیرم، این است که یادآور می‌شوم که هرآینه حداکثر تا پایان تیرماه ۱۳۵۳ همان شیوهٔ بلاتکلیفی دنبال شود، آنگاه این رویه درست به همان معنی تف و لعنت و بیرون‌انداختن با قنداق تفنگ و سرنیزه خواهد بود، و بدتر، که نه بهتر! و پس، بایستی بر پایهٔ چنین شرایطی زندگی کرد.

بایسته است که همین جا واپسین برداشت خود را نیز از این‌گون رفتارهای رفقا بازگویم:

واپسین برداشت من دربارهٔ بن و هستهٔ همهٔ این رویدادها و داوری‌های رفقا یک چیز است: ***انقلاب*** یا ***شورش***! رفقا نمی‌توانند تکلیف خود را در آن زمینه روشن کنند، و من هم در روشن‌کردن سنگر رفقا در زمینهٔ ***انقلاب*** پافشاری کرده‌ام، این است که انعکاسش را بدین‌سان نشان می‌دهند! وگرنه، اگر انتقاد شخصی‌ای وجود می‌داشت، به‌ناچار آشکارا طرح می‌شد، آشکارا دنبال می‌شد و آشکارا به تصمیم‌گیری روشنی می‌کشید. به هررو، ریشهٔ ریشه‌ها ***انقلاب*** است؛ و پس، بقیه همه ناخن است و گیسو و مژگان! این واپسین برداشت من است. و البته چه دربارهٔ همین واپسین برداشت و چه دربارهٔ آنچه در این نامه نوشتم، هنوز اطمینان ناب ندارم. اطمینان ناب را آنگاه می‌توانم پیدا کنم که رفقا پاسخ و انعکاس خود را دربارهٔ این نامه نشان دهند، چگونگی این پاسخ و انعکاس است که می‌تواند، درستی و نادرستی و کاستی و فزونی برداشت‌هایی را که طرح کردم، روشن کند.

در پایان بایسته می‌دانم از رفقا درخواست کنم که از هر یک از نوشته‌های این کمترین که همگی آنها نزد شماست، دست‌کم یک نسخه ــ و هرآینه بیشتر هم عملی باشد، بیشتر ــ به خودم بازگردانند. و به‌ویژه درخواست می‌کنم که آن مشت آت و آشغال‌ها یا نوشته‌هایی که در واپسین دم به رفیق مسئول مشهد سپردم، هرچه زودتر بازپس داده شود، تا شاید بتوانم دست‌کم ***انقلاب*** را به‌گونه‌ای خطی هم که شده، نیم‌سامان نوینی بدهم.

البته شاید رفقا ***انقلاب*** را نوشته‌ای به‌یکباره ضد کمونیستی و ضد انقلابی و پلیدانه که چیزی جز تراوش مغزی لئیم و خائن به طبقهٔ کارگر نیست، ارزیابی کنند، و پس، شاید رفقا ***انقلاب*** را از تروتسکیسم و کائوتسکیسم و بلانکیسم و دیگر «ملاعین‌نیسم» جنبش کارگری بدتر و لجن‌تر بدانند، ولی در جهانی که رفقا بالفعل توانِ آن را ندارند که جلوی چاپ و پراکندگی هزاران هزار نسخه‌ای نوشته‌های این عناصر را بگیرند، بگذار همهٔ هنر و توان خود را برای جلوگیری از انتشار چند ده نسخه‌ای ***انقلاب*** به کار نبرند. «انشاءالله و البته»!

طاهر

۱۳۵۳/۲/۸

یادداشت خطی نویسنده

نسخهٔ اصلی این نامه در مورخهٔ ۲۳ خرداد ۱۳۵۳ به رفیق فریدون [شهید حمید اشرف] داده شد.

یادآوری‌ها و منابع:

۱. جنبش کارگری کنونی که اپورتونیست‌ها **بیش** از دولت **سازمان** آن را مختل کرده‌اند...

لنین، «برنامهٔ جنگی انقلاب پرولتاریا»، ***آثار منتخبه***، جلد یکم، چاپ مسکو ۱۹۵۲ به زبان فارسی، ص‌ص ۶۸۲ـ۶۹۸، تاریخ نوشته سپتامبر ۱۹۱۶.

۲. آیا می‌توان باور داشت که آنچه در این زمینه یاد شد، برای همهٔ رفقا پذیرفتنی است؟ از آنجا که همهٔ این مطالب یکراست از زبان خود این کمترین بازگو شد، چنین باوری دشوار است؛ و درست از همین رو است که خود را ناگزیر می‌بینم برای اینکه نشان دهم که این مفاهیم بازتاب واقعیات عینی، تنها در مغز لئیم این کمترین نیست، دست به دامن آیاتی چند از خداوندان و بت‌های زرین جنبش کارگری در جهان شوم. و البته از آنجا که هم اینک امکان آن را ندارم که چندین گونی آیه از آیات این ایزدان جاودانه را پیشکش کنم، این است که به آیاتی چند از «لیوشائوچی» که در کتاب ورجاوندش به نام **چگونه می‌توان یک کمونیست خوب بود؟** گرد آمده، قناعت کنم، هرچند شک دارم که مبادا به علت اینکه «رفیق» مائو در پالایش یکپارچه گویا کارگری چین، لیوشائوچی را نیز به‌چون عنصری «گام‌نهاده در راه امپریالیسم» از «صندلی قدرت» سرنگون کرده است، و در نتیجه دیگر «لیو» نیرومند نیست، پس بت و خدا هم نباشد، و در نتیجه مشتی از رفقا آیات او را که تا چندی پیش ارزش آسمانی داشت، اینک از یاوه‌ای ضد انقلابی که ارزش خاکروبه را نیز ندارد، یاوه‌تر ارزیابی کنند، ولی نیک‌بختی را نگر که «لیو شائوچی» خود نیز آیاتی از «رفیق» استالین یاد کرده است؛ و پس، امید است به حرمت گل روی «رفیق» استالین هم که شده، کار به خوشی و خوبی پایان پذیرد. «انشاءالله و البته»!

به‌هررو، اینک آیات:

حزب ما از آسمان به زمین نیفتاده بلکه محصول جامعهٔ چین است. **همگی** اعضای حزب ما از بطن جامعهٔ ناپاک و کهنهٔ چین بیرون آمده‌اند و **هنوز** هم در همین جامعه **زندگی** می‌کنند؛ **از این‌رو**، اعضای حزب ما **کمابیش** بقایای **ایدئولوژی‌ها** و **عادات** و **رسوم** جامعهٔ **کهن** را همراه **دارند** و تمامشان با **همگی** مظاهر جامعهٔ کهن **همواره محفوظ است**. به خاطر **تکمیل** و حفظ صفای خودمان، به‌مانند پیشاهنگ پرولتاریا و به خاطر **ارتقاء** خصال اجتماعی و تکنیک انقلابی خودمان **هنوز** به آبدیده‌کردن و پرورش خود در **همهٔ** زمینه‌ها نیازمندیم. (ص‌ص ۲۴ـ۲۵) چرا هنوز چیزهای **بد** در **تشکیلات عالی** ما وجود دارد؟ به نظر من دلیلش **خیلی** روشن است: **حزب** ما از آسمان به زمین نیفتاده است، حزبی است که در جامعهٔ **موجود** چین به وجود آمده است... (ص ۱۲۵) اگر چنین **پلیدی‌ها مطلقاً** در حزب کمونیست **نبود**، شگفت **بود**... باید گفت **تا** هنگامی که این‌گونه پلیدی‌ها (در جامعه) وجود دارد، تا هنگامی که **هنوز طبقات** و نفوذ طبقات بهره‌کش در جامعه **وجود** دارد، حتماً **آثار** این‌گونه پلیدی‌ها تا حدودی در حزب کمونیست هم، وجود **خواهد** داشت... (ص ۱۳۶).

رفیق استالین می‌گوید:

«منشاء تضاد در احزاب کارگری دو چیز است...: نخست فشار **بورژوازی** و **ایدئولوژی** بورژوازی **روی** طبقهٔ **کارگر** و **حزب** آن... و نمی‌توان **تصور** کرد که طبقهٔ کارگر **کاملاً** از جامعه **جداست** و **بیرون** از جامعه جا دارد. پرولتاریا **جزئی** (ص ۱۳۷) از جامعه است. حزب **جزئی** از پرولتاریاست. بنابراین حزب هم نمی‌تواند از **ارتباطات** با قشرهای گوناگون جامعهٔ بورژوازی و **تأثیرات** آن برکنار باشد...

دوم، **ناجوری** خود طبقهٔ کارگر و وجود لایه‌های گوناگون در درون طبقهٔ کارگر است... (ص ۱۳۸)»

لیو شائوچی؛ ***چگونه می‌توان یک کمونیست خوب بود؟***

انتشارات «سازمان مجاهدین خلق» که بدون اینکه رسماً انتشار آن را از سوی خود در آن یاد کنند، منتشر کرده‌اند. پلی‌کپی الکلی، خطی، جیبی، تکیه بر روی واژه‌ها و آنچه در چنین نشانی [نوشته‌شده از من است.]

۳. **هراس** از اینکه این نامه (نقد بر برنامهٔ گتا) به سلاحی در دست مخالفین ما بدل شود، **بی‌پایه** است. **البته** اشارات خبیثانه را بر همه کس و همه چیز وارد می‌کنند، ولی روی‌هم‌رفته، اثر آن نزد مخالفین ما عبارت بوده است از نگرانی خاطر کامل نسبت به این انتقاد از خود بی‌رحمانه و این احساس را ایجاد کرده است: یک حزب باید چه توان درونی را دارا باشد که بتواند چنین امری را بر خود روا دارد!...

کجاست آن حزب دیگری که بتواند چنین جرأتی را به خود راه دهد؟...

می‌گویی ببل به تو می‌نویسد که رفتار مارکس با لاسال در میان لاسالیون باسابقه، **بدخونی** به پا کرده است. ممکن است این‌سان باشد. لیکن این کسان **تاریخ واقعی را نمی‌دانند** و امری هم که آنان را بدان آگاه کند، رخ نداده است... من از اینکه برخی کسان اینجا و آنجا در نخستین لحظهٔ انتشار نمی‌توانستند خرسند شوند، آگاه بودم. و این پرهیزناپذیر بود. و به نظرم محتوای مادی آن به‌مراتب بر آن (لحظه) می‌چربد... (ص ۲۶) انتقاد تاریخی نمی‌تواند تا ابد به حالت احترام در برابر این‌چنین پیش‌داوری‌ها در انتظار بایستد. (ص ۲۷)

انگلس، ***نامه به کائوتسکی***. لندن ۲۳ فوریه ۱۸۹۱

آورده‌شده از: گزیدهٔ آثار مارکس ـ انگلس، ***نقد بر برنامهٔ گتا***، انتشارات مزدک، اروپا

۴. در واپسین تجدیدنظری که در نوشتهٔ **شورش** شد، به همراه تغییردادن مشتی واژه‌ها و کوشش در راه معمولی کردن نثر آن، نام آن نیز به جای **شورش**، ***انقلاب*** گذاشته شد. و پس، هر کجا واژهٔ انقلاب در گیومه گذاشته شد، مقصود همان نوشتهٔ خاص است و نه مفهوم عام آن. هر گاه مقصود نام عام انقلاب باشد و یا به هررو، مقصود نوشتهٔ ***انقلاب*** نباشد، واژهٔ انقلاب در میان گیومه گذاشته نخواهد شد. [این نکته در مورد نسخهٔ فعلی کتاب حاضر مصداق ندارد. ـ نشر نی.]

گفتنی است که یگانهٔ نسخهٔ این دست‌نویس‌های واپسین ***انقلاب*** هم‌اکنون نزد رفقا، یعنی «چریک‌های فدایی خلق» است، و نه من. که در اینجا نیز به‌گونه‌ای کتبی درخواست می‌کنم که آنها را به همراه مشتی آت و آشغال دیگر، هرچه زودتر بازپس دهند تا در تکمیل و سرنوشت آنها بتوانم بکوشم.

۵. اگر اشتباه نکنم ـ که گمان نمی‌کنم ـ پس از اینکه یک‌بار من به رفیق فریدون گفتم که یگانگی سازمانی وابسته است به اینکه رفقا سنگر خود را در برابر ***انقلاب*** روشن کنند، رفیق فریدون گفت:

ـ یکی از رفقا را که شایسته تمیز داده‌ایم، اختصاصاً برای بررسی و پاسخگویی به ***انقلاب*** مأمور کرده‌ایم.

ولی رفیق فریدون بعدها در همین زمینه یادآور شد:

ـ رفیقی که برای پاسخگویی به ***انقلاب*** مأمور شده بود، کارهایی انجام داد، ولی برخوردش کاملاً روشنفکرانه بود. او به جای بررسی و پاسخ به اصول، به برخی مطالب فرعی پرداخت. مثلاً به اینکه «ناب» یا «مطلق» یعنی چه؟ و این‌گون مطالب! به هررو، قرار شد که کوشش خود را از نو آغاز کند، منتها دربارهٔ بنیان‌ها و اصول!

همین شخص که بعدها به او معرفی شدم، به نام رفیق «مجید» به من معرفی شد.

۶. چون چندی‌ست که نسبت به توان حافظهٔ رفیق فاطمه کم‌باور شده‌ام، این است که شک دارم او این گفتگوها را به یاد داشته باشد؛ و پس، ناچارم بیفزایم که اگر او چنین گفتگوهایی را حتی به یاد نداشت، دیگران می‌توانند

همهٔ آنها را به‌یکباره نادرست ارزیابی کنند و حتی خود این کمترین نیز آشکارا می‌پذیرد که دروغ می‌گوید؛ دروغی اپورتونیستی!

۷. اگر من نتوانم **انقلاب** را سرانجام با برداشت‌ها و افزوده‌های نوینی که برایش یادداشت کرده‌ام سامان دهم و چاپ و پراکنده کنم، رفیق مجید نیز همچون برخی و یا بسا رفقای دیگر می‌توانند در آستان لنینیسم به خود بنازند که در این نازش تاریخی سهم به‌سزایی داشته است!

۸. بهتر است در این زمینه یک نمونهٔ روشن و عینی را پیشکش کنم:

رفقا از نوشتهٔ پرآوازهٔ لنین به نام ***امپریالیسم آخرین مرحلهٔ تکامل سرمایه‌داری*** آگاهی دارند و می‌دانند گوهر این نوشتهٔ مادی این است که «سرمایه‌داری مالی» چه گونه بر انواع سرمایه‌داری‌های دیگر ــ مانند سرمایه‌داری صنعتی و بازرگانی ــ چیرگی یافته است؛ و از این‌رو دیگر روزگار سرمایه‌داری صنعتی و بازرگانی سپری شده و دورهٔ سرمایه‌داری مالی آغاز شده است. این اندیشه که پیش از این از سوی بوخارین و پیش از او از سوی هیلفردینگ (Hilferding) طرح شده بود، به بحث‌ها و بررسی‌های فراوانی از سوی اعضاء حزب کمونیست شوروی کشید. نخست دانستنی است که برداشت لنین از سرمایه‌داری مالی، برداشت مشخص لنین بود و نه برداشت حزب در مجموع. دوم اینکه در برابر آن، برداشت‌های دیگری هم بود که به‌یکباره همهٔ برداشت‌های مربوط به سرمایه‌داری مالی را نادرست می‌دانست. برای اینکه نمونه‌ای از این داوری بررسی شود، از سخنرانی «آ. سلطانزاده» در «کنگرهٔ ششم کمینترن در تابستان ۱۹۲۸» زیر عنوان «دربارهٔ سرمایهٔ مالی» تکه‌هایی می‌آورم:

> هرگز عصری به نام عصر سرمایهٔ مالی وجود نداشته است و هم‌اکنون که صنعت در حد اعلا متمرکز و مجتمع است، نیز چنین عصری وجود ندارد... (ص ۱۳۵)
>
> من بر این عقیده‌ام که سیادت بانک‌ها بر صنایع نه در تئوری میسر است و نه در عمل. (ص ۱۳۵)
>
> تئوری سرمایهٔ مالی نه تنها نادرست است، زیرا با تئوری مارکسیستی در تضاد قرار دارد؛ بلکه همچنین زیراکه اجرای سیاست ابتدایی بانکداری را نقض می‌کند، چون هیچ یک بانک بزرگی بخش اعظم سرمایهٔ خود را در صنعت به کار نمی‌اندازد. (ص ۱۳۶)
>
> ادغام سرمایهٔ صنعتی با سرمایهٔ بانکی زیر نظارت صنعت و به مقصود پشتیبانی از آن صورت می‌گیرد و... انکشاف سرمایه‌داری به سوی رهایی صنعت از دست بانک‌ها است. (ص ۱۴۹)
>
> [جلد چهارم (***اسناد تاریخی*** اخیراً در تهران توسط انتشارات علم منتشر شده است)، انتشارات مزدک، اروپا، آثار آ. سلطانزاده.]

اینک پرسیدنی‌ست که آیا به این دلیل که کسانی چون سلطانزاده نگره یا تئوری سرمایهٔ مالی لنین را باور نداشتند، می‌شد به آنها گفت حق اظهارنظر ندارند و نباید اندیشه‌هاشان را با توده‌ها و طبقهٔ کارگر در میان گذارند؟ نمی‌دانم پاسخ رفقا چیست؟ ولی آنچه حزب کمونیست شوروی حتی در سال ۱۹۲۸ یعنی در دورهٔ استالینی آن کرد، این بود که اجازه داد چنین برخوردی حتی در کنگرهٔ کمینترن نیز دنبال شود!

۹. چنین گمان دارم که رفیق فاطمه جریان این گفتگو را همان دم با رفقا در میان نگذاشت؛ چرا؟ اگر چنین باشد پاسخش را خود او باید بدهد، ولی واپسین داوری من در این باره این است که اگر چنین باشد، به هررو، رفیق کار بدی کرده است، زیرا این موضوعی چنان خصوصی نبوده که دانستن و ندانستن آن برای سازمان فرقی نداشته باشد.

و نیز گمان دارم که رفیق فاطمه پس از آن زمانی از این گفتگوها یاد کرد که سخنان زیر میان رفیق مسئول مشهد و من به میان آمد:

من: نامه‌ای برای رفیق فاطمه نوشته‌ام که نمی‌فرستم!

ـ چرا؟ چه نامه‌ای؟

ـ چیزی نیست! در گفتگوهایی که میان رفیق مادر و رفیق فاطمه پیش آمده، رفیق فاطمه مدعی شده که من آن پول‌ها را به «مجاهدین» بخشیده بودم و هم حتی[1] به آن برادر مجاهد گفته بودم که رادیوها بیت‌المال است و اِخ کن بیاد! چون نامه در پاسخ به چنین ادعاهایی است و در نتیجه دفاع خصوصی است. نمی‌فرستم.

ـ اصلاً به آنها چه که در این موارد گفتگو کنند؟

ـ خب بابا آرمی و چیزهایی هست که هر دو در جریانش بوده‌اند و حرف هم پیش آمده و گفتگو کرده‌اند. خاموشی. اندیشه. خط و نشان!

پس، چنین گمان دارم که پس از این گفتگوست که رفقا رفته‌اند و از رفیق فاطمه پرسیده‌اند که میان تو و رفیق مادر چه سخنانی به میان آمد؟ و رفیق فاطمه این داستان «آرم» را نیز گفته است. که چنان‌که بعدها از سخنان رفیق فریدون دستگیرم شد، گویا همین خاموشی رفیق فاطمه ــ که البته کار خوبی نبوده ــ برای آن طفلک هم پروندهٔ سیاهی شده، که بگذریم.

۱۰. چون در خانهٔ ما روی‌هم‌رفتهٔ گفتگوهایمان جمعی بوده است، پس، در این زمینه و هر زمینهٔ دیگری، می‌توان از رفقا دانه و جوانه پرسش‌هایی کرد. و گمان دارم که آنها نیز، هرچند شکسته بسته، به هررو، چیزهایی به یاد داشته باشند.

۱۱. علی‌بن‌ابیطالب، نهج‌البلاغه.

۱۲. سعدی، گلستان.

۱۳. از همان آغاز که قرار شد من به مشهد بروم، این هم قرار شد که رفقای دیگر از آن آگاه نشوند، ولی یک‌بار تصادفاً رفیق شکوفه مرا در مشهد دید؛ قرار شد رفیق مسئول مشهد به او حالی کند که من صرفاً برای رساندن یک خبر به مشهد آمده‌ام و به‌زودی بازخواهم گشت. هنگامی که رفیق برایم تعریف می‌کرد که با چه جملات و قیافه‌ای کوشید تا مغز رفیق شکوفه را از این اندیشه بشوید، قیافه‌ای را به نمایش گذاشت که اینک دوباره به روی پرده می آورد. که البته استادانه است؛ از حق نباید گذشت. ولی هر استادیِ تکراری هم از نااستادی است!

۱۴. شب جمعه ۲۵ بهمن ۱۳۵۲ رفیق مادر دستگیر می‌شود. سه‌شنبه هفتم اسفند، رفیق مسئول مشهد پس از سه روز، به سر قرارش می‌آید. چهارشنبه هشتم قرار تحویل بچه‌ها گذاشته می‌شود. ولی بچه‌ها اشتباه می‌کنند و تحویل انجام نمی‌شود. پنجشنبه نهم رفقا دانه و جوانه تحویل رفیق فریدون می‌شود. رفیق فریدون با من برای شنبه یازدهم اسفند ۱۳۵۲ قرار می‌گذارد. پس از دیرکرد همیشگی می‌آید. چون کار دارد، به‌زودی می‌رود. قرار می‌ماند برای شب جمعه شانزدهم. رفیق سر این قرار حاضر نمی‌شود. رابطه می‌گسلد.

۱۵. علی‌بن‌ابیطالب، نهج‌البلاغه.

۱۶. مائو، «دربارهٔ مسئلهٔ حل تضادهای درون خلق»، چاپ پکن، به زبان فارسی، جیبی، ص ۸۰.

۱۷. همان نوشته، ص‌ص ۸۴ و ۸۵ و ۸۶.

---

۱. در اصل: حتماً

نامهٔ دوم

دومین نامهٔ سرگشاده به «چریک‌های فدایی خلق»

یکمین نامهٔ سرگشادهٔ خود را که در تاریخ هشتم اردیبهشت‌ماه سال ۱۳۵۳ به امضای «طاهر» نوشته بودم، در تاریخ بیست‌وسوم خردادماه ۱۳۵۳ به فریدون پیشکش کردم. به‌هنگام تقدیم آن نامه، گفتگویی به مفهوم زیر میان ما انجام شد:

ــ ببین رفیق! چون من مدتی است احساس می‌کنم که رابطهٔ شما با من رفیقانه نیست، این است که در این زمینه چندی‌ست که چیزهایی را نوشته‌ام که امروز هم همراهم آورده‌ام که بدهم.

ــ خوب شد نوشتی. نوشته بهتر است.

خاموشی. اندیشه:

ــ ولی این کار خوب را چه خوب بود که شما هم می‌کردید. چرا شما نکردید؟ گذشته گذشت! ولی امید است که شما هم در آینده از همین کارهای خوب بکنید!

دیدار بعدی انجام شد. گفتگوهایی به میان آمد. و من سرانجام پرسیدم:

ــ خب! به هررو، پاسخ نامه را می‌نویسید دیگه!؟

ــ آره! حتماً!

ــ خیلی خوبه!

یکی دو دیدار دیگر هم انجام شد. و باز هم رابطه با نیامدن فریدون به سر قرارش بریده شد، که هنوز هم بریده است. و البته روشن است که از پاسخ نامه هم دیگر خبری نشد.

و برداشت من: میان راه‌های گوناگونی که برای پاسخ به نامه می‌شد پیش گرفت، «چریک‌های فدایی خلق» آن واپسین راهی را که من در اواخر نامه‌ام خصوصاً نشان دادم برگزیدند:

از آنجا که سردواندن را نیز نمی‌توانم جاودانه بپذیرم این است که یادآور می‌شوم که هرآینه حداکثر تا پایان تیرماه ۱۳۵۳ همان شیوهٔ بلاتکلیفی دنبال شود، آنگاه این رویه،

درست به همان معنی تف و لعنت و بیرون‌انداختن، قنداق تفنگ و سرنیزه خواهد بود، و بدتر، که نه بهتر! و پس، بایستی بر پایهٔ چنین شرایط زندگی کرد.

و البته شکی نیست که یگانه شیوهٔ انقلابی و کارگری برای پاسخ به آن نامه نیز درست همین شیوه بود که بر پایهٔ قانون «اتوریته» [فریدون ضمن به یادآوردن مطالبی که دربارهٔ «گروه جزنی» و روابطش با «کلانتری» می‌گفت؛ انشاالله به‌خوبی بتواند «اتوریته» را مجسم کند، انشاالله] برگزیدید. به هررو، از بابت ارتباط سازمانی، دیگر تکلیف مرا روشن کردید. ارتباط سازمانی قطع، و تمام! این از این! ولی می‌ماند یک درخواستی که در پایان نامه‌ام کرده بودم که بازنویسی می‌کنم:

> ... بایسته می‌دانم... درخواست کنم که از هر یک از نوشته‌های این کمترین که همگی آنها نزد شماست، دست‌کم یک نسخه ــ و هرآینه بیشتر هم عملی باشد، بیشتر بـه خـودم بازگردانند. و به‌ویژه درخواست می‌کنم که آن مشت آت و آشغال‌ها یا نوشته‌هایی که در آن واپسین دم به... مسئول مشهد سپردم، هرچه زودتر بازپس داده شود تا شاید بتوانم دست‌کم *انقلاب* را به‌گونه‌ای خطی هم شده، نیم‌سامان نوینی بدهم... [ص ۴۴]

البته فریدون دست‌کم شخصاً قول داد که همهٔ اینها را حداکثر تا بیستم تیرماه تحویل دهد. ولی متأسفانه هنوز چیزی دست من نرسیده است. به هررو، ناگزیرم در این زمینه نیز خصوصاً راهی را که بیشتر با مزاج شما سازگار است بگشایم: اگر تا پانزدهم مردادماه ۱۳۵۳ آن نـوشته‌ها تـحویل داده نشوند، این رفتار نیز آشکارا بدان معنی است که هرگز نمی‌خواهید آنها را بازپس دهید. و پس، تکلیفم از این بابت نیز روشن خواهد شد.

افزودنی‌ست که شناسنامه‌ام نیز در میان همان آت و آشغال‌هایی است که به مسئول مشهد سپرده شد.

ضمناً فریدون قول داد که یک نسخه از پاسخی که به *انقلاب* یا **شورش** گویا داده شده، به مـن بدهد، که البته آن نیز تاکنون نرسیده است. در اینجا بایسته می‌دانم که بگویم برای گرفتن و خواندن آن به‌راستی بیش از هر چیز دیگری شیفتگی دارم. و از این رو برای این موضوع هیچ زمان مشخصی را تعیین نمی‌کنم، مگر زمانی که زندگی خود تعیین می‌کند، یعنی تا پایان عمرم نیز در شیفتگی گرفتن و خواندن آن پاسخ با شکیبایی کاهش‌ناپذیری به انتظار خواهم ماند. به هررو، اگر آن نوشته‌ها را تا پانزدهم مردادماه پس دادید، درخواست فراوان دارم که آن پاسخ به *انقلاب* را نیز به آنها بیفزایید.

ضمناً نمی‌توانم از گفتن این مـوضوع نـیز بـپرهیزم کـه چـون مـمکن است هـر گـون دیـدار و چشم‌به‌چشم افتادنمان بدشگون و نادرست باشد، این است که برای فرستادن آنها، هرآیـنه خـوش نداشته باشید که از همان راهی که این نامه را می‌گیرید، آنها را نیز بازفرستید، پیشنهاد می‌کنم که اگر

دلتان خواست می‌توانید آنها را در کوهی، دشتی، بیابانی، جایی بگذارید و نشانی‌اش را بدهید تا بروم و بردارم.

در پایان این را هم بیفزایم که گاه می‌اندیشیدم که در این نامه‌ام برخی مطالب را نیز در میان گذارم، ولی سرانجام به دلایلی چند و ازجمله بدین دلیل که فرصت مناسبی نداشتم، ناچار شدم که نامه‌ام را به همین سان که می‌نگرید، پایان دهم؛ البته امید است اگر فرصتی پیدا شود و نوشتهٔ «چند نگاه شتابزده» را تجدیدنظر کنم، در همانجا دست‌کم به برخی از آنها بپردازم. امید است.

با تقدیم شایسته‌ترین احترامات

سرتق

۳۱ تیرماه ۱۳۵۳

نامهٔ سوم

سومین نامهٔ سرگشاده به «چریک‌های فدایی خلق»

محترماً

۱. شاید منش کارگری که شما خاکسارانه نمایندگی آن را دارید دارای آن بزرگواری آسمانی باشد که، پس از اینکه بارها و بارها به سر قراری حاضر شوید که طرف دومش به دلایلی که گویا صرفاً به خودش مربوط است و در نتیجه حتی هیچ‌گونه توضیحی هم نمی‌دهد، قرارش را اجرا نکرد، باز هم به سر قرارهای تازه‌ای که برایتان می‌گذارد، حاضر شوید؛ ولی یک منش اپورتونیستی که من افتخار نمایندگی آن را دارم از چنین کیفیت ستایش‌انگیزی آکنده که نیست، به جای خود، تهی هم هست. از این‌رو، و بنا به سابقهٔ سخت خاطره‌انگیزی که از دیدارهای شما برای من به‌جا مانده است ـ که مشتی از آنها را در دو نامهٔ پیشینم یاد کردم ـ دیگر نمی‌توانستم به سر قراری که پیغام آن را فرستاده بودید، حاضر شوم. این بود که بدون درنگ به برادری که پیام را آورده بود گفتم که من چنین قراری را اجرا نخواهم کرد مگر اینکه کتباً نوشته شود که اصولاً به چه دلیل بایستی دیدار انجام شود و برنامهٔ آن چیست؟

بدیهی‌ست از آنجاکه بنا به نامهٔ سرگشادهٔ شمارهٔ یکم خود بلاتکلیف نگاه‌داشتن خود را از سوی شما تا پایان تیرماه ۱۳۵۳، گواه شیفتگی شما به قطع رابطهٔ سازمانی اعلام داشتم و شما نیز درست شیوهٔ بلاتکلیف نگاه‌داشتن را دنبال کردید، پس، دیگر به‌هیچ‌رو خود را در رابطه و در نتیجه در مسئولیتی سازمانی با شما احساس نمی‌کنم تا ناگزیر به اجرای هرگون قرار سازمانی باشم. ولواینکه طرف دیگر هزاران بار هنرنمایی‌های تابناکی را در قرارهایش به نمایش گذاشته باشد. به هررو، رابطهٔ سازمانی ما آشکارا به پایان رسیده است. و پس، زین پس من نیز در هر زمینه‌ای مطلقاً خودم تصمیم می‌گیرم، درست به همان‌سان که شما. گفتنی است که بسیار دوست داشتم که همان‌دم که آن برادر پیام شما را برای دیدار گفت، چنین نامه‌ای را می‌نوشتم و به حضورتان پیشکش می‌کردم، ولی متأسفانه چنین امکان و فرصتی نبود. و پس پاسخ شفاهی دادم. با این‌همه از آنجا که پسندیده‌تر می‌دانم که

همه چیز و حتی همین موضوع نیز کتبی باشد، این است که بدین‌سان تجدید مزاحمت کردم.

باز هم یادآور می‌شوم که من به‌هیچ‌رو از هیچ دیدار دیگری پرهیزی ندارم، منتها با این شرط که کتباً روشن شود که برنامهٔ دیدار چیست، تا بتوانم نسبت به آن تصمیم بگیرم.

۲. نمی‌توانم ننویسم که پانزدهم مرداد هم گذشت، و نه نوشته‌هایم را که نزد شماست فرستادید و نه پاسخ **شورش** یا ***انقلاب*** را محبت فرمودید. مهم نیست، می‌گذرد.

ولی چنین پیداست آن بلندنظریِ کارگریِ افسانه‌باری که نوشتن دانش را به جای علم «دم و دستگاه» می‌دید، عام‌تر از آن است که پنداشته می‌شد. و پس، چه جای شگفتی است هرآینه آن یک مشت چرندوپرندی که من طی سال‌ها نوشته‌ام، جبروتی فرعونی به چشم نیامد. باشد که بازپس‌ندادنش خود خدمتی به جنبش کمونیستی «میهن‌پرستان» ایران ارزیابی نشده باشد. که این هم مهم نیست. که این هم می‌گذرد و بگذار بگذرد.

با تقدیم شایسته‌ترین احترامات

سرتق

۲۰ مرداد ۱۳۵۳

نامهٔ چهارم

چهارمین نامهٔ سرگشاده به «چریک‌های فدایی خلق» و یکمین نامهٔ سرگشاده به «دانه» و «جوانه»

محترماً

۱. چنان‌که فریدون اطمینان داده بود، قرار بود که به نامهٔ سرگشاده شماره یکِ این کمترین کتباً پاسخ داده شود، ولی چنان‌که پس از یک قطع رابطهٔ طولانی در واپسین دیدار (۵۳/۶/۱۸) یادآور شد، به علت گرفتاری‌های زیاد، عملاً چنین کاری برای چریک‌های فدایی خلق شدنی نیست. و پس، برخی مطالب را شفاهی توضیح داد، که مشتی گفتگوها انجام شد. پس از این گفتگوها، برای من این اندیشه پیش آمد که خب، اگر چریک‌های فدایی خلق به علت گرفتاری‌های فراوان فرصت نوشتن پاسخ خود را ندارند، در عوض من که می‌توانم فرصتی جور کنم؛ پس چه بهتر که مطالب شفاهی آنها را نیز به روی کاغذ آورم. این است که به این فکر افتادم که شنیده‌هایم را از فریدون و نیز پاسخ‌هایم را به او، بنویسم. منتها چون اینک ناچارم که هرچه زودتر به نوشتهٔ *انقلاب* سامانی بدهم، این است که این کار را که زمان زیادی هم می‌خواهد نمی‌توانم بدون درنگ دست بگیرم و انجام دهم. ضمناً چون فرصت کوتاهی داشتم، بد ندیدم که مطالبی را که «دانه» و «جوانه» گفته‌اند، به‌گونه‌ای جداگانه به روی کاغذ آورم و با خودشان نیز در میان گذارم. یک چیز دیگر هم هست که بهتر می‌دانم همین جا بنویسم:

چنان‌که فریدون گفت، شهید دلیر مرضیه احمدی ــ فاطمه ــ یادداشت‌هایی در بیان رفتار و منش اپورتونیستی این کمترین نوشته که در دست است[1]؛ و نیز به‌تازگی مِهری نیز در این زمینه یادداشت‌هایی تهیه کرده که آنها هم در دست است؛ می‌خواستم همان‌سان که شفاهاً از فریدون درخواست کردم، بدین‌سان کتباً از چریک‌های فدایی خلق درخواست کنم که رونوشت و یا فتوکپی آنها را

---

۱. این نوشته‌ها همانند «آنکت» و «گواهی»هایی است که در دوران استالین از اعضای حزب علیه «خائنان» یا «مطرودان» می‌گرفتند. ــ ویراستار.

به من نیز بدهید. و گمان نمی‌کنم که چنین درخواستی با توجه به اینکه مطالب آن آشکارا به من مربوط است، فضولی اپورتونیستی به شمار آید. به هررو، این درخواست من است، تا خواست شما چه باشد!

۲. دانه و جوانهٔ عزیز. سلام. امید است که در راه رهایی خلق تندرست و کوشا باشید.

راستی این است که چه خواسته و چه نخواسته، به هررو، ما ــ یعنی شما و من ــ در همهٔ زمینه‌ها به جز یک دشمن مشترک از یکدیگر جدا شده‌ایم؛ این واقعیتی است که بهتر است با تعارف با آن برخورد نکنیم؛ این دشمن است که به ما وحدتِ گذرا می‌دهد.

این موضوع را به‌ویژه از آن رو یادآور شدم که به شما اطمینان داده باشم که هرچه خوش داشتید برای رفقایتان بگویید، بگویید. زیرا پس از این هرگز زندگی رفیقانه‌ای ــ به مفهوم همه‌جانبهٔ آن ــ با یکدیگر نخواهیم داشت تا روزی احتمالاً در درون خود هم [که] شده شرمگین شوید از سخنانی که نه برای بیان واقعیت، بلکه برای دفاع شخصیِ اپورتونیستیِ خود گفته‌اید. و من دفاع شخصی اپورتونیستی را به آن چنان دفاعی می‌گویم که آدمی عملی را که خود انجام داده است، نه آماده باشد که با ستون فقرات کشیده، از درستیِ آن دفاع کند، و یا اگر به درستیِ آن باور ندارد، به جای اینکه با بُرّایی مسئولیت خطای خود را خود به گردن گیرد، دوروبر را وارسی کند تا هر کسی را مساعد دید، گناه آن را به دوش او بار کند.

یک کمونیست که جای خود دارد و بهتر است اصلاً حرفش را هم به میان نیاورد؛ یک انقلابی متوسط هم باز خیلی است؛ یک انسان معمولی، منتها انسانی که دست‌کم رابطه را با انسانیتِ پیشروِ زمان خود در خود احساس می‌کند، نسبت به رفتار خود همواره یکی از این دو شیوه را برمی‌گزیند:

الف) اگر اندیشه‌ها و کارهایش به نظرش درست است، از آنها با سربلندی یاد می‌کند و به دفاع جانانه از آنها برمی‌خیزد، ولو سراپای این سپهر افسانه‌ای انباشته از کسانی باشد که دهان گشوده و پای در رکاب و تیغ‌کشیده، با او دشمنی کنند.

ب) و اگر این یا آن اندیشه و کارش، و حتی همهٔ اندیشه‌ها و کارهایش هم به نظرش نادرست می‌آید، ولواینکه هیچ تابنده‌ای هم از آن آگاهی نیافته باشد، با این‌همه، با آوایی رسا به لغزش خود اعتراف می‌کند و با انتقاد از خود، نه تنها در درست‌کردن خود دست به کوشش می‌زند، بلکه شیوهٔ برخورد پیشروانه با خطا را نیز به بسا کسان دیگر می‌آموزد.

شیوه‌های دیگر، مانند ماستمالی‌کردن، گناه را به گردن این و آن انداختن، یواشکی دررفتن، به فراموشکاری سپردن و غیره، همگی شاید با سردوشی و مدال سپاس هم پیوسته باشند ــ که معمولاً بوده‌اند ــ با این‌همه، آن کس که چیزکی در درونش از منش کارگری به جوشش درآمده است، همواره بر پایهٔ شیوه‌های دوگانهٔ بالا رفتار خواهد کرد.

۳. بگذارید به اصل موضوع پرداخته شود:

موضوع مربوط است به آن رشته قطعات و شعرها و داستان‌هایی که شما می‌نوشتید و من هم تایپ می‌کردم و به چریک‌های فدایی خلق می‌دادم. چنان‌که فریدون ــ همان کسی که شما را در تهران تحویل گرفت ــ می‌گوید، شما گفته‌اید که همهٔ آنها را به‌یکباره من خودم نوشته‌ام. یعنی شما ننوشته‌اید. و در این میان به‌ویژه آن داستان «ورزش» مطلقاً کار من است و دانه اصلاً روحش هم خبر ندارد.

ولی آیا به‌راستی چنین است؟ آن اندازه که من به یاد دارم و شما می‌توانید از بیخ منکر شوید، قضایا بدین صورت بود:

الف) من در تشویق شما برای چیزنوشتن کوشا بوده‌ام.

ب) شما چیزهای زیادی می‌نوشتید و من می‌خواندم و در میان همگی آنها، برخی را که به دلایل گوناگون مناسب تمیز می‌دادم، کنار می‌گذاشتم و دیگران را دور می‌ریختیم.

پ) آن مناسب‌ترها را درباره‌اش گفتگو می‌کردیم؛ اگر اندک اصلاحی لازم داشت، خودم می‌کردم؛ و اگر اصلاحات بیشتری لازم داشت، توضیح می‌دادم تا شما در مرتبه‌های دوم و سوم و گاه چهارم، به پرداخت آن بپردازید.

ت) و روی‌هم‌رفته، سرانجام یک دستکاری هم من می‌کردم.

خوشبختانه، در همهٔ این زمینه‌ها رفیق مادر دیر یا زود، به هررو، زمانی می‌تواند گواهی دهد.

گفتن دارد که مناسب‌بودن نوشته‌ها برای من صرفاً به محتوای انقلابی آنها وابسته نبود. مثلاً خود اینکه ذهن شما تا چه اندازه، کوشا و شایستگی توجه به مطالب گوناگون را داشته است، نیز برای من اهمیت داشت. و یا اینکه اصولاً خودِ این امر که با یک تَلَنگُر که به مغزتان خورده، چگونه توانسته‌اید به آنچه در پیرامونتان می‌گذرد، توجه کنید و بازگویید، باز هم موضوع بااهمیتی برای من بوده است. و پس، در هر یک از این‌گون زمینه‌ها هم اگر چیزی نوشتید، نمونه‌ای ــ و نه همه را ــ برای چریک‌های فدایی خلق هم فرستادم تا خط و مشخصات شما را در دست داشته باشند.

مثلاً آن داستان بی‌سروته دانه که همان اوایل نوشته شد و نمی‌دانم نامش چه بود. ولی گمان کنم ــ مطمئن نیستم ــ که با جملهٔ «حسین به خانه می‌آید» آغاز می‌شد. بدیهی‌ست آن داستان، داستان بی‌سروتهی بود، منتها گواه گسترش ذهن دانه نیز بود؛ و نشان می‌داد که چگونه مغز او در جوانب گوناگون گسترده است، ولواینکه هنوز نمی‌تواند پیوستی منطقی و ارگانیک به آنها بدهد و من نیز درست به همین دلیل که گستردگی ذهنی دانه را نشان دهم، آن را در اختیار فداییان گذاشتم و حتی دلیلش را برای مسئول مشهد ــ یعنی همان کسی که در مشهد با او آشنا شدید ــ نیز بازگفتم. با این‌همه، پس از آن منیژه ــ شهید دلیر مرضیه احمدی ــ آن را مانند یک داستان «چُخ قاراشمیش» خرده گرفت. که بگذریم.

به هررو، اینها چیزهایی است که من به یاد دارم ولی بی‌گمان همگی دروغند و در عوض اینها راستند که همگی آن نوشته‌ها را من نوشته‌ام.

۴. البته گمان کنم می‌دانم که شما در چه وضعی هستید و چرا بدین‌سان گفته‌اید. اگر اشتباه نکنم ــ که زیاد باور ندارم ــ شما به‌طور کلی در چنین وضعی هستید:

از شما خواسته می‌شود که نمونه‌های دیگری از آنچه پیشتر نوشته‌اید، بنویسید. شما هم عملاً می‌بینید که درست همانند آنها را نمی‌توانید بنویسید. رفقایتان هم چیزهایی درست همسنگ آنها را می‌خواهند. این است که شما هم به‌ناچار بازی را از جای دیگری پایان می‌دهید، از آنجا که اصولاً هیچ‌یک از آنها را خودتان ننوشته‌اید. حال آنکه آشکارا دروغ می‌گویید. و حتی با توجه به هوشیاری فراوانی که در شما سراغ دارم، برایم دشوار است بپذیرم که شما دریافته باشید که چرا اینک از نوشتن آن‌چنان مطالبی سر باز می‌زنید و آن زمان که با من بودید، از هر سو می‌جنبیدم یکی به دستم می‌دادید.

به هررو، برداشت من این است که خودتان هم دریافته‌اید که تفاوت شرایط کنونی با آن زمان در این است که در آن زمان من، نه تنها شما را تشویق به نوشتن هم می‌کردم، بلکه شما هم اطمینان داشتید که خودم با بردباری برای سروسامان‌دادن به آنچه نوشته‌اید، بر پایهٔ آنچه یاد شد، با شما همکاری خواهم کرد، ولی اینک شرایط به‌گونهٔ دیگری‌ست. اکنون از شما خواسته می‌شود که چیزی بنویسید که اغلب ــ و نه همیشه ــ بارها و بارها در پرداخت آنها کوشش می‌شد، و چون نمی‌توانید به‌یکباره چنان نوشته‌های پرداخت‌شده‌ای را بنویسید، این است که ساده‌ترین راهِ گریز را همین تمیز می‌دهید که به دروغ بیاویزید. البته این ساده‌ترین راه گریز هست، ولی ننگین‌ترینشان هم هست.

از سوی دیگر رفقایتان هم ادعای شما را ــ درست به همان سان که هر ادعای دیگری را که علیه من بوده است ــ حجت می‌گیرند؛ به‌ویژه که عملاً هم چیزهایی همانند آنچه پیشتر می‌نوشتید، نمی‌نویسید. برای من جای هیچ شگفتی نیست که چرا رفقایتان حتی برای یک آن هم [که] شده از خود نمی‌پرسند که آخر به چه دلیل می‌بایستی فلانی اینها را بنویسد و به نام دانه و جوانه به دست چریک‌های فدایی خلق بسپارد؟ حتماً خارخاسکی در کار است!

۵. این شماره بیشتر به حوادث جوانه مربوط است:

ای مرد! آیا آن نامه به دولت ویتنام شمالی را من نوشتم؟ آیا جز این بود که من فقط در واپسین جملهٔ آن دخالت کردم؟ البته شکی نیست که موضوع آن را از دهان من شنیدی، ولی آیا خود آن را نیز من نوشتم؟ من با حافظهٔ ناتوانم هنوز فراموش نکرده‌ام که پس از اینکه رفیق مادر از نزد منیژه آمد و گفت که منیژه با دلخوری و خشم از آن نامه یاد کرده و مدعی شده که آن را من برای تو نوشته‌ام، تو منکر آن هم شدی که حتی موضوعش را هم از دهان من شنیده‌ای. و هنوز هم فراموش نکرده‌ام که من

با آرامش یادآور شدم که برای دفاع از یک حقیقت، یک افزار ناحقیقی به کار مبر. به هررو، این، چگونگیِ برخوردِ تو در آن زمان بود، و اینک قضیه از بن عوض شده و بدین‌سان درآمده که اصولاً سراپای همهٔ آن نوشته‌ها را من نوشته‌ام.

یک موضوع دیگر را هم بگذار یادآور شویم:

آن داستان «گل‌علی» و آمدنش از ده و غیره را به یاد داری؟ اگر فراموش کرده باشی، گمان کنم که دانه می‌تواند به یادت بیاورد. به هررو، من برای اینکه نمونه‌ای از توجه به مطالب و ساخت داستانی دادن به زندگی را بازگو کرده باشم، آن داستان را ساختم و برایتان گفتم. و به‌ویژه هم از هردو خواستم که خود آن را ننویسید، ولی بکوشید تا به مطالب بدین‌سان برای داستان‌نویسی توجه کنید. با این‌همه، دو سه روزی نگذشته بود که تو خود همان را، حتی با همان نام‌ها و مشخصات نوشتی و آوردی. و حتی در برابر این یادآوری من که این داستان که همان چیزهایی است که من گفتم، آشکارا در چشم من زُل زُل نگریستی و منکر شدی و اطمینان دادی که خودت آن را ساخته‌ای. از ریشخند دانه هم کاری برنیامد. با این‌همه، روش من در این زمینه نیز روشن بود: مبالغی توضیح‌دادن که این رویهٔ تو درست نیست. و سپس هم تا مدت‌ها به شوخی و جدی آن را به یاد تو آوردن که بدانی زندگی‌ها به‌سادگی فراموش نمی‌شوند و نبایستی چیزی را شامل مرور زمان دانست. روی‌هم‌رفته، لیکن این موضوع را از آن رو گفتم که به یاد آوری که آنچه را که به‌راستی گوهرش از شما نبود، من به‌هیچ‌رو آماده نبودم به نام شما بخورانم، ولو انشائش سراپا از آن خودتان بود. حال به‌یکباره کار بدین‌جا کشید که همگی آنها را من نوشته‌ام؟ ایوالله!

۶. این شماره بیشتر به دانه مربوط است:

تو مدعی شده‌ای که آن داستان «ورزش» را که در آن یک رشته دشنام، یعنی یک رشته فحش صف بسته‌اند، اصولاً من نوشتم.

باز هم شکی نیست که من در این کار هم دخالت داشتم، ولی نه در گوهر آن، در پرداخت آن. و البته که حتی برخی از فحش‌هایش مطلقاً از من است؛ مثلاً آنجا که گفته می‌شود: «قربون اون آبجیِ خوشگلت، برو آب بیار»، ولی آیا تو اصولاً چنین قصه‌ای ننوشتی و در آن قصه هم فحش ننوشتی، و من به‌یکباره آمدم و نشستم و آن داستان را نوشتم و آن دشنام‌ها را هم تویش گذاشتم و به نام تو به دست چریک‌های فدایی خلق دادم؟

ولی برای چه؟ به چه دلیل می‌بایستی من چنین کاری را کرده باشم؟ این پرسشی است که البته از چریک‌های فدایی خلق هم که مطلقاً سخنان تو را باور کرده‌اند، می‌توان کرد. و کردم و پاسخی هم نشنیدم. با این‌همه، آنها همچنان خوش دارند که دروغ تو را به جای راست بپذیرند. خوشبختی بزرگی برای تو به شمار می‌رود که دروغت بیش از راست من خریدار دارد! و البته برای من هم

سعادت بی‌همتایی است که زندگی، مرا به‌تنهایی برای دفاع از راستی، به آزمایش گرفته است.

ای مردا! آیا جز این بود که من یک مشت از نوشته‌های تو را بدین دلیل که به‌هنگام برف‌بازی با جوانه به گریه افتادی، پاره پاره کردم و ریختم دور و گفتم که مادام‌که چیزی را زندگی نمی‌کنید، حق ندارید بنویسید؟ پس، به‌راستی آنها نوشته‌های تو نبودند؛ نوشته‌های خودم بودند، ولی به خاطر اینکه تو از سرمای برف به گریه افتادی، آنها را پاره کردم. خیلی غوغاست!

می‌خواهم یک‌بار دیگر به یادت بیاورم آن صحنه‌ای را که دربارهٔ کتاب ***دوران کودکی*** نوشتهٔ ماکسیم گورکی پیش آمد. تو آنجا هم دروغ گفتی. و حتی با اینکه چندین دلیل بی‌چون‌وچرا در زمینهٔ دروغگویی‌ات در میان نهاده شد، باز هم بر روی دروغت ایستادی. اگر فراموش نکرده باشی ــ که البته فراموش‌کردن ذهنی به دردی نمی‌خورد، خودِ زندگی عینی مهم است ــ پس از آن همگی با هم کلی گفتگو کردیم و من خوب به یاد دارم که چگونه برایت توضیح دادم که دروغ را ما می‌بایستی صرفاً به دشمنانمان بگوییم و نه به رفقایمان. و اینک باز هم می‌نگرم که به رفقایت دروغ گفته‌ای. رفاقت ما که تمام است. پس اگر به من دروغ بگویی می‌توانی به حساب اینکه به‌هررو با هم رفیقِ هم نیستیم، بگذاری. ولی تو به من دروغ نگفته‌ای، تو به من دروغ بسته‌ای و به رفقایت دروغ گفته‌ای.

من از اینکه بگویم آن داستان «ورزش» را من نوشته‌ام، نه باکی دارم و نه ننگی احساس می‌کنم. زیرا من هرگز خودم را به‌مانند یک آدم بانزاکت جا نزده‌ام که هیچ‌گاه این‌گونه واژه‌ها نه تنها از دهانش بیرون نمی‌ریزد، بلکه حتی در مغزش نیز وجود ندارد. من در حرف‌زدنم نیز انواع و اقسام این‌چنین واژه‌ها را به کار برده‌ام. و حتی نوشته‌هایم نیز از آنها تهی نیست؛ پس، اصلاً گفتگویِ آن نیست که بخواهم این ننگ را یواشکی در کشکول دیگری بیندازم، ولی راستی چیست؟ راستی این است که تو آن زمان که این داستان را نوشتی، از یکسو مشتی از کتاب‌های عزیزنسین را خواندی و از سوی دیگر چندی در کوچه با بچه‌ها دوچرخه‌سواری و فوتبال بازی کردی، این دو، یعنی بازی با بچه‌ها به عنوان عامل عینی، و خواندن کتاب‌های نسین به عنوان عامل ذهنی درهم آمیختند و چنان میوه‌ای را دادند.

تصادفی نیست که درست در همان زمان هم هست که جوانه داستان «استادانِ مفلوکِ زندگی» را می‌نویسد. این دو داستان، به‌عکس دیگر نوشته‌های شما، از مایهٔ داستان‌های عزیزنسین است. البته من اینها را بارها با چریک‌های فدایی خلق در میان گذاشته‌ام. و این بارِ واپسین هم همین‌ها را گفتم؛ با این‌همه هرگز پذیرفته نشد، و چرا؟ این پرسشی است که به‌ویژه خودشان بایستی پاسخ دهند. می‌توانید بپرسید!

۷. هنوز فراموش نکرده‌ام که پیش از جدایی‌مان از یکدیگر، از شما خواستم آنچه را که از من دیده‌اید و تصور دارید، از سیر تا پیاز برای سه تن بازگویید: آن کس که شما را در تهران تحویل می‌گیرد، آن کس که در مشهد با او آشنا شدید، و منیژه! بی‌شک من هراسی از اینکه شما چه بگویید نداشتم که

به‌ویژه این‌چنین درخواستی را نیز کردم. و اینک هم که حتی چیزهایی گفته‌اید که درست نیست، باز هم هراسی ندارم. البته نفرت دارم، ولی هراس، نه، ندارم. آخر من در زندگیم خُرناسه‌ای شنیده‌ام که آنچه شما گفتید در برابر آنها در حکم چهچههٔ قناری است. جایی که کسانی را به عنوان جاسوس سازمان جاسوسی امریکا (سیا CIA) هو کنند، دیگر، اینکه کسانی بگویند آن نوشته‌هایی که به نام ما داده شد، او (یعنی من) خودش نوشته، که قابلی ندارد. به‌ویژه که در آن نوشته‌ها هیچ چیز ننگینی وجود ندارد که من نخواهم مسئولیتشان را به عهده بگیرم، هرچند که اگر هم داشت و من مسئولش بودم، باز هم از مسئولیت خود شانه خالی نمی‌کردم.

۸. همان گون که گفتم، دشمن مشترکی در کار است. اگر این دشمن نبود، بی‌شک چنین نامه‌ای هم در کار نبود. وجود این دشمن مشترک باعث می‌شود که من آنچه را که در کسانی که با این دشمن در ستیزه‌اند، نادرست تمییز می‌دهم، به خودشان نیز یادآور شوم تا بلکه با برّایی و صلابتِ بهتری بتوان دشمن را نابود کرد. به هررو، من این نامه را بیشتر از همین رو نوشتم که شاید اثری هراندازه ناچیز، به هررو، اثری مثبت در راستای پیکار با دشمن مشترک داشته باشد. البته موضوع دیگری هم در میان هست، و آن اینکه نابودکردن ضد انقلاب جهانی، جدا از بی‌آبروکردن و از پادرآوردنِ هرگونه پلیدی و تباهیِ اپورتونیستی، غیرممکن است. این است که خواستم از منشی اپورتونیستی نیز پرده‌دری کرده باشم.

۹. این نامه را به‌ویژه از آن‌رو حتی با خشونت آمیختم که نه با مهربانی و عطوفت، هیچ‌گونه عاطفه‌ای از شما را به سود خود جلب نکنم و بلکه حتی کینه‌تان را نیز برانگیزم، تا هرآینه مرد آن بودید که با این‌همه از حقیقت مهراسید، آنگاه پاکیزگیِ انقلابی خود را اثبات کرده باشید، وگرنه اینکه با یک مشت تحریکات عاطفی بخواهید سلانه سلانه و با بی‌میلی، ولی به‌ناچار زیر بار حقیقت روید، بگذار هرگز نروید.

با تقدیم شایسته‌ترین احترامات

سرتق

۱۳۵۳/۶/۲۲

نامهٔ پنجم

پنجمین نامهٔ سرگشاده به «چریک‌های فدایی خلق» و یکمین نامهٔ سرگشاده به «مهین»

محترماً
چنان‌که فریدون می‌گفت، فاطمه و مهین مطالبی دربارهٔ روابط گذشته و دربارهٔ شخص من نوشته‌اند که همه یا مشتی از آنها را فریدون شفاهاً با این کمترین در میان گذاشت. نخست یک‌بار دیگر درخواست می‌کنم که خودِ آنها، رونوشت و یا فتوکپی آنها را به من نیز بدهید. دوم اینکه می‌خواستم برای هرچه بیشتر روشن‌ترکردن برخی از موضوعات، پاره‌ای پرسش‌های کتبی که در زیر آمده است، از مهین بکنم. پیداست که برای هر گونه همکاری محبت‌آمیز شما، هیچ چیز جز سپاس فراوان خود ندارم تا پیشکش کنم.

مهین عزیز سلام. تندرستی و شادکامی‌ات را در خدمت هرچه بیشتر به توده‌ها آرزو می‌کنم. حتماً از برخی مطالبی که پیش آمده، آگاهی. آنچه می‌خواستم از تو درخواست کنم این است که به پرسش‌های زیر پاسخ گویی.
نمی‌دانم این سفارش را که «در پاسخ به پرسش‌ها به چیزی جز راستی میندیش»، گونه‌ای توهین به خود ارزیابی خواهی کرد، یا اندکی هم که شده، به هررو، به من حق می‌دهی که چنین سفارشی را نیز بکنم. به هررو، آرزومندم که در پاسخ‌هایت صرفاً راستی را در پیش چشم داشته باشی و از هر گونه ملاحظات دیگری، ولو به نظرت بسیار سودبخش آید، بپرهیزی.

۱. من داستانی از شهید فاطمه به یاد دارم. آیا تو هم به یاد داری؟ آن داستان این است:

روزی «میهن» به فاطمه می‌گوید که «آدم بایستی با سازمانی که برنامهٔ ژنرال پرایس را پیاده کرد همکاری کند». و خواستش از این سخن این بود که سازمان ما در واقع یک

جرگه بیشتر نیست. و خردمندانه نیست که آدمی زندگی خود را بر روی آن بگذارد. بهتر این است که به سازمانی که نیرومند و شکل‌گرفته است انرژی خود را تحویل دهد. و طبعاً شهید فاطمه نیز متوجه مقصود میهن می‌شود و در پاسخ می‌گوید «آنها ــ یعنی مجاهدین ــ که سازمان خود را داده‌اند. حالا در اینجا ــ یعنی در میان ما ــ هم کوشش می‌شود که چنان سازمانی داده شود. آدم بایستی بکوشد تا این هم مانند آن شود».

کاملاً درست است ☐ درست است ☐ نادرست است ☐
کاملاً نادرست است ☐ نمی‌دانم ☐

هر گونه توضیحی برای روشن‌کردن موضوع داری، در صفحات پیوست به ترتیب شمارهٔ پرسش‌ها بنویس.

۲. چون از داستان مسافرت نوروزی شهید فاطمه و میهن در نوروز ۱۳۵۲ آگاهی، خواهش می‌کنم بگو که پس از بازگشت، نظر فاطمه دربارهٔ میهن چه بود؟

دست‌کم آنچه را که من به یاد دارم این است که نظر خوبی نداشت. و به‌ویژه چنین به یادم مانده است که گفت:

در سراسر این چندین روز، او حتی یک کلمه هم حرف سیاسی نزد. همش گله‌گذاری‌های خاله‌زنکی کرد.

خلاصه اینکه تا پیش از شهادت رفیق نادر، نظر شهید فاطمه نسبت به میهن کاملاً بد شده بود.

کاملاً درست است ☐ درست است ☐ نادرست است ☐
کاملاً نادرست است ☐ نمی‌دانم ☐

هر گونه توضیحی برای روشن‌تر کردن موضوع داری، در صفحات پیوست به ترتیب شمارهٔ پرسش‌ها بنویس.

۳. من داستانی بدین‌سان و یا دست‌کم بدین مفهوم به یاد دارم، آیا تو هم به یاد داری؟ این داستان مربوط است به همان زمان‌های اولیهٔ آشنایی تو و من با هم، یعنی برمی‌گردد به دورهٔ آن اتاق تکی در تهران‌پارس.

گفتگو در پیرامون آقای مهندس رضا عسگریه بود. شهید فاطمه گفت:

ــ از او ــ یعنی از آقای مهندس رضا عسگریه ــ تعریف نمی‌کنند، بد هم می‌گویند. یعنی اصلاً آدم خوبیش نمی‌دانستند. می‌گفتند که گداصفت و خسیس و اشراف‌منش است. من

تعجب می‌کنم که تو ــ یعنی این کمترین ــ با او رابطه گرفته‌ای. اگر آدم از اینا بخواد که همه جا ریخته.

و نمی‌دانم که حرف چه جوری دنبال شد که سرانجام فاطمه گفت:

ــ من تا همین اواخر ــ یعنی جریان مهندس عسگریه و ذوب‌آهن ــ نمی‌دانستم که تو در کار مبارزهٔ مسلحانه‌ای. خیال می‌کردم، توی این خط نیستی، وگرنه خیلی کسا را می‌تونستم بهت معرفی کنم که اصلاً این‌کاره باشن؛ نه مثل رضا.[1]

به‌هررو، خواست عمده‌ام همین مطلب آخر است. و اینکه آیا تو اصلاً چنین مفهومی را از دهان شهید فاطمه شنیده‌ای یا نه؟ و پس، این که کجا شنیده‌ای و غیره، مسئله‌ای نیست.

کاملاً درست است ☐　درست است ☐　نادرست است ☐
کاملاً نادرست است ☐　نمی‌دانم ☐

هر گونه توضیحی برای روشن‌ترکردن موضع داری، در صفحات پیوست به ترتیب شمارهٔ پرسش‌ها بنویس.

۴. در این اواخر، و تا پیش از شهادت رفیق نادر و دستگیری میهن، فاطمه از دست میهن خیلی رنج می‌برد و [از او] با بدبینی فراوان یاد می‌کرد. مثلاً حتی می‌گفت در یکی از دیدارهایش، دست و صورت او را دیده که به شکل بدی زردِ زرد است. زردی‌هایی که از اثر اسیدپیکریک به جای مانده و میهن هم بی‌آنکه کوششی در از میان بردن آنها بکند، به سر قرار آمده. و حتی چادر هم سر نکرده که پوششی به شمار آید. و در نتیجه فاطمه با شگفتی دلیل این بی‌احتیاطی را از میهن که در احتیاط، وسواس هم داشت، جویا می‌شود و پاسخ می‌شنود که دیگر مهم نیست، بگذار دستگیر شوم. و خلاصه اینکه فاطمه ارزیابی می‌کرد که میهن رفتار خطرناکی پیش گرفته که هر آن ممکن است به تور پلیس بیفتد و برای دیگران هم تولید گرفتاری‌هایی کند.

کاملاً درست است ☐　درست است ☐　نادرست است ☐
کاملاً نادرست است ☐　نمی‌دانم ☐

هر گونه توضیحی برای روشن‌ترکردن موضوع داری، در صفحات پیوست به‌ترتیب شمارهٔ پرسش‌ها بنویس.

۵. در چند ماه واپسینی که به شهادت رفیق نادر انجامید نظر همگی ما نسبت به میهن بد بود. مثلاً تو

---

۱. قضیهٔ رضا را در کتاب ***انقلاب*** بخوانید. ــ ویراستار.

خودت از هرگونه نزدیکی به او پرهیز می‌کردی و دلیل آن را این می‌گفتی که میهن می‌کوشد که با دوز و کلک از تو چیزهایی بیرون کشد. چیزهایی که او می‌کوشید از تو درآورد مسائلی بودند مانند: جایی که هستی ـ با کسانی که هستی، و مانند اینها. یعنی مسائل امنیتی.

کاملاً درست است ☐ درست است ☐ نادرست است ☐
کاملاً نادرست است ☐ نمی‌دانم ☐

هرگونه توضیحی برای روشن‌ترکردن موضوع داری، در صفحات پیوست به‌ترتیب شمارهٔ پرسش‌ها بنویس.

۶. آیا هیچ‌گاه شهید فاطمه با تو دربارهٔ اینکه مرا ـ یعنی این کمترین را ـ از روابط پیشینمان که رفیق نادر هم بود، بایستی بیرون انداخت، هیچ گونه سخنی گفته و یا حتی گوشه‌ای زده است یا نه؟

کاملاً درست است ☐ = دقیقاً گفته ☐
درست است ☐ = گفته ☐
نادرست است ☐ = نگفته ☐
کاملاً نادرست است ☐ = هرگز نگفته ☐
نمی‌دانم ☐ = به یادم نیست ☐

خواهش دارم که اگر چنین مطالبی را گفته، بکوش تا زمان آن را نیز به یاد آوری. مثلاً بکوش که زمان آن را با یکی از رویدادهایی که همگی می‌دانیم، و یا دست‌کم تو و من می‌دانیم، بسنجی.

هرگونه توضیحی که برای روشن‌ترکردن موضوع داری، در صفحات پیوست به ترتیب شمارهٔ پرسش‌ها بنویس.

۷. آیا آن شبی را به یاد داری که همگی در خانهٔ نازی‌آبادی رفیق نادر گرد آمدیم و مطالبی دربارهٔ تقسیم شماها به میان آمد؟

آری: ☐ نه: ☐

و اگر به یاد داری، آیا این را هم به یاد داری که شهید فاطمه بعدها می‌گفت که میهن هنگام خواب گفته بود: «ما که نیستیم»؟

آری: ☐ نه: ☐

آنچه من به یاد دارم این است که فاطمه این موضوع را بدون درنگ در میان نگذاشت، و گذاشت برای زمانی طرح کرد که رفتار میهن روزبه‌روز بدتر می‌شد. تو چه به یاد داری؟

کاملاً درست است ☐ درست است ☐ نادرست است ☐
کاملاً نادرست است ☐ نمی‌دانم ☐

هر گونه توضیحی هم برای روشن‌ترکردن موضوع داری، در صفحات پیوست به ترتیب شمارهٔ پرسش‌ها بنویس.

۸. آیا آن شبی را به یاد داری که رفیق نادر تو را فرستاد که بیایی خانهٔ خیابان کوشک پیش شهید فاطمه، تا اگر من ــ یعنی این کمترین ــ تا فلان ساعت به خانه بازنگشتم، او را هم برداری و ببری خانهٔ خیابان خوش؟

آری: ☐ نه: ☐

اگر «آری» آیا هرگز به تو گفته شد که علت آن چه بود؟

آری: ☐ نه: ☐

اگر «آری»، چه گفته شد و چه کسی گفت؟

و آیا خودت هم هیچ حدس زدی؟

آری: ☐ نه: ☐

اگر «آری» چه حدسی؟

و نیز آیا شهید فاطمه هم می‌دانست؟

آری: ☐ نه: ☐

هر گونه توضیحی هم برای روشن‌ترکردن موضوع داری، در صفحات پیوست به ترتیب شمارهٔ پرسش‌ها بنویس.

۹. آیا اصولاً دفتر یادبودهای میهن را به یاد داری؟

آری: ☐ نه: ☐

اگر «آری»، آیا این را هم به یاد داری که تو خودت علت آن یادبودنویسی‌ها را بدین‌سان تفسیر کردی که غرض میهن این بود که پس از دستگیری، با دادن آنها به دست پلیس، خود را از هر گونه آسیبی برهاند؟

آری: ☐ نه: ☐

هر گونه توضیحی هم برای روشن‌ترکردن موضوع داری، در صفحات پیوست به ترتیب شمارهٔ پرسش‌ها بنویس.

۱۰. آیا شهید فاطمه هرگز با تو دربارهٔ اینکه بایستی ما را ترک کرد و به فداییان پیوست، سخن گفته بود؟

آری: ☐ نه: ☐

اگر «آری»، داستان آن را در صفحات پیوست، زیر عنوان پاسخ به پرسش شمارهٔ ۱۰ بنویس.

بگذار در همین زمینه موضوعی را برایت یادآور شوم: مثلاً آیا هرگز به تو گفته بود که کوشش برای اینکه رابطهٔ دومی میان فداییان و ما ایجاد شود، این بود که این رابطهٔ دوم برای خودش گذاشته شود و بدین‌سان با آنها مرتبط شده و در نتیجه ما را رها کند و به چریک‌های فدایی خلق بپیوندد؟

آری: ☐ نه: ☐

هرگونه توضیحی هم برای روشن‌ترکردن موضوع داری، در صفحات پیوست به ترتیب شمارهٔ پرسش‌ها بنویس.

بیش از این اوقاتت را نمی‌گیرم. و در پایان بایسته می‌دانم که هرچند رفاقت ما ــ به معنی همه‌جانبهٔ آن ــ به علت اپورتونیست‌بودن من و انقلابیِ طبقهٔ کارگربودن تو و دیگر چریک‌های فدایی خلق، پایان یافته است، با این‌همه، درخواست می‌کنم که پاسخ‌هایت را بر پایهٔ رفاقت و عدم رفاقت ننویسی و صرفاً برای راستی نویسی، بنویسی. «انشاالله، و البته»

با تقدیم شایسته‌ترین احترامات

سرتق

۱۳۵۳/۶/۳۱

۱ مردادماه ۵۲

رفیق مادر

فرصتی دست نداد که با تو از کینه‌های فراوانم به دشمن حرف بزنم که چگونه اینک آن را جلایافته‌تر می‌یابم. که باز هم بزرگواری بیکرانهٔ تو را بستایم. و به تو باز هم بگویم که چگونه از محبت و عشق پاک و پرشکوه تو نیرو می‌گیرم. و به تو که می‌نگرم خود را در برابر دشمن کینه‌جوتر و مصمم‌تر می‌یابم.

خوب‌ترین مادر

خود را ناتوان می‌یابم که بتوانم آنچه را در حق تو می‌اندیشم و احساس می‌کنم برایت بنویسم. تو مثل دریایی از خشم و محبتی. خشم به دشمن توده و محبت به توده. و ما همگی در این خشم گستردهٔ تو دل‌هامان را صفا می‌دهیم. تا بتوانیم بیشتر پایداری کنیم.

صمیمی‌ترین رفیق مبارز! حتی دوست‌داشتن تو برای همهٔ ما این تعهد را به وجود می‌آورد که در راه آزادی توده‌ها یکرنگ و محکم باشیم. و تا آخرین قطرهٔ خون خود با دشمن بجنگیم. چراکه کسی که تو را دوست دارد تو را که پیکرهٔ روشن عشق و کینهٔ بی‌نهایتی اگر جز این باشد سزاوار زنده‌ماندن نیست.

رفیق مادر! آیا می‌دانی با افسانهٔ دلیری و شهامت و ازخودگذشتگی‌ات تمام افسانه‌هایی را که تاکنون در حق مادرها نوشته شده کهنه کرده‌ای؟ حق هم بر این است. زیرا تو تنها مادر مهربان مبارزین جهان نیستی بلکه بزرگ‌ترین رفیق آنها هم هستی. رسم این است که به محبوب‌ترین کسان هدیه‌ای می‌دهند و من لحظات فراوان فکر کرده‌ام برای یک مادر انقلابی برای یک رفیق بزرگوار چه هدیهٔ شایسته‌ای می‌توانم بدهم. و با خودم گفته‌ام اگر بتوانی همیشه به توده‌ها و رفقایت وفادار بمانی، اگر همیشه شایسته باشی که رفیق مادر باشهامت‌ترین رفیق را دوست بداری می‌توانی از قطرات خون خود دسته‌گلی ببندی و روزی که در راه رهایی توده‌ها آخرین تلاشت را کردی و آنگاه که آخرین تیرت را در قلب دشمن نشاندی برای مادر بفرستی. شاید این هدیه‌ای باشد که بتوانی آن را بی‌شرمساری به شایسته‌ترین رفیق تقدیم کنی.

رفیق مادر! من وعدهٔ چنین هدیه‌ای را به تو می‌دهم. بپذیر تا آن دم که هدیه‌ام را برایت بفرستم.

با درود رفیقانه

و ایمان به پیروزی مبارزه‌مان

سلام رفیق بسیار گرامی

نامهٔ پرمحبت تو را خواندم. نه یک‌بار بلکه چندین‌بار. راستش را بخواهی من فکر نمی‌کنم که شایستهٔ این‌همه محبت باشم. چون کاری نکرده‌ام. تازه اگر کاری کرده باشم، وظیفهٔ خود را انجام داده‌ام. ولی نه هنوز وظیفه‌ای که در برابر خلق و خون‌های پاکی که از بهترین رفقایمان ریخته شده انجام نداده‌ام. خیلی دلم می‌خواست تو را بیشتر می‌دیدم ولی دشمن این فرصت را نداد. این جلادان خون‌آشام فرزندان را از مادرانشان و بهترین رفقا را از بهترین رفقایشان جدا می‌کنند. خوب اکنون دوران آقایی اوست.

عزیزم! ما در هر کجا که باشیم هدفمان یکی‌ست و آن این است که در کنار خلق و طبقهٔ کارگر دشمن را نابود کنیم. آن روز، روز خوشحالی انسان‌ها خواهد بود و من از هم‌اکنون آن خوشحالی‌ها را نیز در جان خودم احساس می‌کنم. ولی امروز روزگار کینه‌هاست. کینه به آن‌ها که دشمن چنین روزگاری هستند.

رفیق بسیار عزیز! از تو و از همهٔ آن‌هایی که جان خود را در راه رهایی خلق فدا می‌کنند سپاسگزار، عشق و ازخودگذشتگی شما جوانان به توده‌ها، به ما پیرها نیرو می‌دهد که هرچه بیشتر پایداری کنیم.

رفیق مبارز من حتم دارم که ازخودگذشتگی شماها و شیوه‌ای که به کار می‌برید توده‌ها را بیدار خواهد کرد. توده‌ها برخواهند خاست. و برای رهایی قطعی اسلحه به دست خواهند جنگید. به امید آن روز که هرچه زودتر توده‌ها را بتوان از خواب استثمارزدگی بیدار کرد.

رفیق عزیز! دلم می‌خواست از رفیق کوچولویت برایم بنویسی که بدانم از او راضی هستی یا نه و اصولاً او در چه حالی است؟

پیروزی تو را هم در راه رهایی توده‌ها آرزو می‌کنم.

۱۳۵۲

سرسخن ویراستار مزدک بر ششمین نامه

با انتشار این جزوه، سند مهم دیگری از داخل کشور در اختیار علاقه‌مندان به سرنوشت و سرشت در حال تکوین جنبش انقلابی ایران، قرار می‌گیرد.

از پیش متصور است که برخی بر انتشار این سند نه خرده گرفته، بل تهاجم خواهند برد. زیراکه افشای شیوه‌های ناپسند (به عبارت ساده، شیوه‌های متعلق به اقشار خرده‌بورژوازی اختناق‌کشیده) آنان را نیز آماج حمله خواهد گرفت. پس هراس، پنهان‌ساختن هراس، پس تهمت و افترای بیش از پیش.

اما ما چرا به انتشار این سند دست می‌زنیم؟ آیا ناحقی که در مورد رفیق «سرخ» روا داشته شد به خودی خود سزاوار بازگویی علنی است. آری، زیراکه هر ناحقی تجاوز به حق است، و اگر تجاوز به حق بازگو و افشا نشود، احتمال تکرار و رشدش بسیار است، و آنجاست خطر. اما ناحقی در مورد رفیق شهید «سرخ» تنها دلیل ما برای انتشار این سند نیست. مهم‌تر این است که بیماری‌ای که رفیق در این جزوه بیان می‌دارد، یک بیماری عمومی است و حتی در میان فداکارترین فرزندان خلق زحمتکش ایران نیز سخت رواج دارد.

برای مبارزه با هر بیماری، نخست باید آن را شناخت. و سپس راه دفع آن را یافت. شناختن و شناساندن اثرات و بقایای تفکر خرده‌بورژوایی در میان روشنفکران انقلابی متمایل به آرمان سوسیالیستی، و حتی در میان کارگران انقلابی از شرایط گذشت‌ناپذیر موفقیت و سلامت یک جنبش انقلابی است، و بدون آن جنبش نخواهد توانست به سوی جامعهٔ کمونیستی گام‌های فراخ بردارد، بل همواره لنگان‌لنگان و با سختی و مرارت به جلو خواهد رفت. در این‌جا هدف ما بازشناساندن آن بیماری دهشتناکی است، که در اثر فرهنگ مسلط پهلوی بر جامعه، بر تفکر ما مستولی شده؛ باید این را درمان کرد... درمان از شناخت می‌آغازد.

ویراستار مزدک

(فلورانس. اول دسامبر ۷۶)

تو حق را نشناختی تا اهلش را بشناسی
و باطل را نشناختی تا پیروش را بشناسی

نامهٔ ششم

ششمین نامهٔ سرگشاده به «سازمان چریک‌های فدایی خلق»

۱. پس از چندی، سرانجام در ساعت دو بعدازظهر روز هجدهم شهریورماه یکهزاروسیصد و پنجاه و سه، با فریدون دیداری صورت گرفت. این دیدار در پی یک رشته پیغام‌ها و پسغام‌هایی انجام شد که پیام‌آور و پیامبر آن مجاهدین خلق بودند. نخستین پیام برای دیدار مجدد با این کمترین، از سوی فریدون فرستاده شد. همراه با این پیام، قرار دیداری هم **به‌خودی‌خود** یعنی یکطرفه گذاشته شده بود.

مجاهدین: فداییان خواسته‌اند که فلان روز یکدیگر را ببینید.

م: من نخواهم رفت. اگر کاری دارند، بنویسند که چه کاری‌ست و دیدار برای چه انجام می‌شود تا اگر صلاح دیدم، بروم. آخر هزار بار تاکنون علافم کرده‌اند. از نظر من هم، چنان‌که در یکمین نامهٔ سرگشادهٔ خود نوشتم، دیگر رابطهٔ سازمانی‌مان تمام است. و پس این پیام به‌هیچ‌رو حکم دستور سازمانی ندارد، زیرا رابطهٔ سازمانی در کار نیست. دیگر حال علاف‌شدن بیشتر را هم ندارم. بس است. دوست مجاهد مشتی اندرز دوستانه داد که بهتر است بروم، ولی پاسخ همان بود: نمی‌روم و به هررو، نرفتم.

پس از چندی دوست مجاهد پیامی از سوی فریدون آورد بدین مضمون:

ـ ما (فداییان) نمی‌خواهیم کار به نامه‌نوشتن بکشد. کار مهمی نیست. می‌خواهیم نوشته‌هایش را پس بدهیم. همین.

و بدین‌سان، من هم پذیرفتم. و رفتم. و روز ۱۳۵۳/۶/۱۸ دیدار انجام شد. پس از سلام و علیک، نخستین سخنان فریدون بدین محتوی بود:

ف: من، فلان و بهمان و آن یکی روز، هر سه را آمدم.

م: با من یک قرار بیشتر گذاشته نشد. و گفتم هم که نمی‌آیم. نامه هم نوشتم تا هم دلیلش را گفته باشم و هم آن دلیل کتبی باشد. قرارهای دوم و سومی را هم که می‌گویی، من نه گذاشتم و نه حتی از وجودش هم آگاهم.

ف (خاموشی. و یا اگر چیزی گفت به یاد ندارم. به هررو، می‌تواند توضیح دهد).

م: ولی از آنجاکه دوست مجاهد پندها و حتی سفارش‌هایی می‌کرد که برای دیدارت بیایم **شاید** به امید اینکه سفارش‌هایش را خواهم پذیرفت، پیشاپیش **از سوی خود** قرار می‌گذاشت. به هررو، نمی‌دانم. این است که من هرگز هیچ قراری نگذاشتم. و **بدیهی‌ست** که اگر می‌گذاشتم، **حتماً** می‌آمدم.

بدین‌سان، هرگز سخنی دربارهٔ هرگون قرار دیداری و هرگون آمدن و نیامدنی بر سر قرارهای پیشین نیز به پایان رسید!! و بدین‌گون، فریدون، همان‌سان که شیوهٔ همیشگی اوست، **صرفاً** به آن چیزی پرداخت که خوش داشت. فریدون ضمناً می‌کوشید تا این آمدن‌های خود را و آن نیامدن‌های مرا، نوعی منت و یاگونه‌ای انتقاد به من گوشزد کند؛ و پس، باز هم به همان‌سان که شیوهٔ همیشگی اوست، **مطلقاً** حتی به روی مبارک هم نیاورد که چرا قرارهایی را که پیشتر با هم گذاشته بودیم نیامد، تا باعث گسیختگی هزاربارهٔ دیدارهایمان نشود!؟ گویی اساساً چنین امری رخ نداده بود. و در عوض صرفاً این من بودم که با او سه قرار گذاشتم و او همگی را آمد و من نیامدم. چه می‌شود کرد؟ آنگاه که آدمی تا بدان اندازه خاکسار است که به‌سادگی اطمینان دارد که هر کار و روش و رفتارش و حتی هر نگاه و لبخند و خوابش، و حتی هر خاراندن کف پا و یا پریدنش از روی جویی خشکیده مطلقاً و مطلقاً از والاترین منش‌های کارگری و کمونیستی می‌جوشد و از هرگونه کاستی و لکه‌ای پیراستهٔ پیراستهٔ پیراسته است، البته که هرچه را هم که توضیح دهد، درست بر پایهٔ حساب و کتاب‌های کارگری‌ست؛ کما اینکه هرچه را هم که توضیح دهد، باز هم بر پایهٔ منافع کاملاً سنجیدهٔ پرورلتاریاست! آخر، این خاصیت سنجیدگان است!

۲. البته علاوه بر اینکه چریک‌های فدایی خلق که بلافاصله پس از نخستین نامهٔ سرگشادهٔ این کمترین، به «سازمان چریک‌های فدایی خلق» ارتقاء یافت(۱)، می‌خواست مقداری(۲) از نوشته‌هایم را به خودم پس دهد، به فریدون مأموریت هم داده شده بود که نتیجهٔ تصمیمات سازمان را نسبت به رابطه‌اش با من، با این کمترین در میان گذارد. این بود که فریدون در این زمینه نیز مطالبی به میان کشید و در نتیجه گفتگوهایی انجام شد که اینک کوشش می‌شود تا شاید مضامین همهٔ آنها را بنویسم و درعین‌حال هر مطلب دیگری هم که به نظرم لازم می‌آید و در آن گفتگوها عنوان نشد، بیفزایم. لازم است همین جا دو نکته را توضیح داد: نخست اینکه همواره روند گفتگوها را دنبال نخواهم کرد. بلکه تا آنجاکه میسر است نیمچه‌نظمی به آنها خواهم داد. و دوم اینکه در خلال گفتگوهایی که انجام می‌شد، این کمترین از فریدون خواست:

م: اینهایی را که می‌گویی، روی کاغذ بیاورید، بنویسید تا بتوان به دست خلق نیز داد.

ف: نه! ما این کار را نمی‌کنیم. نه وقتش را داریم و نه ضرور می‌دانیم.

م: پس من کار دیگری می‌کنم، من هم حرف‌های تو را می‌نویسم و هم جواب‌های خودم را می‌افزایم. می‌دانی که من با شفاهی‌بازی موافقت ندارم؛ همه چیز بایستی کتبی باشد.

ف (تو لب‌رفتن. سکوت).

م: آخر، من از بچگیم هم از دهن... کردن بدم می‌آمد.

به‌هررو، این نامه چنین وظیفه‌ای ــ وظیفهٔ کتبی‌کردن نظرات فداییان و پاسخ به آنها ــ را نیز عهده‌دار است.

۳. و اما گفتگوها:

ف: نامه‌ات (مقصود نامهٔ سرگشادهٔ شماره یک است.) را آن عده از رفقایی که لازم بود، خواندند. نظر رفقا این است که ما نمی‌توانیم با هم در یک سازمان جای گیریم. ضمناً دشمن فوری یکدیگر هم نیستیم. البته اگر در جامعه کار به درگیری برسد ــ که روزش به‌ناچار خواهد رسید ــ آنگاه رودرروی هم می‌ایستیم.

م: دربارهٔ ارتباط سازمانی که حرفش را هم نزن. تصمیم شما هرچه باشد، برای من دیگر محال است که با شما در یک سازمان نوع حزبی زندگی کنم. پس از پایان آخرین روزی که در نامهٔ سرگشادهٔ شماره یک خود یادآور شدم، من دیگر میان خود و شما هیچ‌گونه رابطهٔ سازمانی نوع حزبی نه احساس می‌کنم و نه دیگر حاضرم به زیر بار آن بروم. دربارهٔ دوستی و دشمنی، من هم همانند شما فکر می‌کنم. دشمن فوری ارتجاع ـ استعمار است. من همواره به شیوهٔ مبارزه جبهه‌ای باور داشته‌ام. و هنوز هم بر همین باورم. به هررو، پس، اینک مسئلهٔ دشمنی فوری با شما مطرح نیست. شما را هرچند نه به چشم رفیق، ولی به چشم دوست می‌نگرم. دربارهٔ درگیری احتمالی در جامعه نیز، نه جای شک است و نه جای نگرانی.

۴. بهتر است مضمون مطالبی را که فریدون برای پیش‌گرفتن آن رفتار فداییان با این کمترین و این تصمیم‌گیری سازمانی‌شان عنوان کرد، نخست فهرست‌بندی کرد:

یکم ــ کیفیت اپورتونیستی این کمترین.

دوم ــ نداشتن حس مسئولیت.

سوم ــ بزدلی، نُنُری، راحت‌طلبی، و امثالهم.

چهارم ــ متفرقه.

برای بررسی هر یک از این عوامل سه‌گانه و برای بررسی مجموع آنها، نخست بایستگی دارد که به برخی **اصول اولیه و بدیهی** توجه داشت و **یا اصولاً** تکلیف خود را نسبت به این **اصول** تعیین کرد. بدین‌سان که آشکارا گفت که آیا اصولی را که ذیلاً بیان می‌شود، به‌مانند **اصول** قابل پذیرش **هست یا نیست؟** بدیهی است که خود این کمترین آنها را به‌مانند اصول باور دارد. و پس، صرفاً این می‌ماند که فداییان نیز بدون هر گونه قدم‌های سنجیده‌ای (چه چشم‌داشت سفیهانه‌ای!) آشکارا بگویند که آیا آنها

هم اینها را به‌مانند اصول باور دارند؟ یا ندارند؟

همین‌جا یادآوری شود که آنچه در اینجا به‌مانند اصول طرح می‌شود، **به‌ویژه در رابطهٔ شخص با موضوع شخصی که** در میان است، یعنی **موضوع رابطهٔ سازمان فداییان خلق با این کمترین و همچنین** رفتاری که پیش گرفتند، مطرح است. و پس، بهتر است سازمان محترم فداییان خلق سنجیده‌بازی درنیاورد و ابعاد بحث را به‌دلخواه سنجیدهٔ خود بلند و کوتاه نکند و خلاصه، موضوع شخصی و عینی مورد نظر را به موضوعات دیگری نکشاند، ولو اینکه این اصول در بسا موارد دیگر نیز اعتبار داشته باشد یا نداشته باشد.

و این است آن «اصل»:

۵. یک بنیاد

برچسب‌زدن به این یا آن کس، می‌تواند هم ناشی از واقعیات و بر پایهٔ شناخت و ارزیابی درست آن شخص صورت گرفته باشد و هم می‌تواند ناشی از بهتان‌زنی و یا ستایشگری بازاریِ دون‌صفتانه و فرقه‌گرایانه باشد. آنچه می‌تواند نشان دهد که زدن این و یا آن برچسب بر پیشانی این و یا آن شخص با واقعیات منطبق است، یا نه، دست‌کم، شرایط زیر است:

برچسب‌زن بایستی بر پایهٔ **مثال**‌های **ثابت** و **روشن** و **ریشه‌ای** به چنان نتیجه‌ای رسیده باشد. به گفتاری دیگر: برچسب‌زن بایستی برچسب خود را **اولاً** بر پایهٔ **مثال‌هایی** چند سامان داده باشد؛ یعنی مثلاً صرفاً به این اکتفا نکند که فلانی بد است؛ بهمان خوب است. او رفتار زشتی دارد؛ وی رفتار پسندیده‌ای دارد. این چنین اظهارنظرهای کلی، هرچند ممکن است به دلایلی چند در هوکردن و یا بالابردن سنجیده(۳) اشخاص موثر باشد، ولی از یک چیز پیراستهٔ پیراستهٔ پیراسته‌اند: ارزش‌ها و منش‌های کمونیستی! آخر، صرف گفتن اینکه فلانی بد و اپورتونیست، و یا خوب و کمونیست است، یعنی چه؟ اینها ادعاست! و این ادعاها می‌توانند هم یک بهتان و افترای سنجیده و هم یک ستایشگری و دستمال‌داری شاهکارانهٔ صرف، و نیز هم بازگوگر حقیقتی ژرف و اساسی باشند. از کجا می‌توان دریافت که اینها دری وری یا حقیقت‌اند؟ از آنجا که دیده شود که آیا گویندهٔ آن برای ادعاهای خود چه مثال‌های عینی و روشنی ارائه می‌دهد. اگر شخص بدون هیچ مثال عینی و روشنی چنین و چنان ادعایی کرد و یا هر گاه شخص به دستاویزهای پیش‌پاافتاده و نابنیادین آویخت، آنگاه جز یک بهتان‌زن ابله و یا یک بهتان‌زن حرفه‌ای آگاه، جز یک ستایشگر نوکرمآب ابله یا سنجیده، و در نتیجه، جز یک موجود ارتجاعی و منحط و ورشکسته و زبون، چیزی نخواهد بود. ثانیاً، وجود این یا آن مثال نیز **به‌خودی خود** برای برچسب‌زدن و داوری نهایی کفایت نمی‌کند. آنگاه می‌توان به کسی این یا آن برچسب خوب یا بد را چسباند که مثال‌هایی عرضه‌شده دربارهٔ او:

الف ـ ثابت باشند. یعنی **همواره** و یا **روی‌هم‌رفته تکرارشده** باشند نه اینکه به صورت دو سه

حرکت تصادفی در کل رفتارها و زندگی وی به چشم خورده باشند.

ب ـ روشن باشند. یعنی نه اینکه با هزاران **اگر و شاید** و **تصور** و **تفسیرهای خاله‌زنکانه** و لکاته‌گرانه آمیخته باشند.

پ ـ ریشه‌ای باشند. یعنی ناشی از بنیادهای طبقاتی و اخلاقی او باشند و نه اینکه یک **بیماری درمان‌پذیر** و یک **عارضه‌ای** باشند که زندگی در جهانی لجنی، بودن پاره‌ای امراض را نیز در هر انسانی **اجتناب‌ناپذیر** می‌کند. **مریض‌بودن**، با **مرض‌بودن** فرق دارد؛ و آن هم فرقی **کیفی**. اپورتونیسم مرض است. و ما تنها آنگاه حق داریم کسی را **به‌یکباره** اپورتونیست بنامیم که او را به صورت یک مجموعه مرض اپورتونیستی، به صورت پدیده‌ای که بنا به **گوهر** و مشخصات طبقاتی و اجتماعی‌اش دارای ماهیتی اپورتونیستی است، ارزیابی کرده باشیم، وگرنه، به صرف داشتن برخی رفتارهای اپورتونیستی هیچ‌کس را نمی‌توان به‌یکباره به عنوان اپورتونیست باور کرد، معرفی کرد، محکوم کرد، و طرد کرد. هر قضاوتی جز بدین شیوه، اگر ناشی از ناآگاهی و بی‌خردی و کودکی باشد، گواه آلودگی به بیماری اپورتونیسم است؛ و اگر بر پایهٔ سنجیده‌کاری باشد، گواه مطلق اپورتونیسم، گواه اپورتونیسم مطلق است. آخر، در این جهان زمینی، در این جهان مادی که آدمیان معمولی و پس، نه سنجیدگان افسانه‌ای ـ بر روی آن در حرکت‌اند، از رفیق مارکس گرفته تا رفیق چه، از برجسته‌ترین عناصر طبقه و جنبش کارگری گرفته تا ساده‌ترین عناصر آن، هیچ کس نیست و نمی‌توانسته هم باشد که دارای رفتارهای اپورتونیستی هم نبوده باشد، که هرگز بدخلقی و دلتنگی در او راه نایافته باشد، که هرگز سخن نادرستی نگفته باشد، که در لحظهٔ مرگ هم درست همان آدم با همان اندیشه‌ها و رفتارها و منش‌ها و کیفیاتی باشد که در آستانهٔ زایش بود. جز در طیف درازناک شورویست‌های رنگارنگ ـ که از شمال محدود است به استالینیست‌های خلص، از شرق به مائوییست‌های نوین، از غرب به توده‌ایست‌های کهن، و از جنوب به فداییان سنجیده و دیگر سنجیدگان چتولی و نیم‌چتولی ـ در هیچ کجای دیگر این جهان مادی کمونیست مادرزاد، و لله وجود نداشته و ندارد. و پس، اگر موضوع، بررسی زندگی و شخص است که شورویست نیست، آنگاه از زندگی **هر** تنابنده‌ای می‌توان نمونه‌ها و رفتارهایی، حتی نه اندک، بیرون کشید که بنا به جدول ارزش‌های ایده‌آل کارگری، ناشایست و نادرست و حتی اپورتونیستی باشد. اگر کسی نخواهد به **پرونده‌سازی**‌های ننگینی دست زند که روش رایج شورویست‌ها نیز هست، آنگاه، هرگز نمی‌تواند به بهانهٔ این یا آن اندیشه و رفتار نادرستِ این یا آن شخص، بلافاصله رأی به محکومیت او دهد. زیرا، از زندگی هر کس می‌توان گزک‌هایی بیرون کشید و بزرگ کرد، ولی تا اثبات نشود که این یا آن رفتار زشتِ شخص ناشی از یک صفت ذاتی او، یعنی ناشی از موضع طبقاتی(۴) اوست، آنگاه حق نداریم او را به‌سان یک **مرض** که درمانش با **نفی خود** پدیده همبسته است، ارزیابی و معرفی و محکوم و طرد کنیم.

و برای اینکه دانسته شود که آیا این یا آن رفتاری که به نظر نادرست آمده است، به‌راستی از یک

منش ریشه‌ای شخص روییده و یا سرچشمهٔ آن نوعی عارضهٔ بیمارگونه است، کمترین و کمترین، و باز هم کمترین کاری که بایستی انجام شود، این است که:

نخست موضوع را با خود آن شخص در میان گذاشت و زمینهٔ توضیح او را فراهم کرد و آنگاه دید که اصولاً متر ما برای داوری، درست یا نادرست، کدامین یک بوده است. و **سپس**، اگر حق با ما بود، طرف را مورد **انتقاد** قرار داد و از او خواست تا خود را تصحیح کند. حال اگر شخص در تصحیح خود کوشید و آثار بهبود هم نمایان شد، آنگاه دانسته می‌شود که بیماری یک عارضه است، ولی اگر شخص در درستی خود نکوشید، آنگاه درمی‌یابیم که او یک بیمار نیست، خودِ بیماری‌ست. خود مرض است. و در این هنگام است که حق داریم او را محکوم کنیم.

حال پرسیدنی‌ست که آیا داوری سازمان چریک‌های فدایی خلق دربارهٔ این کمترین دارای **حتی یکی** از مشخصات بالا بود؟ پاسخ مبتنی بر واقعیات **مطلقاً** چنین است:

نه! و چرا؟ پرسشی است که فداییان نیز بایستی بدان پاسخ گویند. آنچه این کمترین می‌تواند بگوید، تا اندازه‌ای در نامه‌های پیشینم و در «پاسخ‌های نسنجیده»ام گفته‌ام و مطالبی نیز هم پای رویدادها و واقعیات و در خلال همین نامه‌ام نیز عرضه خواهم کرد. منتها، همین اندازه را بایستی فوراً یادآور شد که فداییان خلق پرونده‌ای را که علیه من می‌ساختند، **هرگز حتی هیچ گوشه‌ای** از آن را با این کمترین در میان ننهادند، مگر پس از اینکه رأی محکومیت خود را پیشاپیش عملاً و سرانجام نیز رسماً صادر فرمودند، و تازه آن هم پس از نامه‌نگاری‌هایی که از سوی این کمترین انجام شد و تازه آن هم به صورت شفاهی. و تازه آن هم به‌گونه‌ای که طی این نامه خوانده می‌شود. به گفتاری دیگر: سازمان محترم فداییان هرگز از من نخواستند که نظر خود را نسبت به مطالب پرونده‌هایشان که آن به آن قطورترش می‌کردند، حتی یک کلمه نیز حرفی بزنم، زیرا **مطلقاً** آن را در نزد خود و بنا به دلخواه و مصالح سنجیده و یا بی‌خردانهٔ خود تکمیل می‌کردند. و **مطلقاً از وجود** آن **هم خبری** به من ندادند. و این شیوه، هرچه نباشد، «یک‌جانبه‌گری، به معنی ندیدن همهٔ حوادث یک مسئله»(۵) هست. و چنان‌که مائو می‌گوید ــ و درست هم می‌گوید ــ «یک‌جانبه‌گری... درعین‌حال سوبژکتیویسم نیز هست»(۶). گفتن دارد که مائو پس از دادن تعریفی برای یک‌جانبه‌گری مثال‌هایی چند از چنین برخورد سوبژکتیویستی و نادرستی را به دست می‌دهد و از جمله یادآور می‌شود که یکی از مشخصات یک‌جانبه‌گری عبارت است از «فقط مدعی را دیدن ولی متهم را از نظر دور داشتن»(۷). مائو برای اینکه نشان دهد که چنین شیوه‌ای تا چه اندازه نادرست است، حتی به تاریخ کهن اشاره می‌کند و یادآور می‌شود که نادرستی این شیوه حتی برای پیشینیان دور نیز چندان مسلم بود که «وی جن» که در سال‌های ۵۸۰-۶۴۳ می‌زیسته نیز می‌نویسد:

اگر به سخنان هر دو طرف گوش فرادهی، دنیا برای تو روشن خواهد شد، ولی هر گاه فقط به گفته‌هایی یک‌طرفه توجه کنی، آن وقت در جهل و تاریکی خواهی ماند.(۸)

گذشته از این، سازمان چریک‌های فدایی خلق نسبت به هیچ‌یک از رفتارهای من که گویا محورهای پروندهٔ من برای داوری آنها بود، هرگز مرا مورد **هیچ انتقادی** قرار ندادند، تا ولو انتقاداتشان درست باشد؛ آنگاه در **عمل** روشن شده که من در تصحیح خود می‌کوشم و موفق می‌شوم، یا نه!؟

حال آنکه موضوع من قبل از هر چیز یک امر درون‌سازمانی بود و این امر، قبل از هر چیز می‌بایستی به صورت انتقاد و انتقاد از خود آغاز به زندگی کند؛ حال آنکه فداییان در هیچ زمینهٔ فرعی و دست نهفته هزارمی هم به این کمترین کوچک‌ترین انتقادی نکردند. در عوض، یک دم نیز در پرونده‌سازی، در برخورد پذیرا با وسوسه‌های فرومایگان تنگ‌درون، در پذیرش سخنان خودپسندانه و در نتیجه، دست‌کم، نارفیقانه و ناانقلابی و ناکمونیستی این و آنی که چون خود را در تیررس احیاناً بهتان‌ها و یا کج‌بینی دیگران می‌بینند، بدون درنگ می‌کوشند تا با مذاکرات دیگران موفقیت متزلزلشان را لااقل به وضع پیشین برگردانند، و غیره، کوتاهی نکردند. و چرا؟ آیا این پاسخ خطاست که همهٔ آنچه که فداییان به عنوان اسناد محکومیت من مورد اتکاء قرار دادند، اصل قضیه برای داوری آنها نبود و به‌راستی اصل قضیه نه در رفتارها و منش‌های من بلکه در جدایی ریشه‌ای تئوری‌های لنینی با ***انقلاب*** نهفته است؟ گمان نمی‌کنم! فداییان که از یک سو چارچنگولی به لنینیسم خودشان ـ که تازه چندان ربطی هم به لنینیسم ندارد ـ چسبیده‌اند و از سوی دیگر ورشکستگی ایدئولوژیکی خود را در برابر ***انقلاب*** آشکارا می‌نگریستند، چاره‌ای نداشتند جز اینکه برخورد ایدئولوژیک را به پرونده‌سازی‌های شخصی بدل کنند و در نتیجه، به‌گمان ابلهانه و یا سنجیدهٔ خود، خود را از تنگنای نفس‌گیری که گیر کرده‌اند، برهانند. و این، در تاریخ چپ، همان شیوهٔ مرسوم شورویستی و به‌ویژه بریا ـ استالینیستی است. تصادفی نیست که فداییان در اثر فناناپذیر شورویستی خود به نام ***شورش نه، قدم‌های سنجیده در راه انقلاب*** نیز درست همین رفتار را پیش گرفتند. آخر، ***قدم‌های سنجیدهٔ*** فداییان چیزی نیست جز یک کتاب ذاتاً پلیسی پرونده‌سازانه، و درست به خاطر داشتن همین جان اهریمنی هم هست که به‌ناچار کتابی‌ست سرشار از دری‌وری‌ها و آسمان‌ریسمان‌بافی‌های قرچی‌گرانهٔ پلیسی و تبهکارانه!

گفتنی است حتی آن زمان هم که فداییان نظرات تابناک خود را دربارهٔ من با این کمترین در میان نهادند، باز هم از آن رو نبود که بخواهند پاسخ‌های مرا نیز بشنوند و سپس تصمیم بگیرند. **به‌هیچ‌رو.** فداییان **صرفاً** برای گفتن تصمیماتشان سخن می‌گفتند، منتها بزرگوارانه محبت می‌فرمودند و نظرات و پرونده‌هایشان را نیز به آگاهی این کمترین می‌رساندند. بدین‌سان، فداییان در درستی و حقانیت پرونده‌ها و مطالبی که بدان‌سان گل هم کرده بودند، به اندازهٔ یک نک‌سوزن هم تردید نداشتند. فشار نامه‌ها و پاره‌ای ضرورت‌های دیگر، آنها را وادار کرده بود که بالاخره چیزی بگویند؛ و گفتند. سخن کوتاه، در واپسین آن نیز فداییان نه ادعانامه‌ای می‌خواندند و نه انتقادی می‌کردند، آنها چکیدهٔ پرونده‌هایی را که خود ساخته بودند، و نیز رأی محکومیتی را که بر پایهٔ یک چنین شیوهٔ داوری

والای سنجیده و یا احمقانه‌ای صادر فرموده بودند، اساساً به‌مانند حقایقی محض بازمی‌گفتند. و در نتیجه، اصولاً نه گوشی برای شنیدن هیچ جواب روشن‌کننده‌ای داشتند و اصولاً نه از زاویهٔ انتقاد حرکت می‌کردند، تا منتظر تصحیح و عدم تصحیح آن انتقادات باشند. فداییان هرچه می‌گفتند به‌مثابه آلودگی‌های گوهرین و درمان‌ناپذیر این کمترین می‌گفتند و در نتیجه جای هیچ‌گونه پاکسازی را در آنها حتی قابل تصور هم نمی‌دانستند، مگر اینکه این کمترین نیز مطلقاً و رسماً شورویست شود و آن چرندیات خفت‌بار **قدم‌های سنجیده** را به‌مانند تئوری‌های درخشان و بی‌همتای کمونیستی بپذیرم. و البته هم که اینها از محالات است، زیرا آدمی بایستی به‌یکباره به صف دشمنان کمونیسم غلتیده باشد. اگر **آگاهانه** شورویسم را به‌مانند کمونیسم و قدم‌های سنجیده را چونان ماتریالیسم دیالکتیک بپذیرد. و اگر هم کسی از روی نادانی چنین کند که از دیرگان گفته‌اند و زیاد هم نادرست نگفته‌اند که، بر ابله حرجی نیست.

جمع‌بندی شود:

کشف حقیقت و پرونده‌سازی

در اصول، هر گون گردآوری «اسناد»ی، له یا علیه هر کس که در رابطهٔ تنگاتنگ و آزادانه و به‌ویژه درون‌سازمانی با او به سر می‌بریم، فقط و فقط در صورتی می‌تواند معنی اسناد و مدارک دهند که اولاً آن برگه‌ها را با خود آن شخص نیز در میان گذاریم، تا از برخورد او نیز به کشف حقیقت نزدیک شویم و ثانیاً بایستی آنچه را که در حرکات چنین کسانی نادرست تمیز می‌دهیم، در زودترین زمان ممکن، به‌مانند یک انتقاد، با روشنی و صراحت با خود آن اشخاص در میان گذاریم تا هرآینه تشخیصمان صحیح بود، از آنها بخواهیم که بدون درنگ در تصحیح خود بکوشند. اگر چنین نکردیم و پیوسته در نزد خود اوراق پرونده کسانی را افزون‌تر و افزون‌تر کردیم و سرانجام کوهی کاغذین از آنها به پا داشتیم، آنگاه هیچ کاری جز **پرونده‌سازی پلیسی** و تبهکارانه انجام نداده‌ایم و رأی محکومیتی هم که بر این پایه صادر شده است، صرفاً رأیی است همانند آراء دادگاه‌های نظامی آریامهری!

افزودنی‌ست، آنجا که از «رابطهٔ تنگاتنگ و آزادانه» سخن گفته شد، مقصود چنان رابطه‌ای است که می‌توان عملاً برخورد و انتقاد را با خود اشخاص در میان گذاشت. یعنی فداییان می‌توانستند این شیوه را دربارهٔ مثلاً این کمترین پیش گیرند، زیرا رابطهٔ ما رابطه‌ای نزدیک و آزاد و رابطه‌ای درون‌سازمانی بود، ولی همین شیوه را البته فداییان نمی‌توانستند دربارهٔ مثلاً سپهبد فرسیوجلاد، پیش گیرند. زیرا در اینجا قضیه کیفاً فرق می‌کرد. و به‌ناچار روش دیگری ضرورت داشت. با این‌همه بدیهی‌ست که مقصود این نیست که حتی در این‌گونه موارد، اعلام هیچ‌گونه برنامه و دلیلی به‌هیچ‌رو لازم نیست. هرگز! منتها شکل کار فرق دارد. در یک چنین مواردی، سازمان پروندهٔ دشمن را به‌گونه‌ای

طبقاتی و حتی فردی، به‌گونه‌ای روزمره در اختیار خلق و کل جامعه قرار می‌دهد و در نتیجه، هم دشمن آشکارا از آنها آگاه می‌شود و هم متقابلاً به پاسخگویی و برنامه‌ریزی می‌پردازد. به هررو، در هیچ حالتی کارها با توطئه‌گری‌های ناب جریان نمی‌یابند. هر چیزی به‌گونه‌ای که با مشخصات آن خواناست، آشکارا و متقابل است. و حتی اگر هم مواردی پیش آید که ناشی از استثنائات هر قانون و اصولی‌ست، باز هم، دست‌کم یک چیز بایستگی محض دارد و آن هم افشـای هـمگانی و خـلقی پرونده، ولو پس از رأی و عمل محکومیت است. مثلاً در مورد وجود جاسوسان دشمن در سازمان. و برای اینکه در این مورد مثال زنده ارائه شود، بهتر است، مثلاً، از رفتار فداییان دربارهٔ سپهبد فرسیو یاد کرد. چنان‌که می‌دانیم فداییان که بسا ضرورت‌ها وادارشان کرد تا برنامهٔ جلاد فرسیو را بدان‌سان بچینند، دست‌کم، پس از اجرای برنامه چکیده و یا خطوط اصلی پروندهٔ مربوط را در اختیار جامعه گذاشتند. آخر، اگر همه چیز به خلق مربوط است آنگاه بایستگی دارد که همه چیز را با خلق در میان نهاد.

اینک هنگام آن است که به دلایلی پرداخته شود که فداییان دربارهٔ کیفیات چهارگانهٔ یادشده، به من نسبت دادند و پاسخ‌های مستقیم به آنها؛ منتها تا بدان اندازه که از لحاظ امنیتی ایرادی ندارد.

یکم: کیفیت اپورتونیستی این کمترین

۶. فریدون گفت:

ف: برای اولین بار که ما (فداییان) شما را به وسیلهٔ کتاب **شورش** و از طریق مجاهدین شناختیم، نظر رفقا این بود که شما یک گروه اپورتونیستی هستید، ولی من (شخص فریدون) معتقد بودم که نه، این‌طور نیست. و استدلالم این بود که: خب، هر کس به‌نوعی به جنبش می‌پیوندد؛ حال شما هم بدین طریق پیوسته‌اید. به هر حال، رفقا نپذیرفتند، و گذشت. بعدها که مقالهٔ «نیم‌نگاهی در دل جبههٔ انقلاب رهایی‌بخش خلق» را نوشتید و به دست ما هم رسید، قرار شد که بالاخره با شما نیز تماس بگیرم. و گرفتم.

م: مقصودت این است که حال پس از تجربیاتی که انجام دادید، نظر آن رفقایتان تأیید شد و نظر تو غلط از آب درآمد؟

ف: آره!

م: بسیار خوب! پس کل شما و ازجمله شخص تو به این نتیجهٔ نهایی رسیدید که **کل** جرگهٔ ما یک جرگهٔ اپورتونیستی بوده است؟ یا اینکه در این میان **تنها و تنها** این **منم** که اپورتونیستم؟ بنا به آنچه گفتنی دانسته می‌شود که داوری شما این است که کل جرگهٔ ما اپورتونیستی بود، ولی چنین پیداست که در عمل فقط مرا اپورتونیست گرفته‌اید. و حالا هم می‌خواهید صرفاً همین را بگویید منتها چیز دیگری می‌گویید.

اگر سازمان چریک‌های فدایی خلق، چنان‌که ادعا می‌کند، به‌راستی به این نتیجه رسیده بود که کل جرگهٔ ما اپورتونیستی بود، آنگاه لازم می‌آمد که در ***قدم‌های سنجیدهٔ*** خود از رفیق نادر، اولاً به نام یک «رفیق» یاد نکنند و ثانیاً به ستایش او نپردازند، و همچنین لازم می‌آمد که دست‌کم، رفیق مادر را نیز به‌مانند رفیق خود یاد نکنند. زیرا به فرض اینکه فداییان توانسته باشند به علت نزدیکی **چندین‌ماههٔ** خود با کسانی نظیر شهید مرضیه احمدی اسکویی، آنها را اصلاح کنند، در عوض می‌دانیم که میان رفیق مادر با هیچ‌یک از فداییان هیچ‌گونه تماس مداومی برقرار نبود و رفیق مادر مطلقاً با این کمترین، از یک‌سو، و با دانه و جوانه، از سوی دیگر، در رابطهٔ شبانه‌روزی بود. و مسئول مشهد (**شهید جعفری**) هم، که تنها کسی از فداییان بود که می‌توانست با رفیق مادر در ارتباط باشد، تازه کل دیدارهای آن شهید با رفیق مادر، از سه چهار دیدار خیابانی **زودگذر** بیشتر نبود. مجموعهٔ این دیدارها از لحاظ زمانی به پنج ساعت هم نمی‌رسد. و تازه، در سراسر این دیدارها هم هرگز از **لحاظ آموزشی و اخلاقی** هیچ موضوعی طرح نشد. تنها دستوری که شهید جعفری به رفیق مادر داد، همان بود که گفته بود شب‌ها بایستی پاس بدهید. (به نامهٔ سرگشادهٔ شماره یک نگاه شود. در همین نامه نیز

یادآوری خواهد شد.) گذشته از اینها، فداییان، تازه پس از دستگیری رفیق مادر و پس از آن‌همه هنرنمایی‌های سنجیده‌ای که در ملاقات با این کمترین پس از بازگشت از مشهد صورت دادند، (به نامهٔ سرگشادهٔ شماره یک نگاه شود.) بدون درنگ یک چشمهٔ دیگر از هنرهای سنجیدهٔ خود را بروز دادند، بدین‌سان که به‌سرعت دانه و جوانه را نیز از من گرفتند. دانه و جوانه‌ای که حتی یک ساعت هم با فداییان در ارتباط نبودند... آیا همهٔ اینها نشان نمی‌دهد که سازمان فداییان برای حق‌نمایی پرونده‌های سنجیده‌ساخته‌ای که برای این کمترین سامان می‌دهند، به‌نادرستی سخنوری می‌کنند؟ آیا همهٔ اینها نشان نمی‌دهد که فداییان می‌کوشند تا درماندگی لجنی ایدئولوژیک خود را در **گفتار** زیر پوشش «گروه اپورتونیستی» پنهان کنند، ولی در **کردار** موضوع را به یک **شخص** واحد، به من محدود می‌کنند؟ چرا فداییان به چنین رفتاری دست می‌زنند؟ زیرا از لحاظ منطقی نمی‌توانند بگویند که در یک ارگان کوچک و هسته‌ای که پیشتر همگی با هم سازگاری ارگانیک بر پایهٔ مضمون ***انقلاب*** داشتند(۹)، این فقط و فقط یک تن و آن هم «از قضا» نویسندهٔ ***انقلاب*** است که به شکلی ذاتی بد است و کل ارتباطات و کل اجزاء دیگر به‌گوهر خوبند! زیرا، بدین‌سان چه بسا حتی هر ساده‌اندیش خوش‌باوری هم ممکن است دریابد که نه بابا! در اینجا پای مرام مطرح است و فداییان دارند آن را با سنجیده‌کاری به وادی مسائل شخصی می‌کشانند. پس، فداییان که، همچون هر شورویست دیگری، در سنجیده‌کاری استادند، این را **نمی‌گویند!** ولی فقط مستقیماً نمی‌گویند. در عوض، درست همان چیزی را که با ستون فقرات **کشیده** نمی‌گویند، در **عمل** انجام می‌دهند. و این است درست همان پشتک و وارویی که دست‌کم گواه آغشتگی به پلیدانه‌ترین نجاسات اپورتونیسم است.

۷. ف: تو در نوشته‌ات به نام «چند نگاه شتابزده» به ما انتقاداتی کردی ولی به مجاهدین نکردی و پس از آشنایی‌مان هم که در این‌باره از تو سؤال شد، جواب دادی که به مجاهدین هم انتقاداتی کرده بودی، منتها آنها ناراحت شدند و حتی شهید رضا رضایی هم طی نامه‌ای گلایه‌ها کرد. و به‌هرحال، به‌ناچار انتقاداتی که به مجاهدین شده بود، برداشته شد.

م: درست است!

ف: خب! اگر بحث روی حقیقت‌گویی باشد که دیگر نبایستی به دلگیری این و آن توجهی کرد. و اگر قرار است به دلگیری یکی توجه شود، آن وقت چرا نباید به دلگیری دیگران توجه شود. به هررو، این‌گون رعایت دلگیری هم چیزی نیست جز همان نان قرض‌دادن. و نان قرض‌دادن هم طبعاً کار درستی نیست.

م: حق با شماست. ولی این را که پیشتر، یعنی در همان اوایل آشنایی‌مان هم که گفتی و من هم که پذیرفتم، و حتی هم گفتم که امیدوارم بتوانم در تجدیدنظری که در آن به عمل می‌آورم، این

خطایم را جبران کنم. حال چطور شده که آنچه پایان یافته بود، دوباره آغاز شده است؟ و آن هم به‌مانند رکنی از پروندهٔ اپورتونیستی من؟

ف (سکوت، و یا اگر چیزی گفت، به یاد ندارم).

به هررو، فداییان می‌توانند هر زمان که صلاح دانستند، دلایل خود را با خلق در میان گذارند، زیرا این کمترین دیگر حاضر نیست، ولو یک کلمه درگوشی هم از فداییان بشنود.

گفتنی است همین کتاب ***چند نگاه شتابزده*** کتابی‌ست که فریدون ــ و گویا به نمایندگی از سوی فداییان ــ حتی بیش از یکی دوبار، به این کمترین آشکارا گفت که اگر ***چند نگاه شتابزده*** اندکی دستکاری شود، حتی کتابی‌ست که می‌تواند از سوی چریک‌های فدایی خلق نیز چاپ و پراکنده شود. و دستکاری‌های مورد نظر فریدون نیز شامل دو مورد بود: یکی اینکه انتقاداتی هم که به مجاهدین شده بود، آورده شود؛ و دیگر اینکه این تصور که فداییان نسبت به «ترور» و «تروریسم» دچار خطای تئوریک شدند، تصحیح شود. زیرا، اگر آنها نتوانستند برنامه‌های دیگری نظیر اعدام فرسیوی جلاد را دنبال کنند، صرفاً از آن رو بود که توان انجام آن را از دست داده بودند و سازماندهی و نیروگیری تازه‌ای ضرورت داشت. طبیعی است که این کمترین نیز، اساساً قول به تصحیح داده بود(۱۰). به‌هرحال، یک‌بار، آن هم همان دم که انتقاد شد، پذیرفتم و باز هم می‌پذیرم که شیوه‌ای که این کمترین در زمینهٔ دوباره نوشتن انتقاد به مجاهدین در ***چند نگاه شتابزده*** پیش گرفتم، کاری غلط بود و مفهومی جز نان قرض‌دادن نداشت. و ندارد. کار درست آن بود که نامهٔ شهید رضایی[1] را نگهداری می‌کردم و حتی عین آن را نیز منتشر می‌کردم و به انتقاد آن نیز می‌پرداختم. این از انتقادی که به من وارد بود، ولی پس از همهٔ اینها آیا هرگز نبایستی در همین پهنهٔ «نان قرض‌دادن» روش فداییان را نیز تحلیل کرد و دید که آیا سازمان چریک‌های فدایی خلق اساساً به بیماری نان قرض‌دادن که عملی حسابگرانه است، مبتلا نیست. یا درست به‌عکس، زخم‌های چرکین این بیماری از سر و گوشش نیز گذشته است؟ بدیهی‌ست اگر روش فداییان در نان قرض‌دادن و انواع این‌گون بیماری‌ها، صدها و هزارها پله از نان قرض‌دادن من به مجاهدین بدتر باشد، دیگر معلوم نیست که اگر قرار باشد مرا به نام اپورتونیست محکوم کرد، آنگاه فداییان را بایستی به چه نام نامید؟ سنجیدگان؟

چنان‌که فداییان خوش کردند، فرض می‌کنیم که نان قرض‌دادن در هر مورد و هر حال و هر شرایطی مطلقاً و مطلقاً غلط باشد. و در نتیجه نان قرض‌دادن این کمترین به مجاهدین نیز به‌یکباره غلط است. بسیار خوب! ولی مجاهدین در این جامعه به صورتی ریشه‌ای، یعنی در پروسهٔ جنبش رهایی‌بخش ملی، نیرویی انقلابی و پایدار به شمار می‌آیند و از این لحاظ و به‌گونه‌ای تاریخی

---

۱. در اصل: «رضا»

می‌توان روی آنها حساب روشن و قاطع و دیرپای را بازکرد و با اطمینان لازم دوشادش آنها در این میدان پیکارکرد. درست است؟ بسیار خوب! ولی درعوض دولت چین و مائوتسه‌دون چه؟ نیازی به شعار نیست. همین اندازه کافی‌ست که دیدگاه خود را به روی واقعیات نبست، آنگاه می‌توان به‌سادگی هم‌خوابگی مائو ـ اشرف و چوئن‌لای ـ فرح را که ثمرهٔ غلبه وجه وحدت در سنتز سیاست چین با استعمار ـ ارتجاع در ایران است، بنگریم. و با این‌همه، سازمان چریک‌های فدایی خلق در برابر این سیاست چین، نه تنها لب برای انتقاد نمی‌گشاید، بلکه تازه از «رفیق» مائو هم سخن می‌گوید؛ بلکه تازه به سوسیالیسم چین هم می‌نازد؛ بلکه تازه هر نوع انتقاد به سیاستی را که سیاست «ایران» را «خلیج‌فارس» تأیید می‌کند، گواه «دشمنی با پیروزی‌های طبقهٔ کارگر» می‌نامد.

... تأیید سیاست ایران در خلیج‌فارس که چین نیز ستایشگر آن است می‌دانید یعنی چه؟ دست‌کم، یعنی موافقت با شرحه شرحه‌کردن ظفار انقلابی به دست نیروهای ضد انقلابی انگلیس ـ ایران ـ قابوس! و «رفیق» شفیق فداییان خلق، مائوتسه‌دون، که روزگاری در راه انقلاب پرولتری گام برمی‌داشت و اینک به صفوف ضد انقلابی جهانی پیوسته است، درست چنین سیاستی را تأیید می‌کند؛ و نه فقط در حرف. که به‌ویژه در عمل! حیرتی ندارد که همین فداییان خلقی که خود چنین رفتاری را نسبت به یک سیاست آشکارا ضد انقلابی پیش گرفته‌اند، ضمناً چنان قضاوتی را دربارهٔ آن رفتار این کمترین نسبت به مجاهدین بکنند، ولی این رفتار فداییان به چین و شوروی و دیگر کشورهای به قول آنها «سوسیالیستی» که تضادهای خود را با خلق‌های جهان طبیعتاً به زیان خلق‌ها حل می‌کنند (به درفشانی‌های شاهکارانه و «تئوری‌های چریک‌های فدایی خلق» در **قدم‌های سنجیده**‌شان نگاه شود».)، پایان نمی‌یابد. آیا سازمان فداییان می‌تواند به پایهٔ واقعیات و اسناد، آشکارا بگوید که در برابر دولت عراق و درکل روابطشان با عراق، چه منشی را عرضه‌کردند؟ اگر آنها صلاح نمی‌دانند بگویند، البته قابل فهم است، ولی واقعیات کاری به صلاحدیدهای این و آن ندارند. واقعیات سرتق، همچنان به صورت واقعیات سرتق بر جای می‌مانند.

سازمان چریک‌های فدایی خلق یک جزوهٔ کامل دربارهٔ تاریخچهٔ جنبش دانشجویی و وظایف کنونی آن درآورده است. یک بخش از سه بخش این جزوه، یکراست در پیرامون «کنفدراسیون» است. در سراسر این بخش طولانی، حتی یک خردهٔ بسیار ریز، یک انتقاد بسیار فرعی، نیز به کنفدراسیون نشده که پیشکش، سراسر آن تمجید روی تمجید، ستایش روی ستایش و تعریف روی تعریف است. آیا اینها نان قرض‌دادن نیست؟ من انتقاد به مجاهدین را، لااقل به خودشان دادم، ولی، بدان‌سان که یاد شد، به هررو چاپ و پراکنده نکردم، ولی فداییان محترم چه کردند و چه می‌کنند؟ فداییان نان قرض‌نده، ستایشگری نسبت به چین، تعظیم نسبت به مائو، تکریم نسبت به شوروی، خم و راست

در برابر عراق، حلوا حلوا کردن نسبت به کنفدراسیون... را* پیشه کرده‌اند. و البته که نام هیچ‌یک از این هنرهای سنجیده، نان قرض‌دادن که نیست، به جای خود، تازه هنرهای کمونیستی هم هست!! چه می‌شود کرد؟ تاریخ طبقاتی تاکنون چنین چرخیده است که آن‌کس که کثافاتِ بینی‌اش از چانه‌اش هم سیل‌وار فرومی‌ریزد، همواره با کسی که اندکی از آب دهانش از کنارهٔ لبش بیرون زده است، با آه‌آه و تف تف برخورد کرده است.

چنین پیداست که سازمان چریک‌های فدایی خلق، هر گون نان قرض‌دادن به نیروهای انقلابی درون جامعه و نزدیک به خود را عملی اپورتونیستی و ننگین ارزیابی می‌کنند و در عوض، هر گون نان که پیشکش، هر گون نانوایی قرض‌دادن به نیروهای حتی ضد انقلابی در دوردست‌ها ــ چه دوردست از لحاظ مکانی ولی در همین سرزمین، مانند حزب توده در سال‌های پیش از فاجعهٔ ۲۸ مرداد ۳۲ ــ را، بسیار هم افتخارآمیز می‌دانند. کمااینکه سازمان فداییان با نهایت بلندنظری سنجیدهٔ خود، آشکارا حزب تودهٔ ایران را تا کودتای ضد خلق ۲۸ مرداد ۳۲، حزب طبقهٔ کارگر ایران اعلام می‌دارند، منتها، آن را **فعلاً** به عنوان «بقایای رهبران حزب تودهٔ ایران» محکوم می‌کنند، و تازه، در میان همین بقایای رهبران حزب توده نیز، با نهایت سنجیده‌گری از عناصر «تحصیل‌کرده و باسواد و درعین‌حال نسبتاً «مترقی»» مانند نور بی‌همتای چونان جناب آقای ایرج اسکندری یاد می‌کنند که به «ترجمهٔ ***کاپیتال***» پرداخته است. راستی راستی که بابا ایوالله!

دربارهٔ جناب اسکندری، به علت ترجمهٔ ***کاپیتال*** می‌توان حتی یک انتقاد زیرلفظی هم نکرد و حتی او را نسبتاً مترقی هم شناساند، ولی هر گونه ناافشاگری در برابر انتقادات سازمان مجاهدین خلق ایران، گواه اپورتونیسم ناب و گواه آن‌چنان آغشتگی به بیماری نان قرض‌دادن که بایستی از بهبود بیمار نیز به‌یکباره دست شست! راستی راستی که منش والایی‌ست منش سنجیدگانی که حزب توده را با همهٔ آن سوابق ننگین و با همهٔ آن مشخصات اپورتونیستی ـ نوکرانه و با همهٔ آن پیشینهٔ اعمال مستقیماً ضد خلقی و ضد ملی‌اش، از بدو تولد تا ۲۸ مرداد، باز هم حزب توده را حزب طبقهٔ کارگر ایران ارزیابی و معرفی می‌کند، ولی عدم انتشار انتقاد به مجاهدین خلق را گواه کبیرهٔ پاک‌نشدنی اپورتونیسم می‌داند. آیا اینهاست «تئوری‌های چریک‌های فدایی خلق» که در **قدم‌های سنجیده** قمپز آنها را درکرده‌اند؟ راستی چیست؟ راستی این است که گندکاری‌ها و انحطاط نهایی حزب تودهٔ ایران در پس از ۲۸ مرداد تا به اکنون، نسبت به خیانت‌ها و کوبه‌هایی که همین حزب تا پیش از کودتای انگلیس ـ ارتجاع ـ امریکا در ۲۸ مرداد به خلق ایران زد، در حکم صفر است؛ زیرا پس

* گفتن دارد که این نشریهٔ چریک‌های فدایی، نه تنها مختصر، بل ناقص است و به بسیاری از مطالب مورد اختلاف در کنفدراسیون اشاره نکرده است. شایسته بود تهیه‌کنندگان آن یک‌جانبه‌نگری را رها می‌کردند. (ویراستار مزدک)

از استقرار و استحکام کودتای ۲۸ مرداد، دیگر حزب توده دارای نیرویی نبود که قابلیت اثرگذاری مستقیم در جنبش را داشته باشد. حال آنکه تا پیش از ۲۸ مرداد و استحکام کودتا، حزب نیروهای فراوانی را در اختیار داشت. درست به همین دلیل نقش حساسی را بازی می‌کرد. «تئوری‌های چریک‌های فدایی خلق» راستی که خیلی تئوری‌ست. و باید دانست که تئوری هرگاه به خیلی تئوری بدل شود، آنگاه «**قدم‌های سنجیده**» خواهد شد. فعلاً بگذریم، امید است هرچه زودتر بتوان با «تئوری‌های چریک‌های فدایی خلق» در پیرامون حزب تودهٔ ایران، به‌گونه‌ای جداگانه برخورد کرد. امید!

۸. ف: یکی دیگر از دلایل اپورتونیست‌بودن تو همان رفتاری‌ست که نسبت به آن دکل برق پیش گرفتید. در نخستین نامهٔ سرگشاده‌ات هم نوشته بودی که هیچ وسیله‌ای نداشتید، خیال می‌کنی ما چه داشتیم؟ ما هم فقط یک موتور داشتیم و تازه هم کار به درگیری‌هایی با روستاییان کشید. عمل هم به وسیلهٔ رفیق نوروزی و یکی دیگر انجام شد.

م: دِ! بابا این هم که مثل آن یکی کشف تازه‌ای نیست. شماها هم از این داستان و هم از آن داستان **چند نگاه شتابزده** که **کاملاً** آگاهی داشتید و با این‌همه حاضر به پذیرش من به‌مانند عنصری از چریک‌های فدایی خلق شدید. حال چطور شد که دوباره روح تازه‌ای در کالبد این رویدادها دمیده شده و همین داستان‌ها جان نوینی یافته‌اند و به‌مانند کشف جدیدی به حساب می‌آیند؟ اقلاً می‌خواستید حرف‌ها و دلایل دیگری را بهانه می‌کردید که نو باشند.

ف (سکوت. و یا تغییر حرف).

به هررو، اگر فریدون چیزی گفت به یاد ندارم. بدیهی‌ست که اگر فداییان دلیلی دارند، می‌توانند با خلق در میان گذارند. البته هرگاه خوب سنجیدند.

م: تازه، من که دربارهٔ نادرستی آن رفتار که مسئولیت آن را مطلقاً بایستی به پای من نوشت که سخنی نداشتم. و حتی در این زمینه که اعلامیه‌مانندی هم نوشتم تا عمیقاً از خود انتقاد کرده باشم و جایی برای لاپوشانی و حاشا نگذاشتم، ولی آیا اگر کسان دیگری هم کارهایی همانند همین کار و حتی صد پله بدتر از این را کرده باشند، آن وقت چطور؟ آیا نباید همین داوری و شیوه را که دربارهٔ من پیش گرفتید، دربارهٔ آنها نیز پیش گیرید؟

ف: قضیه را باید در مجموع سنجید.

م: درست است. همه چیز را بایستی در مجموع بررسی کرد. ولی چنین پیداست که این در مجموع‌سنجی شما، به این کمترین که می‌رسد به خرده‌ریزسنجی و بهانه‌سنجی بدل می‌شود.

به هررو، من مثالم را دربارهٔ آن عناصر فدایی که انجام کاری نظامی را به گردن گرفتند و درست به‌هنگام عمل و با اینکه پای دستگیری شخص دیگری هم در میان بود، باز هم دست به عمل نزدند، به فریدون چیزی نگفتم. زیرا، او نه از من خواست تا مثالم را بزنم و هم با پاسخ در مجموع‌سنجی

سنجیده‌اش، آشکارا فهماند که هر مثالی هم که داشته باشی، از آن بدتر هم که نباشد، باز صنار نخواهم خرید. زیرا قضیه را می‌بایستی در مجموع سنجید! سخن کوتاه: مثالی را که شفاهاً نگفتم، لازم است که همچنین کتباً بنویسم:

موضوع مربوط است به جریان دستگیری رفیق مادر و وظایفی که شهید جعفری مسئول مشهد و یکی دیگر از فداییان خلق عهده‌دار شدند. بگذار داستان از من بازگو شود:

شهید جعفری سر یکی از قرارهایش با این کمترین در مشهد نیامد. سپس علامتی زد. پاسخ دادم. ملاقات انجام شد. و او خبر لورفتن دو تن از فداییان را در مشهد داد و دلیل نیامدنش بر سر آن قرار را هم همین حادثه اعلام کرد.

م: حال از من کاری برمی‌آید؟ بگو تا بکنم.

ج: نه! کاری نیست!

م: پس خیلی مواظب باش، مواظب باش آن‌قدر زیاد به قضیه ور نروی که سرانجام دم به تله بدهی!

ج: نه بابا!

م: پس ما هم خودمان را جمع‌وجور کنیم، و چیزهایی که در خانه هست ببریم یک جایی چال کنیم.

مسئول مشهد با عصبانیتی نیم‌خورده پاسخ داد:

ج: به شماها چه مربوط است؟ ربطی به شما ندارد...

م: آخر حادثه خاصیتش این است که به شکل نامشخص حرکت می‌کند.

ج: نه! نه آنها از شما چیزی می‌دانستند و نه موضوع به شما مربوط است.

سخن کوتاه: شیوهٔ کلام شهید جعفری که با آن لحن مخصوص هم بیان می‌شد، درست این بود که بی‌خودی و خودتان را وسط می‌اندازید که بگویید[1] چند منه؟

طبعاً من چیزی نگفتم و او تکلیف ما و به‌ویژه مرا چنین تعیین کرد:

ج: اصلاً از خانه بیرون نمی‌آیید. خصوصاً تو. مطلقاً در خانه می‌مانی. خوراک را هم بدهید بچه‌ها بخرند.

م: باشد.

و یک قرار طولانی با من گذاشت. اگر اشتباه نکنم در حدود یک هفته تا ده روزی می‌شد. ضمناً قرار دیداری هم برای رفیق مادر گذاشت که چند روز بعد ــ در حدود پنج تا یک هفته بعد ــ می‌بایستی انجام می‌شد. یعنی به من گفت که به رفیق مادر بگویم که در فلان روز و فلان ساعت برود

---

۱. در اصل: «نگویید»

سر قراری که برای مواقعی اضطراری با هم دارند.

رفیق مادر به سر قرارش رفت. و برگشت. و پیغام آورد که مسئول مشهد گفته است که همین امروز بعدازظهر به اتفاق رفیق مادر برویم نزد او. و رفتیم. شهید جعفری مسئول مشهد شروع کرد برای من توضیح‌دادن دربارهٔ برخی مطالب مربوط به ماجرای لورفتن دو تن از فداییان یادشده:

ج: یکی از آن دو نفر خانهٔ تیمی نداشت. دیگری داشت. هر دو یک مغازه گرفته بودند و کار می‌کردند. مغازه لو رفته است. مغازه و اطراف آن را شناسایی کردیم. تحت نظر نبود. قفل در را شکسته بودند. و بعد هم در را پایین کشیده بودند و قفل شکسته را هم رویش گذاشته بودند و رفته بودند. از اهل محل که پرسیدیم، گفتند از طرف کلانتری آمدند و گفتند که آنها بدهکاری بالا آورده‌اند و اثاث[1] مغازه را بردند و رفتند.

م: این رفتار حتی رفتار ژاندارمری هم نیست.

ج: نه! شهرستان است، وارد نبودند. یا پای پلیس سیاسی به میان نیامده و یا وارد نبودند.

م: به‌هرحال، کلانتری هم تا این اندازه ناشیانه عمل نمی‌کند.

ج: به‌هرحال، محیط هم زیر نظر نبود. اطراف خانهٔ تیمی را هم تاکنون بارها شناسایی کرده‌ایم و هیچ مورد مشکوکی به چشم نخورده است.

م: اینکه دربارهٔ آن مغازه آن بساط را جور کرده‌اند، شاید در خانه تله نشسته باشند.

ج: نه! گمان نمی‌کنم. زیرا در ساعات مختلف شناسایی کرده‌ایم و هرگز هم هیچ چیز مشکوکی ندیده‌ایم.

م: حال چه می‌گویی؟

ج: حال می‌گویم رفیق مادر برود دم در آن خانه تا ببینیم اگر امن است، برویم و یک مشت از چیزهایی را که مانده بیرون بکشیم.

م: مگر پیشتر نگفتی که وسایل مهم را بیرون کشیده‌اید؟

ج: چرا. ولی خب، باز هم چیزهایی هست.

رفیق مادر آشکارا و بارها اعلام کرد که معتقد است در خانهٔ تله نشسته‌اند. مسئول مشهد بر پایهٔ شناسایی‌های انجام‌شده و وضع مغازهٔ یادشده، عکس این قضیه را اعتقاد داشت. من نیز گفتم به چند دلیل پذیرفتنی است که خانه لو نرفته باشد. مهم‌ترین دلیل آن می‌تواند این باشد که چون یکی از آن دو فدایی دستگیر شده، حقیقتاً خانهٔ تیمی نداشته و در نتیجه هر فشاری رویش بیاورند نمی‌تواند بیش از اتاق شخصی خود را لو دهد، پس اگر آن دیگری هم چنین ادعایی کند، برای پلیس قابل پذیرش خواهد بود. دوم اینکه، چنانکه مسئول مشهد در همین گفته‌هایش یادآور شده بود، حتی دو

---

۱. در اصل: «اساس»

روز پس از دستگیری آنها، به آن خانه رفته‌اند و چیزهایی را بیرون کشیده‌اند. سوم اینکه از شناسایی دقیق شبانه‌روزی سخن در میان بود. پس می‌توان نسبت به لورفتن خانه شک داشت. با این‌همه، پیشنهاد کردم که در خیابان از یک زنی، یک فقیری، بالاخره از یک کسی خواست که برود در خانه و پرس‌وجو کند. حداکثرش این است که ده بیست تومانی می‌توان مایه گذاشت. لیکن مسئول مشهد این پیشنهاد را هم نپذیرفت، زیرا معتقد بود که به‌فوریت نمی‌توان چنین کسی را پیدا کرد. و دیگر اینکه معتقد بود که بایستی کار را بدون درنگ بیشتر یکسره کرد! به هررو، ضمن اینکه رفیق مادر هنوز مطلقاً با این کار مخالف بود، من هم تسلیم نظر مسئول مشهد شدم. و پس، شهید جعفری طرح شناسایی رفیق مادر را بدین‌سان بیان کرد که نخست از فلان جا پرس‌وجو کند. سپس به دکان روبه‌روی خانه سری بزند و از پیرمرد دکاندار جویای حال «سید» یعنی فدایی دستگیرشده، شود. و سرانجام برود در خانه. مسئول مشهد معتقد بود که اولاً چون محیط خلقی است، می‌توان با اعتماد بیشتری عمل کرد. ثانیاً چون «سید» مورد حرمت اهالی است، می‌توان روی همکاری حتی صاحب‌خانه نیز حساب کرد. پس از همهٔ اینها من پرسیدم:

م: خب! اگر پس از همهٔ اینها باز هم در خانه تله نشسته بودند، قضیه به چه شکلی درمی‌آید؟

ج: من و یکی از رفقا ناظر جریان می‌شویم تا اگر رفیق مادر مورد تعقیب قرار گرفت، تعقیب‌کنندگان را گلوله بزنیم.

م: پس من هم بیایم.

ج: نه! لازم نیست. رفیق دیگری هست. و بس است.

م (سکوت. پذیرش. اندیشه).

بدین‌سان، من رفتم و رفیق مادر و شهید جعفری به سوی برنامهٔ طرح‌شده روانه شدند. چنان‌که مسئول مشهد بعداً گفت، رفیق مادر به سه جا سر می‌زند و پرس‌وجو می‌کند. نتیجهٔ این شناسایی‌ها این می‌شود که هیچ‌کس هیچ اطلاعی و یا سخنی که بتوان بر پایهٔ آن تله‌بودن خانه را حدس زد، به دست نمی‌دهد؛ و پس، قرار می‌شود که دیگر به در خانه برود. مسئول مشهد و نفر سوم که برای درگیری احتمالی بسیج شده بودند، با فاصلهٔ مناسبی ناظر جریان‌اند. رفیق مادر در خانه را می‌کوبد. در باز می‌شود. چند کلمه گفتگو می‌شود. رفیق به درون خانه می‌رود ولی ماندگاری رفیق در خانه بیش از چند لحظه به دیر نمی‌کشد. رفیق به همراه زن صاحبخانه از در بیرون می‌آید. به دنبال آنها، و در فاصلهٔ چند قدمی دو تن دیگر هم بیرون می‌آیند. اینها مأمورین ضد انقلابند. رفیق مادر و زن صاحبخانه به سوی خیابان پیش می‌روند. به‌ناگاه رفیق مادر شروع به دویدن می‌کند و زن صاحبخانه نیز به دنبال او می‌دود و جیغ‌کشان می‌گوید: آی دزد، آی دزد. رفیق مادر خود را به خیابان می‌رساند. جلوی یک تاکسی را می‌گیرد. خود را به درون آن می‌افکند. زن صاحبخانه او را می‌کشد و همچنان جیغ می‌زند: آی دزد، دزد. کشمکش ادامه می‌یابد. رفیق همچنان می‌گریزد. سرانجام به فاصلهٔ دوری

از آن خانه ــ بنا به معیارهای تهران، مثلاً به فاصله سه‌راه بوذرجمهری تا چهارراه حسن‌آباد ــ از سوی نیروی دشمن راه بر رفیق مادر بسته می‌شود. سربازی رفیق را بغل می‌کند. کشمکش ستیزه‌جویانهٔ رفیق به رهایی نمی‌انجامد. سرانجام مشتی سرباز و نیروهای ضد انقلابی رفیق مادر را به‌زور به درون ماشین ارتشی می‌کنند و می‌برند. رفیق مادر دستگیر شد.

در سراسر این مسیر، شهید جعفری و آن فدایی دیگر، سایه‌به‌سایهٔ رفیق در حرکتند. بدین‌سان دانسته می‌شود که ضد انقلاب، بی‌سروصدا در خانه تله نشسته و حلقهٔ محاصرهٔ خود را نیز در فاصلهٔ دوری از خانهٔ تیمی گرد کرده است. و پس، شگفتی ندارد که شهید جعفری و دیگران هرچه گرداگرد خانه را شناسایی کرده بودند، به چیز مشکوکی برنخورده بودند.

این از خود رخدادها. اینک به بررسی خاص آن‌که با مطالب این نامه بستگی دارد، پرداخته شود:

الف) آیا جز این است که مسئول مشهد و آن فدایی دیگر نیز درست در این لحظهٔ عمل از انجام مسئولیتی که پذیرفته بودند، سر باز زدند؟

ب) تازه، ما عملی را انجام نداده‌ایم که در آن پای اسارت و رهایی هیچ رفیق و حتی هیچ انسانی در میان نبود. آنچه انجام می‌شد، صرفاً یک برنامه و یک برنامه دربارهٔ یک شیء بود. آن هم برنامه و شیئی که باز هم می‌شد بدان پرداخت، منتها در زمانی دیگر. حال آنکه در اینجا پای یک یار دیگر در میان بود.

پ) گذشته از این، رفیق مادر، همچنین به اعتبار قدرت آتش رهایی‌بخش دیگران به سوی تله فرستاده شد، حال آنکه درست در لحظه‌ای که این آتش ضرورت سرکشی داشت، باروت‌ها نم کشیدند. البته داستان به همین جا نیز پایان نمی‌یابد؛ تازه بایستی به شیوهٔ برخورد شهید جعفری مسئول مشهد نسبت به این موضوع نیز توجه کرد:

پیش از حرکت رفیق مادر و مسئول مشهد به سوی شناسایی یادشده، قرار شد که پس از انجام مأموریت، رفیق مادر و من یکدیگر را در ساعت چهار بعدازظهر در فلان‌جا ببینیم. و همچنین قرار شد که هرآینه تصادفی پیش آید، مسئول مشهد و من در ساعت هفت بعدازظهر همان روز، در همان جا با یکدیگر دیدار کنیم. هنگام جدایی، ساعت در حدود دو بعدازظهر بود.

ساعت چهار به محل قرار با رفیق مادر رفتم. رفیق نیامد. نیم‌ساعت ضامن آن را نیز ایستادم، باز هم نیامد. به‌ناچار شتابان به خانه رفتم. روی‌هم‌رفته آنچه را که به عنوان مدرک بود، جمع کردم و در دو، سه چمدان و دبه چپاندم. از دانه و جوانه خواستم که برخی وسایل را جمع‌وجور کنند. سپس بیل و کلنگ برداشتم و بیرون زدم. آنگاه مکان مناسبی را شناسایی کردم که بتوان کلیهٔ آن اسناد را در آنجا به‌سادگی دفن کرد. و ساعت هفت به سر قرار شهید جعفری رفتم.

م: چی شد؟ چرا رفیق مادر نیامد؟

ج: هیچ! دستگیر شد.

مسئول مشهد جریان واقعه را بدان‌سان که نوشتم، شرح داد.

م: خب! وقتی که رفیق شروع به دویدن کرد، پس شما چرا، با آن دو نفر درگیر نشدید؟

ج: اگر ما هم درگیر می‌شدیم، طبعاً دستگیر یا کشته می‌شدیم. زیرا تله در دوردست بود و ما پس از گریز فراوان، تازه به خط محاصره می‌رسیدیم.

م (سکوت.) اندیشه:

خب! مردا! شما که نمی‌دانستید تله‌ای و محاصره‌ای در کار است؛ شما که نمی‌دانستید خط محاصره در کجاست. زیرا اگر می‌دانستید که اساساً دست به چنین برنامه‌ای نمی‌زدید. پس، آنچه را که شما می‌دانستید این بود که رفیق مادر می‌گریزد، زن صاحبخانه با لودگی او را دنبال می‌کند و دو مأمور ضد انقلاب هم در پی آنها هستند. شما صرفاً همین را می‌دیدید. و همین را نیز می‌دانستید. و پس می‌توانستید دست‌کم با پرتاب یک نارنجک روی آن دو مأمور، زن صاحبخانه را نیز در جای خود میخکوب کنید و به رفیق مادر امکان گریز بدهید. لیکن حوادث را بدین‌سان سیر ندادید. شما به نظارت رویدادها پرداختید. و سرانجام حلقهٔ محاصره آفتابی شد. اینک که اهمیت و شکل دام‌گذاری دشمن روشن شده است، شما دارید از اطلاعات بعدی خود در توجیه بی‌عملی پیشین خود بهره می‌گیرید، آیا این است شیوهٔ برخورد کمونیستی با رفتارهای خود!؟ درست اینکه هنگام آن است که دو شیوهٔ برخورد آشکارا در کنار هم گذاشته شود، تا تاریخ داوری کند که کدامین‌یک کارگری و کدامین‌یک ناکارگری است.

ما انجام وظیفه‌ای را در واژگونی یک دکل برق به گردن گرفتیم. به هررو، آن کار را انجام ندادیم. در عوض، حتی اعلامیه‌ای نوشتیم تا در اختیار خلق‌ها و تاریخ قرار دهیم، اعلامیه‌ای که ضمن آن، رفتار خود را به‌مانند یک رفتار اپورتونیستی، به شدیدترین شکلی به انتقاد گرفتیم. حال آنکه مشخصات عمل برای ما چنان تنظیم شده بود که پای‌نهادن در عمل را خطرکردنی غیرضروری گواهی می‌داد. آری، با این وصف ما به انتقاد از خود و حتی نه درگوشی، بلکه افشاگرانه پرداختیم؛ لیکن مسئول مشهد ــ و تاکنون کل سازمان فداییان خلق، نه تنها به هیچ‌گونه انتقاد از خودی در پهنهٔ خلقی نپرداخته‌اند، بلکه تازه بدان‌سان هم که یاد شد به ماستمالی و توجیه‌گری نیز روی آوردند. روشن است که در اینجا با دو منش و دو روش روبه‌روییم که دو رویداد مشخص نمایشگاه عینی آنها هستند. نیست؟

دو نکته هست که بایستی حتماً همین جا افزود:

الف) با اینکه نویسندهٔ آن اعلامیهٔ مربوط [به] دکل‌ها این کمترین بود، و با اینکه خود این کمترین بیش از هر کس دیگری، پیرامون نادرستی رفتاری که پیش گرفته شد، سخن گفته است، با این‌همه اینک واجب است که کُنه نظر خود را در همین مورد بازگویم: کاری که ما در عدم انجام طرح دکل‌ها کردیم، به‌هیچ‌رو، به‌هیچ‌رو و تا هزاران بار دیگر هم، به‌هیچ‌رو اپورتونیستی نبود و دقیقاً و دقیقاً و دقیقاً اصولی و انقلابی و کارگری بود. زیرا ما کاری را انجام ندادیم که نمی‌توانستیم انجام دهیم و پس

هر گونه پای‌نهادن در صحنهٔ عمل، گواه هیچ چیز نبود جز دست‌زدن به عمل. به دلیل رهایی از لُغزخوانی‌های این و آن و گردن‌گرفتن‌های خرده‌بورژوامنشانه‌ای که پای‌نهادن در عملیات بزن‌بهادرانه و نامطمئن را دلیلی بر اصالت روش و ژرفای انقلابی می‌گیرد. حال آنکه انقلاب صرفاً کردن این یا آن عمل نیست؛ نکردن این یا آن عمل هم هست. و نکردن کاری که آدمی نتوانسته است مقدمات مناسبی برای آن بچیند، رفتاری اپورتونیستی نیست. رفتار مناسبی برای اپورتونیستی رفتاری است که آدمی برای اثبات شخص خود، دست به عملیاتی بزند که زمینه‌های مناسبی برای انجام تمیز آن نچیده است.

پرسیدنی‌ست که پس چرا با یک چنین بن‌اندیشه‌ای، باز من چنان اعلامیه‌ای را نوشتم و چنان روشی را پیش گرفتم؟ زیرا، با توجه به شرایط مشخص جنبش، عمیقاً نگران آن بودم که بیان چنین تحلیلی، گزک مناسبی به دست اپورتونیست‌ها و فراریان از عمل نظامی بدهد و هر گونه بی‌عملی و رهاکردن برنامه‌های جمعی را بدین بهانه توجیه کنند؛ و نیز، از آن‌رو که خودمان هم زین پس یا کاری را نپذیریم و یا پیش از قبول وظیفه، مقدمات مطمئنی برای آن چیده باشیم.

ب) ممکن است از بررسی عمل[1] مسئول مشهد و آن فدایی دیگر این تصور سنجیده پیش آید که من هنوز هم نسبت به عدم درگیری آنها نظر نامساعدی دارم. حال آنکه اینک که همهٔ قضایا روشن شده و از چگونگی خط محاصرهٔ ضد انقلاب آگاهی مناسبی به دست آمده است، بسیار هم خوشحالم که آنها دست به عمل نزدند و در نتیجه سالم گریختند و تلفات و لطمات به حداقل ممکن تنزل کرد، ولی این واقعیت یا آن شیوه توجیه‌گرایانه مسئول مشهد از من، متفاوت است. نیست؟(۱۱)

۱. در اصل: «با عملی»

دوم: نداشتن حس مسئولیت

۹. موضوع عدم احساس مسئولیت، ظاهراً یکی از محورهای اساسی داوری فداییان دربارهٔ این کمترین است. زیرا گذشته از مطالب شفاهی که صرفاً از سوی فریدون و به نمایندگی از طرف سازمان فداییان عنوان شد، ضمناً چریک‌های فدایی خلق در کتاب بی‌مانند و جاودانهٔ خود به نام ***شورش نه، قدم‌های سنجیده در راه انقلاب*** نیز بارها و بارها مرا به نداشتن احساس مسئولیت محکوم کرده‌اند. البته در اینجا به *آنتی‌دورینگ* فداییان، یعنی به **شورش نه...**[1] پرداخته نمی‌شود تا نشان داده شود که در «تئوری‌های چریک‌های فدایی خلق» چه چیز احساس مسئولیت ارزیابی می‌شود. ضمناً به دیگر آثار فداییان، مانند پاسخی که به حزب توده دادند و یا تحلیلی که از جنبش دانشجویی کردند و یا مقدمه‌ای که برای خاطرات شهید ایرج سپهری نوشتند و غیره و غیره نیز پرداخته نمی‌شود تا ماهیت احساس مسئولیت آن سنجیدگان محترم بیشتر شکافته شود. در اینجا به‌ویژه به روابط عملی فداییان با خود این کمترین، دست‌کم در سراسر زمانی که به‌مانند یکی از اعضای آنها بودم، و نیز به روابطی پرداخته می‌شود که فداییان با جمع هم‌خانه‌هایم، یعنی رفیق مادر و دانه و جوانه داشتند و ضمناً از گفتگوهایی که در این زمینه با فریدون انجام شد، یاد می‌شود:

ف: رفقا می‌گویند که تو احساس مسئولیت نداری.(۱۲)

م: دلیلشان چیست؟

ف (سکوت).

م: آخر کلی‌گویی که برهان نیست. می‌بایستی برای هر چیز مثال‌هایی مشخص داشت. مثال مشخصتان چیست؟ آیا تو خودت مثال مشخصی داری؟

ف: رفقا می‌گویند.

م: کی می‌گوید؟ و چه می‌گوید؟

ف: فاطمه می‌گوید.(۱۳)

م (سکوت. اندکی اندیشه. و سرانجام گفتم که) بگذار من خودم بگویم که فاطمه چه‌ها گفته است.

ف: فاطمه مطالبش را نوشته است. یعنی ما از فاطمه خواستیم که دربارهٔ روابطش با تو و گروهتان هرچه می‌داند، بنویسد.

م: چه بهتر، پس چرا آنها را به خود من ندادید تا همان‌دم پاسخ گویم؟ تا در همان زمان که او هم

---

۱. این کتاب هم در این مجموعه‌آثار او منتشر خواهد شد. ـ ویراستار.

زنده بود، بتواند در برابر مطالبی که چه بسا من به‌دروغ‌گل هم می‌کردم، افشاگری کند؟ و به‌هرحال باز هم با قاطعیت هرچه بیشتر می‌خواهم که نسخه‌ای از آنها را به من بدهید. و می‌دانید چه خواهم کرد؟

ف: چه خواهی کرد؟

م: یک کار می‌کنم: اگر آنچه فاطمه نوشته بود، خود آن مطالب با خودشان ارتباط ارگانیک و منطقی داشتند و نقیض یکدیگر نبودند، من همگی آنها را، ولو دروغ هم بودند، باز هم درست می‌پذیرم. ولی اگر خود آنها یکدیگر را نقض کردند، آنگاه نقیض‌هایشان [با یکدیگر] را آفتابی می‌کنم و برخی توضیحات لازم نیز به آنها می‌افزایم. به‌هررو، چون فاطمه اینک زنده نیست که از خودش دفاع کند، یک کار را نخواهم کرد: حملهٔ متقابل نخواهم کرد و خود او را نیز به بررسی نخواهم گرفت. در هر صورت، من ندیده حاضرم شرط ببندم، که اگرنه مطلق مطالبی که فاطمه نوشته، دست‌کم، روی‌هم‌رفته آنچه را که او نوشته، هم‌اکنون برایت یادآور شوم. و ثانیاً چون مطمئنم که فاطمه حقایق را یا ننوشته و یا سنجیده‌گرانه تعبیر کرده است؛ ناچار مطمئنم که دوگانه‌گویی هم کرده است. زیرا، یکی از خواص دروغ‌بافی، نقیض‌گویی است و اصولاً پلیس سیاسی هم بر پایهٔ همین خاصیت است که می‌کوشد تا انسان را وادار به پرگویی کند و خود نیز پرسش‌هایی فراوان از آدمی می‌کند. آخر، روند دروغ، خودش خودش را لو می‌دهد؛ این کیفیت دربارهٔ نوشتهٔ فاطمه نیز، اگر نه بیش از دیگران، لااقل هم‌پای دیگران صادق است.

ف: باشد! من به رفقا می‌گویم، اگر موافق بودند، یک نسخه از آنها برایت می‌آورم.(۱۴)

م: کار دیگری هم می‌توانید بکنید. و این بهتر است. بهترین کار این است که کلیهٔ آنها را در اختیار خلق بگذارید. من هم از همین طریق آنها را به دست می‌آورم. و من هم توضیح را به خلق خواهم داد.(۱۵)

ف (سکوت. و یا اگر چیزی گفت، به یاد ندارم. می‌تواند به خلق توضیح دهد.)

م: حال بگذار بگویم که فاطمه دربارهٔ عدم احساس مسئولیت من چه نوشته است. قضیه بدین‌سان است که یک‌وقتی فاطمه دکتر محجوبی(۱۶) را در تبریز به این کمترین معرفی کرد. من پس از چند روزی که نزد دکتر ماندم، با هم قرار گذاشتیم که او در فلان روز سری به تهران بزند و یکدیگر را ببینیم و ضمناً من هم مشتی کتاب برایش آماده کنم که ببرد و بخواند. او آمد. و من عملاً نتوانستم کتاب زیادی به دستش بدهم. آنچه به یاد دارم، سه کتاب بیشتر نتوانستم برایش ببرم و طبعاً همان سه کتاب را دادم. و البته دلیل آن هم، نه عدم احساس مسئولیت بود و نه ولنگاری و نه هیچ خاصیت دیگری از این مایه؛ دلیل آن این بود که من کتاب‌هایی را که جور می‌کردم، در خانه‌ای می‌گذاشتم که فاطمه و میهن و مهین در نزدیکی‌های فوزیه گرفته بودند. و درست به یاد ندارم [ممکن است مهین به یاد داشته باشد] که به چه دلیل خود آنها نسبت به آن خانه دچار شک شده بودند و ناچار چند روزی آنجا نمی‌رفتند. اگر اشتباه نکنم، این رویدادها به نوروز سال ۱۳۵۲ مربوط است؛ اگر چنین

باشد، دلایل ترک این خانه، خیلی زود به ترک همیشگی آن خانه و پنهان‌شدن کامل فاطمه و دیگران کشید. به هررو، مهم این است که کتاب‌ها در آن خانه نبود و در نتیجه نتوانستم آنها را به او بدهم و آنچه توانستم این بود که همان سه کتاب را که هول‌هولکی فراهم کرده بودم، به او دادم و راهی‌اش کردم.

گفتن دارد که قرار ما در تبریز این هم نبود که او پس از یک دیدار کوتاه خیابانی راهی بازگشت شود، این بود که چند شبانه‌روزی هم با یکدیگر باشیم. منتها، حساب این با هم‌بودن نیز بر پایهٔ همان خانهٔ نزدیک فوزیه ریخته شده بود، که دیگر عملاً نمی‌توانستیم از آن بهره گیریم.(۱۷) و البته مشتی گرفتاری‌های دیگر هم در میان بود، و ازجمله کوشش برای پنهان‌شدن کامل مهین و فاطمه که در نتیجه فرصتی برای دیدار بیشتر با او میسر نمی‌کرد. و ناچار از دکتر خواسته شد که به تبریز بازگردد. و بازگشت. به دلایلی این واپسین دیدار این کمترین با دکتر بود. به هررو، اینکه دکتر از تبریز تا به اینجا آمده بود و من مثلاً چهار صندوق پر از کتاب عملاً بر دوشش نگذاشته بودم، برای فاطمه خیلی گران تمام شد.(۱۸) و به عنوان عدم احساس مسئولیت، به نام من نوشت.

البته در این زمینه هرگز نکوشیدم که با حرف چیزی را به او اثبات یا نفی کنم. آنچه به یاد دارم این است که برایش همین اندازه توضیح دادم که در کار عملی این جور پیشامدها فراوان پیش می‌آید آن هم در شرایطی که ما داریم. و به‌ویژه یادآور شدم که تو کوشش مرا دیدی، منتها این کوشش برای او عملاً سودی نداشت، و چون حس کردم که در ته دلش بالاخره زیر بار نرفت. سرانجام برایش گفتم: بگذار خودت دستت در کار عملی درست گیر کند، آنگاه خواهی دید که چه مسائلی پیش می‌آید و در نتیجه، فقط در آن زمان قانع می‌شوی. چنان‌که پیداست باز هم هرگز قانع نشد! حتماً از آن‌رو که شیوهٔ کار و رفتارش چنان منظم و از حس مسئولیت چندان سرشار بود که هرگز نمی‌گذاشت، ولو آسمان به زمین آید، مع‌هذا چنین صحنه‌هایی پیش آمد. ولی آنچه من از رفتار فداییان با خودم و هم‌خانه‌هایم ــ رفیق مادر، دانه و جوانه ــ دیدم، چنان‌که باجرأت می‌توانم برای خودم که هیچ احساس مسئولیتی سرم نمی‌شود، درود فراوان نثار کنم. که بررسی خواهد شد.

به هررو، من این داستان کتاب‌ها و جریان دکتر را گفتم و یادآور شدم که مطمئنم که مرضیه نیز در یادداشت‌هایش همین مطلب را نوشته است. و پاسخ شنیدم:

ف: آری! همین‌ها را نوشته است.

م: بسیار خوب! اینک بایستی از فداییان پرسید که آیا برای خود آنها تاکنون چنین مسائلی پیش نیامده است؟ آیا تاکنون نشده است که به کسی گفته باشند که فلان کار را برای تو در فلان روز می‌کنیم ولی به دلایلی نتوانسته باشند که همه یا بخشی از آن کار را انجام دهند؟ پاسخ فداییان در هر مورد و در هر کجا و برای هر کس هرچه باشد، دست‌کم یک امر مسلم است و آن این است که در مواردی چند و در ارتباط با این کمترین، نه تنها این چنین مواردی بارها تکرار شده است، بلکه از لحاظ اصولی هم ناموجه بوده است، مثلاً:

الف) آن هنگام که هنوز در مشهد بودم و هنوز به‌مانند یکی از اعضای فداییان به شمار می‌آمدم و هنوز چنین پرونده سنجیده‌ای را فداییان محترم برایم سامان نداده بودند، قرار شد که در همان مشهد دبه‌ای بزنم تا برخی چیزها را نگهداری کنم. شهید جعفری مسئول مشهد یکی دو منطقه را نشانی داد تا شناسایی کنم و محل مناسبی برای دبه‌زدن بیابم. شناسایی انجام شد و محل هم برگزیده شد.

م: جای مناسبی پیدا کردم. موافقی دبه را بزنم؟

ف: نه! کمی صبر کن، یک‌بار با هم می‌رویم و می‌زنیم.

م: کار مهمی نیست. تنهایی هم می‌شود انجام داد.

ج: نه! از نظر اصولی غلط است. بایستی حتماً دو نفری باشد.

م: پس کی برویم؟

ج: هفتهٔ دیگر خبرت می‌کنم.

م: باشد.

هفتهٔ دیگر آمد. خبرم نکرد. باز طرح کردم، باز به هفتهٔ دیگر موکول شد. جریان این هفته آن هفته، به جریان پس از برگشتن از تهران کشید. دیگر در دست‌انداز پیاپی که [هنگام] از تهران برگشتن افتادم، چند دست‌انداز از این قماش هم رد شد. و طبعاً هر بار موضوع را زنده کردم. سرانجام مسئول مشهد، یعنی همان شهید جعفری به من گفت:

ج: خودت تنها برو بزن.

یعنی پس از چندین ماه ــ حدود دو سه ماهی شد ــ درست همان کاری را دستور داد که به گفتهٔ خودش از نظر «اصولی» نادرست بود.

شکی نیست که از نظر انجام کار نیازی به همراهی و همکاری او نبود. و نیز شکی نیست که وقتی از غیر اصولی‌بودن انجام کار به وسیلهٔ یک نفر سخن می‌گفت، اساس توجه او به دو اصل بود: اولاً اصل امنیتی. و ثانیاً این اصل که اگر برای این کمترین حادثه‌ای رخ داد، کس دیگری از محل دبه آگاهی داشته باشد. با این وصف، پس از بارها به عقب‌افکندن کار، تازه با زیر پاگذاشتن اصل امنیتی عمل که از مهم‌ترین اصول است، به من دستور داد که خودم به‌تنهایی کار را تمام کنم.

گفتن ندارد که رفتار من با آن دکتر هرچه بود، لااقل خطر امنیتی نداشت و از لحاظ «اصولی» غلط نبود.

ب) چکیدهٔ داستان «احساس مسئولیت» افسانه‌ای فداییان را نسبت به پاسخ‌دادن به **شورش** در نامهٔ سرگشادهٔ شماره یک یاد کردم. آیا در مقایسه میان این دو عمل، یعنی داستان پاسخ به **شورش** و داستان چندین کامیون کتاب به دکتر دادن یا ندادن، کدامین‌یک زشت‌تر است؟

پ) هم‌اکنون حدود یک سال و نیم است که من از شما خواسته‌ام که لااقل یکی یک نسخه از نوشته‌های خودم را به خودم پس دهید. و شما حتی بارها قول هم دادید. و با این‌همه هنوز من یک

صفحه از آنها را ندیده‌ام. آیا این همان احساس مسئولیت شگرفی است که مرا به نداشتن آن محکوم کرده‌اید؟ روشن است که مقصود نوشته‌های آن چمدان نیست، نوشته‌های دیگری‌ست که پیشتر یاد شد. (به بخش یادآوری‌ها، شماره ۲ نگاه شود).

ت) اینک حدود یک سال و نیم است که به این کمترین قول دادید که یادداشت‌های مرضیه و میهن را که دربارهٔ خود این کمترین هم هست، به خودم نشان دهید، و متأسفانه «فراموش» کرده‌اید. آیا می‌توان این فراموش‌کاری را ناشی از حس مسئولیت دانست و ناشی از سنجیده‌کاری ندانست؟

ث) اینک حدود یک سال و نیم است که قرار شد این کمترین پرسشنامه‌ای برای میهن بفرستم تا او پر کند و بازگردانده شود. پرسشنامه را بردید و بازنگردانده‌اید. حتماً «فراموش» کرده‌اید، ولی آیا می‌توان همین فراموش‌کاری را ناشی از حس مسئولیت، دانست و از سنجیده‌کاری ندانست؟

۱۰. و پس، من هم پرداختم به گفتن اینکه شهید مرضیه چه مطالب دیگری در یادداشت‌هایش نوشته است. و مثلاً گفتم:

م: خیلی زود دریافتم که مرضیه در تلاش است که شاید ما را رها کند و به شما (فداییان) بپیوندد، ولی دستش به جایی بند نبود. با این‌همه، نه هیچ‌گاه به رویش آوردم و نه هیچ‌گاه جایی طرح کردم و نه هیچ‌گاه در کارش کارشکنی کردم. اینها که جای خود دارند، حتی کوشیدم تا شاید در تلاش‌های خود به پیروزی هم برسد.

و پس از فریدون پرسیدم:

م: آیا یادت هست که یک روز از تو خواستم که به‌جز تماسی که تو با من داری، یک تماس دیگری هم برقرار کنی که طی آن یکی دیگر از رفقای شما، با یکی دیگر از ما رابطه داشته باشد؟

ف: آره!

م: حتماً یادت هم هست که در این زمینه چندین بار پافشاری کردم؟

ف: درست است.

م: و این هم یادت هست که تو یک‌بار گفتی که ما می‌توانیم یکی از رفقای دخترمان را برای این کار تعیین کنیم؟

ف: آره!

م: آیا این هم یادت هست که من هم گفتم «از قضا» ما هم یکی از دخترها را برای این کار تعیین کرده‌ایم؟

ف: درست است.

م: و آیا یادت هم می‌آید که این کار از سوی شما خیلی به دیر کشید؟

ف: آره! آخر کار داشتیم و عملی نبود.

م: به دلایلش کاری ندارم؛ به خود خبرش کار دارم. به هررو، شما خیلی طولش دادید، درست است؟

ف: درست است!

م: و پس، آیا به یاد داری که حتی یک‌بار برایت یادآور شدم که کسی را که ما تعیین کرده‌ایم، اشرف دهقانی هم او را می‌شناسد و ضمناً درباره‌اش گفتم که او کسی است که در دانشکده‌اش چندان سوکسه داشت که کسانی به احترام او، نام فرزندانشان را «مرجان»(۱۹) گذاشتند؟

ف: آره! به یاد دارم.

م: و گمان کنم که تاکنون متوجه شده باشی که من هرگز نزد هیچ‌کس در تبلیغ کسانی که با هم بودیم سخنی نگفته‌ام و این کار را صرفاً دربارهٔ مرضیه کردم. به هررو، مهم این است که هرگز این تماس برقرار نشد. و چرا؟ زیرا بالاخره شما هیچ‌کس را عملاً نفرستادید. با این‌همه بعدها که ما به شما پیوستیم شکی نمی‌توان داشت که فوراً مرضیه را شناختید و دانستید که او همان کسی است که می‌گفتم.

ف: آره!

م: ولی می‌دانی چرا ما ــ که در حقیقت یعنی «من» ــ مرضیه را برای تماس با شما تعیین کرده بودیم؟

ف: نه! چرا؟

م: از آن‌رو که من خیلی زود دریافتم که مرضیه در تکاپوست که خودش را از ما بِکَنَد و به شما بچسباند. پس، تلاش می‌کردم که بلکه آن طلاق و آن وصلت روی دهد. و درست از همین‌رو هم بود که چون شما پیاپی تأخیر می‌کردید، من هم ناچار شدم که به شما اولاً اطلاعاتی بدهم که بتوانید دربارهٔ او تحقیق کنید و ثانیاً مطالبی ــ البته راستین ــ دربارهٔ مزایای او بگویم که زیاد هم دلواپس نباشید، ولی پرسیدنی‌ست که از کجا دانستم که مرضیه در کشاکش چنین بازیگری انقلابی بی‌همتا است!!؟

ف: آره! از کجا دریافتی؟

م: بگذار تا برایت شرح دهم: اولاً دیدم که به‌ناگاه مرضیه از من خواست که به شما پیشنهاد کنم که یک تماس دومی هم با ما برقرار کنید. مرضیه در آن هنگام هنوز زندگی علنی داشت؛ و این، خود، نخستین عامل شک بود. با این وصف، این درخواست او ظاهراً موجه بود، زیرا مدعی بود که چون احتمال خطر برای من (منِ بی‌مسئولیت) زیاد است، پس، احتمال این هم زیاد است که پس از آن، رابطهٔ ما با شما (فداییان) قطع شود. حتی این درخواست مرضیه چنان‌که خود می‌گفت، با توجه به اینکه ما دو رابطه با مجاهدین داشتیم ــ رفیق شهید نادر و این کمترین ــ می‌توانست از قدرت فریبندهٔ بیشتری برخوردار باشد. با این‌همه، مرضیه چند چیز را فراموش می‌کرد:

اولاً فراموش می‌کرد که رفیق نادر عنصری مخفی است. ثانیاً فراموش می‌کرد که در صورت از بین‌رفتن من، می‌شد از طریق مجاهدین، باز با شما مرتبط شد. ثالثاً فراموش می‌کرد که تماس

دوشاخه‌ای ما با مجاهدین ناشی از هیچ امری جز ضرورت‌های عملی نبود؛ یعنی این تماس را خود کار پیش آورده بود، نه مثلاً شوق دید و بازدید. به هررو، نخستین دانهٔ شک در دلم کاشته شد. و همان دم البته، چنان‌که می‌دانی، پیشنهاد او را بلافاصله با تو در میان گذاشتم و حتی آن را برایت بدین‌سان تفسیر کردم که چون ما بایستی دیر یا زود با هم یکی شویم، پس، بگذار از هم‌اکنون رفقای بیشتری از شما و ما با هم تماس داشته باشند تا بیشتر با هم خو بگیرند و بیشتر از هم اثر پذیرند.

ف: درست است.

م: به‌هرحال، این کار همان‌سان که می‌دانی به دیر کشید و من دیدم که مرضیه باز هم فشار آورد. دانهٔ شک آب تازه‌ای خورد. و البته، من هم فشار او را به تو منتقل کردم. باز کار به درازا کشید. و باز مرضیه بیشتر فشار آورد. دیگر دانهٔ شک از دل خاک سر بیرون کشید. شک جوانه زد. و باز من هم فشار او را به تو منتقل کردم. با این وصف برای اینکه بیشتر مطمئن شوم که در بن مغز و قلب مرضیه چه می‌گذرد، چند کار می‌کردم. نخست اینکه فشارهایی را که به تو وارد می‌کردم، با او در میان نمی‌گذاشتم، تا واکنش او را ببینم. و می‌دیدم که او هر بار با بی‌تابی جویای نتیجهٔ داستان است. دوم اینکه یک‌بار به او گفتم: آخه بیش از این هم صلاح نیست که کار بار «ابرام» (نام خودبه‌خودی سازمانی رفیق نادر «ابراهیم» بود.) کرد. ابرام هم‌اکنون با مجاهدین در ارتباط است و خودش هم کلی رابطه دارد و تازه با فداییان هم مرتبط شود و کارهای دیگر و دیگری هم که به دوشش هست، آخر این‌همه کار و یک نفر، صلاح نیست. و دیدم که مرضیه هول‌زده واکنش نشان داد: نه! این تماس را برای من بگذار. بگذار من با فداییان تماس گیرم. بدین‌گون نیک دانستم که برداشت آغازینم به‌هیچ‌رو خطا نبود. با این وصف، همان‌طور که خودت هم دیدی، در این راه همچنان کوشیدم. و چرا؟ هر کس هر گون می‌خواهد داوری کند، گو بکند. به هررو، گمان خودم این است که حتی نسبت به سرنوشت تک‌تک رزمندگان جنبش، چه از لحاظ سازمانی با هم باشیم و چه نباشیم و چه به من کلک زده و بدی کرده باشند و چه به‌عکس، باز احساس مسئولیت انقلابی داشته‌ام و دارم. و روشن است که احساس مسئولیت را دشمن مشترک، برایم پرهیزناپذیر کرده است. به هر صورت، همهٔ آن رفتارهای مرضیه را با آرامش و لبخند برگزار کردم. و حتی از سرزنش‌های بی‌دریغش هم [که] تصور می‌کرد من نسبت به قضیه کوشا نیستم و با تو در میان نگذاشته‌ام، نیز با همان آرامش و لبخند گذشتم. حال کار به جایی رسیده که من حس مسئولیت ندارم؟ و مرضیه که چنان توطئه‌ای را طرح‌ریزی می‌کرد، مملو از مسئولیت است؟ بابا ایوالله! من اگر کمترین حس مسئولیت شاید ایده‌آلیستی نداشتم، می‌بایستی بدون درنگ با او تسویه‌حساب می‌کردیم و جدا می‌شدیم، ولی من این رفتار را به‌مانند رفتاری فرقه‌گرایانه ارزیابی کردم. با خود اندیشیدم: چون کار او، به هررو، در روند جنبش است و نه در راستای ضد انقلاب، پس، لازم است که نه تنها با او دوستانه برخورد کرد، بلکه حتی هر کاری هم که از انسان برمی‌آید بایستی در خدمت به او انجام داد. و به همین دلیل هم تا پایان با او کاملاً دوستانه

رفتار کردم. کمااینکه برای رسیدنش به جایی که خودش آرزویش را پیدا کرده بود، تا آنجا که از من کاری برمی‌آمد، کوتاهی نکردم.

ف: آره! این گرایش را برای پیوستن به ما نیز نوشته است؛ و خصوصاً درست به همین ترتیب که تو گفتی، او هم نوشته است که می‌خواسته با ما تماس بگیرد که به ما بپیوندد.

۱۱. ف: رفقا می‌گویند که تو آدم بی‌مسئولیتی هستی.

م: دلیلشان چیست؟

ف (سکوت).

م: چه کسی می‌گوید؟

ف: فاطمه می‌گوید. مهین هم می‌گوید.

م: باز هم لازم نیست بگویی چه گفته‌اند. بگذار خودم برایت بگویم که چه گفته‌اند.

ف: چه گفته‌اند؟

م: حتماً به آن مدتی که در خانهٔ خیابان کوشک بودیم، اشاره کرده‌اند که به آنها کار عملی منطقی داده نشد.

ف: درست است.

م: هرچند، دربارهٔ برخی مشخصات آن خانه، تو هم آگاهی داری با این وصف بگذار تا موضوع را کاملاً برایت شرح دهم. قضیه اساساً بدین شکل بود که ما در آغاز سال ۱۳۵۲ ناچار شدیم که هول‌هولکی جایی را تهیه کنیم. و من توانستم خانهٔ خیابان کوشک را بگیرم و گرفتم. و بدانجا رفتیم، مهین و مرضیه و من. چندین امر قاطی هم شدند که ناچار مدتی از وقت ما به بطالت گذشت: چون تازه به آنجا رفته بودیم، اصولاً صحیح نبود که بلافاصله کارهایی را در آنجا آغاز کرد؛ پس، چند روزی را برای جاافتادن و سر و گوش آب‌دادن و غیره گذاشتیم. هنوز این چند روز نگذشته بود که مباشر و صاحبخانه در زد و آمد تو. حرف‌هایی به میان آمد و ازجمله اینکه از ما دربارهٔ دیگر همسایگان آن ساختمان پرسید. و چون دو همسایهٔ طبقهٔ زیرین ما در زمرهٔ زنان تیپاخورده و خودفروش بودند، توضیح داد که اگر کمترین ناراحتی از دست آنها دیدیم، بگوییم تا بدون درنگ جل و پلاسشان را بریزند درکوچه. یعنی دوی علی گلابی خاص مباشرین. به هررو، این کمترین هم که طبعاً قیافه‌ها لو-هفت شنبه‌هایی را گرفته بودم، توضیح دادم که به‌هنگام گرفتن این آپارتمان، اساساً متوجه نشدم که اینجا چنین مکانی‌ست و این تقصیر آن بنگاهی است که با اینکه دید ما از «نجبا» هستیم، مع‌هذا ما را به چنین «نجیب‌خانه»ای راهنمایی کرد. گذشته از این مباشر محترم یادآور شد که هرچند همسایگان

آپارتمان همکف [ساختمان][1] ما، همگی جوانان مجردی هستند، با این وصف اگر کمترین رفتار ناشایسته‌ای از آنها دیدیم، فوراً به ایشان گزارش دهیم تا چوب در آستینشان بکنند. و در توضیح فرمودند که آخر اینها خودشان از اهل کلانتری و مأمورین آگاهی و امنیتی‌اند و اگر دست از پا خطا کنند، می‌توان گزارش داد تا قرمه قرمه‌شان کنند!!

بدین‌سان گاو ما زایید و آن هم چندقلو.

گفتنی است که اساساً صاحبخانه هم یک زن بود، بیوهٔ یک سرلشگر. و خودش هم کارمند وزارت کشور بود. آن هم کارمندی بلندپایه!

افزون بر همهٔ اینها، خودگرفتن خانه نیز با ماجرای شک‌انگیزی آمیخته شد: بنگاهی شناسنامه مرا برای دادن به محضر خواست. و من فوراً دادم. تا رفتن به محضر چند روزی دیر شد. و سپس هم صاحبخانه شناسنامهٔ مرا از کیف خودش درآورد و به من پس داد. با توجه به شغل و موقعیت آن بانو، این نگرانی پیش آمد که مبادا کلکی در کار باشد. و این هم به سهم خود انگیزه‌ای شد که در استفاده‌نکردن از خانه بیشتر وقت بگذارم. سخن کوتاه: همهٔ اینها دست به یکی کردند و ما را واداشتند که اولاً به فکر تغییر جا بیفتیم و ثانیاً کاری در آنجا انجام ندهیم و خلاصه زمان را در آنجا به بطالت بگذرانیم. این دوران بطالت، مرضیه و مهین را سخت کلافه کرد و حتی مهین یک‌بار آشکارا گفت: تو که کاری نداشتی، صحیح نبود که ما را مخفی کردی. خلاصه اینکه اینها به‌هیچ‌رو حاضر نبودند پیشامدهایی را که به اینجا کشیده بود، بنگرند، درعوض کاملاً آماده بودند که گناه همگی اینها را یکراست به‌گردن من بیندازند. و انداختند. و البته من هم، چنان‌که شیوهٔ همیشگی‌ام می‌باشد همواره همهٔ گناهان را به گردن گرفتم.

این جریانات همراه با مسائل دیگری که از لحاظ سازماندهی پیش آمد، ما را واداشت که اولاً مهین را به جای دیگری بفرستیم که کار داشته باشد. و برای مرضیه هم اساساً قرار شد با شهید حسن رومینا و خائن عبدالله اندوری* جایی بگیرند و با آنها باشد. و رفیق مادر، دانه و من هم جایی تهیه کنیم و با هم باشیم. و غیره. که بگذریم! به هررو، این بیکاری چندگاههٔ مرضیه و مهین، که به‌راستی ناشی از شرایطی بود که خارج از ارادهٔ ما پیش آمده بود، پروندهٔ دیگری برای عدم احساس مسئولیت این کمترین است.

ف: درست است. آنها هم همین‌ها را گفته‌اند.

م: ولی آیا حق با آنهاست؟

ف (سکوت. و یا اگر چیزی گفت به یاد ندارم. می‌تواند با خلق در میان بگذارد).

---

۱. در اصل: «آپارتمان»

* در مورد عبدالله اندوری نگاه کنید به توضیح ناشر در چاپ جدید کتاب ***انقلاب***. [ویراستار]

م: آن پرسشنامه‌ای راکه برای یارگیری تهیه‌کرده بودید، و در مشهد به من دادید تا اگر نظری دارم، بنویسم، یادت هست؟

ف: آره.

م: اگر یادت باشد، یکی از پرسش‌هایی که افزودم همین بود که آیا شخص مورد نظر اصولاً آرامش و توانَش برای تحمل زمان بطالت چگونه است.

ف: درست است.

م: طبعاً حال خوب درمی‌یابی که چرا آن پرسش را من افزودم. آن پرسش ثمرهٔ همان تجربه‌ای بود که در خانهٔ خیابان کوشک کردم.

ف (سکوت).

م: با این‌همه، تازه داشتیم آهسته آهسته از همانجا نیز بهره می‌گرفتیم. به‌طوری‌که فورمینات جیوه‌هایی که ساخته شد، تماماً در همان‌جا ساخته شد. چاشنی‌هایی که ساخته شدند، همگی همان‌جا ساخته شدند. پنبه باروتی‌ها هم همان‌جا تهیه شدند. و قرار شد حتی ماشین تایپ هم بیاوریم. که کار به خیانت عبداله کشید و آنجا را نیز رها کردیم. بایستی حتماً یادآور شد که خانهٔ خیابان کوشک در نیمه‌های فروردین ۱۳۵۲ گرفته شد و اواخر خردادماه همان سال رها شد. یعنی روی‌هم‌رفته حوالی دو ماه آنجا بودیم. از این دو ماه و خرده‌ای، حدود یک ماه و نیم‌اش را مهین جای دیگری رفت و کاردار شد. حال بی‌مسئولیتی من در چه چیز تظاهر کرده است؟ راستی را که نمی‌دانم. اگر مرضیه آشکارا توضیح داده که بگویید ببینم چه گفته، اگر او نگفته و چون به شهادت رسیده، دیگر نمی‌تواند چیزی بگوید، مهین که هنوز زنده است. از او بخواهید آشکارا توضیح دهد.

ف: از مهین هم خواسته شده که همه خاطراتش را در رابطه با شما بنویسد.

م: آیا نوشته است؟

ف: آره!

م: پس یک نسخه هم به من بدهید.

ف: باشد.(۲۰)

م: پس از همهٔ اینها، حالا، می‌خواهم از تو و کلیهٔ چریک‌های فدایی خلق، از سازمان چریک‌های فدایی خلق سؤالی بکنم.

ف: چیه؟

م: آیا جز این است که رفیق مادر و دانه و جوانه و این کمترین، تقریباً از تیرماه ۱۳۵۲ تا بهمن‌ماه همان سال مستقیماً در اختیار شما بودیم؟

ف: نه! جز این نیست!

م: بسیار خوب! آیا می‌توانید بگویید که در این مدت اساساً از ما چه کاری خواستید؟

ف: هیچ چی!

م: خب! حالا چگونه است که من که تحت آن شرایط نتوانسته بودم برای مهین و مرضیه کار فراهم کنم، گواه این است که از مسئولیت هیچ بویی نبرده‌ام، ولی شما که در این مدت هشت ماه حتی به ما نگفتید که فلان میخ را در چشمان خودتان فرو کنید، گواه این است که چندان از احساس مسئولیت مالامالید که دیگر هیچ احساس مسئولیتی در جهان باقی نمی‌ماند که هیچ درمانده‌ای بتواند جزئی از آن را بر روی زخم‌هایش بگذارد؟ راستی راستی که دم‌زدن شما از احساس مسئولیت، آن هم با یک چنین مثال‌هایی. و آن هم در پیش من که حدود یک سال است که آن احساس مسئولیت حیرت‌انگیز شما را با جان و تن خود و رفقایم مستقیماً لمس کرده‌ام، خیلی رو می‌خواهد.

روا است بر خود اگر می‌تپد کبوتر دل — که دید در ره خود پیچ و تاب دام

۱۲. در نخستین دیداری که پس از نامهٔ سرگشادهٔ شماره یک، با فریدون انجام شد، فریدون گفت:

ف: در نامه‌ات مطالبی نوشته بودی، در برخی موارد حق با توست. من انتقاد به خودم را که مربوط به دیرآمدن‌هایم به سر قرارهاست، می‌پذیرم، ولی مطالبی که دربارهٔ تلفن نوشته بودی، درست نیست. رمز در همان حرف‌ها بود. حال ممکن است که تو باور نکنی ولی کلکی در کار نبود.

م: مطمئناً چیزی را کشکی نمی‌پذیرم. و حرف رمز را هم نمی‌توانست در همان سخنانی که گفتی، باشد؛ زیرا، همان‌طور که در همان نخستین نامه‌ام نیز نوشته بودم، اگر رمز در همان حرف‌ها می‌بود، آنگاه می‌بایستی کلید آنها هم در دست مسئول مشهد باشد. و در نتیجه مسئول مشهد می‌بایستی اولاً پیشاپیش به من بگوید که خوب مواظب باشم که بشنوم که تو در فلان مورد مشخص، چه کلمات و چه جملاتی را به کار می‌بری، تا آنها را عیناً منتقل کنم. ثانیاً اگر رمز را درنیافت و ثانیاً درست، به‌وارونهٔ همهٔ دفعات قبل که مسئول مشهد آشکارا توضیح می‌داد که خوب توجه کنم که دربارهٔ مثلاً بازار چه می‌گویی و حتی آنها را واژه به واژه یادداشت کنم، این بار از همان اول یک چنین بزنگاه اصلی‌ای را یادآور نشد. و گذشته از این، با من هم‌رأی شد که چه بسا برای تو اتفاقی افتاده و بقیهٔ قضایا که در همان نامه شرح دادم. بدین‌سان، نمی‌توان حاشا را به جای حقیقت جا زد. بهتر است هنگامی که دست به هنرنمایی سنجیده می‌زنید، پیشاپیش حساب این را هم بکنید که اگر طرف دوم فهمید، چگونه با سربلندی از موضع خود دفاع کنید و یا چگونه با قاطعیت به انتقاد از خود بپردازید.

این گفتگو چرخید و رسید به داستان آن قراری که فریدون و من در تهران داشتیم و در جریان آن نتوانستیم یکدیگر را ببینیم و من به مشهد برگشتم. فریدون در این زمینه گفت:

ف: با توجه به ماجرای رادیوی کمیته [دربارهٔ همگی اینها به نخستین نامهٔ سرگشادهٔ این کمترین به فداییان نگاه شود.] دیگر من مطمئن شدم که تو دستگیر شده‌ای.

م: بسیار خوب! فرض کنیم که تو فقط همین یک نتیجه را منطقی دیدی که من دستگیر شده‌ام، پس چرا بلافاصله به رفیق مادر تلفن نکردی تا آنها را برهانی؟

فریدون با معصومیتی قابل بررسی جواب داد:

ف: راستش اصلاً به فکرم نرسید.

م (سکوت.) اندیشه:

برای اینکه گفته شود که چه اندیشه‌هایی کردم و آن معصومیت قابل بررسی نیز بررسی شود، لازم است یادی از ماجرای دستگیری شیرین معاضد و شهادت مرضیه احمدی بشود:

چنان‌که فریدون می‌گفت، مرضیه و شیرین و فریدون در خانهٔ محلهٔ شترداران بودند. آن روز قرار بود که خواهر دکتر محجوبی با شیرین ملاقات کند. محل ملاقات در خیابان حافظ، نزدیکی کالج بود. آنها متوجه شدند که رادیوی کمیته خیلی فعال است و پلیس تدارک وسیعی دیده است. طبعاً با دقت مطالب رادیو را دنبال کردند. رادیو دائماً از قراری یاد می‌کرد که می‌بایستی «در جادهٔ فرودگاه» انجام شود. ساعت این قرار رادیویی نیز با ساعت قرار شیرین فرق داشت. منتها، هر دو در همان روز و در همان پیش از ظهر بود. فریدون و رفقایش پس از بررسی کافی، سرانجام به این نتیجه رسیدند که قرار مربوط به آنها نیست. و پس، شیرین را که پای در رکاب آمادهٔ حرکت بود، فرستادند که به سر قرارش برود. و شیرین رفت. هنوز دیری نگذشته بود که به‌ناگاه از دهان گویندهٔ کمیته کلمهٔ «کالج» پرید. دیگر شکی نماند که پلیس کلک زده است. زیرا پلیس از وجود چنان رادیویی که می‌تواند حرف‌های آنها را بگیرد، از پیش باخبر بود. به هررو، با شنیدن این کلمه، بدون درنگ و بدون هرگونه اندیشه‌ای، مرضیه و فریدون از جا پریدند و بی‌محابا زدند بیرون و رفتند به سوی قرار شیرین. به محل قرار که رسیدند، محیط را کاملاً آلوده دیدند. و حتی یک‌بار فریدون و مرضیه با یکی از گشتی‌های کمیته روبه‌رو شدند، ولی چون دشمن منتظر اینها نبود، به‌ناچار توجهی به آنها نکردند و رفتند. جویندگی‌های مرضیه و فریدون برای یافتن شیرین به نتیجه نرسید. سرانجام فریدون و مرضیه قرار گذاشتند که فریدون برود در جایی دورتر و مرضیه در همان حوالی بچرخد بلکه شیرین را بیابد و از ماجرا آگاهش کند. مرضیه، شیرین را در صف اتوبوس می‌یابد و تماس می‌گیرد ولی شیرین دیگر آلوده شده بود. زیرا پلیس او را شناخته بود. لیکن پلیس نمی‌خواست او را بگیرد. می‌خواست شاید با تعقیب او به جاهای دیگری نیز برسد. سخن کوتاه: شیرین در تور ضد انقلاب بود. پس، تماس مرضیه با شیرین، مرضیه را نیز آلوده می‌کند. اینک هر دو از ماجرا باخبرند. البته شیرین هم بیشتر حالیش شده بود. آنها راه‌حل را در گم‌کردن خود از دید پلیس ارزیابی می‌کنند. و پس به طرف میدان فوزیه می‌روند. آنجا احساس می‌کنند که از نو رهایی یافته‌اند. از هم جدا می‌شوند. شیرین در صف اتوبوس می‌ایستد. که به‌ناگاه به سرش می‌ریزند و دستگیرش می‌کنند. مرضیه وانتی می‌گیرد و به سوی میدان خراسان می‌رود، که به‌ناگاه متوجه می‌شود که در تعقیب است. از ماشین

پیاده می‌شود و به کوچه‌ها می‌زند. سرانجام درگیر می‌شود. مرضیه به شهادت می‌رسد.

اینها از خود رویدادها که این کمترین از دهان فریدون شنید. وقتی که فریدون این جریانات را تعریف می‌کرد، از او پرسیدم:

م: وقتی که از رادیو کلمهٔ «کالج» را شنیدید و دانستید که دیگر شیرین به دام افتاده است، آیا درست بود که شماها هم به دنبال او بیرون زدید و به سوی دام رفتید و خود را یکسر به کانون آن افکندید؟

ف: نه! ولی وقتی که ما کلمهٔ «کالج» را شنیدیم، خودبه‌خود بیرون زدیم و به آنجا رفتیم.

اینک پرسیدنی‌ست که چگونه است که فریدون، آنگاه که پای رفیق مادر و دانه و جوانه در میان بود، حتی به فکرش هم نرسید که لازم است با یک تلفن بی‌خطر آنها را از خطر برهاند؟ ولی هنگامی‌که پای شیرین به میان آمد، حتی یک آن هم به مغزش خطور نکرد که نبایستی انسان بی‌گدار به آب زند؟

و حتی از میدان شاه تا کالج هم رفتند و باز هم حالیشان نشد؟ حتی تور پلیس را هم دیدند و باز مرضیه را همان‌جا گذاشتند؟ آخر آن معصومیتی که می‌گوید حتی به فکرم هم نرسید که به مادر تلفن کنم، چرا این‌سان رنگ عوض می‌کند؟ و آیا این همان احساس مسئولیت فداییان‌وارانه است؟ به هررو، من دارای چنین احساس مسئولیتی نیستم.

راستی این است که از آن هنگام که رفیق مادر با مرضیه دیدار کرد و بقیهٔ قضایایی که در نامهٔ شماره یک خود شرح دادم، فداییان دیگر نسبت به رفیق مادر برخورد رفیقانه‌ای نداشتند. وجدان نوینی که فداییان نسبت به مادر پیدا کردند، صرفاً پس از دستگیری او و به‌ویژه پس از پایمردی افسانه‌ای او بود. بیهوده نیست که پس از بازگشت دانه و جوانه و من از مشهد، فریدون سر قرارهایش نیامد و در عوض همین که ملاقات با شهید جعفری ــ بدان‌سان که در همان نامهٔ یکم شرح داده شد ــ انجام شد، دانه و جوانه را خواستند و تحویل گرفتند. تا آن زمان، نه دانه‌ای و نه جوانه‌ای و نه رفیق مادری، هیچ کدام قابل هیچ گونه محاسبه‌ای نبودند؛ همگی به خاطر نزدیکیشان با من، جذامی و طاعونی و وبایی بودند، ولی به‌ناگاه مادر، رفیقشان شد و احساس مسئولیت سنجیده‌شان هم دربارهٔ دانه و جوانه گل کرد.

نقد صوفی نه همین صافی بی‌غش باشد ای بسا خرقه که مستوجب آتش باشد

سوم: بزدلی، نُنری، راحت‌طلبی و امثالهم

۱۳. یکی از صفاتی که فداییان در پرونده‌هایشان برای این کمترین تنظیم کرده‌اند، بزدلی است که فریدون نیز آشکارا از آن نام برد، ولی هرچه از او خواستم که آخر یک مثال مشخص دربارهٔ آن بزند، هرگز نزد. و یا اگر زد، من به یاد ندارم. به هررو، می‌توانند با خلق در میان گذارند.

ف: رفقا می‌گویند که تو ترسویی.

م: آخر کدام مثال مشخص را دارید؟

ف (سکوت).

م: آخر چه کسی گفته است؟

ف: فاطمه اینا!

م: مثلاً در چه مورد؟ چه مثالی؟ کجا؟

ف (سکوت).

م: خود نمی‌دانم، شاید بسیار ترسو هم باشم، ولی به هررو، تا کسی به صورت مشخص نشان ندهد که در چه موردی از خود ترس نشان داده‌ام، به‌ناچار نخواهم توانست در غلبه بر این ضعف خود نقطهٔ حرکتی داشته باشم. لیکن تا آنجا که خود را می‌شناسم، گمانم بر آن نیست که آدم بزدلی باشم، زیرا در این زمینه از کودکیم هم چنین نبوده‌ام. به‌عنوان یک احتمال، هرآینه کسی به من بگوید که تو در زیر شکنجه پایداری نخواهی کرد، این احتمال را قابل محاسبه می‌دانم، زیرا هنوز در این باره آزمایش نهایی را پس نداده‌ام و عملاً هم نمی‌توان صحنه‌ای کاملاً همانند شکنجه‌گاه را فراهم کرد و به آزمایش خود پرداخت. لیکن دربارهٔ ترسویی به میزان تعیین‌کننده‌ای شک دارم، زیرا جزئی آزمایشی، دست‌کم به خودم پس داده‌ام.

به هررو، چاره‌ای نبود جز اینکه از فریدون بخواهم که مثالی بزند. و پس، پرسیدم:

م: آخر شما چه آزمایشی از من کرده‌اید که به چنین نتیجه‌ای رسیده‌اید؟

ف: ما از تو آزمایشی نکرده‌ایم.

م: ولی، تازه این حرف هم حقیقت چندانی نداشت، زیرا، لااقل یک مورد نیمچه‌جدی پیش آمد که شخص فریدون از نزدیک رفتار مرا دید. و این رفتار، دست‌کم تا آن اندازه مطلوب بود که پس از آن بدون درنگ چریک‌های فدایی خلق یک نارنجک کوزه‌ای ساخت خارج به من دادند که به جای نارنجک دست‌ساز به همراه داشته باشم. و چنان‌که دانسته شده است، دادن نارنجک کوزه‌ای از سوی فداییان به این یا آن فرد، گواه دریافت شایستگی ویژه‌ای در اوست. پس، فداییان برای نمونه هم که شده، لااقل یک‌بار مرا آزموده بودند. حال چرا بی‌آنکه خود برای نمونه حتی یک نیم‌دلیل عینی هم

داشته باشند، باز ادعایی را که می‌گویند «فاطمه اینا» بیان کرده‌اند، پذیرفته‌اند؟ شاید از آن‌رو که دارای احساس مسئولیت ویژه‌ای هستند که من از چنین احساس مسئولیتی حتی بویی هم نبرده‌ام. و نه دریغ!

البته هر گاه فداییان دنبالهٔ «خاطرات» فاطمه را در اختیار خلق و یا لااقل در اختیار این کمترین گذاشتند، آن‌گاه دربارهٔ مثال‌های طبعاً فراوان و مشخصی که آن شهید زده است، می‌توانم وضع خود را روشن‌تر کنم. و به هررو، صفات مجرد را نمی‌توان به پدیده‌های مشخص نسبت داد، مگر اینکه مثال‌های مشخصی از آن صفات را در آن پدیده آشکارا نشان داد. و پس، اگر هنرمندان سنجیده‌ای همانند فداییان پیدا شدند و صفات مجرد را به پدیده‌های مشخص نسبت دادند و دربارهٔ آن هم حتی هیچ نیم‌مثالی هم نزدند، آن‌گاه آن پدیدهٔ مشخص، البته که نمی‌تواند حتی هیچ نیم‌دفاع و نیم‌پاسخ و نیم‌پذیرش را ابراز کند.

گفتنی است که این کمترین می‌تواند حدس‌هایی بزند که مرضیه چه مثال‌هایی را دلیل بزدلی این کمترین گرفته است، ولی چون آنها را پیشاپیش با فریدون در میان ننهادم تا تأیید یا تکذیب او را بشنوم، این است که در متن این نامه از آنها یاد نمی‌کنم و نمونه‌ای از آنها را در بخش یادآوری‌ها می‌آورم.(۲۱)

در پایان این شماره، دربارهٔ آن نیمچه آزمایش که گفته شد که با فریدون انجام شد، بد نیست مطلبی را به یاد فریدون بیاورم:

آیا فریدون به یاد دارد که پس از انجام کار، این کمترین از او پرسید که چرا تو فلان عمل را آنقدر زود انجام دادی؟ آیا به یادش هم هست که چه پاسخ داد؟ من چنین به یاد دارم که فریدون جواب داد.

ف: آره! حق با توست. عجله کردم.

حال نمی‌دانم که آیا فریدون هم به همین سان به یاد دارد، یا نه؟ به هررو، آنچه هنوز جای پرسش دارد این است که آیا فریدون هیچ به یاد دارد که دربارهٔ رفتار من هیچ خرده انتقادی در پیرامون حتی شتابزدگی کرده باشد؟ من که به یاد ندارم. تا فریدون چه به یاد داشته باشد. امیدوارم فداییان سنجیده، دست به سنجیده‌بازی نزنند و هیاهو نکنند که این کمترین خواسته است خود را که آزمایش‌های ارزنده‌ای پس نداده‌ام، با فریدون که عملیات نظامی زندگیش زیاد است، مقایسه کنم. به‌هیچ‌رو! این مطلب صرفاً در رابطه با موضوعی که طرح است و به عنوان واقعیات مشخصی دربارهٔ یک کار مشخص، یادآور شد. همین، و مطلقاً همین!

۱۴. مطالبی که دربارهٔ تُنُری و راحت‌طلبی و همانند اینها طرح شد، با مثال‌های شخصی همراه بود. این مثال‌ها شامل این بود که در خانه‌ای که با رفیق مادر و دانه و جوانه در مشهد بودیم، اولاً من در ظرف‌شستن و کارهای خانه با رفیق مادر همکاری نمی‌کردم و ثانیاً شب‌ها پاس داده نمی‌شد:

الف) گمان کنم که کارهای خانه از چهار فقره بیشتر نباشد. ظرف شستن و جاروکردن و

خوراک‌پختن و رخت‌شستن. از این چهار کار، من سه‌تای نخستین را انجام نمی‌دادم. فقط رخت می‌شستم. آن هم در حمام که با دانه و جوانه می‌رفتیم. و طبعاً این رختشویی را نیز هرسه با هم انجام می‌دادیم. لیکن چرا سه کار دیگر را نمی‌کردم؟ راستی را که من در انجام آنها حتی پافشاری هم می‌کردم. منتها، محبت بیش از اندازهٔ رفیق مادر، همهٔ کوشش‌های مرا بی‌اثر می‌گذاشت. دلیل و برهان هم، کاری نبود. کما اینکه در آن اواخر که دیداری میان رفیق مادر و مسئول مشهد روی داد، با اینکه شهید جعفری هم توضیح داد که بایستی کارهای خانه با همکاری صورت گیرد و من هم درستی آن را بازگفتم، باز هم عملاً نتیجه همان بود که بود، ولی چرا با این‌همه من تسلیم شدم؟ دلیلش پیچیده نیست. به دیدهٔ من اینها مسائلی با آن اهمیتی نبودند که فداییان ارزیابی کرده‌اند. قضیه برای من این چهره را داشت که اولاً می‌دانستم و ایمان داشتم که از لحاظ تنبلی و نامردی، این محبت رفیق را نپذیرفته بودم. ثانیاً رفیق دوست داشت که بدین‌سان کار بیشتری را به دوش گیرد. او به این بیشترکاری دلبستگی فراوان داشت. و من عمد نکردم که در این فداکاری مهربانانه‌اش زیادی دست ببرم. ثالثاً با همهٔ اینها، بارها کوشیدم که کارها نوبتی شود و به‌ویژه از زاویهٔ ترتیب دانه و جوانه هم وارد شدم. با این وصف او به‌جز یک یا دو دورهٔ یک‌هفته‌ای، یعنی هر کس یک هفته، بیشتر اجازه نداد که این کارها را همگی انجام دهیم. و حتی بارها نیز پیش آمد که به‌زور ظرف‌ها را از دست من درآورد. گذشته از همهٔ اینها باز هم این کمترین دست به شیوهٔ دیگری زد. بدین‌سان که با دانه و جوانه بر سر ظرفشوری و کارهای خانه شرط‌بندی می‌کردیم. این شیوه را از آن‌رو پیش گرفتم که بلکه بتوان موضوع را ولو بدین‌سان، به هررو، عملاً پیاده کرد. که باز هم اثری نداشت. و رابعاً، حتی به لباس‌شستن ما در حمام نیز اعتراض داشت و می‌خواست خودش بشوید. در همگی این موارد می‌توان از دانه و جوانه توضیح خواست. گفتن دارد که درست همانند همین محبت را پیشتر که با مرضیه و مهین و میهن بودیم، آنها می‌کردند. یعنی آنها نمی‌گذاشتند که من در کارهای خانه شرکت کنم. و هرگون توضیح و استدلال نیز عملاً بی‌نتیجه بود. و سپس هم که با مرضیه و مهین شدم، باز هم کار به همین منوال بود. و حتی پس از آن هم که با فاطمه تنها شدم، باز هم قضیه به همین سان بود که بود.

در این زمینه مهین نیز یگانه شاهد است.

چنان‌که فریدون می‌گفت، [مهین هم] گویا خاطراتش همین‌ها را به پای نُنُری و راحت‌طلبی من نوشته است. نمی‌دانم چه پاسخ دهم. مهم نیست! می‌گذرد. لیکن این تجربه‌ای شد که زین پس اگر هر کس خواست این‌گون محبت‌ها را دربارهٔ من بکند همواره چهرهٔ مرضیه و مهین را پیش خود مجسم کنم تا ولو با خشونت هم که شده چنین محبتی را پس بزنم.

از من اکنون طمع صبر و دل و هوش مدار　　کان تحمل که تو دیدی، همه بر باد آمد

(حافظ)

دربارهٔ اینکه سازمان چریک‌های فدایی خلق، این رفتار مرا نشانهٔ ننگ‌داشتن من از کارکردن و یا بارکردن کارها به دوش دیگران و نُنُری و راحت‌طلبی و غیره گرفته است، که جملگی گواه منشی اشرافی و دست‌کم خرده‌بورژوایی مرفه است، چیزی نمی‌گویم آخر چه می‌توان گفت؟ من بیش از آن زندگی کرده‌ام که خود آن زندگی‌ها، بهترین گواهان عالم نباشند.

غمناک نباید بود از طعن حسود، ای دل! باشد که چو وابینی، خیر تو در این باشد
(حافظ)

ب) دربارهٔ خوابیدن و پاس‌ندادن.

همان‌طور که روشن است ما چهار تن بودیم: رفیق مادر، دانه، جوانه، و من. برای پاس‌دادن، از دانه و جوانه نمی‌توانستیم بهره گیریم، زیرا بچه بودند و نگران رشد و باروری بدنشان بودیم. می‌ماند رفیق مادر و من. رفیق مادر هم به طور معمول دچار سردردهای سخت می‌شد، تا آنجا که رگ‌های پیشانیش بال می‌زد. و بی‌خوابی و کم‌خوابی هم در این بیماری اثر تشدیدکنندهٔ شدیدی داشت. بدین‌سان، دو راه بیشتر نمی‌ماند، یا مطلق پاس را این کمترین به عهده گیرد، که نشدنی بود و یا بی‌پروا به این بیماری، قرار می‌گذاشتیم که مادر و من دوتایی پاس دهیم. که چنین برنامه‌ای هم برای یک مدت نامعلوم، عملاً بسیار گران تمام می‌شد و به سوی ناممکن‌شدن پیش می‌رفت. این بود که موضوع را به‌ناچار رها کردیم. و این کار هم با توجه به وضع و موقعیت خانه، از لحاظ امنیتی قابل پذیرش بود، زیرا وضع مشهد از بسا لحاظ بسیار مساعد بود. گذشته از این، شکل جمع چهارنفرهٔ ما بسیار عادی و بسیار فریبنده بود. و تازه، خانه‌ای که گرفته بودیم و محلهٔ آن و شکل‌گرفتن خانه نیز نگرانی را به صفر می‌رساند. پس از همهٔ اینها، شب‌های کمی پیش نمی‌آمد که این کمترین تا صبح و یا نزدیک به صبح بیدار می‌ماندم و کار می‌کردم. و به‌ناچار گهگاه سرکشی‌هایی نیز می‌کردم. بدیهی‌ست که در این صورت ناچار بودم که خستگی خود را با خواب در روز از میان ببرم.

گفتن دارد که در خانهٔ خیابان کوشک نیز، مادام‌که سه نفری بودیم، پاس می‌دادیم، ولی از زمانی که دو نفری شدیم، پاس نمی‌دادیم. زیرا دیگر عملی نبود.

چهارم: متفرقه

۱۵. الف) از جمله مطالبی که فریدون می‌گفت که مرضیه در خاطرات فرمایشی و سنجیده‌اش نوشته است، یکی هم این است که این کمترین پیشتر برای او دو آمده بودم که من در رأس همهٔ کارهای جنبش قرار دارم، ولی بعدها که مرضیه با فداییان [همبسته] می‌شود و پرس‌وجو می‌کند، برایش روشن می‌شود که چنان نبوده و من لاف می‌زدم. البته در این مورد نیز فریدون حتی یک مثال ناقابل هم نزد. به هررو، آیا مرضیه راست گفته است؟ نه! دروغ محض گفته است. چرا؟ بررسی خواهد شد.

ب) از جمله مطالبی که فریدون می‌گفت که مرضیه در خاطرات فرمایشی و سنجیده‌اش نوشته است، یکی هم این است که این کمترین به مرضیه چنین حالی کرده بودم که ما یک گروه بزرگ و نیرومند هستیم، منتها، پس از شهادت نادر و حادثهٔ خرداد ۱۳۵۲ او دریافت که نه، من دو آمده‌ام. دوی علی گلابی. ولی آیا مرضیه اساساً راست گفته است؟ نه! مطلقاً دروغ گفته است. و چرا؟ بررسی خواهد شد.

پ) اگر فراموش نشده باشد، ازجمله مطالبی که فریدون گفت که مرضیه در خاطرات بسیار راستگویانه‌اش نوشته است، یکی آن داستان کوشش او بود برای بریدن از ما و پیوستن به فداییان؛ و نیز می‌دانیم که مرضیه حتی تا چندین ماه پس از همبستگی با فداییان باز هم از نظر ایدئولوژیک به شورش اعتقاد داشت، نه به لنینیسم! بسیار خوب! اینک پرسیدنی‌ست که چگونه است که مرضیه از یک‌سو باورکرده بود که من در رأس همهٔ کارهای جنبش هستم و از سوی دیگر پذیرفته بود که ما یک گروه بزرگ و نیرومند هستیم. و تازه می‌خواسته از ما ببرد و به فداییان بپیوندد؟ حال آنکه تازه از نظر مرامی نیز با فداییان اختلاف ریشه‌ای داشته و با ما هم‌مرام بوده است؟ این تناقض را چگونه می‌توان حل کرد؟ بدین صورت، و فقط بدین صورت که آنچه را که مرضیه به من نسبت داده دروغ، و آن هم دروغ محض باشد. آیا راه‌حل دیگری هم هست؟ اگر باشد، سنجیدگان می‌توانند کشف کنند. هرچند کار سنجیدگان کشف چیزهای نهفته نیست، کار سنجیدگان اختراع هر چیزی‌ست که با مصالح سنجیدگان خوانایی داشته باشد. پس، می‌توانند یک راهی اختراع کنند. نمی‌توانند؟ باید دید!

ت) گذشته از این، لازم است به حادثهٔ دیگری نیز استناد کرد. حادثه‌ای که در زیر یاد می‌شود، گمان کنم که مرضیه در خاطرات راستگویانه‌اش نوشته باشد؛ می‌گویم گمان می‌رود، زیرا فریدون آشکارا نگفت که نوشته یا ننوشته، ولی از روند گفتگوهایی که در این باره با او شد، چنین برداشت کردم که نسبت به قضیه حضور ذهن دارد. به هرحال، چه نوشته باشد و چه ننوشته باشد، قضیه کیفاً فرق نمی‌کند، آخر، تا آنجا که به یاد دارم مهین نیز از موضوع آگاهی دارد.

به هررو، چنان‌که مرضیه بعدها برای این کمترین گفت، یک‌بار میهن به مرضیه گفته بود:

میهن: اگر آدم بخواهد با سازمانی کار کند، باید با سازمانی کار کند که طرح «ژنرال پرایس» را پیاده کرده است، نه با یک سازمان کوچک.

مرضیه: نه! درست به‌عکس. آنها که نیرو دارند، و کارشان را هم که می‌کنند. آدم بایستی انرژی‌اش را صرف نیرومندی گروهی کند که هنوز خرد است تا شاید آن هم نیرومند شود و بتواند طرح‌هایی همانند طرح «پرایس» را پیاده کند.

و بدیهی‌ست که مقصود میهن و مرضیه از سازمان کوچک، جرگهٔ خود ما بود و خواستشان از سازمان بزرگ هم همان سازمان مجاهدین خلق ایران بود.

خب! آیا لازم است پرسیده شود که چطور مرضیه‌ای که آشکارا با میهن بدین‌سان گفتگو می‌کند، ضمناً گول لافزنی‌های این کمترین را خورده باشد که ما یک سازمان بزرگ هستیم؟

ث) مرضیه کاملاً آگاهی داشت که ما با «چریک‌های فدایی خلق» تماسی نداریم و صرفاً با «سازمان مجاهدین خلق ایران» در ارتباطیم. و زمانی هم قرار شد مرتبط شویم، باز هم با خود مرضیه طرح شد و بدین‌سان او از زمان دقیق این ارتباط‌گیری آگاهی داشت. وگمان کنم که مهین هم در این باره تا اندازه‌ای که کافی باشد، آگاهی داشته باشد. اما می‌دانیم که جنبش انقلابی اخیر در اواخر سال ۱۳۴۹ به پیشگامی چریک‌های فدایی خلق درگرفت. تا شهریورماه ۱۳۵۰ که مجاهدین ضربه خوردند، مجاهدین نیز در عمل انقلابی شرکت نداشتند. اواخر سال ۵۰ و اوایل سال ۵۱ بود که مجاهدین اندک‌اندک موضع رزمی فعال گرفتند. خود این کمترین نیز از خرداد یا تیر ۵۱ مستقیماً فراری شدم. **شورش** و **چند نگاه *شتابزده*** در زمستان سال ۵۱ منتشر شدند. در سال ۵۲ فداییان با ما تماس گرفتند. پس: تا سال ۵۲ من نمی‌توانستم ادعایی را به هیچ حتی سفیهی نیز بقبولانم که در رأس جنبش قرار دارم، درحالی‌که اساساً تماسی با رکن بنیانگذار جنبش ندارم. از اواسط همان سال ۵۲ هم که شهیدِ راستگو، مرضیه احمدی در تلاش بود تا شاید از ما ببرد و به فداییان بپیوندد. پس، در چه هنگامی من این دوها را آمده‌ام و او را فریفته‌ام؟

من ارچه عاشقم و رند و مست و نامه‌سیاه — هزار شکر که یاران شهر بی‌گنهند
(حافظ)

اگر کسی مغز چندان علیلی داشته باشد که با تصورات بیمارگونه‌ای برای خود جهانی خیالی بیافریند، با دریاهایی مالامال از زلالی دلپذیر که بتوان در آغوش نرم آب‌های جان‌بخش و نیروآفرینش خود را رها کرد و از آن نیروی خدایی جاودانی گرفت و سپس با رندی سبک‌مغزانه‌اش خود را به خزاب‌های دریای حقیقی افکند و آنگاه پندارهای خودساختهٔ رندانه‌اش را تندآب‌های حوادث با کوبه‌های آموزنده‌ای نیم‌خالی آورد، این گناه دریای راستین نیست؛ موج‌های حقیقت تقصیری ندارند، ولی آن، آن مغز افلیج سنجیده که رؤیاهای شاعرانه‌اش را به جای واقعیات صمیمی

نشانده بود، چاره‌ای ندارد جز اینکه واقعیات را به دغل‌کاری و نیرنگ بهتان زند و دست به دامان پندارهای کیمیاگرانهٔ نوینی شود و باری دیگر جهانی دیگر، دریایی دیگر، نرم‌آب‌هایی دیگر و شناوری‌هایی دیگر را تجسم خیالی بخشد و همه را لعن و نفرین به دریای حقیقی به سوی این دریای نوینی که گمان می‌کند در آنجا در آب حیات جاودانگی شناور خواهد شد، پناه برد.

چنگ در پرده همی می‌دهدت پند، ولی وعظت آنگاه کند سود، که قابل باشی
(حافظ)

۱۶. چنان‌که فریدون می‌گفت، مرضیه در یادداشت‌های راستگویانه‌اش، هم‌چنین نوشته است که او و نادر تصمیم گرفته بودند که مرا از جرگه‌ای که داشتیم، اخراج کنند، منتها، نادر زود شهید شد و کار ناتمام ماند.

لازم نیست از رابطهٔ رفیق نادر با خود چیزی بگوییم. هنوز هستند کسانی که از این امر آگاهند. به هررو، موضوع رفیق نادر و رابطه‌اش با این کمترین جداست. آنچه اینجا بایستی بررسی شود این است که آیا مرضیه، راست یا دروغ، کدامین را گفته است. بدیهی‌ست که دروغ. و آن هم دروغ ناب! و چرا؟ به هیچ تردستی جادوگرانه‌ای نیاز نیست، درست به دلیل دیگر گفته‌هایش!

الف) مگر مرضیه خود نگفته بود که من خودم را به‌مانند آدمی جا زده بودم که در رأس همهٔ کارهای جنبش است؟ مگر مرضیه خود نگفته بود که او گول این لاف دغلکارانهٔ مرا خورده بود؟ مگر مرضیه خود نگفته بود که این راز درست آنگاه برایش روشن شد که بعدها با فداییان همبسته شده بود؟ بسیارخوب! پس اولاً چگونه ممکن است که چنین موجود برجسته‌ای، ضمناً بزدل و ننر و راحت‌طلب و امثالهم نیز باشد؟ و ثانیاً، پس چه دردی درکار بود که تازه او بخواهد به همدستی نادر مرا از میان خود به‌دور افکند؟

ب) مگر مرضیه نگفته بود که در تلاش بود که با فداییان مرتبط شود و ما را رها کند و به آنها بیاویزد؟ بسیارخوب! پس، مرضیه از یک‌سو با رفیق نادر دست به یکی کرده بود که مرا از جرگه‌مان بیرون افکند و از سوی دیگر، خودش هم می‌کوشید تا از همان جرگه ببُرد و به فداییان بپیوندد؟ این سنجیده‌کاری‌ها و سنجیده‌بافی‌ها یعنی چه؟ هم می‌خواست برود، هم می‌خواست بیرون کند!؟ اینجاست که دانسته می‌شود که دروغ، خود رسواگر دروغ است!

پ) باز هم فرض کنیم که همهٔ این سنجیده‌پردازی‌ها راست باشند. بسیار خوب! پس چرا مرضیه همین که به فداییان پیوست، دربارهٔ بدی و نادرستی این کمترین پرده‌دری نکرد؟ تا آن واحدی را که برایش تا آن اندازه نیک و پاکیزه بود که می‌کوشید با دسیسه‌بازی هم که شده بدان بپیوندد، از وجود موجود ننگین و پلید و لافزن و دغلکاری چون من پاک نگهدارد؟ مرضیه هم می‌خواست مرا از جرگهٔ

پیشین بیرون افکند و هم به فداییان بپیوندد و هم در پیوستن این کمترین به فداییان نیز بی‌تفاوت بود؟ چرا به فداییان هرگز هشدار نداد و چرا این هشدارهای الحذر الحذر[1] را درست بدان هنگام داد که فداییان مستقیماً از او خواستند که یادداشت‌های سنجیده و یا به گفتهٔ سازمان چریک‌های فدایی خلق «خاطرات» خود را بنویسد؟

و این پرسشی بود که این کمترین از فریدون کرد. و فریدون چنین پاسخ داد:

ف: ما از او پرسیدیم که پس چرا این‌همه سکوت کرده بود، ولی مرضیه پاسخ داد: این انتقاد اصولاً به من وارد است که من نسبت به خطای اشخاص زیادی مماشات می‌کنم.

م: و شما هم این استدلال را پذیرفتید!؟

ف (سکوت).

م: شخص باید خیلی سنجیده باشد که چنین استدلالی را بپذیرد.

آخر، مگر همین مرضیه نگفته بود که با نادر سرگرم توطئهٔ اخراج من بود؟ مگر همین مرضیه نگفته بود که خود سرگرم توطئهٔ پیوستن به فداییان بود؟ بسیار خوب! پس مماشات دیگر کجاست؟

هر که با حق درآویزد، حق او را به خاک افکند. (علی)

ت) باز هم بپذیریم که مرضیه در انتقاد به خودش در زمینهٔ مماشات‌گری صمیمی باشد. بسیارخوب! ولی آیا کسی که دربارهٔ پلیدی مماشات می‌کند، ضمناً از پلیدی ستایش هم می‌کند؟ گمان کنم که مماشات در برابر زشتی، حداکثر خود را به صورت سکوت در برابر آن، به جای پرده‌دری از آن، نشان می‌دهد. چنین نیست؟ بسیارخوب ولی از مرضیه اسنادی کتبی در دست است که همگی گواهان بی‌پروایی هستند و آشکارا شهادت می‌دهند که مرضیه باز هم دروغگویی سنجیده‌گرانه‌ای را پیشه کرده بود. یکی از این اسناد همان انتقادی‌ست که مرضیه در همان گرماگرم‌های شهادت رفیق نادر و حادثهٔ خرداد ۵۲، بنا به درخواست من، به کارهای جرگه‌ای ما نوشت. در این انتقاد، مرضیه حتی یک نیم‌خردهٔ بسیار ریز هم به من نگرفت و حتی رفیق نادر را به عنوان جوانی بی‌تجربه مورد انتقاد قرار داد.

و این همان سندی‌ست که در آن چمدانی بود که در مشهد تحویل شهید جعفری دادم، وجود داشت، منتها، وقتی که اشیاء همان چمدان را در تهران تحویل گرفتم، این سند، به همراه برخی چیزهای دیگر در آن نبود. سخن کوتاه: این سند هم‌اکنون نزد فداییان است. گذشته از این، در زمانی که در مشهد بودم، بنا به ضرورت‌هایی که پیش آمد، مرضیه سه نامه برای این کمترین فرستاد. دوتا از این سه نامه را در انتقاد به شعری نوشته بود که این کمترین به نام «چشم‌به‌راه» سروده بود. و نامهٔ سوم پیرامون نوشتهٔ دیگری بود که به نام «گرته‌ای برای مطالعه» نوشته بودم. در هر سهٔ این نامه‌ها که

---

۱. در اصل: «الهذر الهذر»

همگی آنها در دست فداییان نیز هست، مرضیه همواره قلب گرم و دست رفیقانه‌اش را همراه با درودهای آتشین و پیوندهای ناگسستنی، نثار این کمترین کرده است. آیا پذیرفتنی است که با نادر دسیسهٔ اخراج مرا می‌چید، تازه پس از مدت‌ها، یک چنان ابراز احساسات فراوانی را برایم تکه‌پاره کند؟ این نیست مگر اینکه مرضیه مستقیماً و تماماً در اقیانوس بیکران دروغبافی‌های سنجیده شیرجه رفته باشد.

ترسم که اشک از غم ما پرده‌در شود   و آن راز سربه‌مهر به عالم سمر شود

(حافظ)

بگذریم. از لحاظ بررسی آن نوشته، مطالبی که پیوستگی با گفته‌های فریدون داشت، فقط همین اندازه بس است. فقط در صورتی می‌توان در این موارد و یا موارد دیگر مطالبی را عنوان کرد و پرونده‌های ناپارسایی دیگری را درید که فداییان صلاح بدانند و دنبالهٔ گویا خاطرات، ولی حتماً راستگویانه، و بی‌گمان گرانبهای شهید فدایی مرضیه احمدی اسکویی را چاپ و پراکنده کنند. و همچنین در صورتی می‌توان راست و دروغ، راستگو و دروغگو را بیشتر شناخت که فداییان صلاح بدانند یادداشت‌هایی را که خواسته‌اند تا مهین نیز بنویسد و نوشته است، در اختیار خلق بگذارند. و پس آنچه در اینجا باقی می‌ماند، دو کار است: یکی اینکه بسیار مختصر بگوییم که برداشت این کمترین دربارهٔ اینکه کار مرضیه چرا به چنین سنجیده‌نویسی‌هایی کشید، چیست؟ و دیگر اینکه این رفتار «سازمان چریک‌های فدایی خلق» چه معنی دارد.

۱۷. برداشت این کمترین، همچنانکه در نخستین نامهٔ سرگشاده‌ام نیز یادآور شدم، این است که فداییان به مرضیه بدبین شده بودند. و پس، او برای آنکه خود را خوبه کند، اولاً شروع به قصه‌پردازی در پیرامون خاطرات گذشته‌اش کرد، تا شاید روح رزمنده و پرولتاریایی خود را پایهٔ مادی دهد. و ثانیاً بدگویی از مرا پیشه کرد. و این، درست با آنچه فداییان بی‌صبرانه مشتاقش بودند، خوانایی داشت. و در نتیجه، فداییان همهٔ این بدگویی‌های سنجیده را، به‌طور درست، به‌مانند اسنادی شُبهه‌ناپذیر، به جان پذیرا شدند. و چرا؟ زیرا فداییان که از لحاظ مسلکی درماندگی مطلق خود را احساس کرده بودند، یگانه راه دررو را در پرونده‌سازی علیه من یافتند. و این بود که هر کس هرچه می‌گفت، و به‌ویژه هرچه بدتر می‌گفت، بیشتر مورد پیشواز آنها قرار می‌گرفت.

شکی نیست که شیوهٔ مرضیه از هر جهت کثیف و ننگین بود. ولی مرضیه این پلیدی را به خود هموار کرد؛ دست‌کم به خاطر اینکه عاجز بود از آنکه،... تنهای تنها، ولی در کنار حقیقت قرار گیرد. مرضیه این ننگ را خرید، زیرا، در خود توان آن را نمی‌دید که بی‌پروا به نام و ننگ، در کنار حقیقت بایستد. راستی راکه «علی» چه درست گفته است که:

الغیبته جهد العاجز (سخن‌گفتن پشت‌سر، گواه عجز است).

و اگر مرضیه به درماندگی نیفتاده بود، حتماً پشت‌سرگویی را پیشه نمی‌کرد. و البته چون بحث بر سر روانکاوی اشخاص نیست، پس، بهتر است رفتار مرضیه را از زاویهٔ روابط درون‌سازمانی مورد بررسی قرار داد. مائو می‌گوید، و درست هم می‌گوید:

مسائل را باید به‌طور روشن مطرح کرد... پشت سر مردم حرف نزنید. (مائو، **کتاب سرخ**، ص ۱۱۹، از «شیوه‌های کار کمیته‌های حزبی»، ۱۳ مارس ۱۹۴۵، ج ۴).

و مرضیه، همه کاری کرده است، ولی درست همین کار را نکرده است.

۱۸. و اما دربارهٔ سازمان چریک‌های فدایی خلق.

بنا به آنچه در اوایل همین نامه دربارهٔ پرونده‌سازی نوشته شد، اینک آشکارا دانسته می‌شود که فداییان موبه‌مو در چنین فضایی سیر کرده‌اند. آخر، از مشخصات پرونده‌سازی همچنین این است که پرونده‌ساز هر گفتهٔ ولو نادرستی را بشنود، بدون درنگ و با روحیه‌ای پذیرا، پیشواز می‌کند، فقط با این شرط که آن گفته یکراست به زیان آن کسی باشد که می‌خواهد برایش پرونده بسازد. و پس، هرگز هیچ کاری به این اندازه که حتی این اوراق انبوهناکی که پیوسته روی هم انباشته و انباشته می‌کند، هر یک نقیض دیگری‌ست.

پرونده‌ساز کور است. پرونده‌ساز صرفاً برای هر گفته و شهادتی لَه‌لَه می‌زند که مستقیماً علیه سوژهٔ او باشد. و دیگر کاری به درستی و نادرستی آن ندارد. و فداییان نیز درست چنین حالی را داشتند. و پس، شگفتی ندارد که هرگز به فکر این هم نیفتاده باشند که پرونده‌هایشان را یکدست کنند. زیرا، پیشاپیش، ولو به صورتی خودبه‌خودی، به هررو، می‌دانستند که هر گونه کوششی برای یکدست‌کردن پرونده‌هایی که به شیوهٔ پرونده‌سازانه سامان بیابد، به معنی نفی خود آن پرونده و خود آن شیوه خواهد بود؛ زیرا، پرونده‌سازی و راستی‌پژوهی نافی یکدیگرند و سرانجام، اینک هنگام آن است که از سازمان چریک‌های فدایی خلق پرسیده شود که اگر ارزش‌های داوری آنها بدین‌سان است که اشخاص را بدون محاکمه و بدون اینکه هیچ‌یک از دلایل پرونده‌اش را با خودش در میان گذارند و سخنان او را نیز بشنوند، محکوم می‌کنند، پس، چرا جناب فرسیو را درست به علت اینکه رفقایشان را درست به همین شیوه، یعنی بدون محاکمه محکوم کرده بود، اعدام کردند.

با تقدیم شایسته‌ترین احترامات

سرتق

۱۳۵۳ و ۱۳۵۴

یادآوری‌ها

۱. چنان‌که در نخستین نامهٔ سرگشادهٔ خود یادآور شدم، نام «چریک‌های فدایی خلق» از آن‌رو گزین شده بود که هر کس که حاضر بود به‌مانند فدایی خلق دست به عملیات چریکی بزند، صرف‌نظر از مرام و مسلکش، بتواند خود را به عنوان چریک فدایی خلق، با «چریک‌های فدایی خلق» همبسته بداند. و این کمترین، به همین پایه، رفتار فداییان را نسبت به خود در زمینهٔ چاپ و انتشار **شورش** انتقاد کردم. درست به دنبال همین نامه بود که به‌ناگاه فداییان یک چشمهٔ دیگر از سنجیده‌کاری خود را بازی کردند، و خود را به نام «سازمان چریک‌های فدایی خلق» نامید. و بدین‌سان خواستند مسئلهٔ ایدئولوژی را نیز به عنوان رکنی از همبستگی اعلام دارند. البته، برای این کمترین، خود این هم مسئلهٔ تازه‌ای شد که چگونه مفهوم «سازمان» با مرام هم‌جان است؟ آخر تا آنجاکه این کمترین می‌داند، از میان همگی سازمان‌ها، صرفاً و صرفاً این «حزب» است که کیفیت ایدئولوژیک دارد.

۲. گفته شد که فقط «مقداری» از نوشته‌هایم را پس دادند. این مقدار نوشته، روی‌هم‌رفته، آن نوشته‌هایی بود که در واپسین ساعات بازگشت از مشهد، به شهید جعفری تحویل شد. و حتی از این چمدان نیز هرچه را که خود صلاح دیدند، برداشتند. مثلاً، نوشته‌ای انتقادی بود که شهید مرضیه احمدی، چند روز پس از شهادت رفیق نادر، دربارهٔ کاستی‌ها و خطاهای جرگهٔ ما نوشته بود. این نوشته نیز در همان چمدان بود، ولی به من پس داده نشد؛ و چرا؟ بنا به آنچه در متن این نامه خواهد آمد، شاید بهتر بتوان به کُنه دلیل آن پی برد.

گذشته از این، در خلال مدتی که در مشهد بودم، مشتی از نوشته‌های گذشته‌ام را با کوشش فراوان رفیق مادر، یا در چند نسخه ماشین می‌کردم و یا به صورت پلی‌کپی در چند ده نسخه درآوردیم. روشن است که همگی اینها، در همان زمان‌ها، به مسئول مشهد، یعنی شهید جعفری تحویل داده می‌شد. **هیچ‌یک** از اینها نیز پس داده نشدند. و با اینکه پس از دریافت چمدان، فهرستی از آنها تهیه کردم و به فریدون دادم تا نسبت به آنها نیز محبتی بشود و نیز با اینکه فریدون قول داد که همگی آنها را هم، دست‌کم، در یک نسخه پس خواهند داد، با این‌همه، تا به اکنون، این کمترین هنوز رنگ آنها را نیز بازدید نکرده است.

لازم است از برخی از آن نوشته‌ها که هنوز به یاد دارم، نام ببرم:

الف) جزوه‌ای است دربارهٔ ۱۵ خرداد ۱۳۴۲ که نامش را به یاد ندارم. این جزوه که در همان گرماگرم هفته‌های پس از حادثهٔ ۱۵ خرداد ۴۲ نوشته شد، به صورت تایپی در چند نسخه و به قطع جیبی، به مسئول مشهد تحویل شد. خودم از آن حتی یک نسخه چرکنویس هم ندارم.

ب) مجموعه پرونده‌ای است به نام «مبارزهٔ اقتصادی یا تزی برای تحرک». این مجموعه به صورت پلی‌کپی مرکبی و به قطع جیبی، در چند ده نسخه درآمد و تحویل شهید جعفری شد. قرار [بر] توزیع آنها بود. لیکن هرگز توزیع نشد. کمااینکه برای نمونه حتی یک نسخه هم به مجاهدین ندادند. از این مجموعه حتی یک نسخه هم ندارم.[۱] آنچه در یک چال فراموش‌شده یافتم، صرفاً یک بخش از کل آن مجموعه بود. که تازه همهٔ آن هم به‌خوبی قابل خواندن نبود و برخی جاها که اساساً خوانده نشد.

پ) یک مشت شعرهایی که طی سال‌های پس از ۲۸ مرداد ۳۲ تا ۵۲ نوشته بودم، برگزیدم و به صورت

---

۱. این جزوه یافته شده است و در این مجموعه به چاپ می‌رسد. ــ ویراستار

تایپ در چند نسخه درآوردم و طبعاً خطی‌های آنها را از بین بردم. اینک از آنها برای نمونه حتی یک چرکنویس نیز ندارم. همگی را به مسئول مشهد تحویل دادم.

ت) مصدق، سه نامه در پاسخ سه نوشته‌ای که برایش فرستادم، برایم بازفرستاد. از هر سهٔ این نامه‌ها یکی یک ــ و شاید هم بیشتر ــ پلی‌کپی به فداییان دادم. اگر محبت می‌فرمودند و یک فتوکپی از نامه‌ای که مصدق در پاسخ به جزوهٔ «مبارزهٔ اقتصادی یا تزی برای تحرک» نوشت، ارسال می‌کردند، گمان نکنم که چیزی از نهادهای کمونیستی‌شان کم می‌شد. «چه باید کرد؟»[1] هم افزوده شد. دفتر یکم را دارند.

ث) و غیره. که به یاد ندارم و یا به اندازهٔ اینها برایم اهمیت ندارند.

۳. هر جا واژهٔ «سنجیده» و یا ترکیباتی واژه‌ای از کلمهٔ «سنجیده» به کار می‌رود، به معنی حسابگری رندانه و اپورتونیستی گرفته شده است. آخر، به دنبال «قدم‌های سنجیده» فداییان، دیگر واژهٔ سنجیده در نوشته‌های این کمترین، ولو نه همواره، دست‌کم روی‌هم‌رفته چنین باری را به دوش می‌کشند.

۴. مقصود از موضع طبقاتی، خاستگاه یا منشاء طبقاتی، یعنی زادگاه طبقاتی و یا حتی محیط طبقاتی رشد اولیهٔ شخص نیست. مقصود از موضع طبقاتی، چنان سنگری‌ست که شخص هم‌اکنون عملاً در آن می‌زیّد.

۵. مائو، «دربارهٔ تضاد»، اوت ۱۹۳۷، آ ج ۱، ص‌ص ۴۹۰ـ۴۹۱.

۶. مائو، هـ ک ن. ص ۴۹۲.

۷. مائو، هـ ک ن. ص ۴۹۱.

۸. مائو، هـ ک ن. ص ۴۹۱.

۹. برخی رفتارهای شهید مرضیه که به صورت دودوزه‌بازی کردن تجلی می‌کرد و در نتیجه به خیال خودش رندانه و دور از فهم ما دست به حرکاتی سنجیده می‌زد. و پس، رندی ناسازگار با گوهر جرگهٔ ما داشت، به‌هنگام خود، و در همین نامه، یادآوری خواهد شد، و هرچند نه کاملاً، ولی تا بدان اندازه هم که آموزنده باشد، به تحلیل حرکات و شخصیت شهید احمدی پرداخته خواهد شد. گفتن دارد که این کمترین نخست بر آن بود که چون شهید مرضیه دیگر خودش نیست تا از خود دفاع کند، پس، من هم در زمینهٔ رفتارهای گذشته‌اش با ما و هنرنمایی‌های سنجیدهٔ بعدیش در کنار فداییان، به او حمله‌ای نمی‌کنم و صرفاً موضع دفاعی می‌گیرم و نادرستی سخنانشان را نشان می‌دهم و همین. لیکن بعدها دلایلی آورده شد بر این پایه که در هیچ‌یک این موارد، اصولاً پای شخص و مسائل شخصی چندان مطرح نیست، آنچه به‌ویژه مطرح است، آموزش است. و پس، این کمترین نبایستی برخوردی خصوصی با مسائل گوناگون و من‌جمله سنجیده‌بافی‌های مرضیه بکنم، بلکه بایستی برخوردی سیاسی و روشن و پرده‌درانه داشته باشم. به هررو، این استدلال در اصول مورد پذیرش است. با این‌همه، باز هم در این نامه به یک پرده‌دری تمام‌عیار پرداخته نخواهد شد؛ هرچند محدودیتی را هم که پیشتر در نظر بود، رعایت نخواهد شد.

۱۰. بد نیست یادی هم از سرگذشت «چند نگاه شتابزده» و نیز یادی هم از انتقاداتی که به مجاهدین خلق شده بود، بشود: یک‌بار مجاهدین گفتند که برنامه‌های رادیو عراق[2] خیلی آبکی است و افزودند: انتقاد هم که

---

۱. بخشی از این هم یافت شده است و چاپ می‌شود. ــ ویراستار

۲. مُراد برنامهٔ فارسی مخالفان رژیم است به نام «میهن‌پرستان». ــ ویراستار

می‌کنیم، می‌گویند که بیش از این [از] ما برنمی‌آید. اگر حرفی دارید، بنویسید، تا بخوانیم؛ پس مجاهدین از این کمترین خواستند که مطالبی بنویسم، پذیرفته شد. آنچه نوشته شد، روی‌هم‌رفته، همین **چند نگاه شتابزده** بود که البته در آن زمان هیچ نامی نداشت و به‌راستی هم که جز مشتی دستنویس‌های هول‌هولکی چیزی نبود. و مقصود از این کار هم این بود که برخی مطالب، فهرست‌وار نوشته شود، تا گردانندگان رادیو بغداد، خود با افزودن مشتی اسناد تاریخی و آمار مناسب، به آن شکلی بدهند که خوراک چندگاهی مناسبی برای رادیوشان باشد. این یادداشت‌ها به مجاهدین داده شد. و خیلی زود نامهٔ گلایه‌آمیز شهید رضا رضایی رسید. و گذشت تا اینکه در سال ۱۳۵۱ به فکر انتشار آن افتادیم، ولی چون متن آن را[1] نداشتیم، به‌ناچار رونویسی از آن را از مجاهدین خواستیم. مجاهدین نیز متنی را فرستادند که مطلق انتقادات، مربوط به خودشان را از آن برداشته بودند. و ما هم پس از برخی بخش‌بندی‌ها و نام‌گذاری‌ها و دستکاری‌ها، آن را بدان‌سان درآوردیم که نگریسته شد. و به هررو، انتقاد به مجاهدین را نیفزودیم.

فراموش نشود که البته رادیو بغداد، یکباره، هیچ مطلبی از آن را نخواند، و طبعاً؛ و این است اساسی‌ترین انتقاداتی که به مجاهدین شده بود و سپس منتشر نشد. منتها، به‌گونه‌ای چکشی:

الف) یک انتقاد اساسی مربوط به این بود که چرا مجاهدین پس از درگیری فداییان، به‌سرعت آرایش نظامی ندادند و جبههٔ نوینی را نگشودند. حتی آشکارا نوشته شده بود که مجاهدین نیروهای خود را «ترشی» انداختند. ضمناً از گروه آرمان خلق به خاطر جبهه‌گشایی درنگ‌ناپذیرش ستایش شده بود. این انتقاد به مجاهدین اساساً از یک اعتقاد جرگه‌ای ما ریشه می‌گرفت. ما در دومین دفتر **چه باید کرد؟** خود که نام آن را «چهرهٔ سازمانی» گذاشته بودیم، اولاً ساخت سازمانی مناسب با شرایط کنونی انقلاب را در این سرزمین، ساختی جبهه‌ای اعلام کرده بودیم و ثانیاً چون به وحدت گروه‌ها صرفاً پس از عمل باور داشتیم، این بود که در تحلیل خود بدین‌جا رسیده بودیم که پس، بسیار طبیعی است که به هر دلیل، به هر رو، نخست یک گروه یا سازمان مشخص، درگیری با ضد انقلاب را آغاز کند، درحالی‌که دیگر گروه‌ها و سازمان‌ها و جرگه‌ها تا این مرحله [از] رشد نرسیده باشند. و پس، از خود می‌پرسیدیم که در این صورت تکلیف بقیه چیست؟ و پاسخ می‌دادیم که هرآینه هر گروهی با درگیری مسلحانه با ضد انقلاب، آغاز زندگی انقلاب را در جامعه اعلام کرد، آنگاه، این وظیفهٔ گروه‌های دیگر است که با شتابی هرچه بیشتر و منطقی‌تر خود را به درگیری رزمی با ضد انقلاب برسانند و بدین‌سان [از] یک‌سو دوست را در برابر دشمن تنها نگذارند و از سوی دیگر عمل مستقیم، عملی را که ضمن آن می‌توان بافت جبهه‌ای انقلاب را سامان داد، آغاز و دنبال کنند و بدین‌سان صحنه را برای شکل‌گیری یک جبههٔ انقلابی مهیا کنند. (دفترهای سه‌گانهٔ **چه باید کرد؟** را مهین خوانده است.) به‌هررو، درست بر همین مبنا بود که مجاهدین که همچنان در لاک خود بودند، مورد انتقاد قرار گرفته بودند. ضمنناً همان‌جا یادآور شده بود که این شیوهٔ بروبر نگاه‌کردن، چگونه دودش توی چشم خود مجاهدین هم رفت و بیشتر آنها را به چنگ دشمن انداخت. چنان‌که یاد شد، به‌ویژه افزوده شده بود که یگانه سازمانی که هرچه سریع‌تر درست‌ترین رفتار را پیش گرفت، «گروه آرمان خلق» بود؛ یادش گرامی!

شهید رضا به این انتقاد بدین‌سان پاسخ داده بود که نمی‌شود یک سازمان هشتاد نفری را با یک واحد پانزده

---

۱. در اصل: «متن آزاد»

نفری مقایسه کرد. و افزوده بود که ما تا آمدیم خودمان را جمع‌وجور کنیم، دچار ضربات دشمن شدیم. بدین‌سان، شهید رضا به‌طور ضمنی می‌گفت که آنها هم در همین خط حرکت می‌کردند، منتها، وسعت سازمان از یک‌سو و ضربات شتابندهٔ ضد انقلاب از سوی دیگر، کار را بدان‌سان درآورد که دیدیم.

آیا رضا همهٔ حقیقت را نوشته بود؟ نه! تا آنجا که این کمترین آگاهی دارد و منبع آگاهیم نیز به‌ویژه شهید احمد رضایی است، اولاً مجاهدین در خط درگیری مسلحانهٔ **مداوم** برنامه‌ریزی نمی‌کردند و **صرفاً** در نظر داشتند که در حوالی برگزاری جشن‌های کثیف دوهزاروپانصدسالهٔ شاهنشاهی ورشکستهٔ ایران، **یکی دو** «عمل بزرگ» انجام دهند و باز هم در لاک خود که می‌پنداشتند رخنه‌ناپذیر است، باقی بمانند. و این برنامه‌ها شامل ایجاد انفجار و آتش‌سوزی بایگانی وزارت دارایی ــ و چرا؟ پرسش اندیشه‌انگیزی است ــ و ایجاد انفجار در اتاق کنفرانس وزارت کشور بود، درست به‌هنگامی که هیأت دولت تشکیل جلسه می‌داد. به‌هررو، مجاهدین در خط عملیات چریکی، بدین مفهوم که بعدها و به ضرب فشار دشمن افتادند، نبودند. ثانیاً میان ضربه‌خوردن مجاهدین و آغاز درگیری فداییان، حدود هفت ماه می‌شد. آیا هفت ماه برای جمع‌وجورکردن و شکل تازه‌ای مبتنی بر ضروریات جدید دادن به هشتاد، صد نفر کم بود؟ حقیقت این است که پس از ضربت شهریور، راه درگیری برای مجاهدین باقی نماند. و برداشت این کمترین دربارهٔ مجاهدین نیز، **درست همانند خود ما** این است که اگر سرمشق فداییان نبود، راهی که اینک پیموده می‌شود، پیش گرفته نمی‌شد و حالت تعرضی انتخاب نمی‌شد!

ب) انتقاد ریشه‌ای دیگری که به مجاهدین شده بود، مربوط به خصلت نظامی نداشتن آنها بود. مجاهدین گویی خود را برای رفتن به بهشت تربیت می‌کردند. و این نبودِ خصلت نظامی نیز کار را عملاً بدان‌جا کشاند که بدون استثناء، مجموعه دستگیری‌های اولیهٔ مجاهدین، بدون حتی اندکی مقاومت مسلحانه عمل شود، حال آنکه... روی‌هم‌رفته خانه‌های مخفی مجاهدین که سپس به دست دشمن افتاد، پناهگاه‌ها و حتی علنی‌گاه‌هایی وجود داشت که در آنها اسلحه‌هایی نگهداری می‌شد. شکی نیست وقتی که سازمان مجاهدین خلق ایران از قلم شهید رضا، مسئلهٔ سازماندهی مجدد یک گروه هشتادنفری را مطرح می‌کنند، آشکارا به سوی توجیه‌گری روی می آورد، زیرا، به فرض اینکه مشکلات سازماندهی مجدد یک گروه هشتادنفری را امر موجه تعیین‌کننده‌ای برای بی‌عملی مجاهدین بگیریم ــ که نمی‌گیریم ــ تازه این پرسش همچنان به جای خود باقی است که چرا مجاهدین اسلحه‌هایی را که تدارک دیده بودند دست‌کم، در خانه‌های تیمی خود و دست‌کمتر، در خانه‌های تیمی رهبران خود آمادهٔ شلیک نگاه نمی‌داشتند تا هرآینه کار به تهاجم ناگهانی و پیش‌بینی‌ناپذیر دشمن و اسارت به دست ضد انقلاب کشید، از آنها استفاده شود؟ این امر خود نمودار دیگری از نبودِ خصلت نظامی در سازمان مجاهدین است.

نباید گفت که این کمترین در «پیش‌گفتار»ی که بر کتاب ***دفاعیات*** مجاهدین نوشتم، به این بیکارگی اسلحه‌ها نیز گوشه زدم. راستی را که خشکم زد هنگامی که کتاب پلی‌کپی‌شدهٔ دفاعیات را خواندم، زیرا، درست در دل همین پیش‌گفتار بود که دیدم مجاهدین خود زیرنویسی بر همین نکته افزودند و در آن، از «خائنینی» نام برده‌اند که می‌گویند مجاهدین دارای اسلحه بودند و به کار نگرفتند. و ضمناً فهرستی از جنگ‌افزارهای خود را نیز اعلام کرده بودند.

البته، در نخستین دیداری که پس از آن با شهید رضا انجام شد، از اینکه مجاهدین مرا در زمرهٔ «خائنینی» نام

برده‌اند، سپاسگزاری کردم. و طبعاً بیشتر سپاسمند شدم که خندهٔ ملیح آن شهید را به جای پاسخ تحویل گرفتم، ولی، **اساساً**، صحبت روی وجود انبارها و زرادخانه‌های افسانه‌ای اسلحه‌های مافوق استراتژیک، یا تعدادکمی از جنگ‌افزارهای ساده نیست؛ جان سخن اینجاست که خصلت نظامی از یک‌سو، و بودن همین خصلت در سازمان، از سوی دوم، و این امر که اسلحه برای آن است که لااقل در برابر هر هجوم ضد انقلابی از آن به‌مثابه وسیلهٔ دفاع و حملهٔ متقابل و رهایی از چنگ دشمن بهره‌گیری شود، از سوی سوم، ایجاب می‌کند که مجاهدین پیوسته جنگ‌افزارهایشان را، دست‌کم در خانه‌های تیمی رهبرانشان آمادهٔ شلیک نگاه دارند، ولواینکه مجموعهٔ این جنگ‌افزارها از یک تفنگ حسن موسی و چند تیرکمان کودکانه بیشتر نباشد. آنچه گفتگو ندارد این است که سازمان اسلحه را بایستی برای به کاربردن آن گرد آورد، نه برای ارضای «عقدهٔ خودمالک‌بینی»!! (این هم یک عقده است و آن هم ریشهٔ روی‌هم‌رفته عقده‌های دیگر که تمامی روانشناسی و روانکاوی بورژوایی، اگر نگوییم خصوصاً، دست‌کم بایستی گفت که به صورتی غریزی فراموش می‌کند) و اگر قرار است به هزاران رنج و کوشش و خطر، جنگ‌افزاری تدارک دید، پس، بایستی آن سلاح را نیز پیوسته آمادهٔ آتش نگاه داشت؛ پس، بایستی خصلت نظامی به خود گرفت... و این کاستی مجاهدین بود. توجیه و ماستمالی هم هیچ چیز را عوض نمی‌کند. می‌توان و می‌باید مسائل را توضیح داد، ولی توضیح، برای بیان درست مطالب از یک‌سو و آموزش از آن، از سویی دیگر است. توضیح برای توجیه نیست. توجیه‌گری امری اپورتونیستی و از مشخصات خرده‌بورژوازی‌ست. و طبیعی است که توضیح بدی هم ماهیت بدی را عوض نمی‌کند. بد، همچنان بد است. و دلیل بدی، گوهر بدی را تغییر نمی‌دهد و آن را به خوب دگردیسی نمی‌بخشد. جستجوی دلیل و توضیح راستین رویدادهای ناگوار و زشت، صرفاً این ارزش را دارد که برای دفعات دیگر پروای آن را داشت و با پرهیز از آن، رفتار خود را پاکیزه و یا دست‌کم، رو به پاکیزگی برد، ولی توجیه و ماستمالی از مایهٔ دیگری‌ست. با توجیه‌گری نمی‌توان در رفع ریشه‌ای کاستی‌ها کوشید. بایستی با صراحت انقلابی با ضعف‌ها و خطاهای خود برخورد کرد. و یک صراحت انقلابی توضیح می‌دهد که چگونه یکی از کاستی‌های خطرناک مجاهدین، همانا نبودِ خصلت نظامی در آن سازمان بود. البته مجاهدین چندی پس از ضربهٔ شهریور پنجاه توانستند بر این ضعف خود غلبه کنند. و درست از همین هنگام هم هست که دیگر انسان‌های بی‌اسلحه، بر روی اسلحه‌های مدفون‌شده به اسارت نرفتند. و چه بهتر از این.

افزودنی‌ست که زیرنویس مجاهدین بر «پیش‌گفتار» کتاب ***دفاعیات*** با برخی نادرستی‌های خبری و پاره‌ای ماستمالی‌های زنندهٔ دیگر هم همراه است، که چون اینک گفتگو صرفاً در پیرامون انتقاداتی است که در **چند نگاه شتابزده** به مجاهدین شده بود، دیگر به اینها پرداخته نمی‌شود.

۱۱. در جریان حوادث که به دستگیری رفیق مادر انجامید، مطالبی هست که بایستی آموخته شود:

الف) هیچ‌گاه نبایستی اجازه داد که آدمی را به مشورتی کشانند که اولاً پاسخ فوری [آن را] خواهند و ثانیاً تا لحظهٔ مشورت، آدمی را از... مسائل و پرونده‌ها و جریاناتی که سیر کرده‌اند، به دور نگاه داشته‌اند. و این انتقاد اساساً به من وارد است که چرا حاضر شدم به مشورتی کشانده شوم که شهید جعفری با من کرد، زیرا، همان‌سان که یاد شد، من در روند قضایا نبودم، تا همپای آنها اندیشه کنم؛ و پس، نمی‌بایستی بدان سرعت اظهار نظر می‌کردم، به‌ویژه که پای یک رفیق، یک یار در میان بود.

ب) دشمن به شیوهٔ اندیشه‌ای دست یافته است. دشمن با شناخت شیوهٔ ما که بر مبنای آن، هر گاه یکی از

یاران تیمی، از زمان معینی دیرتر به خانه بازگردد، خانه را ترک می‌کنیم، به سیستم تازه‌ای مجهز شده و به کار می‌برد، بدین‌سان که همین‌که پس از یک مدت حساب‌شده‌ای ــ مثلاً بیست‌وچهار ساعت ــ عنصر دستگیرشده خانهٔ تیمی را لو داد، دشمن با اطمینان مطلق به اینکه دیگر کسی در خانه نیست، به آنجا می‌رود و مدتی تله می‌نشیند. با این سیستم جدید، که دشمن درست بر روی سیستم انقلاب پیاده کرده است، دیگر ضد انقلاب نیازی ندارد که در و همسایه را باخبر کند و یا حرکاتی انجام دهد که در خلال شناسایی‌های ما، برایمان روشن شود که منطقه سمّی است و خانه تله است. حال آنکه پیشترها قضیه صورت دیگری داشت، پیشترها قضیه بدین صورت بود که دشمن از ترس این که مبادا در خانه کسانی باشند و آنها را به گلوله ببندند، منطقه را محاصره می‌کرد و خلاصه عملیاتی انجام می‌داد که وجودش را معلوم می‌کرد.

از آنجا که به قول معروف «راه‌های خدا بی‌انتهاست»، پس، روشن است که هم می‌توان و هم می‌باید با سیستم تازه‌ای به مقابله با این سیستم نوین ضد انقلاب روبرو شد.

لازم است برای اینکه انقلابیون دچار خوش‌خیالی نشوند، ضمناً خوب به یاد بسپارند که هرچند «راه‌های خدا بی‌انتهاست،» ولی راه‌های شیطان هم فقط یکی کمتر از راه‌های خداست.

۱۲. ازجمله مشخصات حرف‌زدن فریدون این است که هر نظری را که خودش هم داشته باشد و یا هر کاری را که خودش هم کرده باشد، می‌گوید که «نظر رفقا این است» و یا «رفقا فلان کار را کردند»؛ و پس، به‌هنگام مطالعه این نامه، بدین نکته نیز توجه شود.

۱۳. چنان‌که در دیدارهای بعد فریدون گفت، فداییان با گذاشتن یک نسخه از انتقادات شهید مرضیه در اختیار این کمترین موافقت کرده بودند، منتها، گفته بودند که چون این یادداشت‌ها به انضمام مشتی چیزهای دیگر در جای دوردستی است و فوراً هم نمی‌توانند به آنها سر بزنند، این است که هر گاه توانستند به آنجا بروند، یک نسخه از یادداشت‌های مرضیه را نیز برای این کمترین خواهند آورد، ولی این وعده تا به هم اکنون که این کمترین دارد این نامه را تکمیل می‌کند، یعنی تا نیمهٔ دوم سال ۱۳۵۴ عملی نشده است. آیا قدم‌های سنجیده‌ای در کار است؟ بگذریم.

۱۵. در همین نیمهٔ دوم سال ۱۳۵۴، سازمان چریک‌های خلق کتابی منتشر کرد به نام ***خاطرات شهید فدایی رفیق مرضیه احمدی اسکویی***. چنان‌که از مشخصات این کتاب دستگیر شد، این **خاطرات** همان یادداشت‌های فاطمه است، منتها، همهٔ آنها نیست. یعنی خاطرات مزبور را درست در آنجایی قطع کرده‌اند که... که فاطمه گویا به انتقاد از این کمترین پرداخته است. همهٔ مشخصات کتاب به‌خوبی گواه می‌دهند که نوشته ادامه دارد و این ادعای فداییان که در مقدمهٔ آن نوشته‌اند که متأسفانه یادداشت‌های مرضیه نیمه‌کاره مانده است، دروغی سنجیده بیشتر نیست. گذشته از این، مشخصات کتاب آشکارا جار می‌زند که این نوشته عبارت از یک رشته «خاطرات» به معنی متداول آن نیست؛ این «خاطرات» عبارت است از بازگوکردن گذشته‌های خود برای بررسی سازمانی. به گفتاری دیگر: آن حدسی که دربارهٔ نخستین نامهٔ سرگشاده‌ام زدم، درست بود. در آنجا حدس زده شده بود که فداییان نسبت به مرضیه دچار بدبینی شده بودند. زیرا، آنچه مرضیه نوشته، خاطراتی نیست که خود شخصاً اشتیاقی برای نوشتن آنها داشته باشد. این خاطرات، نوعی محاکمه پس‌دادن سازمانی است. یعنی فداییان که نسبت به مرضیه بدبین شده بودند، از او می‌خواهند که گذشته‌اش را بر روی کاغذ بیاورد تا آنها بتوانند بر مبنای آن، واپسین تصمیم را دربارهٔ وی بگیرند. و مرضیه هم اینها را می‌نویسد. و پس، حیرتی نخواهد داشت که در

چنین شرایطی مرضیه با نهایت سنجیدگی صلاح خود را در آن دیده باشد که اولاً در توجیه خود دربارهٔ یک رشته سوز و گدازهای رمانتیک داستان‌پردازی کند و ثانیاً برای خوبه‌کردن خود و صمیمیت نشان‌دادن به فداییان، هرچه می‌تواند دربارهٔ این کمترین بدگویی کند و کرده است. منتها، فداییان به‌یکباره همهٔ این بخش دوم داستان را از آن «خاطرات» رفیق‌شان حذف کرده‌اند. نکند در حق من بزرگواری کرده باشند! به‌هررو، حتماً احساس مسئولیتی سنجیده کرده‌اند.

برای اثبات اینکه این، گویا خاطرات، چیزی جز یک محاکمهٔ سازمانی نیست، دلایل فراوانی می‌توان به دست داد. در اینجا همین اندازه بس است که گفته شود، اگر مرضیه می‌خواست آن خاطرات رمانتیک را بنویسد، در آن زمان که با ما بود و به‌ویژه در آن هفته‌های پربطالتی می‌نوشت که در خانهٔ خیابان کوشک گذراند. حال آنکه مرضیه در تمامی آن مدت هرگز این خاطرات داستانیش را ننوشت و در عوض همهٔ آن اوقات را صرف غُرزدن به این کمترین کرد. راستی آیا باید یا نباید پرسید که چه پیش آمد که مرضیه درست در زمانی که با فداییان [همبسته] شد، به یاد خاطره‌نویسی افتاد؟ حال آنکه فداییان به علت اینکه شکل‌بندی سازمانی سامان‌یافته‌ای داشتند، در نتیجه کارهایشان نیز منظم بود و اوقات بطالت و آزاد رفقایشان، اگر گفته نشود هیچ بود، راستی را نزدیک به هیچ بود. و دست‌کم، این کیفیت برای فاطمه بیش از هر کس دیگری فراهم بود.

۱۶. دکتر محجوبی ــ که ممکن هم هست نامش را عوضی بگویم ــ یکی از دوستان شهید مرضیه بود. مرضیه او را به من معرفی کرد. و من بیشتر از دوبار او را ندیدم. چنان‌که می‌گفتند، خواهری هم داشت که به فعالیت سیاسی گرایش داشت. قرار شد که او را هم به کار گرفت، ولی من هرگز او را ندیدم. پس از پیوستگی ما به فداییان، طبعاً دکتر هم در اختیار آنها قرار گرفت.

فریدون با دکتر و شیرین معاضد هم با خواهر دکتر تماس داشت. فداییان برای او و خواهرش برنامه‌هایی ترتیب دادند. ازجمله پخش اعلامیه در تبریز. و چنان‌که فداییان گفته‌اند، آنها بر سر همین پخش اعلامیه در تبریز لو می‌روند و دستگیر می‌شوند. خواهر دکتر قرارش را در تهران لو می‌دهد. بر سر همین قرار است که شیرین دستگیر می‌شود و مرضیه به شهادت می‌رسد و خانه محلهٔ شترداران به چنگ پلیس می‌افتد و احتمال خطرات بیشتری هم بود که به خیر می‌گذرد.

۱۷. علت اینکه می‌شد از خانهٔ نزدیک فوزیه برای این دیدار استفاده کرد این بود که، مهین پیشاپیش با رفیق نادر و رفیق حسن و دیگران خانهٔ مخفی گرفته بود و آنجا بود. و پس رفت و آمد او به این خانه کم شده بود و دست‌کم، شب‌ها اینجا نبود. مهین را هم می‌توانستیم بخواهیم که چندی به آنجا نیاید. بدین‌سان شرایط برای دیدارهای طولانی فراهم بود.

۱۸. چنین پیداست که قضیهٔ «کتاب» اساساً برای مرضیه، قضیهٔ تلخی شده بود. و این هم بی‌دلیل نبود. بگذار از بن آغاز شود. چنان‌که در بخش یادآوری‌های ***انقلاب*** نیز نوشته شد، ما برنامه‌هایی داشتیم که مسئلهٔ نفت و چاه‌های آن، رکن مهمی از آن را تشکیل می‌داد. در راه همین برنامه بود که به فکر رخنه در خوزستان افتادیم. و در روند همین اندیشه بود که می‌کوشیدیم تا شاید در میان «سپاهیان انقلاب سفید» رخنه کنیم تا بتوانیم با فرستادن آنها به خوزستان، شبکه‌بندی خود را سامان دهیم، ولی در میان «سپاهیان انقلاب سفید» دستی نداشتیم. راه‌حلی که پیش گرفتیم این بود که این کمترین، مقالاتی در برخی مجلاتی که روشنفکران می‌خواندند، بنویسد، و بدین‌سان خود را اندکی معرفی کند. و از سوی دیگر، چون این کمترین با مشتی روشنفکران سرشناس و نابدنام

نیز آشنایی داشت، چنین برنامه ریختیم که تا هر گاه دانشکدهٔ سپاه دانش مامازن یکی از آنها را برای سخنرانی دعوت کرد، من نیز کوشش کنم تا به عنوان ابواب جمعی سخنران، به همراه او بروم. حساب ما بر این پایه بود که نوشتن آن مقالات از یک‌سو و رفتن به میان دانشجویان از سوی دیگر، خواه و ناخواه کسانی را به جانب من خواهد کشید و بدین‌سان سرپلی گیر خواهد کرد. این بود که به مجلهٔ **جهان‌نو** مقالاتی دادم. و دیری نگذشت که از سوی دانشکدهٔ سپاه دانش مامازن، از باقر پرهام برای سخنرانی دعوت شد. و طبعاً من نیز به همراه او به راه افتادم. همین جا بود که شهید مرضیه و چند تن دیگر که از پرهام نام مرا پرسیده بودند، محاصره‌ام کردند. من در میان همهٔ آنها، اولاً مرضیه را که از پرهام نیز دربارهٔ او تحقیقاتی کردم، برگزیدم و ثانیاً صلاح ندانستم که با بیش از یک تن مرتبط شوم، زیرا، اگر این یک تن درست گزین می‌شد، دیگر می‌شد خود او را مسئول یارگیری در آنجا کرد؛ و این شیوهٔ همیشگی من بوده است. به هررو، مرضیه گزیده شد. خود او هم از دیدارهای دیگر پیشواز کرد. رفت‌وآمد شکل گرفت. و سرانجام برنامه‌ای را که در نظر بود، برایش شرح دادم. و پذیرفت. واپسین آزمایش را فقط می‌شد در آن زمان کرد که دوران دانشجویی مرضیه به پایان می‌رسید و به خوزستان می‌رفت. این دوران به پایان رسید، ولی مرضیه به خوزستان نرفت. دلایلی امنیتی آورد که همگی آبکی بود و مورد پذیرش قرار نگرفت. و با این‌همه، مرضیه زیر بار نرفت. سخن کوتاه: مرضیه به «اسکو» رفت. و بدین‌سان واپسین آزمایش ــ که در حقیقت آزمایش سرنوشت‌ساز بود ــ نشان داد که سرپل در منطقهٔ سفتی گیر نکرده بود. و پس، از لحاظ ما، قضیهٔ مرضیه قضیهٔ جنبش شد. و گذشت. تا اینکه جرقهٔ سیاهکل زده شد و به دنبال آن جنبش انقلابی نوین آغاز به حیات کرد. این بار مرضیه با شوروحال بیشتری پیش آمد. سخن کوتاه: نوروز سال ۱۳۵۲ بود که ما در تهران سه دفتر **چه باید کرد؟** را برای مطالعه به مرضیه دادیم. و این **نخستین** نوشتهٔ **مخفی** بود که مرضیه از ما می‌خواند. و همین امر بر او سخت سنگینی می‌کرد که چرا ما تا آن زمان هیچ نوشتهٔ مخفی دیگری به او نداده بودیم؟ و بارها نیز آن را با ناراحتی بازگو کرد. حال آنکه ما منتظر لحظهٔ تعیین‌کنندهٔ سرنوشت بودیم. سخن کوتاه: چنین که پیداست، حساسیت مرضیه در زمینهٔ زیاد کتاب‌ندادن به دکتر، ناشی از خاطرهٔ تلخ خودش است. چنین نیست؟ مهم نیست! به هررو این امر در سرنوشت این نامه هیچ تأثیر مهمی ندارد.

۱۹. مرضیه نام دلخواه خود را نام شاعرانهٔ «مرجان» گذاشته بود. و پیشتر هم به همین نام خوانده می‌شد. البته چنان‌که بعدها در «خاطراتش» نوشت، او خود این نام را بر خود ننهاده بود و خلق از پیوند «مر»ضیه و «جان» مرجان را ساخته بود و او را به این نام می‌خواند. آیا راست است؟ مهم نیست!

۲۰. پیداست که این وعدهٔ سازمان فداییان نیز تا به اکنون وفا نشده است.

۲۱. چنان‌که یاد شد، خانهٔ خیابان کوشک کیفیت یک خانهٔ امن را برایمان نداشت؛ و پس، قرار به ترک آن بود. منتها، قرار بود که نخست مرضیه برود و سپس من. نامناسبی خانه باعث می‌شد که من گه‌گاه او را برای تغییر مکانی که قرار بود بدهند، در زیر فشار بگذارم. این رفتار مرا مرضیه به حساب ترس من گذاشت. حال آنکه کافی بود که، ولو به اندازهٔ یک خشخاش، می‌توانست حقایق را از کنه واقعیات عینی بیرون کشد تا به‌خوبی بنگرد که اگر من کمترین هراسی داشتم، می‌بایستی خودم در ترک خانه شتاب داشته باشم. حال آنکه من می‌خواستم تا پس از رفتن او نیز همان‌جا بمانم سپس با رفیق مادر و دانه برای گرفتن خانه‌ای جدید بکوشم.

۲۲. از آنجا که سنجیده‌کاری‌های فراوانی را از فداییان دیده‌ام، واجب است به‌ویژه یادآور شوم که هرگون یادداشت‌هایی که به نام مرضیه منتشر شود، ضرورتاً مورد باور این کمترین قرار نخواهد گرفت، مگر اینکه

به‌ویژه عین خود آن یادداشت‌ها، یعنی خط مرضیه را بنگرم، آن هم به ترتیب صفحات. البته این بهترین است، ولی حالت دیگر این است که مشخصات آنها دست‌کم نشان ندهند که در آنها سنجیده‌کاری شده است.

---

*) این دو نوشته در «چند نوشته» اخیراً از جانب مزدک منتشر شده‌اند. (ویراستار) یادداشت بر صفحهٔ ۳۶۲.

علائمی که برای مختصرنویسی در این نوشته به کار رفته‌اند:
«انقلاب» = کتاب «انقلاب» [این نکته در مورد نسخهٔ حاضر مصداق ندارد. ــنشر نی]
ج = شهید جعفری، مسئول مشهد
سازمان فداییان، فداییان و مانندانشان = سازمان چریک‌های فدایی خلق
«شورش» = کتاب «شورش» [این نکته در مورد نسخهٔ حاضر مصداق ندارد. ــنشر نی]
ف = فریدون
م = من
مجاهدین، مجاهدین خلق و مانندانشان = سازمان مجاهدین خلق ایران

[نامهٔ هفتم]

یک نامه از دوست

به جای سرآغاز

گفته‌اند که نقد سلاح برتر از سلاح نقد است. و این گفته درست است لیکن انگار این‌گون کلمات قصار به صورت قالبی خود، در محیطی که از نظر فرهنگی و دانش نظری کم‌خون و ناتوان است، بی‌آنکه راهگشا و راهنما باشند، یکسر توجیه‌کنندهٔ به خواب‌رفتن اندیشه و تنبلی ذهن می‌شوند. پس، جمله را بشکافیم و از میان معنی‌های گوناگون و محتملی که می‌تواند داشته باشد، آن را که با مجموعهٔ سیستم نظری گوینده خواناتر است، برگزینیم:

نخست باید توجه داشت که بازی با واژه‌ها در ادبیات سیاسی ـ فلسفی سدهٔ پیش، رواج بسیار داشته و رفیق مارکس، خود یکی از استادان فن بدل و واروزدن با کلمات بوده است. کافی است به هر یک از نوشته‌های سیاسی او نظری انداخت تا از آوردن مثال بی‌نیاز شد. پس، قراردادن نقد سلاح در برابر سلاح نقد به معنی آن نیست که چون سلاح به دست گرفتی دیگر از هر گون نقدی بی‌نیازی!

سپس باید در نظر داشت که نقد، در ادبیاتِ سیاسی آن روزگار، دقیقاً به همان مفهومی به کار نمی‌رفت که امروز می‌رود؛ هرچند در مفهوم کلی آن، همان پرده‌دری و نمودن نقاط ضعف که امروز ما از این اصطلاح درمی‌یابیم، نهفته بود، ولی... نقد در آن روزگار رو به دشمن داشت و امروز رو به دوست دارد. آن روز سرمایه‌داری را مورد «انتقاد» قرار می‌دادند، امروز دیگر این عمل را «انتقاد» نمی‌گویند، دشمنی و ستیز می‌گویند. در مقابل، انتقاد مفهومی دوستانه و رفیقانه دارد، چراکه منظور از انتقاد اصلاح است. حال آنکه هدف از حمله و دشمنی اصلاح نیست، نابودی و سرکوب است. و «نقد سلاح» و «سلاح نقد» به همین مفهوم خصومت‌آمیز به کار رفته‌اند. به بیان ساده‌تر، جملهٔ پیش‌گفته، معادل آن است که بگوییم پیکار با سلاح، برتر از ستیزهٔ با حرف است.

لیکن سلاح نقد به مفهوم امروزی، ارزشی کمتر از نقد سلاح ندارد. نقد سلاح دشمن را از پای درمی‌آورد، سلاح نقد دوست را، رفیق را، جنبش را از کژی‌ها پاک می‌دارد. پس، سلاح نقد امروز برای جنبش کنونی، به‌ویژه از آن‌رو که نقد سلاح پایی گرفته است، بایستگی حیاتی دارد. بازگویی این نکته

زیان‌بخش نیست که هدف سلاح نقد، کوبیدن و از میان‌بردن نقاط ضعف دشمن نیست. نقاط ضعف دشمن در نهاد او ریشه دارند و با خود او از بین می‌روند. هدف از نقد از میان‌بردن نقاط ضعف دوست است که در نهاد او ریشه ندارد، از هستی‌اش سرچشمه نمی‌گیرد به‌عکس در تضاد با ماهیت و گوهر او هستند. از این‌رو، از میان‌بردنشان دوست را ناتوان نمی‌کند، دوچندان، ده‌چندان نیرومند می‌کند.

پس، با چنین سلاح نقدی است که با جنبش «چریک‌های فدایی خلق» روبرو می‌شویم، نه به آن خاطر که اعلان جنگ دهیم، بلکه به این منظور است که هشداری دوستانه داده شود، چراکه آثار نظریشان نه تنها به درستی و برایی کارهای عملیشان نیست، سردرگمی و آشفتگی فکری در آن موج می‌زند. و این، شایستهٔ یک جنبش پیشاهنگ نیست.

شکی نیست که «چریک‌های فدایی خلق» مبتکر و پیشگام برّنده‌ترین گونهٔ پیکار ــ یعنی ستیزهٔ مسلحانه ــ در این سرزمین‌اند. و درست به همین علت است که آنچه از ایشان انتظار می‌رود، در حد یک جنبش پیشگام است و نه کمتر. و لیکن برای آنکه این بررسی انتقادی از دوستانه‌ترین موضع انجام گرفته باشد،(۱) نخست پیش‌فرض‌های زیر را می‌پذیریم:

۱. «چریک‌های فدایی خلق»، همان‌سان که خود می‌گویند کمونیست‌اند.

۲. انتقاد اصولی ایشان به حزب توده و همگی احزاب و گروه‌های سیاسی گذشته (و درگذشته) درست و به‌جاست.

۳. برای اینکه هیچ‌گون سوءِتفاهمی مجال خودنمایی نداشته باشد، و این پندار نادرست پیش نیاید که ما می‌خواهیم به این وسیله در زمینهٔ دانش نظری و فلسفهٔ کمونیسم ابراز وجود یا ادعایی کنیم، آگاهانه و با وجدانی آسوده می‌پذیریم که ما کمونیست نیستیم لیکن به شناخت مارکسیسم شیفتگی داریم. بنابراین، خرده‌گیری ما نه از موضع یک «سوپرکمونیست» یا یک تئوریسین قهار بلکه از سنگر یک رهرو علاقه‌مند به عمل می‌آید.

و برای اینکه بدین‌سان گرفتار «انتقاد»های تنگ‌نظرانهٔ نوع توده‌ایستی نشویم که، نخست برادری‌ات را ثابت کن و سپس مطالبهٔ ارث کن، از هم‌اکنون پاسخ داده می‌شود که لازمهٔ خرده‌گیری آن نیست که منتقد، مجتهد جامع‌الشرایط باشد. هر کس می‌تواند و حتی وظیفه دارد که در حد توانایی خود نارسایی‌ها و ایرادهایی را که به نظرش می‌رسد، بازگو کند تا اگر درست بود، نقطهٔ ضعف از میان برداشته شود و اگر درست نبود، شیوهٔ اندیشه و نحوهٔ دید خودش اصلاح شود. افزون بر این، مثلاً به یک منتقد سینمایی که فیلمی را نقد می‌کند و حتی آن را می‌کوبد، شما نمی‌توانید ایراد بگیرید که اگر مردی، خودت می‌خواستی بهترش را بسازی. این‌گون استدلال‌های کاذب، لجبازی کودکانه است و به‌راستی که در خور همان «حزب کبیر»ی است که خود را نمایندهٔ انحصاری کمونیسم بین‌المللی با «مسئولیت محدود» و نیز نمایندهٔ انحصاری طبقهٔ کارگر در ایران با اختیارات نامحدود می‌داند. استدلال ما، سهل و ساده، چنین است:

مرد باید که گیرد اندر گوش ورنوشته‌ست پند بر دیوار

۴. به‌هیچ‌رو ادعا نمی‌شود که همگی انتقادات ما موبه‌مو درست و به‌مانند وحی منزل است. پس، از انتقاد متقابل و پاسخ، نه تنها رو ترش نمی‌کنیم، [بلکه] آن را با منتهای گشاده‌رویی هم پذیراییم.

۵. به‌تجربه ثابت شده است که هر اندیشه‌ای، به محض آنکه در ساختمان واژه‌ها بازگو شود، قابلیت تفسیری از منهای بی‌نهایت تا به‌علاوهٔ بی‌نهایت پیدا می‌کند. احزاب، گروه‌ها، کانون‌ها و جرگه‌هایی که امروز خود را کمونیست و سوسیالیست و مارکسیست و... می‌خوانند، همه به گفته‌های مارکس و انگلس و لنین و دیگران استناد می‌کنند و برای اثبات نظرشان ــ که با یکدیگر فرق و چه بسا تضاد دارد ــ از آن بزرگواران آیه می‌آورند و روایت می‌کنند. سخن یکی است لیکن برداشت‌ها و تعبیرها گوناگونند. پس ما صادقانه این سنت آیه‌آوردن و روایت‌کردن از زبان بزرگان را که به حل هیچ مسئله‌ای کمک نمی‌کند، می‌شکنیم و روراست، برداشت خودمان را معیار داوری قرار می‌دهیم. و اگر در این برداشت ضعفی وجود داشته باشد، طبیعی است که همهٔ مسئولیتش با ماست، ولی، به هررو، در این بحث به‌عمد از اخبار و روایات کلیشه‌ای که به‌ناچار کار را به بحث‌های آخوندی می‌کشاند و هدف بحث را در جدل‌های بیهوده از میان می‌برد، خودداری می‌کنیم. اگر ساحت مقدس آکادمیسم از این بدعت، خود را اهانت‌شده بینگارد، با لباس غیررسمی پوزش می‌خواهیم و خواهیم گفت که غرض آن است که مسئله‌ای روشن شود، نه که تشریفاتی با آداب و رسوم سنتی انجام پذیرد.

آثاری از «چریک‌های فدایی خلق» که جنبهٔ نظری دارد و در اینجا با فشردگی هرچه بیشتر به بررسی گرفته شده است عبارتند از:

۱. ***مبارزهٔ مسلحانه، هم استراتژی و هم تاکتیک***، نظر به اهمیتی که خود «فداییان»(۲) برای این اثر قایل شده‌اند، بیشتر توجه ما به آن خواهد بود.

۲. ***آنچه باید یک انقلابی بداند***، که نظر به فراوانی مسائلی که در آن مطرح است، مورد توجه و استناد بسیار خواهد بود.

۳. ***رد تئوری بقاء*** که حرف زیادی دربارهٔ آن نداریم و روی‌هم‌رفته محتوای آن را درست می‌دانیم. و اگر ایرادی هم باشد، به خود نوشته نیست، به اظهارنظرهایی است که گروه به آن افزوده است و به هررو، در این بحث که ویژهٔ مسائل عمده است، آن را کنار می‌گذاریم.

۴. همچنین به‌عمد بحث شهید دلیر علی‌رضا نابدل را دربارهٔ مسئله ملیت‌ها، از این بررسی جدا می‌کنیم، چراکه درواقع دامنهٔ آن به پهناوری دو اثر بالا نیست و بنابراین در یک بحث کلی جای زیادی ندارد. با این‌همه، باید یادآوری کرد که اظهارنظرهای کلی آن را، تاکتیکی روی‌هم‌رفته سنجیده و درست می‌دانیم.

الف) اهمیت تئوری

تا آنجاکه ما می‌دانیم، همهٔ کمونیست‌ها، از آنجاکه به فلسفهٔ پراکسیس، یا یگانگی دیالکتیکی نظر و عمل باور دارند، دست‌کم در حرف، اهمیت «تئوری» را می‌پذیرند. منتها، برخی از «تئوری» برداشتی ساده‌گرایانه دارند و برخی دیگر با آن برخورد فلسفی پیدا می‌کنند. به هررو، نه آنان و نه اینان، هیچ‌گاه اهمیت تئوری را منکر نبوده‌اند. به‌راستی هم اگر بپذیریم که یک جنبش انقلابی کمونیستی، به هر گستردگی و دامنه‌ای باشد، از تئوری بی‌نیاز است و یگانه رسالتش، برداشتن سلاح و نبرد برای به دست‌آوردن قدرت است، آنگاه باید یکی از دو توضیح زیر را به‌ناچار باور کنیم:

۱. یا مسئله، «تئوری» **یک‌بار برای همیشه** حل شده و آنچه گفتنی بود، گفته‌اند و دیگر نیازی به پی‌گیری و بررسی و اندیشه در آنها نیست. و طبیعی است که چنین برداشتی هرچه باشد کمونیستی نیست و هرچه نباشد، یکپارچه مذهبی است.

۲. یا اینکه جنبش انقلابی مطلقاً نیاز به عمل دارد و تئوری به درد اندیشمندان گوشه‌نشین و یا روشنفکران میخانه‌ای و دست‌بالا روشنفکران سالنی می‌خورد. آشکار است که این برداشت هم ناکمونیستی و حتی ضدکمونیستی است، چراکه اگر عمل سنگ محک تئوری است، متقابلاً تئوری نیز راهنمای عمل است. عمل بی‌نظر، اقدامی کورکورانه و ناآگاهانه و خودانگیخته بیش نیست. لیکن عمل کمونیست‌ها نه کور است و نه ناآگاهانه و خودانگیخته. پس، چنین برخوردی با تئوری، هرچه هست کمونیستی نیست.

امّا یادآوری این نکته خالی از فایده نیست که این شیوهٔ برخورد، امروزه در جهان در میان بسیاری از گروه‌های عمل‌کننده که خود را کمونیست می‌خوانند، رایج و حتی سخت رایج است. دلیلش آن است که این‌گون گروه‌ها پهنهٔ دید خود را تا آنجا محدود کرده‌اند که تسخیر قدرت سیاسی یا حتی واژگونی نظم موجود را یگانه هدف خود برگزیده‌اند و به‌راستی به‌گونه‌ای ناخودآگاه، رسالت رهایی‌بخشی خود را به‌نوعی مبارزهٔ «انتقام‌جویانه» خلاصه کرده‌اند. و با اندوه تمام باید اعتراف کرد که آن‌سان که از قرائن پیداست، چنین جریانی به درون جنبش فداییان خلق نیز رخنه کرده است.(۳) چراکه در ***مبارزهٔ مسلحانه***(۴) می‌خوانیم:

> کافی است نگاهی به اسناد جنبش کمونیستی بیفکنیم تا کم‌شدن اهمیت تئوری را در مقایسه با مبارزهٔ سیاسی عملی دریابیم: ***کاپیتال***، ***آنتی‌دورینگ***، ***چه باید کرد؟***، ***دموکراسی نوین*** و غیره. خلاصه ما در جنبش کمونیستی بین‌المللی امروز که اساساً در کشورهای زیر سلطه جریان دارد، کمتر با آثار تئوریکی نظیر ***کاپیتال***، ***آنتی‌دورینگ*** یا ***ماتریالیسم*** و

> **آمپریوکریتیسیسم** روبرو می‌شویم. آیا این امر مبین آن نیست که از نقطه‌نظر تئوری ناب، جنبش بین‌المللی کمونیستی... نه فرصت و نه نیاز آن را دارد که به کار پردازد؟ (ص‌ص ۹۵ـ۹۶)

از آنجاکه در مواردی بسیار گروه خود را موظف دانسته است که با افزودن ته‌نویس‌هایی در پایان کتاب نظر نویسنده را اصلاح کند و یا اختلاف نظر جمع را با نویسنده تذکر دهد، و در این زمینه نیز یادداشت توجیه‌گرانه و تأییدآمیزی را افزوده است، و از این هم بالاتر، گروه در مقدمه‌ای که به کتاب نوشته است، با این جملات اغراق‌آمیز از آن یاد می‌کند:

> در چنین شرایطی بود که رفیق احمدزاده با اثر درخشانش، ***مبارزهٔ مسلحانه، هم استراتژی هم تاکتیک*** توانست این امر مهم (یعنی تدوین تئوری انقلاب ایران) را به شایستگی به انجام رساند.

و یا

> این اثر رودِ پرخروشی است که در بستر مشیء انقلابی تاریخی خلقمان جریان یافته و زباله‌های گندیدهٔ اپورتونیسم را از این بستر روییده و پاک کرده است.

و بدین‌سان، همگی انتقادهایی که بر نویسنده وارد است، به اضعاف مضاعف به گروه هم وارد است، زیرا اگر یک تن، هرچند نقشش حساس باشد، اشتباه کند، طبعاً جنبش از این اشتباه زیان خواهد دید، ولی این زیان جبران‌ناپذیر نخواهد بود، لیکن اگر یک گروه، یک گروه پیشگام، به‌یکباره اشتباه کند، آنگاه زیانش برای جنبش سخت مرگبار خواهد بود.

به‌هررو، ما در اینجا انتقادهای خود را به گونهٔ برخی پرسش‌ها مطرح می‌کنیم تا پاسخ مشخصی که گروه، احتمالاً به آن خواهد داد، نظرش را دربارهٔ آن گفتار و ذهن دیگران را دربارهٔ خودش، بیش از پیش روشن کند:

۱. اصولاً کم‌شدن اهمیت تئوری در مقایسه با مبارزهٔ سیاسی عملی یعنی چه؟ مگر مبارزهٔ سیاسی **عملی** بدون تئوری هم ممکن، یا حتی قابل تصور است؟ آیا رابطهٔ تئوری با عمل چنین است که هرچه اهمیت عمل بیشتر شود، اهمیت نظر کمتر خواهد شد؟ یعنی رابطهٔ عمل و نظر، نه یک رابطهٔ دیالکتیکی بلکه یک رابطهٔ مکانیکی ساده و آن هم از نوع الاکلنگی است؟

۲. آیا جنبش بین‌المللی کمونیستی، **اساساً** در کشورهای زیر سلطه جریان دارد؟ آیا مقصود از «جنبش کمونیستی بین‌المللی» همان جنبش ضد امپریالیستی است؟ و پس، هر جنبش ضد امپریالیستی، یک جنبش کمونیستی است؟ یا جنبش طبقهٔ کارگر در کشورهای زیر سلطه

آن‌چنان دامن گرفته است که امروزه عمدهٔ جنبش بین‌المللی را تشکیل می‌دهد؟ آیا این‌گون داوری‌ها روییده از ذهنی‌گری مبالغه‌آمیز که ناشی از خیال‌پردازی فراوان باشد، نیست؟ و آیا کمیابی آثار تئوریک کمونیستی در کشورهای زیر سلطه، به‌عکس، خود دلیل آن نیست که جنبش‌های کارگری در این کشورها، چه از لحاظ عمل و چه از حیث نظر، از هر دو، هنوز اندر خم کوچهٔ اول‌اند؟

۳. آیا «تئوری ناب» که مفهومی ایده‌آلیستی است، در فلسفهٔ پراکسیس هم وجود دارد؟ آیا **کاپیتال** یک «تئوری ناب» است و تمام و کمال، فرآوردهٔ پندارها و تصورات ذهنی مارکس هیچ رابطه‌ای با واقعیت مادی و دنیای سرمایه‌داری ندارد؟ بر هیچ نوع تحلیل دقیق و بررسی موشکافانه‌ای از جوامع سرمایه‌داری دست‌کم آن روز اروپا استوار نیست؟ از هیچ آمار و ارقام دقیقی برای سرهم کردن این «تئوری ناب» کمک گرفته نشده است؟ آیا ماتریالیسم تاریخی یک «تئوری ناب» است؟ بر هیچ تحلیل عینی و مشخصی از تحول تاریخی جوامع آدمی استوار نیست؟ و سرانجام آیا بیرون‌کشیدن قوانین عام از بررسی و تحلیل موارد خاص است که گروه «تئوری ناب»ش می‌خواند؟ و در این صورت آیا معنی «تئوری» و «ناب» هر دو را عوضی نگرفته و یا قلب نکرده است؟

۴. آیا به‌راستی جنبش بین‌المللی کمونیستی **نه فرصت و نه نیاز** دارد که به کار تئوریک بپردازد؟ پس فرصت چه کاری را دارد؟ پس نیاز به چه دارد؟ آیا تنها فلسفه علمی سراپای تاریخ آدمی، اینک خودش را تا بدان اندازه بی‌نیاز و وقتش را تا بدان اندازه تنگ می‌بیند که فلسفه و علم، هر دو را به کناری انداخته است؟ پس، دیگر به چه اعتبار وجود دارد؟ یا آنکه فلسفه‌ای که سراسر اعلان جنگ به دگماتیسم یا خشکیده‌مغزی است، اینک خود را وحی لایتغیّر آسمانی می‌پندارد؟ پس، دیگر این مذهبِ بی‌خدا، مدعی کدام رسالت و یا پیام‌آور کدام بشارت است؟

و سرانجام، آیا همهٔ این سخنان در پست شمردن و دست‌کم‌گرفتن ارزش «تئوری» درست باید دراثری آمده باشد که به ادعای گروه، امر تدوین **تئوری** انقلاب ایران را به شایستگی به انجام رسانیده است؟

در همین اثر (ص ۹۷) باز هم آمده است:

> اینک محتوای انقلاب بیش از پیش روشن است... دشواری کار نه در تهیهٔ برنامهٔ انقلاب، تعیین اهداف انقلاب، شناخت نیروهای انقلاب و ضد انقلاب، بلکه در تعیین طرق و وسایلی قرار دارد که باید به کار گرفته شوند تا انقلاب را به پیروزی برسانند.

واژه‌ها و معنی‌ها دیگرگون شده‌اند؟ یا، ما دیوانه شده‌ایم؟ آیا دشواری کار آنجا است که پیروزمندانه به آن دست یافته‌اید و عمل می‌کنید؟ و نه در آنجا که چون گام در آن می‌نهید همه اشتباه و لغزش می‌کنید؟

برنامهٔ انقلاب، هدف‌های انقلاب، شناخت نیروهای انقلاب و ضد انقلاب را، همگی را مسائلی ساده و شاید حل‌شده می‌دانید؟ ادعای بزرگی است!

اگر گروه به‌راستی چنین می‌پندارد، پس، واقعیت امر از دو حال بیرون نیست: یا گروه فداییان یک‌شبه رهی چندصدساله رفته و به آنجا رسیده است که هیچ‌یک از گروه‌ها و دسته‌های پیشین و لاحق و آزموده و کارکشته، در سراسر جهان، به آن نرسیده‌اند؛ و یا اینکه مسائل بالا را چنان بدیهیات مسلمی انگاشته است که دیگر «نه فرصت و نه نیاز» جستجو و اندیشه دربارهٔ آنها هست. و برداشت ما این است که همین فرض دوم است که به احتمال نزدیک به یقین صحت دارد.

زیرا، هنگامی که گروه از قلم نویسندگان خود، گاه به‌ضرورت موضوع، می‌خواهد از این «بدیهیات» سخن براند، دچار آن‌چنان تناقض‌گویی حیرت‌افزایی می‌شود که خواننده، بی‌اراده نخست در شیوهٔ تحلیل مادی و سپس در آشنایی اولیهٔ اظهارنظرکنندگان با اصول نظری مکتب مورد پذیرش خود، سرانجام در آشنایی آنان از واقعیت محسوس عینی، شک می‌کند.

زیرا، طبیعی است که بررسی مادی هر مسئله، دو شرط دارد: یکی شناخت واقعیت و دیگری روش تحلیل مادی! اگر واقعیت را نشناسیم، روش تحلیل یا دستگاه منطقی‌مان نمی‌داند با مسئله‌ای که همهٔ اجزای آن مجهولند و هیچ معلومی در آن نیست، چه کند؛ مگر آنکه فرضیه به آن دهیم تا پاسخ‌های مشروط ــ ولی باز بدون ارتباط با واقعیت عینی ــ از آن بگیریم. و اگر روش تحلیلمان مادی نباشد، ولی واقعیات را بشناسیم، آنگاه یا در انبوه معلوماتی که نمی‌دانیم با آنها چگونه روبرو شویم، غرق خواهیم شد و یا آنها را به هرگون که خواستیم گل هم می‌کنیم و بر اساس همان داده‌ها، نه یک تحلیل بلکه ده‌ها و صدها تحلیل متفاوت و حتی متضاد بیرون می‌دهیم. حال اگر نه واقعیات را به‌درستی بدانیم و نه روش تحلیلمان مادی باشد، ولی به هر دلیل، ناگزیر باشیم چیزی بگوییم، در این صورت دشت بیکران تخیل و تصور از آن ماست:

هیچ ترتیبی و آدابی مجوی　　　هرچه می‌خواهد دل تنگت بگوی

به نظر چنین می‌رسد که شناخت گروه از واقعیات عینیِ حتی جامعهٔ ایران بسیار محدود و نارساست و روش تحلیل گروه نیز به عنوان یک روش مادی، دست‌کم جای حرف دارد.

البته، محدودیت اطلاعات دربارهٔ واقعیات عینی موجود گناه بزرگی نیست، به شرط آنکه به این نارسایی باور شود و کوشش در راه جبران آن به عمل آید. خدشه‌داربودن روش تحلیل را نیز می‌توان از ضعف‌های پرهیزناپذیر دوران آغازین رشد هر جنبشی دانست. پس، این کاستی هم اصلاح‌پذیر است، به شرط آنکه [به] موقع یعنی پیش از آنکه این روش خدشه‌دار به‌مانند روشی «علمی» و حتا تنها روش علمی جا بیفتد و تاب تحمل هیچ گونه انتقادی را نداشته باشد، با تلاشی صمیمانه و کمونیستی اصلاح شود.

چنان‌که یاد شد، گروه در کم‌بها دادن به تئوری و انکار نقش اساسی آن در جنبش عملی، به نظر ما اشتباه دردناکی می‌کند. حال نتایج آن اشتباه را در تحلیل‌های گروه بررسی کنیم:

ب) در شناخت واقعیت موجود

تحلیل طبقاتی از جامعهٔ ایران، ما را به چه نتایجی می‌رساند؟ طبقه یا طبقات حاکم کدامند؟ طبقه یا طبقات محکوم کدام؟ «انقلاب سفید» چه تغییری در سیمای طبقاتی جامعهٔ ایران داده ــ یا نداده ــ است؟ هیأت حاکمه نمایندهٔ کدام طبقه یا طبقات است؟ رابطه‌اش با طبقه یا طبقات فرمانروا و با امپریالیسم چیست؟ شیوهٔ تولید مسلط در جامعهٔ ایران کدام است؟ قدرت سیاسی را که در دست دارد؟ و خلاصه، جنبش انقلابی با که، و علیه که موضع گرفته است؟

اینها پرسش‌هایی است که تا پاسخ درست و قابل پذیرش به آنها ندهیم، نمی‌توانیم ادعا کنیم که «محتوای انقلاب» برایمان روشن شده است. تهیهٔ برنامهٔ انقلاب، هدف‌های آن و شناخت نیروهای انقلاب و ضدانقلاب دیگر برایمان مشکلی نیست.

حال ببینیم که فداییان به این پرسش‌ها چگونه پاسخ داده‌اند:

> ما از یک طرف با یک **روبنای سیاسی بورژوازی، با قطع نفوذ و قدرت فئودال‌های محلی** مواجهیم و از طرف دیگر شاهد **استثمار** فئودالی می‌باشیم... **شیوهٔ تولید فئودالی** عوض می‌شود **بدون آنکه** در حاکمیت سیاسی **هیچ‌گونه** تغییری ایجاد شود. فئودالیسم **از میان** می‌رود درحالی‌که بورژوازی ملی هم بیش از پیش سرکوب می‌شود.(۵) (***مبارزهٔ مسلحانه***... مقدمه)

بدین‌سان:

۱. یک‌بار روبنای سیاسی بورژوایی است، ولی استثمار فئودالی همچنان ادامه دارد؛ یعنی که شیوهٔ تولید هنوز فئودالی است. اینکه شیوهٔ تولید فئودالی با کدام نیروی جادویی توان آن را دارد که روبنای خود را مبدل به روبنای بورژوایی کند، بر ما مجهول است. دست‌بالا می‌توان پذیرفت که هنگامی که شیوهٔ تولید عوض می‌شود، روابط اجتماعی کهن مدت‌ها در برابر روابط اجتماعی نوین پایداری می‌کند، ولی وارونهٔ آن بسیار بعید به نظر می‌رسد. بگذریم. فرض می‌کنیم (چون اینک بحث بر سر چگونگی این استحالهٔ ناممکن نیست) که امپریالیسم از جمله قدرت‌های نهفته و شگرفش یکی هم قدرت چشم‌بندی است و این تبدیل روابط روبنایی را امپریالیسم انجام می‌دهد. پس معجونی داریم که شیوهٔ تولیدش فئودالی است و روبنایش بورژوایی.

۲. لیکن بدون درنگ وضع دیگرگون می‌شود؛ یعنی **شیوهٔ تولید فئودالی** عوض می‌شود، بدون آنکه در **حاکمیت سیاسی هیچ گونه تغییری ایجاد شود!**

آیا این حرف‌ها را جدی بگیریم؟ آن هم از سوی یک گروه پیشگام؟ آن هم یک گروه پیشگام کمونیستی؟ آیا این سخنان به نقد هم نیازمند است؟ یا همان یادآوریش، بس است؟

ادامه می‌دهیم:

در مقیاس وسیعی سرمایه‌داری به وجود آمده است... (هک، ص ۳۰)

و در همان صفحه، منتها چند سطر پایین‌تر:

ارباب که واقعاً هنوز ارباب است.

و باز:

حقیقت را بخواهیم، این قدرت (یعنی آن قدرت اقتصادی که قدرت سیاسی دولت بازتاب آن است) امپریالیسم جهانی است. پایه‌های تسلط سیاسی فئودالیسم با انقلاب مشروطه سست شد و با **کودتای رضاخان فئودالیسم قدرت سیاسی را اساساً به امپریالیسم تفویض کرد...** فئودالیسم در حقیقت به فئودالیسم وابسته تبدیل شد... با بسط قدرت مرکزی و نفوذ امپریالیسم، فئودالیسم بیش از پیش از موضع قدرت بیرون انداخته شد. (هک، ص ۳۳)

لازم به یادآوری نیست که خود دستگاه هم چنین ادعایی ندارد که با کودتای رضاخان فئودالیسم قدرت سیاسی را از دست داد، و معتقد است که تا زمان «انقلاب سفید» قدرت همه در دست فئودال‌ها بود، لیکن گروه، یکبار در زمان رضاخان از آنها سلب قدرت می‌کند و یکبار عقیده دارد که ارباب هنوز همان ارباب است. بالاخره تکلیف چیست؟

چنین به نظر می‌رسد که مسئلهٔ فئودالیسم، شیوهٔ تولید فئودالی، روبنای جامعهٔ فئودالی و تغییر و تحول آنها به‌راستی روی دست گروه مانده است و نمی‌داند با آنها چه کند.

راستی آن است که از هنگامی که مائو در تحلیل جامعهٔ چین، این جامعه را نیمه‌مستعمره ـ نیمه‌فئودالی خواند، بسیاری از گروه‌های چپ و چپ‌رو، به‌ویژه در کشورهای ارتجاعی ـ استعمارزده که نمی‌توانستند واقعیت جامعه‌شان را دریابند و از سویی می‌دیدند که تحلیل‌های کلاسیک جوامع پیشرفته (امروزه: امپریالیستی) نیز پاسخگوی سیمای طبقاتی جوامع آنها نیست، ارشمیدس‌وار سراپا برهنه بیرون دویدند که، یافتم! یافتم! لیکن به‌راستی مائو سخن دشواری نگفته است و حتی

مسئلهٔ بدیعی را مطرح نکرده است. او همان حقیقتی را بازگو کرده است که در آثار مارکس و انگلس هم می‌توان اشاراتی به آن یافت. این حقیقت، همان رخنهٔ جوامع سرمایه‌داری پیشرفته در سرزمین‌هایی است که شیوه‌های تولید و روابط اجتماعی کهن بر آنها حکمفرماست لیکن شکافتن این نظر کلی و انطباق آن با ویژگی‌های هر جامعهٔ خاص، درست همان چیزی را لازم دارد که گویا «جنبش بین‌المللی کمونیستی نه فرصت و نه نیاز» پرداختن به آن را دارد.

مائو گفته است که:

> هدف عاجل چنین انقلابی (انقلاب بورژوادموکراتیک نوین) **قطع سلطهٔ امپریالیستی و نابودی فئودالیسم** است و هدف عاجل آن نابودی مالکیت خصوصی بورژوایی نیست
> (هک، ص ۴۷)

یعنی امپریالیسم و فئودالیسم را دو متحد دانسته است که انقلاب باید هر دو را از صحنه بیرون کند(۶) لیکن مائو نگفته است که اگر دولتی وابسته به امپریالیسم، خود برای ادامهٔ سلطهٔ امپریالیستی، به نابودکردن فئودالیسم کمر بست، یعنی خود علمدار مبارزهٔ با فئودالیسم شد، آن‌گاه تکلیف چیست؟ در این حال دیگر فرمول سحرآسای «نیمه‌مستعمره ـ نیمه‌فئودالی» هم مسئله‌ای را حل نمی‌کند. حال اگر فرصت و حوصلهٔ شناخت واقعیات را هم نداشته باشیم، در آن صورت ــ و فقط در آن صورت ــ است که ناچار می‌شویم پر بگوییم و هیچ نگوییم، یعنی به معنی درست کلمه، «تئوری ناب» ببافیم. گاه بگوییم که زیربنا جا مانده و روبنا تغییر کرده است و گاه وارونهٔ آن را بگوییم و... گاهی هم اصلاً هرگون تغییری را از بیخ منکر شویم:

> در این ماجرا («انقلاب سفید») **هیچ‌گونه** دگرگونی بنیادی روی نداده و ماهیت **سیاسی** دستگاه حاکمه تغییر نکرده است. (***آنچه باید یک انقلابی بداند....***)

و باز در همین رساله که هرگونه تغییری را منکر است، بخوانیم:

> **تحولات ضدفئودالی سال‌های اخیر** و رشد سریع بورژوازی وابسته، برنامهٔ اقتصادی و اجتماعی ملی را بی‌ارزش ساخته است. (هک)

کاری نداریم که اینجا به مقتضای قافیه، یعنی برای اثبات اینکه برنامه‌های اقتصادی و اجتماعی بورژوازی ملی دیگر اعتبار ندارد، به‌ناچار به «تحولات ضد فئودالی سال‌های اخیر و رشد سریع بورژوازی وابسته» اعتراف شده است. به خواننده هم کاری نداریم که از این دوگانه‌گویی‌ها، پریشان‌تر از پیش می‌شود. لیکن آخر خود گروه چه عقیده دارد؟ تغییری به وجود آمده، یا اصلاً نیامده است؟

آیا به گفتهٔ رساله «ماهیت سیاسی دستگاه حاکمه تغییری نکرده است»؟ ولی در همین رساله ــ و نه در جایی دیگر ــ از چنین تغییری سخن رفته است:

تا پیش از اصلاحات اخیر، دستگاه حاکمه از طرفی نمایندهٔ فئودال‌ها و کمپرادورها بود و از طرف دیگر همکار و کارگزار امپریالیسم... در حال حاضر قشر عالی بوروکراسی با طبقهٔ بورژوازی پیوند متقابل(۷) داشته، هردو از نظر اقتصادی و سیاسی با امپریالیسم جهانی بستگی دارند. (***آنچه باید...***(۸))

از این هم بالاتر، نویسنده با دست‌ودل‌بازی تمام، روابط طبقات گوناگون را هم به مقتضای قافیه، تغییر و تبدیل می‌دهد:

دیگر کارشکنی فئودال‌ها که **گاه و بی‌گاه** در راه منافع همپالکی خود (یعنی بورژوای کمپرادور) سنگ می‌انداخت، وجود ندارد. (هک)

یعنی رابطهٔ فئودالیسم و بورژوازی، رابطهٔ **دوهمپالکی** است؟ تضاد آنها، دو شیوهٔ تولید نیست؟ «سنگ‌اندازی گاه و بی‌گاه است؟ والله اعلم به حقایق الامور!

ولی گیریم که رشد سرمایه‌داری وابسته دیگر صحنه را از هرچه فئودال و رابطهٔ فئودالی است، پاک کرده و سنگرهای اصلی هیأت حاکمه و قدرت را هم به دست گرفته است. در این صورت آیا تازه می‌توان گفت:

در اینجا از نظر تاریخی، دهقانان **مثل قبل**، به عنوان **نیمه‌سرف** در یک کشور **نیمه‌مستعمره-نیمه‌فئودالی** متحد طبیعی و پیشوای خود را در پرولتاریای شهری جستجو می‌کنند. در حقیقت **به علت بسط سرمایه به روستاها** نزدیکی بیشتری میان پرولتاریا و دهقانان ایجاد شده است. (***مبارزهٔ مسلحانه...*** ص ۴۱)

نویسنده، خواسته است، بی‌آنکه لزومی داشته باشد، اصل عام و پذیرفته‌شده و بی‌گفتگویی را «ثابت کند». اینکه جز زیر رهبری پرولتاریا، امکان نجاتی برای دهقانان نیست لیکن برای این کار مقدماتی می‌چیند که همه چیز را به هم می‌ریزد. نخست فرض می‌کند آب از آب تکان نخورده و دهقانان **مثل قبل**، همان وضع **نیمه‌سرف** را دارند. سپس برای آنکه میان دهقانان و پرولتاریا همبستگی ایجاد کند، بی‌پروا به فرض نخست، می‌پذیرد که روابط ناشی از سرمایه، به روستاها نیز کشیده شده‌اند. پرسیدنی است که مگر اعلام اصل عام پیش‌گفته، بدون «اثبات» آن کافی نبود؟ مگر مدعیانی وجود دارند که به رهایی دهقانان به‌طور مستقل و بدون همبستگی با پرولتاریا، باور دارند؟ اگر چنین نیست، پس، این صغرا، کبراچینی چرا؟ آخر اگر سرمایه به روستا بسط یافته است که

دهقانان دیگر **مثل قبل**، نمی‌توانند **نیمه‌سرف** باشند و اگر دهقان هنوز نیمه‌سرف است، پس روابط سرمایه‌داری به روستا کشیده نشده است.

به‌راستی دوگانه‌گویی آن‌چنان فراوان است که خواننده دقت در محتوای عبارات را هم بیهوده می‌داند. چه، به هررو، هر معنی‌ای که از آن بگیرد و هر تعبیری که داشته باشد، به فاصلهٔ چند سطر تا چند صفحه به نقیض آن برمی‌خورد و مبهوت می‌ماند که بالاخره نظر نویسنده یا گروه کدام است؟ آیا به‌راستی موضوع مورد بررسی خود را می‌شناسد؟ آیا با الفاظ فئودال، کمپرادور، دولت، هیأت حاکمه و جز آن بازی نمی‌کند، بی‌آنکه چیزی را نفی یا اثبات ــ یا هم نفی و هم اثبات ــ کند؟ گروه عقیده دارد (باید گفت: از جمله عقیده دارد، چون در همین زمینه عقاید دیگری هم دارد) که در روستاها «شکل عمدهٔ مالکیت... همان خرده‌مالکی» است. (زیرنویس ۳، ص ۱۵۴ ***مبارزهٔ مسلحانه***) در ضمن عقیده دارد که «در بخش روستایی» (اکثریت محروم)، قسمت اعظم خرده‌مالکان و دهقانان بی‌آب و زمین جای دارند... (***آنچه باید...***) یعنی شکل عمدهٔ مالکیت به دست کسانی است که خودشان جزء اکثریت محروم جامعه‌اند! نگریسته می‌شود که بحث در محتوای جملات، مثلاً روشن‌کردن این مطلب که آیا شکل عمدهٔ مالکیت در روستاها به‌راستی خرده‌مالکی است یا خیر، اصلاً معنی‌ای ندارد، چراکه استدلال از ریشه خراب است.

حال ببینیم آن اقلیت حاکمی که دشمن این اکثریت محروم است، کیست؟ فئودالیسم است؟ سرمایه‌داری است؟ امپریالیسم است؟ نه! «دشمن اصلی ایشان (= خرده‌مالکان) بوروکراسی دولتی است». (***مبارزهٔ مسلحانه...***، ص ۳۱) از روند سخن پیداست که بوروکراسی دولتی هیولایی است مافوق طبقات، که فارغ از پیوندهای طبقاتی، با معدودی روابط دوستانه دارد و با بقیهٔ مردم روابطی دشمنانه! روابط دشمنانه‌اش را با خرده‌مالکان دیدیم، با دهقانان هم ببینیم:

> بدین ترتیب به‌اصطلاح، «انقلاب سفید»... با شدت بخشیدن به این تضاد (تضاد میان دهقانان و بوروکراسی دولتی و ماشین سرکوب‌کنندهٔ دولت) و آشکارترکردن آن، دهقانان را در امر شناخت دشمن واقعی و ماهیت آن کمک کرد. (***مبارزهٔ مسلحانه...*** ص ۴۰)

و با قشرها و طبقات شهری هم بنگریم:

> در اینجا، «انقلاب سفید»... درست در جهت سرکوبی هرچه بیشتر صنایع ملی، بورژوازی ملی و خرده‌بورژوازی صنعتگر و کاسبکار و تشدید هرچه بیشتر استعمار پرولتاریا، صورت می‌گرفت. (هک، ص ۴۱)

یعنی به‌طور صریح و آشکار، در شهر هم رشد سریع و قارچ‌گونهٔ یک «طبقهٔ متوسط» مرفه، گمنام و بی‌سیما، مصرف‌کننده، مفت‌خور و بی‌بندوباری را که دستگاه چیره از افتخارات خود می‌شمارد،

نمی‌بینیم. چون تصمیم گرفته‌ایم که بوروکراسی دولتی، همهٔ طبقات و قشرهای شهرنشین را به روز سیاه نشانده است.

بسیار خوب، حال ببینیم این بوروکراسی اداری به که نظر لطف دارد؟ آخر دیدیم که داستان تحلیل طبقاتی که از اصل منتفی است. پس، دست‌بالا باید از لطف و مرحمت گفتگو کرد:

> دستگاه حاکمه... به دنبال **بذل و بخشش صنایع و منافع عمومی به بخش خصوصی**، امر مهم تعلیم و تربیت را به زیان طبقات زحمتکش در اختیار سرمایه قرار داده و آن را به میدان سودجویی و بهره‌کشی کاسبکاران مبدل کرده است.(۹) (***آنچه باید...***)

> دستگاه حاکمه منابع مالی و صنعتی را به زیان زحمتکشان یعنی اکثریت ملت ایران، **به‌رایگان پیشکش بورژوازی** کرده **و به هر وسیله می‌کوشد** آن را به جامعه مسلط گرداند. (***آنچه باید...***)

اینکه آیا دولت در برابر بخش خصوصی رابطه‌اش همان رابطهٔ حاتم طائی است با فقرا و نیازمندان و آیا چیزی را **به‌رایگان** به بخش خصوصی بذل و بخشش کرده است یا نه، بحث مفصلی است که از آن می‌گذریم، چون در اینجا روشن‌کردن این موضع مراد ما نیست، لیکن می‌خواهیم بپرسیم مگر «دستگاه حاکمه» دیوانه است که **به هر وسیله** می‌کوشد کس دیگری را به جامعه مسلط کند، یعنی جانشین خود کند؟ و راستی را این سرمایه‌داری ــ سرمایه‌داری وابسته ــ چه رابطه‌ای با دولت دارد؟ خودش دولت است یا جزءِ دولت است؟

> خلاصهٔ کلام آنکه سرکوب‌کردن جنبش ترقی‌خواهانهٔ ملی کاملاً به سود بورژوازی است که **مشخص‌ترین** (؟) **جناح** حاکمهٔ امروز ایران است. (***آنچه باید...***)

(بپرسیم که نامشخص‌ترین جناح حاکمهٔ امروز کیست؟ یا ولش کنیم؟) آیا به‌راستی سخنان بالا درست است یا اینکه بورژوازی جزءِ دستگاه دولتی نیست، ولی با آن رابطهٔ دوستانه دارد؟

> بورژوازی... با **پیوند و همبستگی** با قشر عالی اداری و نظامی (این «قشر عالی» خودش جزءِ طبقه‌ای هست یا نیست؟) خزانهٔ عمومی را غارت می‌کنند... بورژوازی وابسته **دوشادوش** قشر بالایی بوروکراسی فساد اداری را دامن می‌زند. (هک، همان صفحه)

راستی را که عجب معمایی است این بورژوازی**!** زیرا:

> این بورژوازی... هرگز نمی‌تواند از جامعهٔ فعلی ما جامعه‌ای صنعتی با نظام سرمایه‌داری بسازد. (***آنچه باید...***)

پس از دستش چه برمی‌آید؟

> نه یک نظام سرمایه‌داری پیشرفته در انتظار ماست و نه راهی به سوسیالیسم گشوده شده است. ادامهٔ مسیر فعلی، جامعهٔ ما را تبدیل به یک جامعهٔ وابستهٔ کامل می‌کند. (هک)

آیا قرار بود که «این بورژوازی» راهی به سوسیالیسم بگشاید؟ آیا جامعهٔ ما را به جامعه‌ای امپریالیستی ــ و نه سرمایه‌داری پیشرفته ــ مبدل کند؟ به هررو، این جامعهٔ «وابستهٔ کامل» چه ماهیتی دارد؟ آیا دارای خصوصیات و روابط سرمایه‌داری هست یا نه؟ اگر هست که سرمایه‌داری است ــ و لزومی ندارد که حتماً نوع شناخته‌شدهٔ سرمایه‌داری ــ باشد. اگر نیست، پس چیست؟ چیز نوظهوری است که نه سرمایه‌داری است و نه سوسیالیستی؟ ولی از قرار پیدا، از این بورژوازی بُتّه‌مرده هیچ کاری برنمی‌آید، چون پس از پنجاه سال چریدن، دنبه‌اش را ببین:

> فراموش نکنیم که در پنجاه سال قبل، حتی بیست سال قبل صنایع بومی ایران که اساساً تولید کارگاهی عقب‌مانده بود، در تأمین بازار داخلی نقش مهم‌تری از نقش واقعی بورژوازی فعلی داشت. (هک)

یعنی بورژوازی، در آن روزگاران که شیوهٔ تولید و روابط اجتماعی و حاکمیت سیاسی، همه فئودالی بود، نقش مهم‌تر از بورژوازی امروز که همه چیز را قبضه کرده است، داشت؟ آیا این سخنان نامش تحلیل مارکسیستی است؟ و این سخنان چی؟:

> این بورژوازی وارث **تمام خصوصیات** سیاسی و اداری فئودالیسم است. (***آنچه باید...***)

و در پی آن:

> فساد اداری **نه یک بازماندهٔ فئودالیسم**، بلکه نتیجهٔ نظام وابستگی و **معلول خصوصیات بورژوازی** وابسته و دستگاه حاکمه است.(۱۰) (هک، همان صفحه)

و یا:

> دستگاه حاکمهٔ ایران مانند، همهٔ دستگاه‌های حاکمه، **علاوه بر** داشتن یک قشر اجتماعی مخصوص به خود، یعنی عناصر و گروه‌های دستگاه اداری و نظامی، **دارای وابستگی طبقاتی** است. (هک)

دست مریزاد! آیا بهتر از این می‌توان دانست که بحث قشر و طبقهٔ اجتماعی خارج از نیاز و حوصلهٔ جنبش است؟ بگذریم.

نه، نگذریم! خطای فلسفی خطایی نیست که به جنبش آسیب نرساند و زندگیش را تهدید نکند، خطای فلسفی به‌یکباره جنبش را ــ سراپای جنبش را ــ با سازوبرگ و تجهیزات، یکراست به کام نابودی می‌فرستد. شاید خشک‌اندیشانی پیدا شوند که بگویند: بگذار بفرستد، ضرورت تاریخی این مرحله از ستیزه‌ها چنین فرمان می‌دهد.

البته ما با چنین اندیشه‌هایی که ضرورت تاریخی را چنان تعبیر می‌کند که انگار: «قضای آسمان است این و دیگرگون نخواهد شد»، موافق نیستیم بلکه اعتقاد داریم تا زمانی که جنبش جهانی پرولتاریایی پشتوانه‌ای کافی از تجربه و عمل نداشت تا بیراهه‌ها را از راه بازشناسد، شاید اجتناب‌ناپذیر دانستن انحراف‌ها و کج‌روی‌ها توجیهی داشت، ولی اینک که این پشتوانه و پیشینهٔ تاریخی وجود دارد، بسیاری از کجروی‌ها و انحراف‌ها تجربه شده ــ هرچند هنوز به بررسی گرفته نشده و به دلایلی که در واپسین تحلیل، جز فرصت‌طلبی، صفتی دیگر نمی‌توان برایشان قائل شد ــ جمع‌بندی نشده‌اند، دیگر هیچ حزب، هیچ گروه و حتی هیچ عنصر کمونیستی حق ندارد به آنها توجه نکند و آزموده را دوباره بیازماید. چه، در این صورت، عمل جنبش به چه درد خورده است؟ به هیچ درد! چون حتی نتوانسته است برای پویندگان بعدی راه، تجربه‌ای باشد. پس، در اینجاست که به اهمیت اساسی عامل آگاهی می‌رسیم. و ما ابایی نداریم بگوییم که اهمیت این عامل در روند انقلاب، اگر بیش از هر یک از شرایط عینی نباشد، کمتر از هیچ‌یک از آنها هم نیست.(۱۱) و پی‌بردن به اهمیت این عامل را مدیون انقلاب فرهنگی چین هستیم که هرچه نداشت این شایستگی را داشت و همین شایستگی، اگر تنها نقطهٔ قوت آن هم بوده باشد، باز هم کافی‌ست تا تاریخ نفس آن را یکی از پربارترین تجربه‌های جنبش کارگری (همانند کمون پاریس) بداند. به اتکاء و به اعتبار همین عامل است که امروزه در مناطق وسیعی از جهان جنبش انقلابی کارگران وجود ندارد و یا در ابتدایی‌ترین مراحل رشد است، ولی جنبش کمونیستی، جنبش کارگری هست. و نه تنها هست بلکه برانگیزنده و پیشگام جنبش ضد امپریالیستی هم هست و سلاح به دست، امپریالیسم و ارتجاع را به نبرد می‌خواند. پس، خطای فلسفی، هولناک است، مرگبار است ولی اجتناب‌ناپذیر نیست. پس پرهیز کنیم!

در همان کتاب ***مبارزهٔ مسلحانه*** ص ۷۲ آمده است:

> ضرورت نقش آگاهانه و عمل پیشرو و انقلابی، درست به دلیل نقش روزافزون عامل آگاه ضد انقلاب، نه کمتر بلکه بیشتر شده است.

البته در این راه نمی‌توان نقش روزافزون عامل آگاه ضد انقلاب را تنها دلیل و حتی بزرگ‌ترین دلیل دانست. چه، در این صورت، آگاهی انقلابی را به حد واکنشی منفعل و ساده در برابر آگاهی ضد انقلابی پست کرده‌ایم. حال آنکه آگاهی انقلابی منفعل نیست، فعال است. کارپذیر نیست، کارگر

است. ولی این کاملاً درست است که نقش عامل آگاهی، نه کمتر که بیشتر و به‌مراتب بیشتر شده است.
لیکن هنگامی که می‌گوییم:

> کارگر **تنها پس از سال‌ها** مبارزهٔ خودبه‌خودی، اقتصادی صنفی، به‌تدریج آمادهٔ پذیرش مبارزهٔ سیاسی، آگاهی سیاسی، تشکیل سیاسی و حزبی می‌گردد... در شرایطی که کارگر ناگزیر در بند آب و نان خویش است، کارگر **نه امکان پذیرش** مبارزهٔ اساسی را دارد **و نه آن را می‌پذیرد**...(۱۲) (هک، ص ۶۳)

هم حکم نادرستی کرده‌ایم و هم آنچه را پیشتر دربارهٔ عامل آگاهی گفته بودیم، نقض کرده‌ایم.
درست است که طبقهٔ کارگر طی رشد تاریخی خود این راه را پیمود که پس از سال‌ها مبارزهٔ خودبه‌خودی (می‌توان گفت: غریزی) به مبارزات صنفی و اقتصادی و از آنجا به ستیزهٔ سیاسی کشیده شد، و در همین روند بود که ایدئولوژی خود را به وجود آورد و با آن، به‌سان شمشیری برّا، با جهان کهن به نبرد مرگ و زندگی برخاست، ولی اگر روند تاریخی رشد طبقهٔ کارگر چنین بوده است، دلیل آن نیست که از این پس نیز هر بخش از جنبش کارگری ناگزیر است گام به گام، درست جای پای پیشینیان خود پای بگذارد. تجربهٔ جنبش کارگری جهان یک گنجینهٔ عمومی است و قابل انتقال به هر بخش از این جنبش. آگاهی را می‌توان انتقال داد. و تربیت و آموزش نیز جز این انتقال آگاهی، معنی و هدفی ندارد.

ضعف تحلیل، بی‌سامانی واژه‌ها، کج‌روی اندیشه

در بالا دیدیم که گروه برای دانش نظری، یعنی در واپسین تحلیل، برای نتیجه‌گیری فلسفی، از همگی تجربه و عمل جنبش کارگری اهمیت زیادی قائل نیست، یا چنان عمل را از نظر جدا کرده و خود در دریای عمل فرو رفته، که اگر هم در حرف اهمیتی برای نظر قائل است، در عمل آن را رعایت نمی‌کند. و دیدیم که این ضعف بنیادین، چه به روز تفکر می‌آورد و حتی در مشاهده و شناخت واقعیات تا چه اندازه باعث سهل‌انگاری و غفلت می‌شود. طبیعی است که این بی‌پروایی به تئوری، در تحلیل‌ها و حتی کاربرد واژه‌ها هم منعکس است. مثلاً گروه در تحلیل علل شکست جنبش سیاهکل، در مقدمهٔ کتاب **مبارزهٔ مسلحانه** می‌گوید:

> تنها علتی که ما برای آن یافته‌ایم این است که رفقای کوه تصور نمی‌کردند که دشمن تا این حد حساسیت نشان دهد.

و پس:

> بدین‌ترتیب می‌توان نتیجه گرفت که شکست هستهٔ چریکی یک تصادف بود، تصادفی کاملاً اجتناب‌پذیر.

در نظر بگیریم در کشوری که بزرگ‌ترین افتخار هیأت حاکمه‌اش، آن است که تمامی صداهای مخالف را به‌زور خوابانده و آرامش گورستانی به کشور داده و به اعتبار این «ثبات و آرامش» نظر تحسین‌آمیز امپریالیسم و همگی توله‌سگ‌های محافظ استعمار در منطقه را به خود جلب کرده است، آری در چنین کشوری، یک گروه ازجان‌گذشته و فدایی، سلاح به دست به پا خیزد تا افسانهٔ شکست‌ناپذیری ارتجاع و ناتوانی خلق را برای مردم ستمدیده نقش بر آب کند و از این راه به‌طور مستقیم حیات یا ادامهٔ حیات دشمن را به خطر اندازد؛ آیا در چنین شرایطی تصور اینکه دشمن «تا این حد حساسیت نشان دهد» کار دشواری است؟ آیا اندیشهٔ دوردستی است که در این رویارویی، دشمن با همهٔ نیرو با هر وسیله، بر آنان خواهد تاخت تا در منطقه نابودشان کند؟ اینکه دیگر «تئوری ناب» نیست. هست؟ این، یکی از ابتدایی‌ترین اصولی است که ضد انقلاب در سراسر جهان **عملاً** به کار برده و می‌برد و هیچ کس هم بهتر از خود فداییان از آن آگاه نیست. پس، آیا این غفلت، اشتباه ـ اشتباهی فاجعه‌بار ـ نیست؟ اگر هست، پس، تصادف کجاست؟

اگر چریک‌ها به‌هنگام گذشتن از کوه یا دشت، دچار صاعقه می‌شدند، یا سنگی آسمانی بر سرشان فرو می‌افتاد، آنگاه این ادعا که تنها تصادف علت شکست آنها بوده است، درست بود، ولی

اگر این علت شکست، نشناختن، یا شناختن و توجه‌نکردن به روحیهٔ ضد انقلاب، غفلت از ابتدایی‌ترین اصول سیاست ضد انقلاب در درگیری با نیروهای انقلاب در هر گوشه از جهان ــ یعنی تاخت با همهٔ نیرو به نطفهٔ اولیه و برای نابودکردن آن ــ باشد، آیا باز هم تصادف است؟

گیریم که تصادف بود! مگر تصادف اجتناب‌پذیر هم وجود دارد؟ تصادف، درست به علت آنکه قابل پیش‌بینی نیست، «تصادف» است و هم از این‌رو اجتناب‌ناپذیر. «تصادف» اگر اجتناب‌ناپذیر ــ آن هم کاملاً اجتناب‌پذیر ــ باشد که دیگر تصادف نیست، عملی است قابل پیش‌بینی و قابل محاسبه، و به همین علت قابل پرهیز.

در تحلیل دیگری از سازمان‌های سیاسی کنونی و مبارزات گذشتهٔ آنها، دربارهٔ حزب توده چنین داوری شده است:

> همین ضعف رهبری به نوبهٔ خود باعث شد که... حیثیت خود را بین توده‌ها، به‌خصوص در قشر بزرگ خرده‌بورژوازی از دست بدهد. از سوی دیگر بی‌تجربگی طبقهٔ کارگر ایران و وسعت قشرهای خرده‌بورژوازی باعث شد که حزب توده، علی‌رغم ایدئولوژی خود، به جولانگاه تمایلات خرده‌بورژوازی و... دچار شود. (***آنچه باید...***)

یعنی ضعف رهبری، حیثیت آن را «به‌خصوص در قشر بزرگ خرده‌بورژوازی» از بین برد. انگار قرار بود این حزب در میان خرده‌بورژوازی حیثیت داشته باشد، نه در میان طبقهٔ کارگر!

آنگاه که می‌گوییم حزب ــ حزبی که به ادعای خودش نه تنها مدافع بلکه نمایندهٔ طبقهٔ کارگر است ــ حیثیت خود را از دست داد، این سخن صرفاً از سنگر کارگری معنی دارد. معنی‌اش آن است که از مرام کارگری منحرف شد و به طبقهٔ کارگر پشت کرد، نه اینکه به خواست‌های خرده‌بورژوازی پاسخ نداد. طبیعی است انحراف رایج در احزابی از مایهٔ حزب توده، بریدن از آرمان پرولتاریا بوده و هست، ولی باید توجه داشت که با این انحراف، حزب حیثیت خود را در میان خرده‌بورژواها از دست نمی‌دهد، صدچندان هم می‌کند. و درست به همین دلیل هم هست که جولانگاه تمایلات خرده‌بورژوایی می‌شود و مورد پیشواز خرده‌بورژواها قرار می‌گیرد. آیا نویسنده و گروه باید به بدیهی‌ترین ملاحظات نظری تا به این اندازه بی‌اعتنا باشند؟

و تازه، دانستنی است که، به هررو، حزب توده، حیثیت خود را در قشر بزرگ خرده‌بورژوازی از دست داد، یا اینکه «به جولانگاه تمایلات خرده‌بورژوازی دچار شد»؟

در همین بخش از رساله گفته شده است:

> احزاب و دستجات جبههٔ ملی، اگر بخواهند در جنبش آزادی‌بخش ملی نقش مهمی ایفا کنند، باید... به توده‌های زحمتکش نزدیک شده، آرمان‌های لیبرال ناسیونالیستی خود را به آرمان‌های دموکراتیک مبدل سازند.

ما نمی‌دانیم آرمان‌های «لیبرال ناسیونالیستی» چیست و با آرمان‌های «دموکراتیک» چه تفاوتی دارد، ولی می‌دانیم که جبههٔ ملی در آغاز کار، با شعار ضد امپریالیستی ــ ملی‌کردن صنعت نفت در سراسر کشور ــ گام به میدان نهاد و تا به آخر نیز از این خواست، همراه با طلب پاره‌ای آزادی‌های دموکراتیک مانند آزادی انتخابات، آزادی بیان و اجتماعات و اجرای قانون اساسی، سر می‌پیچید. بیش از این هم نه ادعا داشت و نه اگر ادعا می‌کرد، کار او بود. اینکه این خواست‌ها یا آرمان‌ها صفتش «لیبرال ناسیونالیستی» است یا «دموکراتیک»، اصلاً مورد ندارد ــ دعوا بر سر نام‌گذاری نیست، لیکن آن‌گاه که به اظهار نظرهای همین رساله نگاه می‌کنیم، می‌بینیم خودش هم سخنی بیشتر از یک سازمان بورژوا ـ دموکراتیک ندارد. مثلاً:

> به هزار نیرنگ می‌کوشند انحطاط جوامع غرب استعماری را به جوانان ما سرایت دهند. می‌خواهند... **رسالت تاریخی نسل جوان** را منتفی سازند. (***آنچه باید...***)

به جای گفتگو از رسالت تاریخی طبقه، سخن از رسالت تاریخی نسل جوان می‌رود. و اگر بپرسیم رسالت «نسل جوان» کدام است، پاسخ می‌شنویم:

> رسالت تاریخی نسل جوان این است که برای پایان‌دادن به بیدادگری قرون به پاخیزد و جامعه‌ای مترقی و پیشرو به وجود آورد. (هک)

آیا در این زمینهٔ فکری، دیگر نمی‌توان پرسید که پس طبقات اجتماعی چه می‌شوند؟ آرمان‌های محافظه‌کارانه و انقلابی چگونه با هم کنار می‌آیند؟ چون:

> با همهٔ اینها، می‌دانیم که مبارزه و تمایل انقلابی اموری نیست که بتوان آن را به انحصار طرز تفکر خاصی درآورد. طرز تفکر انقلابی یعنی اعتقاد به حاکمیت توده‌ها و قلع و قمع نیروهای مرتجع جامعه. (هک)

حتی اصطلاحاتی که به کار برده شده، عین اصطلاحات مورد استفادهٔ بورژوا ـ دموکرات‌هاست:

> **طبقهٔ محروم ستمکش** یعنی اکثریت ملت ایران... (هک)
> ما قصد داریم که **شخصیت ملی** خود را همراه **با تکنولوژی غرب** به دست آورده و با قرارگرفتن **در صف اول پیشرفت** و ترقی **به فرهنگ جهان** کمک کنیم. (هک)

حتی گاه آنچه گفته شد نه تنها پیشرو نیست، بوی نوعی آرزوی بازگشت به عقب را هم می‌دهد:

در جامعهٔ کهن، اقلیت استثمارکننده و حتی عالی‌ترین مظاهر اشرافیت فئودالی با اکثریت محروم، وحدت فرهنگی داشتند. بدین صورت که اکثریت محروم در عین عقب‌ماندگی و کمبودهای فرهنگی، در فرهنگ طبقات عالی جامعه اشتراک داشت. محرومان و مرفهان، هر دو آداب و رسوم و ارزش‌های واحدی را می‌شناختند. غیرت و ناموس و عفت برای همهٔ جامعه مفاهیم مشترکی داشت... (هک)

ما نمی‌خواهیم در اینجا دربارهٔ مفاهیم غیرت و ناموس و عفت، که به‌مانند مثال آورده شده است، گفتگو کنیم و نشان دهیم که همهٔ این مفاهیم تلطیف‌شده و انتزاعی، هیچ‌گاه چیزی جز شاخ و برگ‌های درخت تنومند مالکیت خصوصی نبوده‌اند؛ اینک سخن در چگونگی پیدایش این قبیل مفاهیم اخلاقی در رابطه با نوع مالکیت مطرح نیست، ولی همین جا می‌خواهیم این نکتهٔ آشکارتر از روز را باز یادآور شویم که: فرهنگ مسلط بر هر جامعه، فرهنگ طبقهٔ چیره بر آن جامعه است. و یادآور شویم که دورهٔ فئودالی، درست دوره‌ای بود که در آن انحصار فرهنگی به شدیدترین وجه وجود داشت. و اگر طبقه‌ای در جهان پیدا شد که این انحصار هولناک فرهنگی را به‌سختی برانداخت، همانا بورژوازی بود. لیکن تحمیل ارزش‌های فرهنگی و اخلاقی از سوی طبقهٔ چیره به طبقات زیر فرمان، یک حرف است و «اشتراک‌داشتن» در فرهنگ، حرفی دیگر! شما می‌توانید این تسلط را تحمیل یا تحمیق هم بنامید. ولی به‌هیچ‌رو نمی‌توانید نام اشتراک فرهنگی بر آن بگذارید. عین همین تحمیل را کشورهای استعمارگر هم به مردم مستعمرات خود کردند. تا همین اواخر، کودکان سیاه‌پوست مستعمرات افریقایی، مثلاً فرانسه، همانند کودکان فرانسوی در کتاب‌های درسی‌شان می‌خواندند: اجداد ما، مردم سرزمین گل، موهایی طلایی و چشمان آبی داشتند! ولی آیا این دلیل اشتراک فرهنگی است؟

و اصولاً غم غربت برای دوره‌های سپری‌شده چرا؟ بازگشت به عصر حجر چرا؟ آیا این یک برخورد کمونیستی و حتی پیشروانه است که در برابر جهانی که امروز از سوی امپریالیسم به گند کشیده شده است، در آرزوی دوره‌ای که امپریالیسم وجود نداشت، آه حسرت بکشیم؟

در رساله آمده است:

جامعهٔ محروم، وارث بالقوهٔ **فرهنگ ملی** است. نداشتن رابطه با جامعهٔ غرب استعماری موجب شد که ارزش‌ها و آداب **و اخلاق ملی** در این جامعه ادامه یافته و ارزش‌های غرب نتواند به‌راحتی در آن رسوخ یابد. جامعهٔ محروم علی‌رغم عقب‌ماندگی تربیتی و آموزشی دارای سجایای اجتماعی مثبتی است که **انسان‌دوستی، وطن‌پرستی و همدردی طبقاتی** اساس آن است. نمونهٔ فرد جامعهٔ محروم، **کارگر یا دهقانی است که پایبند خانواده، شرافت و عزت نفس** خود است. (هک)

کدام فرهنگ ملی؟ کدام ارزش‌ها و آداب و اخلاق ملی؟ مگر فرهنگ، طبقاتی نیست؟ مگر ارزش‌ها طبقاتی نیستند؟ مگر آداب و اخلاق، خصلت طبقاتی ندارند؟ همهٔ اینها به کنار. می‌پرسیم آیا یک بورژوا ـ دموکرات کمتر از این هم می‌گوید؟ به‌هیچ‌رو، که بیشتر و بهتر هم می‌گوید و پیشتر هم می‌رود. اصطلاح «همدردی طبقاتی» نیز نه در اینجا و نه در جاهای دیگر رساله، هیچ‌گونه بار مارکسیستی ندارد. به جای همدردی طبقاتی، می‌توان نوع‌دوستی یا هر اصطلاح دیگر از این مایه را قرار داد، معنی فرق نمی‌کند. زمینهٔ بحث چنان است که «طبقه» و «طبقاتی» اصطلاحاتی زیادی و بیهوده به نظر می‌رسند. و اصولاً بر این رساله آنچه حاکم نیست، یک دید طبقاتی است. باز هم نمونه:

> در حال حاضر کارگران، یعنی **مستعدترین** نیروی انقلاب توده‌ای در ناامیدی و بی‌سازمانی به سر می‌برند. کارگران و دیگر زحمتکشان شهر باید مطمئن شوند که **جنبش روشنفکران** هدفی جز رهایی آنها و حاکمیت زحمتکشان ندارد. جنبش باید... به زندگیِ زحمتکشان توجه مخصوص مبذول دارد. (*آنچه باید...*)

آیا معنی آشکار این جملات آن نیست که جنبش هرچه هست و هر اندازه سرشار از حسن نیت دربارهٔ کارگران و زحمتکشان است، به‌هررو، خود گوهری کارگری ندارد؟

هنگامی که به جستجوی پاسخ برمی‌آییم، در همین زمینه به مطلب گیج‌کنندهٔ دیگری برمی‌خوریم که در بهترین صورت، تنها نشان‌دهندهٔ ژولیدگی اندیشهٔ نویسنده است:

> **روشنفکران جوان**، بالفعل‌ترین نیروی جنبش‌اند... آگاهی‌های سیاسی و تأثیرپذیری جهانی به روشنفکران جهان که **قشر متحرکی** (؟) **از خرده‌بورژوازی شهر** به شمار می‌روند امکان می‌دهد که در کوتاه‌ترین مدت به جنبش روی آورند. (هک)

آیا از این پوست‌کنده‌تر می‌توان گفت که جنبش نهاد کارگری ندارد و جنبش خرده‌بورژوایی است؟ ولی ما در آغاز فرض کردیم که جنبش فداییان یک جنبش کمونیستی است. آیا فرض ما نادرست بود؟ به هررو، جواب هرچه باشد، آشفته‌اندیشی حاکم بر رساله، از اندیشهٔ یک خرده‌بورژوازی «متحرک»(!) هیچ چیز کم ندارد، زیرا به دنبال جملات بالاست که می‌خوانیم:

> این **نیروی جوان تمام** صفات و خصوصیات لازم را برای شروع حرکت دارد... **مهم‌ترین نقص** سیاسی این نیرو **نداشتن سازمان‌های رهبری و طرز تفکر روشن انقلابی** است. روشنفکران جوان از **نقش** مهم نیروهای زحمتکش در تحقق انقلاب **بی‌خبرند** و فراموش می‌کنند که آنها فقط می‌توانند **چاشنی و دینامیت** انقلاب باشند، **نه همهٔ قدرت انفجار.** (هک)

صرف‌نظر از اینکه اصطلاح‌های به‌کاررفته و حتی استعاره‌ها به جای آنکه اصطلاحات سیاسی باشد، یکسر اصطلاحات نظامی است، اصولاً این معما پیش می‌آید که چگونه «نیروی جوان **تمام** صفات و خصوصیات لازم را برای «شروع حرکت» دارد، ولی رهبری ندارد؛ طرز تفکر انقلابی روشن ندارد. از نقش زحمتکشان هم بی‌خبر است و... پس این «تمام خصوصیات» چیست که آگاهی و رهبری و طرز فکر انقلابی را شامل نمی‌شود؟ فقط یک پاسخ معقول بر این پرسش متصور است: خصوصیات جسمانی یک سرباز! یعنی ورزیدگی اندام، مقاومت جسمانی در برابر ناملایمات، نفس‌داشتن، خستگی‌ناپذیری و... آیا غیر از این است؟ و آیا این امر نشانهٔ آن نیست که گروه چریکی، که می‌بایست به معنی دقیق کلمه گروهی سیاسی ــ با همهٔ مشخصات یک سازمان سیاسی پیشگام، ازجمله دارای تحرک و خصلت نظامی ــ باشد، به سوی نظامیگری افراطی می‌گراید؟ اگر پاسخ مثبت است، باید از هم‌اکنون در اندیشهٔ چاره بود؛ باید از هم‌اکنون نیاز و حوصله و فرصت جنبش را به درک فلسفی مکتبی که ادعای پیروی از آن می‌رود، برانگیخت. فردا همین فردای خورشیدی، و نه فردای تاریخی، دیگر خیلی دیر است. و اگر پاسخ منفی است که چه بهتر. ما نگرانی‌ای داشتیم که وظیفهٔ وجدانی خود می‌دانستیم که آن را در میان گذاریم.

البته نشان‌های دیگری هم از این گرایش، اینجا و آنجا به چشم می‌خورد. مثلاً در کتاب ***مبارزهٔ مسلحانه*** به نقل از رژیس دبره می‌خوانیم:

> هر خط‌مشی که مدعی انقلابی‌بودن است، باید یک پاسخ عینی و مشخص به این سؤال بدهد: چگونه می‌توان دولت سرمایه‌داری را سرنگون کرد؟ به عبارت دیگر چگونه می‌توان ستون فقرات آن، یعنی ارتش راکه پیوسته توسط میسیون‌های نظامی امریکای شمالی تقویت می‌شود، درهم شکست؟ (ص ۹۹)

پرسشی که دبره پیش می‌آورد، کاملاً گویاست. او از **هر** مشیء انقلابی یک پاسخ **مشخص و عینی** دربارهٔ این پرسش می‌خواهد که، **چگونه** می‌توان **دولت سرمایه‌داری** را سرنگون کرد. اگر از یک سازمان انقلابی بورژوا ـ دموکراتیک این پرسش را بکنید، خواهد گفت که سؤالتان عوضی است، باید پرسید چگونه می‌توان دولت سرمایه‌داری را به وجود آورد و مستقر ساخت! ولی اگر انقلاب سوسیالیستی مورد نظر است، که اولاً انقلاب سوسیالیستی **هر خط‌مشیء** انقلابی نیست و در ثانی هیچ‌کس قادر نیست پاسخ عینی و مشخصی ــ یعنی دقیقی ــ به این پرسش بدهد. مائو از دورنمای نوع دیگری از انقلاب هم سخن گفته است: گذار از دموکراسی نوین به سوسیالیسم، ولی این گذار، به گفتهٔ مائو، **مسالمت‌آمیز** خواهد بود و نیازی به وررفتن با ستون فقرات کسی نخواهد داشت و به‌هررو، مسئله فوری و فوتی امروز نیست.

پس چه چیز باعث شده است که دبره انقلاب را مفهومی انتزاعی بگیرد و از آن یک پاسخ عینی

مشخص طلب کند؟ تنها علت ممکن، خلاصه‌کردن مفهوم انقلاب است در برخورد و جنگ نظامی. دلیلش آنکه در توضیح پرسش خود می‌افزاید: به عبارت دیگر، چگونه می‌توان ستون فقرات آن، یعنی ارتش را... درهم شکست؟ «یعنی سرنگون‌کردن دولت سرمایه‌داری برابر است با درهم‌شکستن ارتش».

ما نمی‌خواهیم بگوییم دبره از تمام تجربیات جنبش کارگری بویی هم نبرده است و نمی‌داند که شصت سال پیش لنین می‌گفت با شکست ارتش و حتی سرنگونی دولت، سرمایه‌داری از میان نمی‌رود، حتی جری‌تر و هارتر می‌شود. دبره اینها را می‌داند. همچنین می‌داند که بنا به نظر چینی‌ها، حتی نیم سده پس از آنکه سرمایه‌داری با انقلاب سوسیالیستی خرد و خمیر شد، باز می‌تواند ــ و یا توانسته است ــ سربلند کند و بالاتر از آن: رفته‌رفته مواضع قدرت را به دست گیرد. دبره این را هم می‌داند. با این‌همه اگر انقلاب را به چگونگی سرنگون‌کردن دولت و این سرنگونی را به درهم شکستن ارتش خلاصه می‌کند، هیچ دلیل دیگری ندارد مگر اینکه انقلاب را با جنگ نظامی یکی فرض می‌کند.

حال اگر فداییان هم به این حکم استناد می‌کنند، آیا نشانه‌ای از گرایش به همین جهت نیست؟

دبره حتی تا آنجا پیش می‌رود که مدعی می‌شود:

> هیچ نوع معادلهٔ متافیزیکی که در آن حزب مارکسیست ـ لنینیست = پیشرو باشد، وجود ندارد. (هک، ص ۱۰۴)

و بدین‌سان، دید متافیزیکی خود را به جنبش کارگری هم تعمیم می‌دهد. معنی این سخن آن است که حزب مارکسیستی می‌تواند پیشرو هم نباشد، یا پیشرو می‌تواند مارکسیست نباشد. به همین دلیل دیگر یک حزب کارگری نیست؛ نامش و صنفش هرچه می‌خواهد باشد.

راستی آن است که این سخنان دبره مربوط به زمانی می‌شود که او ــ و به‌طورکلی انقلابیون کوبا ــ با احزاب گویا کمونیست امریکای لاتین دربارهٔ خط‌مشیء مبارزهٔ انقلابی مجادله داشتند. دبره به جای آنکه بگوید هر حزبی که پیشرو نباشد و ادعای مارکسیست‌بودن هم داشته باشد، ادعاهایش باطل است، گفته است هر حزب مارکسیست ـ لنینیست الزاماً پیشرو نیست؛ طبیعی است که این هر دو به یک مفهوم نیستند، صورت دوم با افکار مشخص دبره که آرزوی نوآوری هم داشت ــ و هیچ آرزویی هم بر جوانان عیب نیست ــ خواناتر بود. دبره می‌خواست یک اولترا انقلابی باشد، از همان اولترا انقلابی‌هایی که همگی، نخستین کارشان چپه‌کردن ــ و یا به قول خودشان: پشت سرگذاشتن ــ مارکسیسم است. از قضا دنبالهٔ ماجرای دبره در عین کلاسیک‌بودن، بسیار عبرت‌آموز است.

به عنوان آخرین نشانه از گرایش نظامی‌گری، از بحث مفصلی یاد می‌شود که گروه در زیرنویس (صفحات ۱۵۱ تا ۱۵۴ از کتاب *مبارزهٔ مسلحانه*) دربارهٔ حزب و مبارزهٔ مسلحانه می‌کند و بحث را پایان می‌دهیم.

گروه می‌گوید:

... اصل عام «بدون یک حزب انقلابی، پیروزی انقلاب ممکن نیست» به‌هیچ‌وجه بدین معنی نیست که انقلاب بدون حزب نمی‌تواند شروع شود یا حتی انقلابیون نمی‌توانند قدرت را به دست گیرند، چه، در اینجا باید «پیروزی انقلاب» را در یک معنای وسیع تاریخی در نظر گرفت؛ زیرا پیروزی انقلاب نه تنها با تصرف قدرت دولت بلکه با حفظ آن و ادامهٔ انقلاب هم مشخص می‌شود... علی‌رغم نظر «چه» که می‌گفت به نظر می‌رسد انقلاب کوبا با اصل لنینی فوق در تضاد است، انقلاب کوبا هم تنها صحت این اصل را ثابت کرد...

با واژه‌ها بازی نکنیم، مفاهیم را به میل خود، نه آنقدر بار کنیم که از دروازه هم رد نشوند و نه آنقدر نازک کنیم که از سوراخ سوزن هم بگذرند. حزب به معنی لنینی کلمه الگوی مشخص و معینی است که نه می‌توان آن را به میل خود یا به اقتضای زمان، تغییر داد و نه آن‌چنان آن را کش داد که شامل همهٔ الگوها بشود. البته می‌توان به اقتضای زمان این الگو را عوض کرد، ولی وقتی عوض شد، دیگر حزب به مفهوم لنینی نیست، چیز دیگری است. لنین حزب را سازمان سیاسی طبقهٔ کارگر، متشکل از آگاه‌ترین و پیشروترین عناصر طبقهٔ کارگر و ابزار لازم و ضرور برای رهبری طبقه و متحدان طبقه، در راه انقلاب و کسب قدرت سیاسی می‌دانست. خود انقلاب هم در نوشته‌های لنین به معنی مشخص مرحلهٔ درگیری برای تسخیر قدرت سیاسی است، و چنان نیست که از دوران مبارزات خودبه‌خودی طبقهٔ کارگر تا دورهٔ رسیدن به جامعهٔ وفور کمونیستی را شامل شود. به همین دلیل هم، این سخن که بدون یک حزب انقلابی پیروزی انقلاب ممکن نیست، هزار معنی ندارد، فقط یک معنی دارد. و آن اینکه بدون وجود یک حزب انقلابی نمی‌توان قدرت را تسخیر کرد. از این‌رو، آنچه به نظر «چه» رسیده است، بی‌ربط نیست، ولی آنچه برای ما قابل فهم نیست آن است که عنوان‌کردن این موضوع که در دورهٔ کنونی، حزب می‌تواند یا لازم است الگویی سوای الگوی لنینی داشته باشد، چه سخنِ کفرآمیزی است که گروه برای رد آن خود را ناگزیر دیده است به‌یکباره در مفهوم لنینی انقلاب یک «وسعت تاریخی» به وجود آورد؟ احزاب در زمان مارکس به یک شکل بودند و مبارزه می‌کردند؛ در زمان انترناسیونال دوم به یک شکل و در دورهٔ لنین نیز به شکلی متفاوت از این دو. چه مانعی دارد که در دورهٔ کنونی هم به شکل نوینی درآیند و به‌گونهٔ دیگری مبارزه کنند؟ و اصولاً «طور دیگر» مبارزه را که پذیرفتی، شکل نوین را هم ناچاری مورد مطالعه قرار دهی. مگر گروه ادعا دارد که مارکس، لنین، یا هر کس دیگری، حتی شکل و جزئیات راه مبارزه را هم به نحوی قاطع و بی‌چون‌وچرا معین کرده‌اند؟

استدلال گروه در «وسعت تاریخی» دادن به مفهوم لنینی حزب به آن می‌ماند که بگوییم شب

همان روز است، منتها خورشید به جای اینکه به ایران بتابد، به امریکا می‌تابد. حال برای اینکه این تفاوت هم از میان برود، کافی است وسعت نظر داشت و «شبانه‌روز» را یکی در نظر گرفت. اگر این استدلال را بپذیریم دیگر «وسعت نظر تاریخی» به کسی امان نخواهد داد که هیچ حرف مشخصی را بزند و بر هیچ لحظهٔ معینی انگشت بگذارد.

بگذریم. گفتگو بر سر این مسئله نیست. سخن در اینجاست:

> ... اما این دوراهی (دوراهی حزب یا مبارزهٔ چریکی بدون حزب) اینک برای ما وجود ندارد. امروز با این ظاهراً دوراهی چگونه برخورد می‌کنیم؟ ما می‌گوییم نباید منتظر حزب شد. باید دست به مبارزهٔ مسلحانه زد. خواهند گفت پس حزب را چه می‌کنید؟ می‌گویم مسئله حزب برای ما به شکلی مشخص ولی نه کلی، در پروسهٔ مبارزه طرح خواهد شد... ما یقین داریم که برای تأمین هژمونی پرولتاریا و... اتحاد گروه‌ها و سازمان‌های پرولتری در یک حزب واحد ضروری خواهد بود، اما این مسئله اینک برای ما به شکل مشخص و کنکرت مطرح نیست، با علم به اینکه مطرح خواهد شد... **بدین ترتیب ایجاد حزب طبقهٔ کارگر یک هدف مشخص نیست که مبارزهٔ مسلحانه در خدمت آن قرار داشته باشد...** سابقاً ضرورت مبارزهٔ مسلحانه را به‌طورکلی می‌پذیرفتیم و ایجاد حزب به عنوان یک مسئلهٔ مشخص مطرح بود، اما اینک **مبارزهٔ مسلحانه به صورت یک مسئلهٔ مشخص** مطرح است و ضرورت ایجاد حزب را به‌طورکلی می‌پذیریم.

برداشت ما از این استدلال به زبان ساده چنین است: مسئلهٔ حزب برای ما مطرح نیست، وظیفهٔ امروز ما مبارزهٔ مسلحانه است. مسئلهٔ حزب را بعدها، در پروسهٔ مبارزه، ما، یا به احتمال زیاد کسان دیگری حل خواهند کرد.

بسیارخوب! حال ما می‌پرسیم اگر ایجاد حزب طبقهٔ کارگر یک هدف مشخص نیست که مبارزهٔ مسلحانه در خدمت آن باشد، پس مبارزهٔ مسلحانه در خدمت کدام هدف مشخصی است؟ جواب می‌دهید در خدمت انقلاب. می‌گوییم انقلاب همان چیزی است که «بدون یک حزب انقلابی» ناشدنی است و شما با اصرار می‌خواستید ثابت کنید که به این اصل، آن هم به همین صورت وفادارید. جواب می‌دهید ما توضیح دادیم که باید انقلاب را به معنی وسیع در نظر گرفت و گفتیم که انقلابیون حتی بدون حزب هم می‌توانند قدرت را به دست گیرند. می‌گوییم بسیار خوب، حال جمع‌بندی کنیم: شما می‌گویید تشکیل حزب هدف مشخصی نیست که مبارزهٔ مسلحانه در خدمت آن باشد؛ در ضمن، معنی لنینی انقلاب را هم آن‌قدر کش می‌دهید که از حد تسخیر قدرت سیاسی هم فراتر رود، تا بتوانید درست همین تکه ــ یعنی از شروع مبارزه تا تسخیر قدرت سیاسی ــ را از آن جدا کنید و در قلمرو مبارزهٔ مسلحانهٔ بدون حزب بگذارید. باز می‌گویید مسئلهٔ حزب برایتان به

شکلی مشخص و کنکرت مطرح نیست، ولی می‌دانید که حزب بینش سیاسی می‌خواهد، ایدئولوژی می‌خواهد، برخورد فلسفی با جهان می‌خواهد، با همهٔ اینها می‌گویید هرچه مبارزهٔ سیاسی ــ و در این مورد خاص: مبارزهٔ مسلحانه ــ اهمیت بیشتری پیدا می‌کند، از اهمیت تئوری کاسته می‌شود؛ و دست‌آخر مبارزه را هم هدف و هم وسیله ــ «هم استراتژی هم تاکتیک» ــ می‌دانید؛ آیا همهٔ اینها توجیه تئوریک گرایش به نظامیگری خُلّص نیست؟ اگر جواب مثبت است، زینهار که این گرایش ادامه نیابد. فردا ــ همین فردای خورشیدی، و نه فردای تاریخی ــ دیگر خیلی دیر خواهد بود. و اگر پاسخ منفی است، چه بهتر.

خلاصه کنیم:

گروه پیشگام «چریک‌های فدایی خلق» در مرحلهٔ کنونی، دارای نقاط ضعف هولناکی است. روراست بگوییم: در شناخت واقعیات موجود کمبود جدی دارد. و برای پرکردن آن، از ملاحظات کلی و فرمول‌های قالبی کمک می‌گیرد. شیوهٔ تفکر و استدلالش شیوه‌ای مادی ــ به معنی ماتریالیستی دیالکتیکی ــ نیست. دستگاه اندیشه‌اش آکنده از گرایش‌ها و تضادهای خرده‌بورژوایی است و دست‌آخر، نشانهٔ گرایش به نظامی‌گری در نوشته‌هایش چشمگیر است، لیکن هنوز هیچ‌یک از این نقایص، نه جزء لاینفک گوهر گروه است و نه غیرقابل پرهیز. فقط باید عیوب را دید و با اراده‌ای سستی‌ناپذیر به رفعش همت گماشت.

در پایان، بایستی اعتراف کنیم که به‌هنگام نوشتن این نقد، از آغاز تا پایان، دست و دلمان می‌لرزید و همواره این بیم بر ما مستولی بود که نکند چریک‌های فدایی خلق انتقادهای ما را از موضعی دشمنانه بپندارند یا گمان کنند که خواسته‌ایم از ارزش و اهمیت کار بزرگ ایشان بکاهیم. چنین اندیشه‌ای از ما فرسنگ‌ها دور است. به همین علت انتقاد را هرچه فشرده‌تر و خلاصه‌تر کردیم. همهٔ اظهارنظرهای قابل انتقاد را بررسی نکردیم. و صرفاً به پاره‌ای از آنها پرداختیم و گاه انتقاد را به چند سؤال خلاصه کردیم. به همهٔ اینها اعتراف می‌کنیم، زیرا از آن بیم داشتیم که ما را دشمن بپندارند و در برابرمان موضعی تدافعی بگیرند. یعنی محیط تبادل نظر، ناخواسته چنان زهرآگین شود که مباحثه جز لجبازی طرفین و استوارترشدن هر دو سو در موضعی که دارند، ثمرهٔ دیگری نداشته باشد. ترس ما از این خطر بیهوده نیست، زیرا چنین برداشت‌هایی از هرگون انتقاد، میراثی است که دست‌کم احزاب و گروه‌های سیاسی دهه‌های اخیر برای ما به ارث گذاشته‌اند. در به وجود آوردن این روان‌شناسی بیمارگونه، ما کوچک‌ترین دستی نداشته‌ایم، لیکن بارها و بارها نتایج زشت آن را متحمل شده‌ایم؛ کیست که از آن برکنار مانده باشد؟ و تا یک اخلاق انقلابی جانشین این اخلاق گند خودبینانهٔ خرده‌بورژوایی منحط نشود، باز هم مجبوریم از آن بیم داشته باشیم و گزند آن را بچشیم. این بیم، خود به نحو دیگری از صراحت و راستی جلوگیری می‌کند و نزدیکی دل‌ها و اندیشه‌ها را

مانع می‌شود، لیکن با جهش جرقهٔ راستین انقلاب، که تمام افتخار آن از آن «چریک‌های فدایی خلق» است، باید امید داشت که روزی ـ نه چندان دور ـ اخلاق انقلابی و کمونیستی نیز سراپای میراث کهنه و پلید دوران‌های گذشتهٔ شوم را بشوید.

حال، اگر باز هم به مقصود نرسیده باشیم، زهی نگون‌بختی!

دوست

مهرماه ۱۳۵۳

یادآوری‌ها

۱. ناگفته پیداست که دوستانه‌بودن، مستلزم عدم برّایی یا ماستمالی‌کردن نقاط ضعف نیست و به‌عکس، صراحت و قاطعیت لازم دارد.

۲. فداییان = چریک‌های فدایی خلق.

۳. و تازه، فداییان هدف خود را از تسخیر سیاسی هم پایین‌تر فرض می‌کنند: «مبارزهٔ مسلحانه، اکنون هم **هدف** و هم وسیله است... (مقدمهٔ ***مبارزهٔ مسلحانه هم استراتژی هم تاکتیک***). دربارهٔ گرایشی که ممکن است در این شعار نهفته باشد، در پایان بررسی خواهد شد.»

۴. ***مبارزهٔ مسلحانه*** = ***مبارزهٔ مسلحانه، هم استراتژی هم تاکتیک***.

۵. همگی تأکیدها بر واژه‌ها و جملات از ماست.

۶. لازم به یادآوری است که مائو در ***تحلیل جامعهٔ چین*** این سخنان را گفته است، و تا آنجا که ما می‌دانیم در هیچ جا ادعا نکرده است که همگی جوامع ارتجاعی ـ استعمارزده در هر زمان و مکان هم مشمول این حکم است.

۷. جالب است که نویسنده برای دستگاه اداری (یا «قشر عالی بوروکراسی» به قول خود) گونه‌ای استقلال، یا دست‌کم خودمختاری هم قائل شده است و از پیوند متقابل آن با بورژوازی سخن می‌گوید. این واقعیتی است که از مشاهدهٔ وضع حاصل می‌شود، ولی نویسنده (و گروه) حوصلهٔ دقت و موشکافی در این زمینه را ندارند و مطلب را همین‌جا رها می‌کنند.

۸. ***آنچه باید...*** = ***آنچه باید یک انقلابی بداند***.

۹. پرسیدنی است که آیا اکنون که دولت انحصار «امر مهم تعلیم و تربیت» را برای دادن شستشوی مغزی بیشتر به اطفال، خود مطلقاً و آشکارا به دست گرفته و همهٔ دکان‌های بخش خصوصی را تخته کرده است، این امر به سود طبقات زحمتکش است؟ اصولاً مفهوم سود و زیان طبقات زحمتکش را گروه چگونه معنی می‌کند؟

۱۰. ... گاه گفتی خاطر اسکندریه دارم که هوایش خوش است و گاه گفتی نه، که دریای مغرب مشوش است... (**گلستان** سعدی)

۱۱. خاکسارانه درخواست می‌شود که مثلاً نگویید که پس اهمیت آن حتی از وجود دورهٔ سرمایه‌داری در تاریخ هم بیشتر است. اصولاً خواهشمند است از جمله‌پردازی و جدل‌کاری پرهیز شود.

۱۲. در همین اثر (ص ۶۵) یعنی تنها دو صفحه دورتر، گفته شده است: (آیا) نشان ندادیم که توده‌ها به علت شرایط مادی زندگیشان بالقوه حاضرند که بار انقلاب ضد امپریالیستی را حمل کنند؟

نه، نشان ندادید. با استدلال بالا درست وارونهٔ آن را نشان دادید، زیرا، اگر کارگر «امکان پذیرش» مبارزهٔ سیاسی را نداشته باشد، این بدان معنی است که حاضر نیست «بالقوه» بار انقلاب ضد امپریالیستی را حمل کند.

انتقاد تاریخی نمی‌تواند جاودانه در برابر... تعصبات سر تعظیم فرود آورد.

رفیق انگلس

(نامهٔ هشتم)

دست‌کم انتقاد مارکسیستی را نکُشیم

۱. سازمان چریک‌های فدایی خلق، یک‌بار برای همیشه بایستی به‌درستی ــ و نه خودپسندانه و فرقه‌گرایانه ــ درک کند که سازمانِ پیشگامِ جنبشِ انقلابیِ کنونیِ ایران است؛ و پس، بایستی به‌خوبی دریابد که اعتباری که این سازمان به علت پیشگامی و یک رشته عملیات نظامی درخشانش به دست آورده است، مسئولیت این سازمان را نسبت به داوری‌ها و نظراتی که در زمینه‌های گوناگون ابراز می‌کند، نسبت به هر سازمان و عنصر دیگری، دست‌کم تا مدت‌ها، بس فزونی می‌بخشد. بسا کسان که عملاً حاضر نباشند حتی بدیهیات روزانه را از این یا آن فرد و سازمان دیگر بپذیرند، به‌سادگی آماده‌اند که پرت‌ترین و خطاترین داوری‌ها و نظرات را از سازمان چریک‌های فدایی خلق قبول کنند. شکی نیست که این هم یکی دیگر از بیماری‌های فراوانی‌ست که سراپای جامعه و من‌جمله نیروهای پیشرو و عناصر مترقی آن را فراگرفته است. و درست همین واقعیت است که مسئولیت فداییان را در اظهارنظرها و رهنمودها و داوری‌هایشان، با شدتی هرچه بیشتر، فزونی می‌دهد و هرگونه ولنگاری و برخورد سرسری و یا لجبازانه را، خطرناک‌تر و نابخشودنی‌تر می‌کند. گذشته از این، موقعیتی که سازمان چریک‌های فدایی خلق به علت پیشگامی انقلابیش و به علت اینکه به‌راستی نخستین سازمانی بود که توانست مشیء مسلحانه را در این سرزمین جا اندازد، نه تنها بسیاری را چشم‌بسته، ولی خالصاً مُخلصاً پذیرای رهنمودها و قضاوت‌های آن سازمان کرده است، همچنین، روی‌هم‌رفتهٔ اشخاص و سازمان‌ها و گروه‌های گوناگونی را نیز، دست‌کم، به سکوت ناشی از بزدلی و حسابگری مزورانه، به سکوت ناشی از بی‌قیدی فرقه‌گرایانه، به سکوت ناشی از ناآگاهی مارکسیستی و یا به سکوت ناشی از بده‌-بستان‌های کاسبکارانه واداشته است. و همهٔ اینها زمینه‌های فریبندهٔ فسادانگیزی هستند. برای اینکه فداییان دچار این توهم مهلک شوند که حتماً نظرات و داوری‌هایشان دقیق و مارکسیستی است که هیچ‌کس جرئت رویارویی و انتقاد به آن را به خود نمی‌دهد. حال آنکه سازمان چریک‌های فدایی خلق، این را هم بایستی یک‌بار برای همیشه به‌خوبی

دریابند که نقدانگیزترین و افتراانگیزترین نظریات، درست همان نظریه‌هایی هستند که بیشتر به مارکسیسم نزدیک‌اند و مارکسیستی‌اند. و این حقیقت را تباهی لومپنیسم و فساد ضد انقلابی و خلأ مارکسیستی‌ای که سراسر جامعه را به انحطاط کشیده است، صدچندان جدی‌تر می‌کند. به‌هررو، فداییان نبایستی این سکوت توطئه‌گرانه را حمل بر درستی اندیشه‌های خود کنند و حتی بایستی نیک بیاموزند که همگی این خاموشی‌ها و حتی تأییدات چاکرانه، همانند هر چاکرصفتی دیگری، خصلتاً گوش‌به‌زنگ موقعیت دیگری هستند که زندگی بی‌تعارف، بالاخره طشت نظرات نادرست فداییان را چنان از بام‌ها فرو افکند که هر سنگین‌خواب خوش‌خیالی هم بیدار شود، تا آن‌گاه این حسابگران سکوت‌پیشه و یا به‌به‌گوی کنونی، شیپور هوچیگری‌ها را به دهان گیرند و جنجال‌کنان، نقش دیگری از منش لومپنی خود را بازی کنند.

سخن کوتاه: این خاموشی شبانه‌ای که فداییان در پیرامون نوشته‌های خود احساس می‌کنند، به‌هیچ‌رو نباید آنها را دچار این پندار مغرورانه، ولی کودکانه کند که حتماً نظراتشان چندان درست است که هیچ‌کس جرئت نطق‌کشیدن ندارد. خیر در پشت این سکوت رنگین، توطئه‌ای سیاه رشد می‌کند. و سرانجام فداییان بایستی این را هم به‌خوبی هضم کنند که هیچ حیثیتی رفته رفته به زوال نمی‌کشد و بازیچهٔ هر کس و ناکسی قرار نمی‌گیرد، مگر اینکه دارندگان آن از لحاظ عینی دچار انحطاطی تاریخی و از لحاظ ذهنی دچار این پندار بچگانه شده باشند که ذخایر اعتباریشان پایان‌ناپذیر است و در نتیجه می‌توانند به جای آنکه همواره بدان بیفزایند، با خاصه‌خرجی و کیف و میل مداوم، از آنها برداشت کنند! به واپسین کلام: هرگاه پدیده‌ای به چنان مرحله‌ای برسد که به جای افزودن مداوم بر حیثیتش ـ بی‌آنکه هیچ ذره‌ای از آن را سپری برای رفتارها و داوری‌ها و نظرات نادرست و لجبازانه‌اش کند ـ رفتارها و داوری‌ها و نظرات نادرستی را پیشه کرد و در عوض کوشید تا همگی آنها را در زیر چتر حیثیت و اعتبارات گذشته‌اش، پناه دهد، آن‌گاه به‌سادگی و درعین‌حال به‌درستی می‌توان دریافت که آن پدیده یا به سراشیب انحطاطی جاودانه افتاده است و یا مرحله‌ای گذرا، ولی به هررو منحط از پروسهٔ خود را می‌گذراند. به هررو، چنین وضعیتی دست‌کم بیمارگونه است.

همین‌جا، و بدون درنگ گفته شود که هٔ آنچه یاد شد، دست‌کم به دو معنی نیست:

الف) بعضی تصور شاعرانه و رمانتیک به این امر نیست که هر واحد پیشگامی ضرورتاً همان واحدی است که رهایی نهایی خلق را رهبری می‌کند، ولی عمیقاً بدین معنی هست که دست‌کم در شرایط موجود، شکست و انحطاط هیچ واحد انقلابی رزمنده‌ای چونان غنیمتی انقلابی ارزیابی نمی‌شود و مطلقاً به وارونهٔ آن، گشایش هر سنگر مسلحانه‌ای، چون بخشی از قوای عام انقلاب و چونان گره دیگری بر طناب دار ضد انقلاب برای حلق‌آویزکردن خصم به شمار می‌رود. و لااقل از همین رو نیز که هر قهقرایی در پروسهٔ هر واحد انقلابی رزمنده‌ای، به زیان جنبش رهایی‌بخش و هر تکاملی در این فرایند، به سود جنبش خواهد بود، به‌ناچار با توجه مسئول و دلسوزانه و انقلابی به

روند سازمان‌های چریک‌های فدایی خلق نگریسته می‌شود.

ب) به‌وارونهٔ روش فداییان که پاسخگویی خود را به پیام حزب تودهٔ ایران، «**درست بدین جهت**» (ص ۷۲) انجام دادند که «**در حول و حوش کمیتهٔ مرکزی حزب توده و سایر سازمان‌های انقلابی مشابه، عناصر صادقی وجود دارند که هنوز بسیاری از مسائل برایشان حل نشده است و ناآگاهانه به دنبال این سازمان‌ها روانند**» (ص ۷۲)، انتقادات این بررسی به‌هیچ‌وجه هدفی این‌سان حقیر و انفرادی ندارد و هرچند موضوع بررسی یک رشته از «**تئوری‌های چریک‌های فدایی خلق**» دربارهٔ حزب توده و امثالهم می‌باشد، ولی توجه عمده به پذیرش و عدم پذیرش فداییان نیست. توجه عمده به خلق و به‌ویژه به طبقهٔ کارگر و روشنگران **پرولتاریاست**، و هرگونه توجهی به فداییان نیز صرفاً در رابطه با چنین پهنه‌ای است.

سخن کوتاه: عملیات نظامی فداییان، روی‌هم‌رفته، عالی‌ست. به‌گفتاری دیگر: خصایل نظامی‌ای را که فداییان از آغاز شکل‌گیری خود، در خود پروراندند، همچنان روپا و سرزنده نگهداشته‌اند و این، بسیار نیک است. درعوض، به‌ویژه ــ و نه مطلقاً ــ خصایص تئوری فداییان ــ هرچند از آغاز هم روی‌هم‌رفته شکوفایی و طراوت برجسته‌ای نداشت، با این وصف ــ سخت رو به فرود است. این یکی از غم‌انگیزترین تحولاتی است که در سازمان پیشگام فداییان نگریسته می‌شود. راستی را درست به همان نسبت که فداییان در زمینه‌های نظامی فروتن و عمیق‌اند، در زمینه‌های تئوریک لافزنی و فراتنی دارند. و برای پذیرش این قوس نزولی تئوریک نیز گمان نمی‌رود که به هیچ کشاکش و بهتان و پرخاش نازک‌دلانه‌ای نیاز باشد، همین اندازه کافی‌ست که حتی خود فداییان آثار «**تئوریک**» اخیر خود را با آثار شهید احمدزاده و به‌ویژه شهید پویان ــ و البته، به‌ویژه نه با نوشتهٔ شهید صفایی ــ مقایسه کنند تا سیر قهقرایی آن را از یک‌سو و موضعگیری گاه صددرصد مخالف با آنها را که درست بودند، از سویی دیگر بنگرند. اگر گفته شود که داوری‌های سیاسی و تاریخی «**تئوری‌های چریک‌های فدایی خلق**» به تراژدی کشیده است، **شاید** تصور شود که مقصود اهانت است، ولی اگر افزوده شود که پرداخت‌های پیاپی و هول‌زده‌ای که فداییان در متن تراژیک این تئوری‌های خود می‌کنند، همین تراژدی‌ها را به کمدی نیز کشانده‌اند، **حتماً** گمان خواهد شد که غرضی جز تخطئه در میان نیست، حال آنکه هیچ غرضی جز برخورد صریح و وارسته از هرگون منش سازشکارانه‌ای انگیزهٔ این رک‌گویی نیست. و برای اینکه نمونهٔ مدونی از این کمدی ـ تراژدی و از این انحطاط تئوری و داوری سیاسی و تاریخی فداییان و به همان نسبت برخورد سخت غیر مسئول و بی‌باکانهٔ سازمان چریک‌های فدایی خلق نشان داده شود، خصوصاً به رساله‌ای استناد می‌شود که فداییان در رابطه با «**اعدام انقلابی عباس شهریاری...**»، در «**پاسخ به پیام بقایای رهبران حزب توده**» ایران نوشتند.

«**سرباز. نیمهٔ یکم بهمن ۱۳۵۴**»

۲. سازمان چریک‌های فدایی خلق در نخستین صفحات پاسخ خود به پیام حزب تودهٔ ایران ادعای نوظهوری می‌کند:

تا قبل از کودتای ۲۸ مرداد ۳۲ حزب توده، حزب طبقهٔ کارگر ایران بود. (ص ۷۴)

الف) آیا سازمان چریک‌های خلق هیچ آگاه است که چه می‌گوید؟ اگر فداییان کمترین آگاهی و اطلاعی از ادعایی که کرده‌اند، داشته باشند، آنگاه ضرورت می‌یابد که آشکارا یادآور شوند که ضوابطشان برای یک حزب کارگری چیست!؟ و چه وحدتی میان یک حزب کارگری با حزب تودهٔ ایران تا قبل از کودتای ۲۸ مرداد ۳۲ دیده‌اند که حزب توده را ــ که حتی خودش نیز با همهٔ وقاحتش، مع‌هذا از اعلام ادعایی با چنین وسعتی شرم کرده است ــ به نام حزب طبقهٔ کارگر ایران به توده‌ها و به پرولتاریا و به تاریخ معرفی می‌کند؟ آیا هر سازمانی که مدعی شد حزب طبقهٔ کارگر است، همین ادعا کافی‌ست که فداییان هم حقانیت آن را مهر و امضاء کنند؟ آیا هر سازمان سیاسی‌ای که انبوهی کارگر را در خود انباشته کرد، برای اینکه حزب طبقهٔ کارگر باشد، کافی‌ست؟ یا ضوابط دیگری در کار است؟ آیا مثلاً حزب کارگر انگلیس را می‌توان به‌مانند حزب طبقهٔ کارگر انگلیس باور کرد، هرچند آکنده از کارگر و کارگران باشد؟ یا نه! برای شناسایی اینکه یک سازمان سیاسی درعین‌حال حزب طبقهٔ کارگر ارزیابی شود، معیارهای دقیق و روشنی وجود دارد؟ بی‌گمان، متجاوز از صد سال جنبش جهانی کمونیستی، تاکنون، دست‌کم به اینجا کشیده است که یک رشته ضوابط عام و تعیین‌کننده برای شناخت گوهر یک حزب کارگری از کاریکاتور بی‌جان، ولی شنگول و نمایشی آن، به وجود آورده باشد. طبقهٔ کارگر جهانی، با همهٔ زندگی سراسر مبارزه و پرماجرایش و نیز با توجه به همهٔ پیروزی‌ها و نامرادی‌های فراوانش، آیا هنوز هم در چنان قهقرایی شوم از معیارهای شناخت فرومانده است که حزب تودهٔ ایران را تا پیش از ۲۸ مرداد ۳۲ به‌مانند حزبی پرولتاریایی باور کند؟ آیا جز این است که عام‌ترین و مهم‌ترین محک شناخت یک حزب، ایدئولوژی حاکم بر آن حزب است؟ و آیا جز این است که یک حزب کارگری، بایستی به ایدئولوژی مارکسیستی مسلح باشد؟ اگر چنین است، پس، آیا فداییان می‌توانند **مشخصاً** نشان دهند که کجای ایدئولوژی حزب تودهٔ ایران، **حقیقتاً** با مارکسیسم پیوند داشته است؟ آیا لازم به توضیح است که ایدئولوژی از آن‌رو مهم‌ترین جایگاه را در شناخت یک حزب بازی می‌کند که چراغ راهنمای حزب در رابطهٔ با آن فرم می‌گیرد؟ و پس برای دانستگی به اینکه سازمان یا شخصی دارای این یا آن ایدئولوژی، دارای مرامی کارگری هست یا نیست، از خود آن پدیده پرسیده نمی‌شود که چه مرامی دارد، بلکه **رفتارها** و **خط‌مشی‌ای** که دنبال می‌کند، به بررسی گرفته می‌شود. و پس، امید است فداییان به همان علت که همهٔ قدرت فتوایشان دربارهٔ کارگری‌بودن حزب توده، دست‌کم، یک «**ادعا**»ست، «**ادعای**»ی حزب توده را نیز دربارهٔ اینکه مسلح به ایدئولوژی مارکسیسم است، به‌مثابه دلیل منتقل نکنند. آخر، میان ادعا تا واقعیت، چه بسا

تفاوت از زمین تا آسمان باشد. و درست از همین‌روست که پرولتاریا، شناخت خود را از ادعای هیچ پدیده‌ای، نه آغاز می‌کند و نه پایان می‌دهد. پرولتاریا، از واقعیت عینی، از زندگی واقعی و از رفتارها و خط‌مشی‌ها، شناخت سازمان‌ها و اشخاص را آغاز می‌کند و به انجام می‌رساند. آخر آدمی، ولو به‌گونه‌ای خودبه‌خودی، به هررو، شناخت خود را با شرکت در پراتیک اجتماعی آغاز می‌کند. و این **پراتیک اجتماعی** که نخست چیزی جز فعالیت آدمی در جهت **تولید مادی** نیست، رفته رفته، به یک رشته **آزمون‌های علمی**، هرچند بسیار ابتدایی و بسیار خودبه‌خودی نیز می‌کشد. و بدین‌سان، معرفت آدمی **اولاً** ــ که این، جان قضیه است ــ در روند تولید مادی و **ثانیاً** در روند آزمون‌های علمی تکامل می‌یابد. پابه‌پای پیدایی طبقات و تقسیم جامعه به طبقات اجتماعی، مسئلهٔ **مبارزهٔ طبقاتی**، به‌مانند جزئی از پراتیک اجتماعی آشکارا طرح می‌شود و به‌ناچار، معرفت آدمی نیز که صرفاً به پراتیک اجتماعی انسان‌ها همبسته است، **اولاً** در جریان تولید مادی، **ثانیاً** در جریان آزمون‌های علمی، **ثالثاً** در جریان مبارزات طبقاتی شکل می‌گیرد.(۱) و بدیهی‌ست مادام که جامعه به طبقات اجتماعی بخش‌بندی شده است، این مثلث شناخت به همین صورت باقی می‌ماند و از زمانی که پیروزی پرولتاریا تقسیم طبقاتی جامعه را به نابودی کشاند، یک‌بار دیگر، آدمی شناخت خود را در فرآیند تولید مادی و آزمون‌های علمی تکامل می‌بخشد.

برای شناخت ریشه‌ای حزب طبقهٔ کارگر، نیازی به آزمون‌های علمی، یعنی عملیات آزمایشگاهی بدوی و پیشرفتهٔ گوناگون نیست. برای اینکه دانسته شود که یک سازمان سیاسی، حزب طبقهٔ کارگر هست یا نیست، نمی‌توان از معیار تولید مادی بهرهٔ مستقیمی گرفت.افزار شناخت این یا آن سازمان سیاسی، برای اینکه دانسته شود که حزب طبقهٔ کارگر هست یا نیست، پهنهٔ مبارزهٔ طبقاتی است. به گفتاری دیگر: بایستی بررسی شود که حزب مورد نظر در فراگرد مبارزات طبقاتی، عملاً چه سنگری گرفته است. در اینجا، هیچ ادعا و هیچ کلامی، هیچ خریدار پرولتری و مارکسیستی‌ای ندارد. در اینجا نیز شناخت، درست بر پایهٔ **پراتیک اجتماعی**، و نه **ادعاها و سخنوری‌های** قالبی، استوار است. در اینجا نیز از **دست**‌ها و **نه** از **لب**‌ها، بایستی پروسهٔ معرفت را آغاز کرد و به انجام رساند.

لیکن خط کلی عملیات یک سازمان در چه چیز آن خلاصه می‌شود؟ آیا جز این است که خط کلی و اصولی یک سازمان، همان «**خط‌مشی**» آن سازمان است؟ ولی یک حزب خط‌مشی خود را بر پایهٔ چه ارزش‌هایی تعیین می‌کند؟ آیا جز این است که خود خط‌مشی یک حزب از ایدئولوژی آن حزب جان می‌گیرد؟ بسیار خوب! اما این خط‌مشی را در کجای حزب می‌توان یافت؟ آیا جز این است که مبارزهٔ طبقاتی، راستای این مبارزه، خاستگاه آن و هدفی را که تحقق می‌بخشد، نمودار عینی خط‌مشی حزب است؟ پس، برای اینکه به ماهیت و نهادهای طبقاتی حزب توده پی ببریم و برای اینکه معرفت خود را از دست‌ها، و نه لب‌های آن حزب کسب کنیم، لازم است که از لحاظ عینی

خود عملیات مشخصی را که حزب در سراسر عمر خود انجام داده است، به بررسی گیریم، تا به گونه‌ای راستین، اولاً دریابیم که حزب دارای چه خط‌مشی‌ای بود که در روند آن دست به چنین حرکاتی می‌زد و ثانیاً حزب دارای چه مرامی بود که بر بنیاد آن چنین خط‌مشی را پیش گرفته بود.(۲)

بهتر است فعلاً به پروندهٔ عملیات حزب تودهٔ ایران، در همان سال‌های پیش از ۲۸ مرداد ۳۲ که فداییان با آن شناسنامهٔ پرولتری دادند، پرداخته نشود و این بررسی در مقالهٔ یگری انجام شود و در عوض، نگریسته شود که سازمان چریک‌های فدایی خلق، چه مشی‌ای را برای همین حزب توده تشخیص داده است. فداییان آشکارا نوشته‌اند:

> تا قبل از کودتای ۲۸ مرداد ۳۲، حزب توده، **حزب طبقهٔ کارگر** ایران بود که... همواره عده‌ای از روشنفکران **خرده‌بورژوازی**... رهبری آن را به تصرف خود درآورده (ص ۷۴) بودند و خط‌مشی آن را به انحرافات **اپورتونیستی** و **دنباله‌روی** و غیره کشانده بودند.(۳) (ص ۷۵)

بدین‌سان آشکارا نگریسته می‌شود که فداییان یادآور شده‌اند که:

الف) رهبری حزب همواره در دست **خرده‌بورژوازی** بود.

ب) **خط‌مشی** حزب **همواره** خط‌مشی‌ای **اپورتونیستی** بود.

پ) ولی حزب، حزب طبقهٔ کارگر بود.(۴)

راستی را که تجزیه و تحلیل مارکسیستی یعنی همین! افسانه است: در اینکه حزب توده، حزب طبقهٔ کارگر ایران بود، جای چون‌وچرا ندارد. این یک حقیقت مطلق است. منتها، این حقیقت مطلق، از دو نیم‌حقیقت مطلق دیگر ترکیب شده است. نخست اینکه این حزب کارگری همواره از سوی روشنفکران خرده‌بورژوازی رهبری می‌شد. و دوم اینکه خط‌مشی همین حزب کارگری، همواره اپورتونیستی بود.(۵)

آیا سازمان فداییان به‌راستی می‌فهمد که چه می‌گوید؟ آخر حزبی که خط‌مشی آن اپورتونیستی و رهبری آن خرده‌بورژوازی است، دیگر کارگری‌بودن(۶) آن در چیست؟ آیا همین اندازه که آن حزب مشتی کارگر را در خود گرد آورده باشد، شرطی کافی‌ست؟ اگر چنین معیاری پذیرفته شود، پس، اگر کسی بگوید: ارتش شاهنشاهی ایران یک ارتش خلقی است، منتها، به علت اوضاع و احوال خاص داخلی و بین‌المللی این دوره از تاریخ ایران، رهبری آن همواره دست ارتجاع ـ استعمار و خط‌مشی آن ضد خلقی است، آن وقت آیا فداییان می‌توانند چنین شیوهٔ استدلالی را که موبه‌مو مبتنی بر ارکان استدلال خودشان است، یاوه بنامند؟ آیا همین اندازه که عناصری صادق و انقلابیونی برجسته و کمونیست‌های صدیق و پراتیسین‌های انقلابی فعالی را حزب تحت رهبری استراتژیک خود به کار گرفته است، برای اینکه آن حزب را

حزبی کارگری ارزیابی کرد، بس است؟ اگر چنین است، پس چراکل جامعه را کمونیستی برآورد نکنیم؟

و گذشته از همهٔ اینها، به عنوان یک سازمان، به‌مانند یک واحد ارگانیک، به‌مثابه یک پدیدهٔ واحدکه سیر و پروسهٔ ویژهٔ خود را دارد، تازه دانسته نیست که بایستی کدامین یک از این دو داوری را داوری حقیقی سازمان چریک‌های فدایی خلق گرفت: حزب توده که در حیات خود حتی لحظه‌ای هم نتوانسته بود نمونه‌ای از یک حزب کمونیست باشد، حالا سازمان‌هایش از هم پاشیده، عناصر فداکارش سرکوب شده و رهبران خیانتکارش فراری بودند (م. احمدزاده، ***مبارزهٔ مسلحانه، هم استراتژی و هم تاکتیک***، انتشارات جبههٔ ملی، خ. م.، ص ۲۰). تا قبل از کودتای ۲۸ مرداد، حزب توده، حزب طبقهٔ کارگر ایران بود (***پاسخ به پیام بقایای رهبران حزب توده***، ص ۷۴).

اگر فداییان نظر پیشین خود را ــ که صددرصد درست بود ــ عوض کرده‌اند و اگر فداییان اینک نظری صددرصد مغایر آن را ــ که صددرصد هم غلط است ــ پذیرفته‌اند، به جای خود، ولی آیا دست‌کم نبایستی ضمن «انتقاد از خود» آشکارا و پوست‌کنده، اولاً این تغییر نظر خود را به توده‌ها و به تاریخ یادآور شوند و ثانیاً دلایلی را که باعث این تغییر شده است، بازگویند؟ هرآینه بدون انتقاد آشکار از خود، یواشکی نظر جدیدی اعلام شد؛ چنان‌که گویی پیشتر اساساً نظر دیگری در کار نبوده است. آیا بدیهی نیست که چنین شیوه‌ای بر پایهٔ ارزش‌های کارگری ـ انقلابی ـ مارکسیستی، به معنی دقیق کلام یعنی ماستمالی؟ و آیا این حق خلق هست یا نیست که به‌درستی بداند که سازمان فداییان بر بنیاد چه پژوهش‌های تازه و چه دلایل تعیین‌کنندهٔ نوینی که همگی بر اساس عملیات مشخص حزب توده و واقعیات عینی و پراتیک اجتماعی آن حزب تا قبل از ۲۸ مرداد ۳۲ استوار باشند، به این نتیجه رسیده است که حزب توده، با همهٔ خط‌مشی اپورتونیستی و همهٔ رهبری خرده‌بورژایی‌اش، مع‌هذا حزب طبقهٔ کارگر بود؟

من با بسیاری گفتگو کرده‌ام
و عقاید بسیاری را به‌دقت گوش داده‌ام
و از بسیاری دربارهٔ خیلی از آن عقاید شنیده‌ام که:
این عقیده یقین محض است!
ولی به‌هنگام بازگشت، جز آنچه گفته بودند، می‌گفتند.
و دربارهٔ عقیدهٔ تازه نیز می‌گفتند:
این، یقین محض است!
آن‌گاه با خود گفتم: از میان همهٔ یقین‌ها
یقین‌تر از همه، «شک» است!

(برتولت برشت، *آدم آدم است*، ترجمهٔ شریف لنکرانی، انتشارات خوارزمی، تهران، ص‌ص ۱۱۰-۱۱۱)

در پایان این شماره به‌ویژه واجب است از سازمان چریک‌های فدایی خلق پرسیده شود که در کودتای ۲۸ مرداد ۳۲ و در آن روز ظلمانی ضدانقلابی، چه رازی نهفته بود که در عرض چند ساعت یک حزب کارگری را به یک اپورتونیستی خُلَّص استحاله داد؟ مگر می‌شود حزبی به مدّت دوازده سال، حزب طبقهٔ کارگر باشد و در عرض چند ساعت به حزبی اپورتونیستی بدل شود؟ آیا این است شیوهٔ تحلیل مارکسیستی پروسه‌ها؟ و تازه پرسیدنی است که کودتا نسبت به حزب، عامل داخلی، یا خارجی، کدامین یک بود؟ آیا جز این است که کودتای انگلیس-ارتجاع-امریکا در ۲۸ مرداد ۳۲، نسبت به حزب توده در حکم عامل خارجی بود؟ بسیار خوب! پس، پرسیدنی است که به عنوان اساس تغییر، چه عامل داخلی‌ای در حزب وجود داشت که به کودتا که در نقش عامل خارجی، صرفاً می‌توانست شرط این استحاله باشد، بدان‌سان و فقط بدان‌سان اثر گذارد که حزب را چونان پدیده‌ای آشکارا اپورتونیستی آفتابی کند؟

چنین پیداست که برای فداییان دو حزب توده و دو خط‌مشی حزب توده، وجود دارد. یکی حزب توده‌ای که حزب طبقهٔ کارگر بود، منتها، رهبری آن را همواره عده‌ای از روشنفکران خرده‌بورژوازی **«به تصرف»** درآورده بودند و خط‌مشی آن را به انحرافات اپورتونیستی «کشانده» بودند و یکی دیگر حزب توده‌ای که همچنان حزب طبقهٔ کارگر بود، بی‌آنکه رهبری آن همواره در تصرف عده‌ای از روشنفکران خرده‌بورژوا و بی‌آنکه خط‌مشی آن آلوده به انحرافات اپورتونیستی باشد، ولی راز کار اینجاست که در جهان واقعی، در تاریخ، در زندگی عینی و ملموسی که انسان‌های عادی و معمولی در آن سیر می‌کنند، یک و فقط یک حزب توده وجود داشت و وجود دارد و آن هم همان حزب توده‌ای که همان عده از روشنفکران خرده‌بورژوا، آن را بنیان نهادند و رهبری آن را نیز در دست داشتند؛ و آن هم همان حزب توده‌ای که هیچ خط‌مشی دیگری نداشت، جز همان خط‌مشی اپورتونیستی و دنباله‌روانه‌ای که عملاً و در همین زندگی ملموس و جهان واقعی دنبال کرد. به هررو، آن حزب تودهٔ افسانه‌ای و آن خط‌مشی سری که فداییان در عالم تصورات سرشار از بخارات جادویی آفریده‌اند، هیچ واقعیت تاریخی و عینی ندارد و سراپا ساختهٔ پندارهای واهی خود آنهاست.

سرباز

نیمهٔ یکم بهمن ۱۳۵۴

۳. چنین پیداست که سازمان چریک‌های فدایی خلق همهٔ شالودهٔ داوری خود را با مصالح یک «قرینه‌سازی» بالا برده است، زیرا پس از آنچه یاد شد، بلافاصله می‌افزاید:

> **البته** این موقعیت را کمابیش احزاب کمونیستی **دیگر** جهان نیز داشته‌اند، **مانند حزب** کمونیست **چین در زمان** چن دوسیو و وان‌مین و غیره، اما در آن زمان، **اوضاع** داخلی و بین‌المللی ایران **فرصت** آن را **نداد** که این حزب (توده) در جریان مبارزات انقلابی خلق و رشد سیاسی توده‌ها، مورد تصفیه قرار گیرد و حرکت امواج پرولتری، **ایدئولوژی‌ها** و خط‌مشی‌های خرده‌بورژوایی را نابود کرده و عدهٔ اصلاح‌ناپذیری از روشنفکران خرده‌بورژوا را از حزب بیرون بریزد. (ص ۷۵)

راستی را که بایستی خلأ مارکسیسم در جامعه‌ای چه بیدادی کند که اولاً سازمانی که یکباره خود را «کمونیست» می‌نامد، درعین‌حال به خود اجازه دهد که یک چنین قرینه‌سازی خشکی را جانشین استنتاج از واقعیات ملموس کند و ثانیاً بایستگی یابد که برای تحلیل نادرستی یک چنین شیوهٔ نامارکسیستی عمیقی، استدلال شود و تازه با این نگرانی خورنده که چه بسا نه تنها پذیرفته نشود بلکه به انواع و اقسام افتراها و بدگویی‌های سنجیده نیز بکشد. با این وصف، هیچ راه دیگری هم جز این نیست که بسته به وسع خود در راه پاکیزگی آرمان پرولتری و شیوه‌های مارکسیستی کوشید، ولو تمامی کهکشان‌ها نیز با رگبار بی‌امان بهتان‌های گونه به‌گونه‌ای به نبرد برخیزند، به هررو:

الف) قرینه‌سازی شیوهٔ استدلال مارکسیستی نیست. مارکسیسم از خود واقعیت آغاز به معرفت و استدلال می‌کند. برای اینکه اثبات یا نفی شود که حزب تودهٔ ایران حزب طبقهٔ کارگر بود یا نبود، یک راه و **مطلقاً** یک راه **بنیادین و مارکسیستی** وجود دارد: بررسی **عملیات** مشخص حزب در روند **مبارزهٔ طبقاتی** که چیزی جز بازتاب **خط‌مشی و ایدئولوژی** حزب نیست. این، تمامی شالوده و تمامی استخوان‌بندی بررسی است؛ این، جان بررسی است. هرچه پس از این انجام شود که البته می‌تواند و می‌باید هم انجام شود، پرداخت و روکاری(۷) آرایش و خوش‌نماکردن ساختمان است. و پس، اگر سازمان فداییان بخواهد به شیوه‌ای مارکسیستی استدلال کند، پیش و بیش از هر چیز می‌بایستی به خود واقعیات، به خود عملیات حزب توده بپردازد و نشان دهد که چگونه آن عملیات، عملیاتی کارگری بودند. به‌ویژه که قرینه‌سازی شیوه‌ای یکراست نامارکسیستی است، به‌طوری‌که اگر خواسته نشود که این روش را به‌گونه‌ای طبقاتی و ایدئولوژیک شناسایی کرد، تازه بایستی گفت که قرینه‌سازی روشی بدوی و بیابانی برای شناخت است؛ و چرا؟ از آن‌رو که زندگی بیابانی و ابتدایی چون دارای معیارها و ضوابط علمی و اصولی نیست، ناگزیر با شباهت‌ها و قرینه‌ها به شناسایی امور می‌پردازد. حال آنکه، مارکسیسم، همچنین یعنی سپری‌شدن شیوه‌های بدوی و پشت کوهی.

پرسیدنی‌ست که آیا فداییان **عمیقاً** باور دارند که عوامل داخلی «اساس» هر تغییر و عامل خارجی شرط تغییراتند. یا نه؟ به هررو گفتگو ندارد که این امر یک اصل دیالکتیکی(۸) و حتی جان دیالکتیک است(۹). پس بنا به این «هستهٔ دیالکتیک»(۱۰) می‌بایستی یک رشته عوامل و یا یک عامل بنیادین، در **اساس** حزب توده با حزب کمونیست چین فرق داشته باشد که سرانجام حزب توده به عالمگیرشدن تعفن اپورتونیستی خود رسید و حزب کمونیست چین توانست بر بیماری‌های درونی‌اش چیره شود. نباید؟ آیا بر بنیاد این «جوهر دیالکتیک» جز این است که سازمان انقلابی ـکارگری حزب کمونیست چین، با توجه به انحرافات زمان چن دوسیو و وان‌مین و غیره... در اساس از آن‌رو انجام شد که گوهر آن سازمان، کارگری بود؟ منتها، به عنوان یک عارضه، دچار برخی بیماری‌های ناکارگری و احیاناً ضدکارگری شده بود؟ و پس، در **کردار** نیز توانست بر آن بیماری‌هایش غلبه کند؟ و در عوض آیا جز این است که **نهادهای** حزب توده، همانا خرده‌بورژوایی و اپورتونیستی بود و در نتیجه، پابه‌پای رشد حوادث و داغ‌ترشدن میدان نبرد طبقاتی، این ذات اپورتونیستی ــ که همواره کوشش می‌کرد، از «**فرصت**»های بسیار مساعدی که «اوضاع و احوال داخلی و بین‌المللی» نصیبش کرده بود، حداکثر بهره را برای استتار خود بگیرد، و گرفت، به‌گند مختوم خود رسید، تا آنجاکه حتی سازمان چریک‌های فدایی خلق هم حاضر نیست ماهیت این حزب را از سال‌های پس از ۲۸ مرداد ۳۲ تا به‌اکنون، به‌مانند ماهیتی کارگری بپذیرد؟

پ) این تجزیه و تحلیل انقلابی ـکارگری نیست که همهٔ استخوان‌بندی آن را برای تبیین‌شدن یا نشدنِ این یا آن امر، «**اوضاع و احوال** داخلی و بین‌المللی» و «**فرصت**»های گوناگون تشکیل دهد. این، نه همهٔ قضیه و نه حتی بخش مهم آن است که اوضاع و احوال داخلی و بین‌المللی چه فرصت‌هایی را در اختیار حزب پرولتری گذاشتند یا نگذاشتند. اصل قضیه اینجاست که با توجه به همهٔ اوضاع و احوال داخلی و بین‌المللی، به هررو، خود حزب **چه کرد؟** (اجباراً گفته نمی‌شود که خود حزب چگونه به **پیروزی** رسید، گفته می‌شود **چه کرد؟**) مفهومی به ضرب‌المثل درآمده است که «شناکردن در جهت جریان آب، از ماهی مُرده نیز برمی‌آید». اگر اوضاع و احوال داخلی و بین‌المللی به‌گونه‌ای رایگان به‌یکباره مساعد باشند که دیگر نقش حزب در چیست؟ که دیگر نقش فعال و تغییردهندهٔ انسان و سازمان سیاسی طبقهٔ کارگر کدام است؟ اصطلاح «داخلی و بین‌المللی» را فداییان خیلی نادرست به کار می‌برند. بحث **مشخصی** که در پاسخ‌نامهٔ سازمان فداییان مطرح است، توضیح این مسئله نیست که چرا «خلق» و «طبقهٔ کارگر» ایران نتوانست بر ارتجاع ـاستعمار چیره پیروزی یابد؟ در اینجا، ابعاد بررسی چنین دامنهٔ گسترده‌ای را ندارد. و نباید هم آن را کتره‌ای کش داد. بررسی **مشخصی** که اینک در دست است، **خود** حزب تودهٔ ایران است.

سنتز عام جامعهٔ جهانی، سنتزی پیچیده و مالامال از سنتزهای کوچک و بزرگ دیگری‌ست. در

اینجا کوشش می‌شود که این سنتز کل را **صرفاً** از یک زاویه و **آن هم** از زاویه‌ای که با بررسی **کنونی** خوانایی دارد، شکافت:

در سنتز عام جامعهٔ جهانی، جامعهٔ ایران نیز نمود ویژهٔ خود را دارد. و پس، می‌توان و می‌باید به‌مانند یک سنتز مشخص با آن برخورد کرد. در این محدوده است که برای تحلیل‌شدن یا نشدن این یا آن امر در جامعه، می‌توان و می‌باید به عوامل درونی کل جامعه، به‌مانند عامل داخلی و به دیگر عوامل جهانی، به‌مانند عامل خارجی برخورد کرد لیکن، سنتز جامعهٔ ایران نیز به سهم خود سنتزی پیچیده و آکنده از سنتزهای کوچک و بزرگ دیگری است که هر یک از آنها نیز، به سهم خود، نمود ویژهٔ خود را دارند. و پس، می‌توان و می‌باید با آنها نیز، به‌هنگام خود، به‌مانند سنتزهایی **مشخص** روبرو شد و به بررسی‌شان گرفت. یکی از آنها طبقه است. یکی دیگر سازمان سیاسی طبقه، حزب است. بی‌گمان، همگی این سنتزهای جزئی، بزرگ و کوچک، در رابطهٔ متقابل با سنتز کلی و کلی، و با کلی‌ترین سنتزها، یعنی «هستی»، قرار دارند. ولی این واقعیت باعث آن نمی‌شود که هر یک از آنها نیز درعین‌حال نمود ویژهٔ خود را که گواه بود متقابلاً مستقلانهٔ آنهاست، نداشته باشد؛ و درست به همین دلیل، ضمن وحدت دیالکتیکی با کل خود، در کثرت دیالکتیکی با همین کل نیز به سر نبرند.

سخن کوتاه: آنگاه که پای تحلیل مشخص، مثلاً حزب، در میان است، آنگاه پای تحلیل مشخص جزئی از سنتز کلی جامعهٔ داخلی و جهانی در میان است، و پس لازم می‌آید که عوامل درونی خود این جزء ــ یعنی عوامل درونی خود این حزب ــ را به‌مانند عوامل درونی، و آنچه در بیرون از آن جای دارد، به‌مثابهٔ عوامل بیرونی گرفت. هرچه جز این، دوری از جوهر و هستهٔ دیالکتیک، پشت‌پازدن آگاهانه و یا بی‌خردانه به جان دیالکتیک است. بدین‌سان، یک دوراههٔ نهایی، و فقط یک دوراههٔ نهایی باقی می‌ماند و بایستی فقط یکی از این دو راه را به‌مانند راهی بنیادین برگزید:

آیا عوامل درونی خود حزب تودهٔ ایران بودند که به اوضاع و احوال داخلی و بین‌المللی فرصت دادند تا بدان‌سان و فقط بدان‌سان در حزب مؤثر واقع شوند؟ یا به‌عکس، و روشن است که هر اثر متقابلی، صرفاً پس از تعیین تکلیف نسبت به این دو راه قابل بررسی است.

موضع‌گیری در کنار هر یک از این دو پرسش، موضع‌گیری در کنار یک ایدئولوژی و جهان‌بینی مشخص است: یا مارکسیستی و کارگری، و یا نامارکسیستی و ناکارگری!

و سنگر مارکسیسم در برابر این سؤالات دو بنی بسیار صریح و بسیار قاطع است:

حزب تودهٔ ایران، همواره بر بنیاد نهادهای طبقاتی‌اش که همانا عوامل درونی‌اش به شمار می‌آیند، به هر فرصت و هر اوضاع و احوال داخلی و بین‌المللی‌ای جهت داد تا بدین یا بدان‌سان مؤثر واقع شوند و نه به‌گونه‌ای دیگر! تمام!

در رابطه با همین بحث و آن شیوهٔ استدلالی که سازمان چریک‌های فدایی خلق پیش گرفته

است، اگر کسی بگوید: کل جامعهٔ ایران یک جامعهٔ کمونیستی بود، منتها، اوضاع و احوال داخلی و بین‌المللی فرصت آن را نداد که این جامعه در جریان مبارزات انقلابی خلق و رشد سیاسی توده‌ها مورد تضعیف قرار گیرد و حرکت امواج مبارزات پرولتری، ایدئولوژی‌ها و خط‌مشی‌های خرده‌بورژوایی را نابود و عده‌ای اصلاح‌ناپذیر را از جامعه بیرون ریزد، آنگاه فداییان چه پاسخی خواهند داد؟ حال آنکه رکنارکن این طرز استدلال با رکنارکن طرز استدلال خود فداییان هم‌مایه است. مسئلهٔ حزب توده، مسئلهٔ بیرون ریختن عده‌ای اپورتونیست اصلاح‌ناپذیر نبود. در این شکی نیست که حزب توده، هم از عناصر خلقی، عناصری که صمیمانه به توده دل می‌سوزاندند و هم از عناصر شیاد و محافظه‌کار و نوکرصفت و اپورتونیست و حتی خائن تمام‌عیار تشکیل شده بود، ولی ریشهٔ قضیه اینجاست که حزب در حقیقت حزب همین اپورتونیست‌ها و صد رنگان بود و یارگیری حزب از دوستداران ساده‌دل خلق نیز عملی عمیقاً اپورتونیستی و مزورانه بود. با این‌همه، چنین حزبی ــ همچون هر پدیدهٔ دیگری ــ نمی‌توانست جاودانه در چنین بالانسی از عناصر پاکدل و سیه‌دل، از عناصر خلقی و اپورتونیستی باقی بماند و چاره‌ای نبود که این بالانس به تعادل برسد. و رسید: کوبه‌های ۲۸ مرداد و ترکش آن، حزب را از چنین موقعیت دوگانه‌ای بیرون کشید. حزب یگانه شد، ولی اپورتونیستی یگانه. و چرا؟ زیرا به‌گوهر اپورتونیستی بود. بدین‌سان، آن «عدهٔ اصلاح‌ناپذیر» از حزب بیرون ریخته شدند، ولی این عدهٔ اصلاح‌ناپذیر، همان عدهٔ پاکدل و وفاداری بودند که ره‌گم‌کرده و خوش‌باور، خود را تحت رهبری استراتژیک حزب سپرده بودند. و درست در حزب توده، این دغلکاران و دنباله‌روان نبودند که بیگانه بودند، این یک‌رنگان و پاکباختگان ساده‌اندیش و گم‌گشته بودند که بیگانه بودند. و پس، شگفت نیست اگر همین‌ها نیز تصفیه شده باشند.

ت) شیوهٔ داوری سیستمی و سازمانی را به‌مثابه یک شیوهٔ صحیح داوری، یا باید پذیرفت و یا نباید پذیرفت. مارکسیسم شیوهٔ سیستمی و سازمانی را به‌مانند شیوه‌ای درست برای داوری پذیرفته است. و بر بنیاد همین شیوهٔ قضاوت سیستمی است که طبقهٔ کارگر خود را دچار سرگردانی نمی‌کند و از خرده‌کاری‌ها و سرگشتگی در خرده‌ریزها می‌پرهیزد. به هررو، به عنوان یک روش، که ولو مطلقاً، درعوض روی‌هم‌رفته، از خطاها و سرگردانی‌ها پیشگیری می‌کند. روش داوری سیستمی، روش مطلوب است، و روش سیستمی می‌آموزد که برای قضاوت دربارهٔ یک ارگان، نخست بایستی خود را بدان‌جا کشاند که ماهیت روابط و کیفیت طبقاتی آن را شناخت! هرگاه چنین نهادی شناخته شد، آنگاه می‌توان بدون نگرانی از وجود برخی اجزاء درونی آن، دربارهٔ آن داوری کرد. زیرا، این اجزاء پراکنده و این خرده‌ریزهای درونی، در تبیین ماهیت کنونی پدیده به‌مثابه ماهیتی که بایستی آن پدیده را بنا به همان ماهیت معرفی کرد، نقش تعیین‌کننده ندارد و ولواینکه از لحاظ کمی نیز قابل توجه باشند، باز هم از لحاظ ماهوی و نقشی که در تبیینِ کیفیت آن ارگان و روابط مشخص و موجود دارند، جزو خرده‌ریز به شمار می‌آیند.

مثالی زده می‌شود:

بر پایهٔ یک رشته تجزیه و تحلیل‌های ماتریالیستی دیالکتیکی به اینجا می‌رسیم که برای مثال ارتش شاهنشاهی ایران یک ارتش ضد خلقی است. زیرا رهبری و خط‌مشی آن ضد خلقی است. حال شیوهٔ داوری سیستمی اجازه می‌دهد که هر رفتار و هر مشخصهٔ دیگری از این **دستگاه** ارتشی را، یا دارای ریشه‌ها و جهاتی ضد انقلابی به شمار آورد و یا جزو خرده‌ریزها گذاشت، ولو اینکه آن رفتارها **ظاهراً** ضد انقلابی حساس نشوند و ولو اینکه انبوه سربازان و درجه‌داران و حتی افسران **سازمان** ارتش شاهنشاهی را عناصر کارگر و دهقان و یا عناصری با منشاءِ کارگری و دهقانی تشکیل داده باشند. بنا به روش داوری سازمانی، این انبوه، هرچند از لحاظ کمی سخت چشمگیر و بسیار زیاد است، لیکن از لحاظ نقشی که در **سازمان** ارتش دارد، جزو خرده‌ریز شمرده می‌شود. و چرا؟ زیرا، این کمیت انبوهی سربازان نیست که مهر خاستگاه طبقاتی خود را به سازمان ارتش می‌زند، این کیفیت سازمانی ارتش است که مهر ضد انقلابی خود را به سراپای خود زده است و بدین‌سان آن عناصر کارگر و دهقان را نیز در راستای ماهیت ضد انقلابی خود به کار می‌کشد.

و مثالی دیگر:

سیستم و رژیم حاکم بر ایران، و یا سازمان اجتماعی ایران، سازمانی ارتجاعی ـ استعمارزده، سازمانی ارتجاعی ـ وابسته است. و چرا؟ زیرا این وجه غالب سنتز جامعهٔ کنونی است. زیرا، رهبری و خط‌مشی غالب سازمان اجتماعی موجود رهبری و خط‌مشی ارتجاعی ـ وابسته است. حال، دیگر این واقعیات که جامعهٔ ایران سرشار از کارگر و دهقان و انواع گونه به‌گونهٔ رنجبران و ستمکشان است، هیچ اثر تعیین‌کننده‌ای در این داوری سیستمی ندارد. اینها هم همگی واقعیتند! ولی این واقعیات، ماهیت سازمان اجتماعی موجود ایران را عوض نمی‌کنند و در نتیجه داوری مارکسیستی را در زمینهٔ ارتجاعی ـ وابسته دانستن روابط موجود، هیچ تغییر کیفی نمی‌دهند.

البته این واقعیات از زاویهٔ دیگری و فقط از زاویهٔ دیگری می‌آموزند که چنین تعادلی که در یک‌سوی آن ستمگران و بهره‌کشان، و در سوی دیگر آن ستمکشان و بهره‌دهان قرار دارند، یک تعادل منحط و شکننده است. ولی، تحقق این شکست به معنی آن است که «**کل** چنین **سازمانی** بایستی **نابود** شود و هیچ گونه تصفیه‌ای که در خلال آن عده‌ای اصلاح‌ناپذیر بیرون ریخته شوند، داروی اصلی درد نیست و سراپا اصلاح‌گری و رفرمیسم است. به هررو، اینها مطالب دیگری هستند و نبایستی با موضوع مشخصی که مورد بررسی است، قاطی‌پاتی کرد.

حال، اگر **حزب** توده به‌مانند یک **سازمان**، حزب طبقهٔ کارگر ایران انگاشته شود، دیگر مسئلهٔ **عده‌ای** اصلاح‌ناپذیر جزو خرده‌ریزها و آن هم جزو خرده‌ریزهایی سخت خرده‌ریز به شمار می‌آید. ولواینکه حزب فوراً نتوانسته باشد این **عده** را تصفیه کند. به هررو، این عده نمی‌توانند خط‌مشی حزب را کیفاً تغییر دهند، ولی به‌عکس، اگر **حزب** توده به‌مانند یک **سازمان**، حزب طبقهٔ کارگر ایران

نباشد و مثلاً حزب اپورتونیست ـ نوکران شوروِیسم باشد، آن‌گاه هیچ عنصر صادق و انقلابی برجسته و کمونیست صدیق و پراتیسین فعال انقلابی نیز قادر نیست **خط‌مشی چنین سازمانی را اصلاح** کند و آن سازمان را به سازمانی کارگری دگردیسی بخشد. در این حال یک راه، و فقط یک راه رهایی‌بخشی وجود دارد، سازماندهی جداگانه و راستین حزب طبقهٔ کارگر در بیرون از حزب توده و خرد و خاکشیرکردن حزب توده. در این حال هرگونه جهت‌گیری برای مبارزهٔ داخلی در حزب توده به خاطر تصفیهٔ آن یک جهت‌گیری رفرمیستی است و در چارچوبِ مشیِ حزب سرگردان خواهد ماند و در همین چارچوب نیز مستحیل خواهد شد. و ریشهٔ اصلی نادرستی مشی رفرمیستی، نیز درست همین جاست.

مثالی زده شود و از تجربیات درونی همین جامعه، تا ملموس‌تر باشد:

جنبش مصدقی، مبارزهٔ داخلی با رژیم و سازمان اجتماعی حاکم را آغازکرد. جنبش چندان دامن گرفت که حتی توانست برجسته‌ترین نمایندهٔ خود را به ریاست دولت نیز برساند. دامنهٔ جنبش باز هم گسترده‌تر شد. جنبش توانست هیأت دولت، فرماندهی ارتش و بسا مقامات لشکری و کشوری را نیز به چنگ آورد. با این‌همه جنبش شکست خورد؛ چرا؟ زیرا شیوهٔ مبارزهٔ جنبش، شیوه‌ای رفرمیستی و اصلاح‌گرانه بود. جنبش می‌خواست در چارچوب همان سازمانی که قصد تغییر کیفی آن را داشت، مبارزه با آن سازمان را سامان دهد. و چنین تغییری محال بود. دو راه بیشتر وجود نداشت: یا رفته رفته جنبش خصلت پیشروانهٔ خود را از دست بدهد و در همان روابط مستحیل شود؛ و یا خصائل مترقی خود را حفظ کند و در نتیجه به مرحله‌ای برسد که تحمل آن برای سازمان موجود ناممکن شود و به‌ناچار جنبش را درهم کوبد. چه چیز رخ داد؟ جنبش خصائل مترقی خود را حفظ کرد و در نتیجه، سازمان ارتجاعی ـ وابستهٔ حاکم، جنبش را درهم کوبید. و این است سرنوشت تخلف‌ناپذیر هرگون رفرمیسم و هرگون اصلاح‌گری!

روشن است که برای تغییر کیفی سازمان اجتماعی حاکم، یک راه، و فقط یک راه رهایی‌بخش وجود داشت ــ و دارد ــ و آن هم برخورد انقلابی با آن، برخوردی که خود را به صورت سازماندهی انقلابی جداگانه، به صورت جهت‌گیری استراتژیک برای انهدام قهرآمیز سازمان اجتماعی چیره نمایان می‌کند و به سرگشتگی در کورراه رفرمیسم دچار نمی‌شود.

سخن کوتاه: حزب توده، از لحاظ سازمانی، یک حزب کارگری نبود که هم نتوانست آن عدهٔ اصلاح‌ناپذیر را تصفیه کند و هم نتوانست آن عناصر انقلابی برجسته و کمونیست صدیق و پراتیسین فعال انقلاب را تحت رهبری استراتژیک و اپورتونیستی خود به کار گیرد.

ث) در تضاد میان ستمگران و ستمکشان و اگر دقیق‌تر گفته شود: در تضاد میان پرولتاریا و بورژوازی، سرمایه‌داری نمی‌تواند بدون پرولتاریا هستی داشته باشد، حال آنکه پرولتاریا می‌تواند با نفی سرمایه‌داری و در نتیجه نفی مشخصهٔ پرولتری خود، باز هم وجود داشته باشد. این است که

تعادل شکنندهٔ جامعه‌ای که بر بنیاد بهره‌دهی ـ بهره‌کشی استوار است، هرگز نمی‌تواند از سوی وجه غالب همین روابط خرد شود. این، رسالت توده‌های زحمتکش و به‌ویژه پرولتاریاست که چنین سازمانی را درهم شکند و سازمان دیگری را که با منافع و ارزش‌هایش خوانایی دارد، بنیاد نهند و تکامل بخشد.(۱۱)

پس، در شناخت و داوری دربارهٔ حزب توده نیز، نخست بایستی آن را به صورت یک دستگاه، به صورت یک سازمان مشخص ارزیابی مارکسیستی کرد و با استنتاج از رهبری خرده‌بورژوایی و خط‌مشی اپورتونیستی آن، نتیجه گرفت که حزب توده، حزب کارگری نبود، و از بیخ. ولی، درعین‌حال به‌خوبی به یاد داشت که یک سازمان اپورتونیستی شورویستی که به‌ناچار مزورانه کبادهٔ پرولتری را به صدا درمی‌آورد، ناگزیر است تا با جذب کارگران و دهقانان و انقلابیون برجسته، ولی ساده‌اندیش و خوش‌باور به درون خود، موجودیت خود را حفظ کند. زیرا، اپورتونیسم شورویستی نمی‌تواند هستی داشته باشد، مگر توده‌های بسیار و بسیاری از انقلابیون صدیق را بفریبد. به واپسین کلام:

در تضاد اپورتونیسم شورویستی و پرولتاریا، این شورویسم است که نمی‌تواند جدا از توده‌ها و کارگران و پراتیسین‌های فعال انقلاب، ولی بیگانه از خود، هستی شورویستی خود را محفوظ دارد و ناچار است آنها را به درون خود بکشد. حال آنکه درست به‌وارونهٔ شورویسم، این پرولتاریاست که با گسست ریشه‌ای از اپورتونیسم شورویستی، ازخودبیگانگی شورویستی خود را نفی می‌کند و به هستی خود، برای خود می‌رسد. کمااینکه، حزب تودهٔ اپورتونیستی ـ نوکر، تا آن زمان ـ یعنی **به‌ویژه** تا قبل از ۲۸ مرداد ۳۲ که توانسته بود با فریب نیروهای فراوانی از کارگران و دهقانان و دوستداران پاکدل و ساده‌اندیش خلق، برای خود کیا بیایی دست و پا کند، کر و فری داشت و به‌گونه‌ای بسیار مؤثر خاک در چشم توده‌ها و جنبش‌های ملی و ضد استعماری می‌پاشید، ولی پس از ۲۸ مرداد و **به‌ویژه** پس از سقوط شورویسم ـ که لحظهٔ نهایی و نقطهٔ چرخش واپسین آن را بایستی در افشای یکپارچهٔ فروش اسلحه از سوی شوروی به ضد انقلاب ایران ارزیابی کرد ـ اینک کارش به آنجا کشیده است که حتی به گفتهٔ فداییان دیگر از حزب تودهٔ ایران چیزی جز تهماندهٔ «بقایای (مهاجر) رهبران حزب توده» باقی نمانده است.

چ) با این‌همه، خطا و آن هم خطایی سخت بنیادی‌ست اگر پنداشته شود که زوال سازمانی حزب تودهٔ ایران، به‌معنی زوال اپورتونیسم به‌طورکلی، در جنبش کارگری و توده‌ای ایران است! طرز تفکری که حزب توده به جای گذاشته است، به‌مثابه یک جریان فکری، صد پله و هزار پله مهلک‌تر و صد بار و هزار بار جان‌سخت‌تر از قدرت سازمانی حزب توده است. و پس، اگر قرار است به‌راستی ـ که قرار است به‌راستی ـ با حزب توده مبارزه شود به‌هیچ‌رو نبایستی به مبارزه با قدرت سازمانی حزب توده قناعت شود. زیرا، چنین قدرتی دیگر به دم‌دمه‌های پایان خود رسیده و نیازی به

لشکرآرایی در برابر آن نیست. آنچه به‌ویژه ضروری‌ست، پیکار با توده‌ایسم، به‌مثابه یک جریان فکری اپورتونیستی، نوکر، پلیسی و شورویستی است که رندانه خود را با رنگ خودساختهٔ شبه‌مارکسیستی لعاب داده است. و همین مرده‌ریگ شوم است که هنوز با جان‌سختی فسادانگیز و مباهی آفرین‌اش، به روی‌هم‌رفتهٔ جنبش انقلابی کنونی نیز سایهٔ ظلمانی خود را افکنده است. توده‌ایسم بی‌اسلحه، عنداللزوم می‌تواند به توده‌ایسم مسلح نیز بدل شود، بی‌آنکه حزب توده هرگز جنگ‌افزار به دست گیرد. بگذار، دست‌کم، تا آن اندازه صراحت خود را به کار انداخت و گفت:

بسیاری از شیوه‌ها و تئوری‌های چریک‌های فدایی خلق و من‌جمله شیوهٔ بررسی حزب توده و تئوری حزب کارگری، رهبری خرده‌بورژوایی و خط‌مشی اپورتونیستی، یک شیوه و یک تئوری توده‌ایستی تمام و کمال است، ولو سازمان فداییان تمامی جبهه‌های پیکارگرانهٔ خود را تخلیه کند و همگی قوای خود را برای نابودی حزب توده و یا به گفتهٔ خودشان «بقایای (مهاجر) رهبران حزب توده» به کار اندازد.

سخن کوتاه: دیری‌ست مبارزه با حزب توده، از مبارزه با سازمان آن جدا شده است. دیری‌ست مبارزه با حزب توده، به مبارزه با طرز تفکر توده‌ایستی، به مبارزه با توده‌ایسم و به‌ویژه به مبارزه با شورویسم بدل شده است. و پس، هر گونه طفره از چنین پیکاری و در عوض، خود را سرگرم آتش‌گشایی و نبرد با سازمان حزب توده و بلغورات ته‌ماندهٔ مهاجر آن‌که دیگر بند بند لاشهٔ فاسدش در حال پاشیدگی نهایی است، از یکسو گواه زندگی در همان فضای توده‌ایستی است و از سوی دیگر، تیر در تاریکی افکندن و شمشیر به سایه زدن است.

چ) چنین پیداست که سازمان چریک‌های فدایی خلق توجه ندارد که وقتی برای انجام‌نشدن این یا آن امر توضیح داده می‌شود و عللی که باعث چنین نشدنی شدند، شمرده می‌شود، نتیجهٔ حاصل منطقی همهٔ این توضیحات نیز می‌بایستی این باشد که پس، آن امر به وقوع نپیوست. به گفتاری دیگر: موضوع مادی مشخصی که مورد مطالعه است، این است که چرا فلان امر انجام نشد. حال، عللی که موجب شدند تا آن امر انجام نشود، توضیح داده می‌شود. بسیار خوب! ولی آیا نتیجهٔ منطقی همهٔ این توضیحات، تازه، این است که آن امر انجام شده بود؟ مسلماً نه! ولی سازمان فداییان درست همین «مسلماً نه» را به «مسلماً آری» درآورده‌اند. چگونه؟ نگریسته شود:

چنان‌که در آغاز همین شماره خوانده شد، سازمان فداییان، نخست حزب تودهٔ ایران را با حزب کمونیست چین مقایسه می‌کند و یادآور می‌شود که چگونه حزب کمونیست چین نیز روزگاری دچار انحرافات اپورتونیستی بود و سپس توانست بر این بیماری خود غلبه کند. درست در همین‌جاست که ضمناً توضیح می‌دهد که «اما... اوضاع داخلی و بین‌المللی ایران فرصت آن را نداد که **حزب** (توده)... مورد تصفیه قرار گیرد و... ایدئولوژی‌ها و خط‌مشی‌های خرده‌بورژوایی (آن) نابود... (شود) و عدهٔ اصلاح‌ناپذیری از روشنفکران خرده‌بورژوا... (که «رهبری آن را» در دست داشتند) بیرون ریخته شوند.

بسیار خوب! پس، همهٔ اینها توضیحاتی بود برای اینکه چه عللی باعث شد که حزب تودهٔ ایران در همان ایدئولوژی‌ها و خط‌مشی‌های خرده‌بورژوایی جاودانه زمین‌گیر شود و هرگز مورد تصفیه قرار نگیرد. و در نتیجه هرگز به حزبی پرولتری بدل نشود، ولی درست همین نتیجه است که سازمان چریک‌های فدایی خلق، حتی از مبانی استدلال خود نمی‌گیرند و درست وارونهٔ آن را نتیجه‌گیری می‌کنند: «تا قبل از کودتای ۲۸ مرداد ۳۲، حزب توده، حزب طبقهٔ کارگر ایران بود». آخر دربارهٔ چنین طرز استدلالی چه باید گفت؟ پدیده‌ای، بنا به فلان و فلان علل، چنین و چنان نشد، با این وصف، بایستی همین پدیده را همان چیزی که نشد، نامید! اگر گفته شود که اینها پریشان‌گویی است، نه منطق، ولو منطق صوری، آیا تصور اهانت می‌رود؟ ای‌کاش نه! و یا دست‌کم، ای‌کاش «شاید»!

سرباز

نیمهٔ یکم بهمن ۱۳۵۴

۴. سازمان چریک‌های فدایی خلق، در توجیه اینکه چرا توده‌های حزبی و عناصر انقلابی برجسته نتوانستند رهبری خرده‌بورژوازی و خط‌مشی اپورتونیستی حزب تودهٔ کارگری را دریابند و در برابر آن صف‌آرایی کنند، چنین می‌نویسد:

> ظهور یک اپوزیسیون (نیروی مخالف) روشنفکری **راست** در داخل حزب (دارودستهٔ رویزیونیستی خلیل ملکی و شرکاء) و انشعاب آن نیز به رهبران (ص ۷۵) خرده‌بورژوای حزب توده کمک کرد تا توده‌های حزبی را علیه آن متشکل کنند و **ماهرانه** و **نیرنگبازانه** ماهیت خود را زیر لفافهٔ مبارزه با این جناح اپورتونیست، از توده‌های حزبی **بپوشانند.** (ص ۷۶)

امید است این پیش‌بینی خطایی از آب درآید که سازمان‌ها و کسانی خواهند کوشید تا مطالبی را که در زیر بیان می‌شود، به‌مثابه دستاویزی برای افترا و برخورد غیر علمی، و «سنجیده» به کار برند. به هررو، چه چنین بشود و چه نشود، بی‌هراس از این گونه ملاحظه‌کاری‌ها، بایستی گفت:

الف) چگونه است که فداییان، دست‌کم، رهبری حزب توده را یک رهبری خرده‌بورژوایی ارزیابی می‌کنند و خط‌مشی حزب را نیز خط‌مشی‌ای اپورتونیستی برآورد می‌کنند و حتی جهت‌گیری ستیزه‌جویانهٔ رهبری حزب را در برابر انشعابیون، عملی **نیرنگبازانه** وصف می‌کنند و تازه انشعابیون را به‌مثابه «اپوزیسیون روشنفکری **راست**» به شمار می‌آورند؟

گمان نمی‌رود ــ زیرا، کار زارتر می‌شود ــ که خواست سازمان فداییان از اصطلاحات راست و چپ، در اینجا، موبه‌مو یا به‌طورکلی منطبق با مفهوم اولیهٔ آن باشد. به گفتاری دیگر: حتماً فداییان صحیح ندانسته‌اند که بگویند خط‌مشی حزب توده در روزگاران انشعاب، خط‌مشی‌ای بلشویکی بود و در عوض خط‌مشی انشعابیون منشویکی، زیرا، دست‌کم، بایستی توجه کرده باشند که بیشتر خط‌مشی حزب توده را اپورتونیستی توصیف کردند. پس، موضع حزب توده را نمی‌توان «چپ»، به مفهوم «بلشویکی» انگاشت. بسیار خوب! پس، اگر فداییان، اصطلاح چپ و راست را در اینجا به چنین مفهومی به کار نبرده باشند، به‌ناچار به مفاهیم رایجی به کار برده‌اند که این اصطلاحات پیدا کرده‌اند. به واپسین گفتار: چپ و راست، در اینجا، به معنی نسبی آن، یعنی در مقایسهٔ میان دو موضعگیری و دو جناح‌بندی مشخص به کار رفته‌اند. و این دو جناح‌بندی و دو موضعگیری مشخص در آن بررسی فداییان، طبعاً مربوط است به موضعی که جناح انشعابیون گرفت و موضعی که حزب حفظ کرد. حال در مقایسه میان این دو موضع و دو جناح، بایستی با دلایل قاطعی که از بطن واقعیات حاصل شده باشند، **مشخصاً** نشان داد که کدامین یک از این دو جناح را باید راست و کدامین یک را باید چپ نامید، ولو همین چپ در مقایسه‌ای دیگر با جناح‌بندی و موضعگیری

دیگر، از هر راستی نیز صد درجه راست‌تر باشد.

حال پرسیدنی است که موضع‌گیری حزب توده، با آن رهبری خرده‌بورژوا و آن خط‌مشی اپورتونیستی و آن رفتار دنباله‌رو و آن سیاست سازشکارانه ــ حتی با قوام‌السلطنه ــ و آن نیزنگ‌بازی‌های ماهرانه برای فریب توده‌های حزبی و آن پشت‌پازنی حتی به منافع ملی و غیره، کجایش «چپ» بود که فداییان موضع‌گیری انشعابیون را در مقایسه با آن به‌مانند موضعی «راست» ارزیابی کرده‌اند؟ [اینکه] عناصر انشعابی حزب تودهٔ ایران، سرانجام هر یک دچار چه سرنوشتی شدند و کارشان به کجاها کشید، راز پوشیده‌ای نیست، ولی این گون مسائل چیزی از این واقعیت را تغییر نمی‌دهد که در مقایسهٔ میان دو موضع مشخص آن زمان حزب که یکی از سوی انشعابیون بیان می‌شد و دیگری از سوی ماندگاریون، کدام‌یک راست و کدام‌یک چپ بود. و برای دانستگی به این دو موضع نیز به هیچ زیج‌نشینی و ریاضت معتکفانه و کشف و شهود عارفانه‌ای نیاز نیست، همچنانکه از هیچ جادو و وردی نیز کاری ساخته نیست. برای دانستگی به این دو موضع، بایستی یکراست به خود این دو موضع مراجعه کرد. هر رازی و هر حقیقتی در کار باشد، در همین‌جاست و بایستی از همین‌جا نیز بیرون کشید. و آنچه از مقایسهٔ این دو موضع می‌توان به دست آورد، روی‌هم‌رفته این است که انشعابیون در برابر خط‌مشی دنباله‌روانهٔ حزب، خط‌مشی استقلال داخلی حزب را نشاندند؛ در برابر تکیه به عامل خارجی، تکیه به عامل داخلی، یعنی خلق را قرار دادند؛ در برابر بی‌پروایی حزب توده نسبت به منافع ملی، توجه به منافع ملی را گذاشتند. سخن کوتاه: جز در زمینهٔ عمل مسلحانه، روی‌هم‌رفتهٔ آنچه هم‌اکنون بیشتر نیروهای انقلابی چپ کنونی جامعه و من‌جمله سازمان چریک‌های فدایی خلق، به عنوان موضع‌گیری‌های درست در رابطهٔ میان درون و بیرون، منافع داخلی و همبستگی با دولت‌های «سوسیالیستی»، استقلال سازمانی و اطاعت از فرامین قطب‌های جهانی «کمونیسم» به‌مانند اصولی بدیهی و غیر قابل تفکیک و سازش‌ناپذیر، پذیرفته‌اند، روی‌هم‌رفته همان‌هایی است که موضع‌گیری همان «روشنفکران راست» بود(۱۲) و از لحاظ تاریخی و دست‌کم از پس از شهریور بیست، انشعابیون حزب توده بنیانگذاران این موضع در جناحی از جامعه بودند که جناح چپ شناخته شده‌اند. حال، اگر سازمان فداییان اینها را باور ندارند، هیچ عیبی ندارد و بسیار هم خوب! ولی برای رد اینها و چه برای اثبات نظرات خود، برای هر دو، بایستی بر پایهٔ فاکت‌ها و اسناد مشخص تاریخی استدلال کند. و ضمناً بایستی به یاد داشته باشد که زندگی سپسین انشعابیون و سازمان‌هایشان، چه خوب و چه بد، و در مقایسه با زندگی رهبران حزب توده و سازمان حزبی، چه عالی و چه پست و چه همانند، به هررو، هیچ‌کدام اینها مسئلهٔ **موضع‌گیری مشخص** آنها را در آن روزگاران عوض نمی‌کند. و بررسی کنونی نه به گرد اشخاص می‌چرخد و نه به پروندهٔ کودکیشان کاری دارد و نه سرنوشت نهایی‌شان را در دستور گذاشته است؛ اینها همه جای خود دارند، ولی بررسی کنونی در فضای مواضع و سنگرها در حرکت است. سخن اینجاست که در مقایسه

چه موضعی درست و چه موضعی نادرست بود. حال اگر آنها که موضع درست را تمیز دادند، در عمل نتوانستند همان موضع را حفظ کنند و آن را تکامل دهند و بدتر از آن، حتی خود به گندترین لجن‌ها نیز فرورفتند، باز این واقعیت بعدی دلیلی بنیادی برای آن نیست که پس، آن موضع مشخصی را هم که تشخیص دادند، غلط‌تر از موضع حزب توده بود.

چنان‌که فداییان خود نیز یادآور شده‌اند، موضع حزب توده، موضعی اپورتونیستی و دنباله‌روانه و غیره بود. پس، این موضع غلط. حال می‌ماند موضع انشعابیون. ولی موضع انشعابیون، نادنباله‌روانه و مبتنی بر منافع ملی و در دفاع از استقلال داخلی حزب تعیین شده بود. آیا این موضع نیز غلط بود؟ مسلماً نه! منتها، می‌توان گفت که پرچم این موضع صحیح در پنجه‌های جناحی بود که توان نگهداری آن و ادامه‌کاری را نداشت، بسیار خوب! پس، اینجاست که تازه وظیفهٔ آن توده‌های حزبی و آن انقلابیون برجسته و آن کمونیست‌های صدیق پیش می‌آید. وظیفه‌ای که بر مبنای آن بایستی آن توده‌های حزبی و پراتیسین‌های فعال انقلاب، از یک‌سو با گسستن از خط‌مشی اپورتونیستی و دنباله‌روانه حزب موضع صحیح انشعابیون را بگیرند و از سوی دیگر، با کنارافکندن خود انشعابیون که از لحاظ منش و کیفیات شخصی شایستگی پیشبرد چنین پرچمی را نداشتند، خود چنین درفشی را افراشته به پیش برند. حال که نه آن توده‌های حزبی و آن پراتیسین‌های فعال انقلاب چنین وظیفه‌ای را انجام دادند و نه خود حزب و رهبرش طبعاً جز همان خط‌مشی اپورتونیستی و دنباله‌روانه، خط دیگری را پیش گرفت، تازه همهٔ آوارها و بغض‌ها بایستی به سر «راست» روی انشعابیون فرو ریزد؟ آیا این است آن اخلاقی که بتوان به‌مانند اخلاقی کمونیستی به آموزش گذاشت؟

خراب‌کردن همهٔ آوارهای کینه و بدگویی پیش‌ساخته‌شده به سر انشعابیون حزب توده و موضع آنها، برای اثبات انقلابی بودن خود، عملی عمیقاً توده‌ایستی و غلتیدن دوباره در همان غرقابی‌ست که حزب اپورتونیستی ـ نوکر توده «ماهرانه و نیرنگبازانه» سازمان داد تا نه تنها توده‌های حزبی را در همان زمان‌ها بفریبد، بلکه چنان طرز تفکری را در جامعه رسوخ دهد که حتی پس از احتضار مشرف به موت سراپای سازمان حزبی و خاک‌سپاری بیولوژیک ته‌ماندهٔ رهبران و کرگدن‌های همبسته به آن نیز همچنان بر جای ماند تا آنجاکه پس از سی سال از گذشت آن زمان، هنوز هم کسانی پیدا شوند که اذعان کنند حزب تودهٔ ایران، حزب طبقهٔ کارگر بود و موضع انشعابیون در مقایسه با موضع حزب، موضعی راست‌روانه و منحط بود، هرچند ضمناً معترف باشند که رهبری حزب خرده‌بورژوایی بود و خط‌مشی آن با مهر اپورتونیسم و دنباله‌روی داغ شده بود.

ب) سازمان فداییان، دست‌کم، رهبری حزب توده را پدیده‌ای اپورتونیست معرفی می‌کند و درعین‌حال انشعابیون را نیز به‌مثابه یک «جناح اپورتونیست» (ص ۷۶) می‌شناساند، بسیار خوب! ولی پرسیدنی است که در نهاد و منش این دو پدیدهٔ اپورتونیستی چه چیزهایی وجود داشت که

امکان همبستگی را به آنها و یا لااقل، به انشعابیون نمی‌داد؟ آیا برای مثال، خلیل ملکی مثلاً از دکتر یزدی هم لجنی‌تر بود؟ آیا جز این است که یکی از به انحطاط‌کشیده‌ترین عناصر انشعابی همانا جناب انورخامه‌ای است؟ بسیارخوب! با این وصف، آیا همین گندیده‌ترین عنصر را نمی‌توان همانند مثلاً دکتر بهرامی گرفت؟ پس، چرا همین‌ها نیز فضای حزب را برای خود سالم نیافتند و چاره‌ای جز جدایی ندیدند؟ هرچه نباشد، آیا این هم نیست که روی‌هم‌رفتهٔ انشعابیون، **در آن زمان** دارای گرایش‌های ملی بودند و منش‌شان نیز با نوکری و اطاعت‌پیشگی، آن‌چنان خوانایی را نداشت که سازمان حزبی و دستگاه رهبری حزب توده داشت؟ پس، بنگر که حزب توده چه منجلابی بود و اعضای خود را به چه لجن‌زاری می‌کشید که اپوزیسیون آن را، تازه نیروهای روشنفکری راست و دارودستهٔ رویزیونیستی خلیل ملکی و شرکاء تشکیل داده بودند، تا آنجا که همین موضع رویزیونیست‌ها و دست‌راستی‌ها، تازه، چپ‌تر از موضع خود حزب بود.

آیا باید نگران بود که با برخوردی روزنامه‌ای چنین پاسخ داد: مگر هر انشعاب راستی، گواه راست‌تربودن پدیده‌ای است که از آن انشعاب شده است؟ و چون همواره چنین نیست، پس، به ماستمالی قضیهٔ **مشخصی** که مطرح است، پرداخته شود. به هررو، پیشاپیش گفته می‌شود که هرگونه «اصل» و «فرع» و «کلیات» و «جزئیاتی»، سرانجام **بایستی و صرفاً** بایستی به موضع **مشخصی** که مطرح است، یعنی به **انشعابیون حزب توده و موضع** آنها از یکسو و به **گردانندگان و رهبری حزب** توده و **موضع** آنها از سوی دیگر محدود باشد، تا در این محدوده گامی برای روشن‌شدن و شناخت دقیق و یا دقیق‌تر موضوع برداشته شود. اینک بحث بر سر هیچ اصول و کلیات مجردی نیست. اینک سخن بر سر مشخصات، سخن بر سر **موضع و ماهیت** انشعابیون، در **مقایسه** با موضع و ماهیت رهبری حزب تودهٔ ایران است. همین. و مطلقاً همین!

پ) به یادآوردنی‌ست که همان حزبی که تا پیش از کودتای ۲۸ مرداد ۳۲، حزب طبقهٔ کارگر ایران بود، پس از قیام سی تیر ۱۳۳۱، هرچند مزورانه، به هررو، حاضر شد که با تمامی نیروها و سازمان‌های جبههٔ ملی و من‌جمله با سازمان خلیل ملکی و انورخامه‌ای جبههٔ واحدی تشکیل دهد، ولی آنکه به‌هیچ‌رو زیر بار نرفت، به‌ویژه همین جناح انشعابی و در رأس آن خلیل ملکی بود. درست است؟ بسیار خوب! پس، نگریسته می‌شود که حزب توده و حتی توده‌های حزبی و حتی عناصر صادق و انقلابیون برجسته و کمونیست‌های صدیق و پراتیسین‌های فعال انقلاب آن نیز حاضر به سازش و همکاری با همان انشعابیون اپورتونیست بودند، ولی آن جناح اپورتونیست انشعابی حاضر نبودند. پس، نگریسته می‌شود که آن «نفرت» سختی که سازمان فداییان دربارهٔ احساسات «توده‌های حزبی» نسبت به انشعابیون یاد می‌کند نیز نفرتی ساخته‌شده از سوی همان رهبری خرده‌بورژوایی و همان خط‌مشی اپورتونیستی بود. زیرا، اگر آن نفرت سخت از روشنفکران راست انشعابی، نفرتی آگاهانه و مبتنی بر ارزیابی‌های مارکسیستی و جهت‌گیری‌های کمونیستی بود، آنگاه لازم می‌آید که

نفرتی هزار بار سخت‌تر از آن به سر خود حزب و رهبری فرو ریخته شود. و نشد، که به جای خود، تازه همگی خود را تحت رهبری استراتژیک آن قرار دارند.

یک‌بار دیگر بایستی از نگرانی خورنده‌ای یاد کرد که اجازه نمی‌دهد بپذیرم که بسا کسان و بسا سازمان‌ها با سنجیدگی تمام باور نخواهند کرد که هیچ‌یک از این مطالب به معنی هـواخـواهـی و صف‌بندی در جناح انشعابیون و یا اهانت به عناصر پاکبازی چونان شهید دلیر خسرو روزبه نیست و آنچه گفته شد صرفاً مقایسه‌ای‌ست میان دو جناح کاملاً مشخص، بی‌آنکه نشانه‌ای از همبستگی و دلبستگی با هیچ‌یک از آنها باشد. راه درست، نه این و نه آن، هیچ کدام نیست. هرچند در رهنمودهای انشعابیون برخی خطوط مثبت، ولی قوام نیامده‌ای یافت شود و هرچند در جناح حزب، نیروهای خلقی و پراتیسین‌های انقلابی فعال و فراوانی وجود داشته باشند.

سرباز

نیمهٔ یکم بهمن ۱۳۵۴

۵. سازمان چریک‌های فدایی خلق، از نیرنگ‌بازی ماهرانهٔ رهبری خرده‌بورژوازی حزب توده، در روند مبارزه با انشعابیون، همچنین بدین‌سان پرده‌دری می‌کند:

> ... رهبران (حزب توده) به‌سادگی هرگونه انتقادی از اپورتونیسم و دنباله‌روی خود را به بهانهٔ لزوم مبارزه با انشعابیون راست که سخت مورد نفرت توده‌ها بودند، خاموش می‌ساختند و انتقادکنندگان را به هواداری از آنان متهم می‌کردند. و **در نتیجه**، وحدت پوشالی حزب در زیر استیلای رهبران خرده‌بورژوا، **حفظ شد**. (ص ۷۶)

الف) پیش از هر چیز دانستنی است که فداییان از چه **عناصر** و یا **جناح مشخصی** در درون حزب یاد می‌کنند که به مشیء «اپورتونیسم و دنباله‌روی» حزب و رهبران آن «انتقاد» می‌کردند؟ تا آنجا که دانسته است، به‌جز همان انشعابیون «راست» که از بیرون حزب، به حزب توده خرده می‌گرفتند و از لحاظ مقایسه، در بسا زمینه‌ها نیز حق با آنها بود ــ مثلاً در زمینه‌های نفت و مصدق و رزم‌آرا و غیره ــ عناصر اندکی هم در درون حزب بودند که به برخی سیاست‌ها و رفتارهای حزب ــ در زمینه‌هایی مانند بورژوازی ملی و مسائل ملی و جنبش نفت و امثالهم ــ انتقاد می‌کردند که سرسلسلهٔ بی یا کم‌دودمان آنها نیز همان «محمود توکلی» بود که فداییان او را نیز به‌مانند عنصری که «منطقاً عضو سی. آی. ا»، یعنی عضو سازمان جاسوسی امریکا است، ارزیابی کرده‌اند. (نگاه شود به ***شورش نه، قدم‌های سنجیده در راه انقلاب***) و به‌هررو تا آنجا که ما آگاهی داریم، از سوی عناصری چونان شهید روزبه و شهید وکیلی و شهید وارتان و شهدای دلیر دیگری که عضویت حزب را داشتند، **هیچ‌گونه** انتقاد اصولی و جناح‌بندی انقلابی و ستیزه‌گرانه‌ای در درون حزب انجام نشد و همگی در «اطاعت کورکورانه» از خُرده‌بورژوازی حزب و **خط‌مشیء** اپورتونیستی و دنباله‌روانهٔ آن، جاودانه به سر بردند و دم هم نزدند، تا آنجا که، پوچ‌کردن هرگونه پیشنهاد قهرآمیزی هم که از سوی برخی کسان و به‌ویژه افسران حزب، برای مقابلهٔ رزمی با کودتا شد، باز هم شهدایی همانند روزبه و سیامک را نه به هوش آورد و نه در ساختمان ساروجی «اطاعت کورکورانه»شان از حزب شکستی افکند. سخن کوتاه: همهٔ مخالفین و همهٔ خرده‌گیران به حزب، یکباره همان‌هایی هستند که هنوز هم به‌سادگی به نام «خائنین» و «جاسوسان» و «روشنفکران راست» و غیره می‌خوانید. و همین‌جاست که یک‌بار دیگر می‌توان دریافت که چگونه توده‌ایسم، علیرغم زوال سازمانی حزب توده، همچنان بر افکار و طرز داوری و برخورد بساکسان و سازمان‌ها و من‌جمله سازمان چریک‌های فدایی خلق پنجه افکنده است.

ب) فرض شود که حزب انتقادکنندگان به هرگونه اپورتونیسم و دنباله‌روی را به بهانهٔ هواداری از انشعابیون [محکوم کند] ولی پرسش اینجاست که چرا بایستی انتقادکنندگان از ترس «متهم»شدن به

هواداری از «روشنفکران راست»، «خاموش» شوند و از مبارزهٔ اصولی خود دست بشویند؟ پس، اپورتونیسم و یا ابتلا به بیماری‌های اپورتونیستی یعنی چه؟ مگر نه اینکه «خاموشی» از بیم «اتهام» خود نیز چهرهٔ دیگری از اپورتونیسم و یا ابتلا به اپورتونیسم است؟ آن «انتقادکنندگان» فرضی که نه «رویزیونیست» بودند و «روشنفکر راست» و نه «عضو سیا» و درست به‌وارونهٔ آن، هم انقلابی بودند و هم کمونیست بودند و هم دانشمند، آنها چرا از دهشت «متهم» شدن به هواداری از انشعابیون «خاموش» شدند و هیچ انتقادی نکردند و بدین‌سان به «انتقادکنندگانی» که هرگز انتقادی نکردند بدل شدند؟ راستی را که انتقادکنندگان خاموش هم از آن حرف‌هاست!

به هررو، اگر قرار باشد به عناد و کوشندگانی از آن روزگاران، بیشترین و حتی شدیدترین انتقادات را وارد دانست، آنها همین «عناصر صادقی هستند که با صداقت تمام در راه خلق زحمتکش ما مبارزه می‌کردند. همین انقلابیون برجسته و کمونیست‌های صدیقی هستند که پراتیسین‌های فعال انقلاب بودند» (ص ۶) ولی هرگز هیچ برخورد انتقادی اصولی و پی‌گیری با حزب و رهبری نداشتند، و افزون بر آن، تازه خود را «تحت رهبری استراتژیک حزب توده قرار» (ص ۶) داده بودند و بدین‌سان همهٔ استعداد و صداقت و برجستگی انقلابی و خصائل کمونیستی و کوشندگی انقلابی خود را به خدمت خط‌مشی اپورتونیستی و دنباله‌روانه و غیره درآورده بودند. و سازمان فداییان، نه تنها کسانی که حتی یک ذره انتقاد نمی‌کنند و مطلقاً با تأیید و ستایش با آنها روبرو می‌شود، درست همین‌هاست. فداییان در انتقاد از این پراتیسین‌های فعال و صدیق انقلاب که خود را تحت رهبری استراتژیک حزب اپورتونیستی ـ نوکر توده قرار دادند، لب از لب نمی‌گشاید. و آیا چنین شیوهٔ برخوردی، شیوهٔ برخوردی مارکسیستی است؟

پ) انتقاد بخشی از افزار حل تضادهای اجتماعی است. و پس، بسته به ماهیت تضادها، خصلت انتقاد نیز تغییر می‌کند. در تضادهای درون‌سازمانی، انتقاد حالتی دارد و تضادهای درون‌طبقاتی، حالتی دیگر. در تضادهای درون خلق خصلت انتقاد به‌نوعی است و در تضاد میان خلق و دشمنان خلق، خصلت انتقاد نوعی دیگر می‌شود، زیرا، هر یک از این تضادها، خود با یکدیگر متفاوت‌اند و به‌ناچار شیوه‌های حل‌شان نیز تفاوت دارند و در نتیجه حالت و خصلت برخورد انتقادی با آنها نیز تغییر می‌کند.

مادام که تضادهای درون حزبی طبقهٔ کارگر، گواه تضاد طبقاتی و رخنهٔ عناصر ضدانقلاب در حزب نیست و صرفاً گواه جناح‌بندی‌ها و یا طرز تفکرات پرولتری، منتها، ممتاز از یکدیگر است، تضادهای درون حزبی، تضادی رفیقانه است و بایستی به‌گونه‌ای رفیقانه نیز با آن برخورد کرد و در راه حلشان کوشید. تضادهای درون طبقاتی پرولتاریا، تضادهایی ناقهرآمیز و غیرآنتاگونیستی هستند. پس، برخوردهای انتقادی با این تضادها نیز قهرآمیز نیست. تضادهای درون خلق روی‌هم‌رفته غیرآنتاگونیستی است، منتها، بسته به اوضاع و احوال مشخص اجتماعی و تاریخی، بسته به ترکیب

مشخص خلق در این یا آن شرایط مشخص اجتماعی و تاریخی، ممکن است به تضادهایی قهرآمیز و دشمنانه، در این یا آن زمینه و با این یا آن جناح و تحت این یا آن شرایط جدید، بدل شوند. و به هررو سلاح انتقاد نیز بسته به مشخصهٔ این تضاد و سیر آن، حالات و حتی کیفیات گوناگون می‌گیرد. تضادهای میان حزب و پرولتاریا و خلق با دشمنان خونی و سینه به سینه‌شان، تضادی خصمانه و آنتاگونیستی است. و پس، کیفیت انتقاد نیز عوض می‌شود.

برای پیشگیری از تغییر بحث و پیوند فوری آن با بررسی کنونی و با توجه به روند و مشخصات این بررسی، موضوع بدین‌سان خلاصه می‌شود: یا انتقاد مبتنی بر چشم‌داشت برای تصحیح انتقادشونده و آموزش از خطاهای انجام‌شده برای جبههٔ وسیع خلق است، در این صورت انتقاد حالت و خصلتی ویژهٔ خود دارد؛ و یا انتقاد مبتنی بر هیچ توقعی برای تصحیح طرف مورد انتقاد نیست، در این صورت است که انتقاد به سوی دشمنان خلق مواجه است و طبعاً حالت و خصلت انتقاد نیز فرق می‌کند. آنگاه که انتقاد متوجه دشمنان خلق است، انتقاد حالتی خصمانه دارد و بند بند ارگانیسم آن با رسواگری قوام آمده است. در این حالت فقط کسی انتظار دارد که دشمن خود را به‌گونه‌ای ریشه‌ای از انتقادات وارده پاکیزه کند که به منتهاالیه سفاهت اوج گرفته باشد. در اینجا «سلاح نقد» چونان جزئی از «نقد سلاح» عمل می‌کند لیکن دربارهٔ رفقا و دوستان، قضیه فرق می‌کند. در حزب پرولتری، سلاح نقد، جزئی از نقد سلاح نیست. درون پرولتاریا نیز سلاح نقد، به‌مثابه جزئی از نقد سلاح به کار نمی‌رود. و در تضادهای درون خلق نیز، روی‌هم‌رفته، سلاح نقد، چنان بخشی از نقد سلاح نیست. در همگی این موارد، انتقاد برای رهایی از انتقاد است؛ انتقاد برای آموزش است؛ انتقاد برای تصحیح است؛ انتقاد برای راهنمایی و راهنمایی متقابل است.

شکی نیست که در سنتز خلق و دشمنان خلق، در سنتز انقلاب و ضد انقلاب، هر دو، وجوه دوگانهٔ یک مجموعه‌اند و هیچ‌یک بی‌دیگری مفهوم نیست؛ با این‌همه، هر دو در کنار هم قابل تمیزند و هر کدام موجودیت خود را دارند.

هرچند میان انتقاد درون‌خلقی با انتقاد به دشمنان خلق، تفاوت کیفی وجود دارد، لیکن معنی انتقاد دوستانه و به‌ویژه رفیقانه به‌هیچ‌رو به معنی مماشات و ولنگاری و ماستمالی که نیست به جای خود، به معنی انتقاد با صریح‌ترین لهجه، انتقاد با بیش‌ترین قاطعیت، انتقاد به ریشه‌ای‌ترین شکل... نیز هست. و در حقیقت، سلاح نقد، با همهٔ بُرّندگی و همهٔ آتش انتقادی‌اش، ولی بی‌آنکه با نقد سلاح دوشادوش شود، یکراست متوجه درون خلق، درون پرولتاریا و درون حزب کارگری‌ست، ولی همین نقد، آنگاه که متوجه دشمنان خلق می‌شود، دیگر تنها و بسیط نیست، در اینجا انتقاد مرکب است: ترکیبی از سلاح نقد، با نقد سلاح! در اینجا سلاح نقد، دیگر نه حالت و نه جهت و نه هدف پیشین، هیچ‌کدام را ندارد، در اینجا سلاح نقد حالت خصمانه، جهت رسواگرانه و هدف انهدامی دارد.

سخن کوتاه: ــ که همهٔ رازِ کار در همین جاست ــ انتقاد رفیقانه و دوستانه، اصولی‌تر و واجب‌تر از انتقاد به دشمنان خلق است. و هر گونه سهل‌انگاری و چشم‌پوشی و ماستمالی انتقاد دوستان و به‌ویژه رفقا، هرچه هست، عملی کمونیستی نیست و هرچه نیست عملی منحط هست.

انتقاد و انتقاد از خود درون‌سازمانی و درون‌انترناسیونالیستی و درون‌تاریخی جنبش کمونیستی، واجب‌ترین و حیاتی‌ترین بخش انتقاد است. هر انتقاد دیگری نسبت به این انتقاد درجه‌بندی می‌شود، تا آنجا که قطب دیگر این طیف طولانی را انتقاد رسواگرانه و مسلح تشکیل می‌دهد که خاص دشمنان رودرروی انقلاب است. و این، درست همان روشی است که سازمان چریک‌های فدایی خلق، حتی از حاشیه‌اش نیز نگذشته است. گذشته است؟

اگر انشعابیون حتی در مقایسه با حزب توده روشنفکران راست بودند، پس، هر رفتاری که کردند درست منطبق با ارزش‌ها و سرشت‌شان بود. اگر «رهبران» حزب توده، دنباله‌روی کردند و مشی‌ای اپورتونیستی پیش گرفتند و از اسلحهٔ بهتان و هوچیگری استفاده کردند و غیره، اینها نیز ارزش‌ها و منش ذاتیشان را بروز دادند؛ آنچه باقی می‌ماند، «توده‌های حزبی» و آن «عناصر مؤمن و صادقی» (ص ۷۶) است که نه چونان رهبران حزب اپورتونیست دنباله‌رو بودند و نه همچون انشعابیون، رویزیونیست راست و در عوض، با صداقت تمام در راه‌های خلق زحمتکش ما مبارزه می‌کردند... و انقلابیون برجسته و کمونیست‌هایی صدیق... و پراتیسین‌های فعال انقلاب (ص ۶) بودند. انتقاد اصولی و آموزنده و رهایی‌بخش، انتقاد اصلی به اینها وارد است که اولاً چرا به سرشت اپورتونیستی حزب و گوهر خرده‌بورژوایی رهبری آن پی نبردند؟ و به فرض محال که پی بردند، پس چرا حتی هر کار دیگری را به زمین نگذاشتند تا این بار اصلی را به سامان برسانند؟ و نه تنها هیچ یک از اینها را نکردند، تازه خود را «تحت رهبری استراتژیک حزب توده» (ص ۶) اپورتونیست دنباله‌رو نیز قرار دارند؛ و بی‌اندکی کم و کاست.

اگر ملکی راست‌رو، ولی دنباله‌رو نبود، دست‌کم در همین حد که دنباله‌رو نبود، درفش مخالفت با دنباله‌روی را بلند کرد، ولو پس از آن، همین درفش را به گند دیگر آغشته کرده باشد. پرسش اصلی، و هم جان انتقاد اصلی، ولی رفقیانه و درعین‌حال صریح و برّا، اینجاست که چرا انقلابیون برجسته و کمونیست‌های صدیق و پراتیسین‌های فعال انقلاب، خود را تحت رهبری استراتژیک حزبی قرار دادند که رهبری آن قبضهٔ خرده‌بورژوازی و خط‌مشی آن صرف انحرافات اپورتونیستی و دنباله‌روی و غیره بود؟ به چه کسی باید انتقاد کرد؟ به کمونیست‌هایی که‌افزار دست اپورتونیست‌ها شدند؟ یا به راست‌روهایی که از دنباله‌روی گریختند؟ یا به اپورتونیست‌هایی که چون دیدند هوا پس است، «از کشور گریختند»؟ (ص ۷۷) یا به خرده‌بورژواهای زبونی که چون به آوردگاه «نبرد رویاروی با دشمن» (ص ۷۶) رسیدند، «با خفت و خواری تسلیم شدند و خدمتگزاری او را برگزیدند»؟ (ص ۷۷) یا به حزبی که «وحدتش پوشالی» (ص ۷۶) بود و در روز سرنوشت به‌ناچار این «وحدت پوشالی از هم گسست»؟ (ص ۷۶)

اگر سخن بر سر انتقاد باشد، آنگاه به هیچ کس جز کمونیست‌ها و انقلابیون و پراتیسین‌های انقلابی برجسته‌ای که به نقش باز چماق اپورتونیست ـ نوکران درآمدند، انتقادی وارد نیست و دیگران فقط ذات خود را بروز دادند؛ همین! ولی متأسفانه این‌گون برخوردکردن با مسائل، به‌ویژه از زمانی که شورویسم طرز تفکر غالب بر جنبش جهانی چپ شده است، از «مد» افتاده و دیگر «رسم» نیست. و پنهان پسله‌کردن انتقادات خود، گریز از انتقاد از خود، فراموشی اصل مارکسیستی انتقاد و انتقاد از خود و در عوض، فروریختن آوار همهٔ انتقادات و خطاها و کژپویی‌ها بر سر و روی دیگران و «اوضاع و احوال داخلی و خارجی»، رسم شده است.

آیا درست نیست که سازمان چریک‌های فدایی خلق نیز با مزاجی پذیرا، در همین فضای مرسوم شورویستی تنفس می‌کند؟ ای‌کاش چنین نبود و دست‌کم، زین پس چنین نباشد!

نباید نیفزود که متأسفانه به تجربهٔ زنده دانسته شده است که هر گونه سرپیچی از اصول شورویسم که رسم غالب است و هر گونه همبستگی با اصول مسلم مارکسیسم، که دیری‌ست شورویسم آن را در کتابخانه‌ها به خاک سپرده است، به‌ناچار، چنین تصوری را ایجاد می‌کند که غرض اهانت به کمونیسم و غلتیدن به اردوگاه «دشمنان پرولتاریا» است؟ با این‌همه، هرچند تأسف‌بار است، ولی قادر نیست آنها را که نخواهند تسلیم انحراف شورویسم شوند و بخواهند بر پایهٔ ارزش‌های دقیق کمونیستی رفتار کنند، از پیشرفت بازدارد.

۶. سازمان چریک‌های فدایی خلق، انتقادات حزب توده را به فداییان، شامل دو انتقاد می‌داند که «**اتفاقاً** مسائلی اساسی است» (ص ۸۲) و سپس این دو انتقاد را به صورت زیر صف‌بندی می‌کند:

مسئلهٔ اول ـ اختلاف چین و شوروی. (ص ۸۲)

مسئلهٔ دوم ـ شکل سازمان انقلابی. (ص ۸۷)

به نظر فداییان مسئلهٔ اختلاف چین و شوروی ــ که البته از لحاظ جنبش جهانی کمونیستی، این مسئله خود جزئی بسیار ناچیز از مسئلهٔ عمدهٔ ره‌یابی و ره‌گشایی، برای غنای ایدئولوژی پرولتری و رسیدن به کمونیسم است و هر گونه محدودکردن بحث «بر چین و شوروی،» چه آگاهانه، چه ناآگاهانه، به هررو حرکتی انحرافی و دنباله‌روانه است ــ باری، به نظر فداییان مسئلهٔ اختلاف چین و شوروی، اساساً:

> مربوط به عمده‌ترین گرفتاری و **درواقع سرگرمی** سازمان‌های سیاسی روشنفکری خارج از کشور است. (ص ۸۳)

و با این وصف، سازمان فداییان وظیفهٔ خود می‌داند که «در رابطه با بقایای رهبران حزب توده و سازمان‌های مشابه [اعلام کند که] بحث روی» (ص ۸۲) این مسئله نیز هم «لازم» و هم «اساسی» است؛ (ص ۸۲) و پس، نخست به بحث «لازم و اساسی» بر روی «مسئلهٔ اول»، یعنی «اختلاف چین و شوروی» می‌پردازد: برای این منظور، سازمان فداییان در وهلهٔ اول فهرستی از نظرات رویزیونسیم جدید ارائه می‌دهد و بدین‌سان:

رویزیونسیم جدید نظرات نادرستی مانند گذار مسالمت‌آمیز، صلح اجتماعی، سازش اپورتونیستی (ص ۸۲) با امپریالیسم در مسئلهٔ جنگ و صلح و غارت مستعمرات، عدم لزوم ادامهٔ مبارزهٔ طبقات در جامعهٔ سوسیالیستی، بند و بست با محافل مرتجع و غیره را تبلیغ می‌کند و خود به آن عمل می‌نماید. (ص ۸۳)

پس از اعلام چنین فهرستی از نظرات نادرست رویزیونیسم جدید، آنگاه فداییان می‌کوشند تا موضع خود را در برابر این نظرات نادرست، مشخصاً روشن کنند. برای همین منظور است که بلافاصله می‌افزایند:

> در میان این نظرات، چون **دو نظریهٔ نخست**، یعنی نظریهٔ «گذار مسالمت‌آمیز» و نظریهٔ «**صلح اجتماعی**» اهمیت بیشتری دارد، ناچاریم دربارهٔ آنها به‌طور روشن و دقیق موضع‌گیری کنیم، اما سایر مسائل را چون در حال حاضر با وظیفهٔ تاریخی مشخص ما،

> **مستقیماً ارتباط پیدا نمی‌کند**، می‌توانیم **فعلاً حل‌نشده** اعلام کنیم و **به خاطر منافع جنبش** انقلابی وطنمان به‌طور اعم و جنبش کمونیستی ایران به‌طور اخص، **بپذیریم** که **در درون جنبش، عجالتاً نظرات مختلفی** دربارهٔ آنها **وجود داشته باشد**، بدون اینکه تعیین کنیم این وضع تا کی (ص ۸۳) عملی و مقدور، است. (ص ۸۴)

الف) چنان‌که از مضمون آنچه تاکنون نقل شد برمی‌آید فداییان فعلاً در مسئلهٔ اختلاف چین و شوروی به مضامین ایدئولوژی آن ــ چه طرفین در گفتار خود راست‌کردار هم باشند و چه نباشند، به هررو، از لحاظ نظری طرح می‌کنند ــ توجه دارد و نه محتوای نیرنگبازانهٔ سیاسی آن! لیکن شگفت اینجاست که با این وصف، فداییان فقط بخشی از این مسائل ایدئولوژیک را در «ارتباط مستقیم» با «ما» یعنی «جنبش انقلابی **وطنمان** به‌طور **اعم** و جنبش کمونیستی **ایران** به‌طور **اخص**،» می‌بینند و دیگر بخش‌های آن را به‌مانند بخش‌هایی که با «وظیفهٔ تاریخی مشخص ما در حال حاضر مستقیماً ارتباط پیدا نمی‌کنند»، به ارزیابی نمی‌گیرند و به‌ویژه منت آن را به سر «منافع جنبش» نیز می‌گذارند و می‌پذیرند که در درون جنبش، عجالتاً نظرات مختلفی «در زمینه‌های دیگر تئوری‌های» رویزیونیسم جدید» وجود داشته باشد. آیا جای پرسش ندارد که پس، فرار از مبارزهٔ ایدئولوژیک، خود را به چه صورتی به نمایش می‌گذارد؟ آیا بایستی توضیح داد که چنین شیوه‌ای، بدون یک سر سوزن کم و زیاد، همان دررفتن از زیر آتش نبرد ایدئولوژیک است؟ و آیا بایستی برای «کمونیست‌ها» (فداییان در *قدمهای سنجیدهٔ* خود، خود را «کمونیست» نامیده‌اند.) هم دلیل آورد که شانه‌خالی‌کردن از زیر بار پیکار ایدئولوژیک، عملی کمونیستی نیست و رفتاری لیبرالیستی است؟ شاید پاسخ همهٔ اینها در زمان مکان کنونی ما، «آری» باشد، مع‌هذا، با فرض اینکه پاسخ «نه» است، به خود همین سؤالات اکتفا می‌شود.

ب) هرچند کانون زخم همین درک نادرست از مفهوم مارکسیستی مبارزهٔ ایدئولوژیک می‌باشد، لیکن چرک و خونی که از آن جاری‌ست، این است که نیک دریافته شود که فداییان چه مسائلی را از ردهٔ مسائل ایدئولوژیکی‌ای که با منافع جنبش کمونیستی ایران ارتباط مستقیمی ندارند، خارج می‌کنند. به نظر سازمان فداییان، «**سازش اپورتونیستی با امپریالیسم**» در مسئلهٔ جنگ و صلح و غارت **مستعمرات**» ارتباط مستقیمی با وظیفهٔ تاریخی مشخص ما در حال حاضر پیدا نمی‌کند! و یا «بند و **بست** با محافل **مرتجع و غیره**» که توسط شوروی و چین و همانند ایشان در سراسر جهان به نمایش گذاشته شده است و دیری‌ست که «سیاست» کشورهای «سوسیالیستی» را شالوده‌ریزی کرده است، با منافع جنبش انقلابی و کمونیستی ایران، با اصول ایدئولوژیک طبقهٔ کارگر، با منش‌های «سوسیالیستی» و غیره، ارتباط مستقیمی ندارد. پس چه چیز با منافع جنبش انقلابی و کمونیستی ایران، با اصول مرام پرولتری، با ارزش‌های کمونیستی و با رهنمودهای مارکسیستی در ارتباط

مستقیم است؟ «غارت مستعمرات» با (ما) ارتباط مستقیمی ندارد! پس با چه کسی دارد؟ «سازش اپورتونیستی» یک‌راست به ما مرتبط نمی‌شود! پس چه چیز می‌شود؟ «بند و بست» با ضد انقلاب، در اینجا و آنجای جهان، در رابطهٔ مستقیم با ما نیست! پس چه چیز هست؟

راستی که فداییان سنگ تمام گذاشته‌اند. آیا «تئوری‌های چریک‌های فدایی خلق» که در **قدم‌های سنجیده** به آن سخت فخر شده است، همین‌هاست؟

از همین‌جاست که می‌توان قلب تازه‌ای به آن گنجینهٔ داوری و تئوریک زد که بر بنیاد آن سازمان فداییان، ضمن اینکه رهبری حزب را خرده‌بورژوا به شمار می‌آورد، مع‌هذا حزب را حزب طبقهٔ کارگر می‌نامد. آخر، «سازش اپورتونیستی» و «غارت مستعمرات»، «بند و بست» و غیره، هیچ‌کدام با ارزش‌هایی که فداییان پای‌بند آنند، ارتباط مستقیمی پیدا نمی‌کنند.

پ) به فرض اینکه توجه دلسوزانهٔ فداییان «به خاطر منافع جنبش انقلابی **وطنمان** به‌طور اعم و جنبش کمونیستی **ایران** به‌طور **اخص**» جدی گرفته شود، تازه از وسعت نظر کمونیستی سخت تهی و در عوض، از تنگ‌نظری ملی، سخت آکنده است. از لحاظ طبقهٔ کارگر، مسئلهٔ جنبش انقلابی وطنی، جزئی از جنبش کمونیستی وطنی است و تازه مسئلهٔ جنبش کمونیستی وطنی نیز به‌مانند جزئی از جنبش کمونیستی جهانی، ارزیابی می‌شود. و پس، فداکردن منافع جهانی جنبش کمونیستی در راه منافع وطنی جنبش کمونیستی، اگر ناآگاهانه باشد، تازه گواه انحراف و خطایی خودبه‌خودی‌ست، و فداکردن منافع جهانی پرولتاریا در راه جنبش انقلابی وطنی، ولو ناآگاهانه نیز باشد، باز هم یک انحراف و خطای خودبه‌خودی ساده نیست، دست‌کم، گواه ابتلای هولناک به تنگ‌نظری ملی و زندگی منفعل در فضای ایدئولوژیک سرمایه‌داری ملی است. و گذشته از همهٔ اینها، تازه پرسیدنی است که آخر فداییان چه سودی برای منافع انقلابی و کمونیستی وطنمان، که چیزی جز یک وطن مستعمره نیست، کشف کرده‌اند که سازش اپورتونیستی برای غارت مستعمرات و من‌جمله ایران مستعمره و در ارتباط مستقیم با «ما» ندیده‌اند؟ و یا چه منافعی برای «ما» دارد که در برابر «بند و بست» با نیروهای حاکمه «مرتجع» «وطنمان» سکوت کنیم؟

ت) و تازه پس از همهٔ اینها، بهتر است به جای گفتارها به کردارها نگریسته شود: آیا به‌راستی فداییان هر گونه بحث و اظهارنظر در پیرامون «سازش اپورتونیستی با امپریالیسم» و «غارت مستعمرات» و «بندوبست» با محافل مرتجع و غیره» را «عجالتاً» آزاد می‌دانند و بر آنند که بهتر است فعلاً نظرات مختلفی «که وجود دارد، همچنان اعلام شوند، بی‌آنکه برخورد کینه‌توزانه‌ای با آنها شود، تا زمان مناسبی برسد که بتوان آنها را جمع‌بندی و تکلیف نهایی را تعیین کرد؟ راستی چیست؟ راستی این است که فداییان صرفاً اظهارنظرهایی را در زمینهٔ سازش اپورتونیستی و غارت مستعمرات و بندوبست با محافل مرتجع و غیره، به خاطر منافع جنبش انقلابی و کمونیستی ایران می‌پذیرند و دربارهٔ آن سکوت می‌کنند که مبتنی بر تأیید این شیوه‌ها باشد، و هرگونه موضع‌گیری و

اظهارنظری در جهت مخالف آن را، به عنوان «دشمنی با پیروزی‌های پرولتاریا» و به عنوان «کینه به پرولتاریا» و غیره به باد بهتان و افترا می‌گیرند. آیا به سندی گویاتر از **قدم‌های سنجیده** فداییان احتیاج است؟ فداییان که حاضرند در راه منافع جنبش انقلابی و کمونیستی ایران، در برابر سازش اپورتونیستی و غارت مستعمرات و بندوبست با محافل ارتجاعی لب از هم نگشایند و مسئله را از لحاظ کمونیسم «حل‌نشده» اعلام دارند، طبعاً نمی‌توانند انتقاد و برخورد تئوریک و روشن و قاطع با چنین رفتارها و توجیهات تئوریک آن را، البته باز هم به خاطر منافع جنبش انقلابی و کمونیستی وطنمان، با هزاران هزار افترا و یا بهتان مطلق، پاسخ نگویند.

سرتق

نیمهٔ اول بهمن ۱۳۵۴

یادآوری‌ها

۱. مائو می‌نویسد:

«صحت شناخت انسان تنها زمانی ثابت می‌شود که انسان در پروسهٔ پراتیک اجتماعی (تولید مادی، مبارزهٔ طبقاتی و آزمون‌های علمی) به نتایج پیش‌بینی‌شده دست یابد.» (مائو، «دربارهٔ پراتیک»، ژوئیهٔ ۱۹۳۷، آ ج ۱، پ‌ف، ص ۴۵۲)

۲. اینها هیچ‌کدام به این معنی نیست که گفتارها و تئوری‌های حزب تودهٔ ایران، حتی در همان سال‌های پیش از ۲۸ مرداد ۳۲، تئوری‌های مارکسیستی بود؛ یعنی حزب از لحاظ مرامی به ایدئولوژی پرولتری مسلح بود، منتها، از لحاظ عملی کارهایی مغایر با ارزش‌های کارگری انجام می‌داد. نه! حزب از لحاظ نظری نیز با مارکسیسم همبستگی نداشت، ولی از لحاظ «ادعا» چه؟ از لحاظ ادعا کَت وقیح‌ترین مدعیان را از پشت می‌بست، منتها، نه از آغاز، در دوره‌های دوم و سوم عمر نکبت‌بار خود. تئوری‌های توده‌ایستی و مقایسهٔ آن با تئوری‌های مارکسیستی، به جای خود بررسی می‌شود.

۳. کُل مطلب فداییان در این زمینه این است:

«تا قبل از کودتای ۲۸ مرداد ۳۲، حزب توده، حزب طبقهٔ کارگر ایران بود که به علت شرایط خاص داخلی و بین‌المللی آن دوره از تاریخ ایران، همواره عده‌ای از روشنفکران خرده‌بورژوازی، بدون اینکه در جریان مبارزهٔ انقلابی طبقهٔ کارگر، پالایش پرولتری یافته باشند، رهبری آن را به تصرف خود درآورده بودند و خط‌مشی آن را به انحرافات اپورتونیستی و دنباله‌روی و غیره کشانده بودند.»

روشن است که چرا برخی عبارات این جمله از درون آن برداشته شد. زیرا:

الف) توضیح اینکه چه علتی باعث چه کیفیتی شده است، این حقیقت را عوض نمی‌کند که بالاخره آن پدیده دارای چه کیفیتی است. و پس، هر علتی باعث شده باشد که رهبری حزب توده رهبری خرده‌بورژوازی باشد، یک امر مطلقاً ثابت است: رهبری حزب توده، یک رهبری خرده‌بورژوازی بود و در چه زمانی؟ در همان زمان «قبل از ۲۸ مرداد ۳۲».

ب) صرف‌نظر از اینکه دقت تئوریک کلام تا چه اندازه است، باز هم این امر که بالاخره آن «عده از روشنفکران خرده‌بورژوای «**عملاً**» «پالایش پرولتری» نیافتند و در نتیجه همچنان در همان موضع خرده‌بورژوایی خود برجای ماندند، مطلقاً ثابت است. و پس برداشتن این عبارات هیچ گزندی به جان مطلب فداییان نمی‌زند.

پ) لیکن آن عبارات به‌ویژه از آن‌رو برداشته شدند که جمله به‌سرعت گوهر خود را بنمایاند و واژه‌ها و عبارات گوناگون آن، باعث پیچیدگی گم‌کنندهٔ روح سخن نشود.

ت) به هررو، اگر کوچک‌**ترین** آسیبی به ذات مطلب خورده است، می‌توان با دلیل و برهان افشا کرد.

ضمناً همین‌جا بایستی توضیح داد که طرز جمله‌بندی فداییان چنان است که گویی حزب توده مشی مشخص دیگری داشت، منتها رهبری خرده‌بورژوازی آن، این خط‌مشی پرولتری را به انحرافات اپورتونیستی «کشانده بود». اگر سازمان فداییان چنین ادعایی را داشته باشند، آنگاه لازم است بر پایهٔ دلیل و مدرک، دلایلی و مدارکی که از خود واقعیات گرفته باشد، اثبات کند که خط‌مشی پنهانی و ناشناخته‌ای که به‌تازگی از حزب توده کشف کرده‌اند، چیست؟ به هررو، در سراسر این بررسی، به هیچ خط‌مشی نهفته‌ای کاری نیست و خط‌مشی

حزب توده نیز درست همان خط‌مشی‌ای برآورد می‌شود که عملاً دنبال شد. بنابراین، چنین انگاشته می‌شود که فداییان خواسته‌اند بنویسند که خط‌مشی حزب اپورتونیستی و دنباله‌روانه و غیره بود، منتها بدان‌سان نوشته‌اند که کار را به ابهام کشانده است.

اگر فداییان اینها را قبول ندارند، بسیار خوب، به‌گونه‌ای روشن و بی‌هیچ پیچ‌وتابی، توضیح دهند.

۴. یاد آن استاد بنام دانشگاه به خیر ــ که به گُه ــ که در کتاب درسی بسیار آموزنده‌اش به نام ***اصول علوم اداری*** نوشت: «**رضاشاه شخصاً دیکتاتور بود ولی به دموکراسی خیلی احترام می‌گذاشت.**» آیا تئوریسین‌های سازمان چریک‌های فدایی خلق، از این مجتهدین تقلید می‌کنند؟

۵. بی‌جا نیست که از خاطره‌ای که از یکی از بحث‌هایی که با شهید پایمرد حسن ظریفی به یاد دارم، یاد شود:

در سال‌های پس از ۴۲ که یک‌بار با حسن بحثی دربارهٔ حزب توده در میان بود، حسن گفت:

ـ حزب توده حزبی اپورتونیستی بود، منتها خط‌مشی آن کمونیستی بود.

ـ اگر مقصودت این است که اگر کسی بخواهد تاریخ جنبش کارگری و کمونیستی را در ایران بنویسد، ناچار است از حزب توده نیز در همین روند یاد کند، من حرف تو را می‌پذیرم. منتها با این شرط که به‌ویژه یاد کند که این حزب که دغلکارانه خود را به طبقهٔ کارگر قالب زد، جنبش کمونیستی و کارگری و ضد استعماری و ملی ایران را تا آنجا که می‌توانست به نابودی و شکست کشاند.

ـ نه! با همهٔ اینها، هرچند حزب توده، حزبی اپورتونیستی بود، با این‌همه، خط‌مشی آن کارگری بود.

این گفتگو با همین مضمون، چنان‌که خاصیت بحث است، چندین بار تکرار شد و این کمترین که از آغاز اساساً حالیم نشده بود که حسن چه می‌گوید، رفته رفته، دستگیرم شد و به‌ناچار پرسیدم:

ـ حسن، می‌دانی چه می‌گویی؟ حزب اپورتونیستی بود ولی خط‌مشی کارگری داشت، یعنی چه؟ اصلاً بگو ببینم به چه چیز خط‌مشی و به چه پدیده‌ای حزب می‌گویی؟

اینک، سازمان چریک‌های فدایی خلق، گویی بدین خیال که هرآینه هر نادرستی را وارونه کنیم، درست می‌شود، حزب اپورتونیستی و خط‌مشی کارگری را وارونه کرده و به خط‌مشی اپورتونیستی و حزب کارگری بدل کرده، تا درست شود. این خاطره پیشترها برای فداییان تعریف شده بود.

۶. مائو می‌نویسد:

«یک حزب سیاسی به خاطر رهبری‌کردن انقلاب به سوی پیروزی باید به صحت مشی سیاسی و استحکام سازمانی خود متکی باشد.»

(مائو، «دربارهٔ تضاد»، اوت ۱۹۳۷، آ چ ۱، پ ف، ص ۴۷۹)

۷. روکاری، به‌معنی دنبالهٔ تزئینی سفت‌کاری و زیرکاری است و نه به معنی رویه‌کاری، یعنی کارهای سطحی.

۸. دیالکتیک ماتریالیستی بر آن است که علل خارجی **شرط** تحول و علل داخلی **اساس** تحوّل‌اند و درعین اینکه علل خارجی به وسیلهٔ علل داخلی مؤثر واقع می‌شوند.

(مائو، «دربارهٔ تضاد»، هـ ک، ص ۴۷۸)

۹. قانون تضاد ذاتی... پدیده‌ها... اساسی‌ترین قانون دیالکتیک ماتریالیستی است... لنین این قانون را اغلب **جوهر** دیالکتیک... می‌نامید. (مائو، هـ ک ن، ص ۴۷۳)

۱۰. لنین در اثر خود به نام «دربارهٔ مسئلهٔ دیالکتیک» می‌گوید:

«دوگانه‌شدن یک واحد کل و معرفت بر اجزاء متضادش **جوهر و اساس** دیالکتیک را می‌سازد.» (ص ۵۲۳)

علاوه بر این، لنین در اثر دیگری به نام «خلاصه» علم منطق «هگل» می‌نویسد:

«**دیالکتیک** به‌طور **خلاصه** می‌تواند به‌مثابه آموزش وحدت اضداد تعریف شود. بدین‌سان است که **هستهٔ دیالکتیک** درک می‌شود، ولی، این خود مستلزم توضیحات و رشد و تکامل است.» (ص ۵۲۴)

هک ن، بخش «توضیحات»، ص‌ص ۵۲۳-۵۲۴

۱۱. پرولتاریا و ثروت، آنتی‌تز یکدیگرند. و به این عنوان مجموعه‌ای را به وجود می‌آورند. این دو محصول از جان مالکیت خصوصی روییده‌اند. **مسئله** آن است که **نقش** هر یک از آنها را در تضادی که با هم دارند، معین کنیم. (و برای این منظور) کافی است که بگوییم اینها دو جنبهٔ یک مجموعه‌اند.

مالکیت خصوصی، به عنوان مالکیت خصوصی یا ثروت، **مجبور است خود را** حفظ کند و از این طریق آنتی‌تز خود، یعنی **پرولتاریا را نیز حفظ کند...** به‌عکس، **پرولتاریا**، به عنوان پرولتاریا **مجبور است خود را ملغی کند و از آن راه، آنتی‌تز خود، یعنی مالکیت خصوصی را هم که باعث پرولتاریا بودن او می‌شود، از میان بردارد.**

(رفیق مارکس، ***خانوادهٔ مقدس***، ۱۸۴۵)

۱۲. نگاه کنید به اعلامیهٔ انشعابیون از حزب توده.

ضمیمه

برخی اسناد از فعالیت مصطفی شعاعیان

[سند شماره ۱]

[گزارشی از شرکت شعاعیان در تظاهرات روز ۱۸ خرداد ۱۳۴۲]

گوینده ساواک تهران، گیرنده ادارهٔ یکم عملیات، وسیلهٔ ارتباط: تلفنی، ساعت ۸/۵۵، روز ۱۸ ماه ۳ ـ ۴۲
نمره ۴: در حدود ساعت ۷/۳۰ عده‌ای از دانشجویان پلی‌تکنیک به سرپرستی مصطفی شعاعیان دانشجوی فارغ‌التحصیل از دانشکدهٔ مزبور پلاکارتی که روی آن جملهٔ «دیکتاتور امروز خون می‌ریزد» نوشته بود در بالای درب ورودی دانشکدهٔ پلی‌تکنیک نصب نمودند. پس از لحظه‌ای از طرف پلیس اقدام شد و شعار را پایین آوردند. فعلاً پلیس در دانشکدهٔ مزبور نظارت دارد.
ساواک تهران

[در حاشیه آمده است:] ادارهٔ ۱۲، [امضاء ناخوانا] ۴۲/۳/۱۸[1]

گزارش مربوط به تظاهرات روز ۴۲/۳/۱۸
ساعت ۰۹۰۵

عده‌ای از دانشجویان پلی‌تکنیک به سرپرستی مصطفی شعاعیان دانشجوی فارغ‌التحصیل دانشکدهٔ مزبور پلاکتی که روی آن نوشته شده (دیکتاتور امروز خون می‌ریزد.) بالای درب پلی‌تکنیک نصب شده که به وسیلهٔ مأمورین پلیس پایین آورده شده است.[2]

---

۱. مرکز اسناد انقلاب اسلامی، سند شمارهٔ ۱۱۷-۱۱۸ و نیز سند شمارهٔ ۷۵-۲۹۴.
۲. مرکز اسناد انقلاب اسلامی، سند شماره ۳۶-۲۹۴.

[سند شماره ۲]
[گزارشی از شرکت شعاعیان در جلسه‌های جامعهٔ سوسیالیست‌ها]

گزارش خبر، طبقه‌بندی حفاظتی خیلی محرمانه، شمارهٔ گزارش ۳۱۲/۳۱۱۳، تاریخ گزارش ۴۸/۸/۱۷، منبع ۵۸۱، تاریخ وقوع تدریجاً، تاریخ رسیدن خبر به رهبر عملیات محل ۴۸/۸/۱۵، ملاحظات حفاظتی الف، صفحه یکم از یک صفحه، نسخهٔ شمارهٔ چهار از هشت نسخه.

موضوع فعالیت عناصر جامعهٔ سوسیالیست‌ها

به منزل مشترک عباس عاقلی‌زاده و منوچهر صفا و حسین تحویلدار عناصر جامعهٔ سوسیالیست‌ها ترددهای مشکوک زیاد است و افراد برای مذاکره و فعالیت در این محل رفت‌وآمد می‌کنند. صفا در پاسخ یکی از افراد که راجع به فعالیت سؤال کرده جواب داده وضع مالی در دستگاه حاکمه فعلاً بی‌اندازه خراب و بهترین موقعیت برای فعالیت سیاسی فراهم است لیکن متأسفانه کسانی که می‌خواهند فعالیت بکنند، متشکل نیستند.

ملاحظات ۳۱۲: ضمن تأیید خبر فوق دائر بر تردد افراد به منزل فوق به عرض می‌رساند که منوچهر صفا، عباس عاقلی‌زاده، منوچهر هزارخانی، هوشنگ وزیری، مهندس شعاعیان، مهندس شریعت‌زاده اخیراً تماس‌های خود را افزایش داده و فعالیت می‌نمایند. دستورات لازم برای مراقبت از آنها داده شده و مجدداً نیز برای مراقبت و نفوذ بیشتر تأکید خواهد شد.

[در حاشیه آمده است: بایگانی شود در ۷۳۴۴۶. [امضاء ناخوانا] ۴۸/۸/۱۷][1]

---

۱. مرکز اسناد انقلاب اسلامی، سند شماره ۴۷-۶۹۸.

[سند شماره ۳]

[گزارشی از طرح موضوع چاپ کتاب شعاعیان در یکی از جلسه‌های جامعهٔ سوسیالیست‌ها]

رونوشت گزارش خبر شمارهٔ ۳۱۲/۳۱۳۱ - ۴۹/۹/۳ منبع ۵۸۱

موضوع فعالیت جامعهٔ سوسیالیست‌ها

از ساعات ۱۹/۰۰ روز پنج‌شنبه ۴۸/۸/۲۹ جلسه‌ای با شرکت سران و فعالین جامعهٔ سوسیالیست‌های نهضت به‌اصطلاح ملی در منزل مشترک عباس عاقلی‌زاده، منوچهر صفا و حسین تحویلدار تشکیل گردید. این جلسه تا ساعت ۲۴/۰۰ ادامه داشت و تعداد عناصر شرکت‌کننده حدود بیست تا بیست‌وپنج نفر بوده. قبلاً از طرف عباس عاقلی‌زاده و منوچهر صفا بدون ذکر دستور جلسه از افراد دعوت به عمل آمد که در منزل نامبردگان حضور به هم رسانند. افراد شرکت‌کننده عبارت بودند از اسلام کاظمیه و همسرش، رضا شایان و همسرش، مهندس شریعت‌پناهی و همسرش، هوشنگ وزیری و همسرش، داریوش آشوری و همسرش، شمس آل‌احمد، دکتر منوچهر هزارخانی، ضیاء ابقی، میرحسین سرشار، مهندس شعاعیان، هدایت‌الله متین دفتری، هوشنگ سیاح‌پور، برادر مصباح تلقینی (عضو حزب مردم ایران و گروه سابق جاما)، فرخ قالیچه‌چیان، غفوری (عضو جامعهٔ سوسیالیست‌ها)، خانم هما صدقی، یک نفر ترک‌زبان با قدی نسبتاً کوتاه و سبیل پرپشت که عضو کانون نویسندگان است و دو سه نفر دیگر که شناخته نشدند. ضمناً قرار بود سیمین دانشور همسر جلال آل‌احمد و دو نفر دیگر از عناصر برجستهٔ جامعهٔ سوسیالیست‌ها نیز شرکت نمایند، لیکن سیمین دانشور به علت کسالت و دو نفر دیگر به علل نامعلومی در جلسه حضور پیدا نکردند، و عدم حضور دو نفر اخیر موجب گردید که بحث اصلی که قرار بود در جلسه مطرح گردد، مطرح نشود.

در این جلسه که از عناصر قدیمی و مؤثر و مؤمن جامعهٔ سوسیالیست‌ها تشکیل شده و از هدایت متین دفتری و عناصر غیر سوسیالیست از قبیل قالیچه‌چیان و برادر مصباح تلقینی دعوت شده بود، قرار بود مطالبی پیرامون شکل فعالیت در آینده مطرح و نظرات افراد حاضر پیرامون چگونگی فعالیت در آینده و اتخاذ مشی مؤثری برای جلب نیروهای مختلف اجتماعی مورد بررسی و مطالعه قرار گیرد، که به علت عدم حضور دو نفر (اسامی آنها معلوم نیست) بحث علنی صورت نگرفت و حاضران که به صورت مهمانی پیکی (هر کس مبلغی بابت هزینه پرداخت کرد) تجمع کرده بودند. در گروه‌های سه چهارنفری به‌طور خصوصی مذاکره می‌کردند و سرانجام هم مطلب اصلی عنوان نشد و جلسه به اتمام رسید.

در این جمع اسلام کاظمیه که خیلی باحرارت و تند حرف می‌زد مقداری راجع به تحرک و فعالیت ثمربخش سخن گفت و بعد پیرامون کتابی راجع به مذهب و روحانیت که توسط عناصر

جامعهٔ سوسیالیست‌ها نوشته شده [است] بحث و مشکلات چاپ آن مطرح گردید. (این کتاب توسط منوچهر صفا، عباس عاقلی و احتمالاً مهندس شعاعیان نوشته شده و در حکم وسیله‌ای است که می‌خواهند از طریق آن خود را با روحانیون مخالف توجیه و حمایت آنها را در جهت فعالیت هماهنگ جلب نمایند.)

در مورد کتابی که مهندس شعاعیان راجع به ***تاریخ معاصر ایران*** نوشته، مذاکراتی با شمس آل‌احمد صورت گرفت. هزینهٔ چاپ و صحافی این کتاب حدود یکصدوسی هزار ریال است که قرار شده به صورت کمک‌های نقدی وجه لازم از افراد جمع‌آوری گردد و هر کس به تناسب وضع خود مبلغی می‌پردازد و ارقام پرداخت‌شده تاکنون بین هزار تا سه‌هزار ریال بوده، لیکن هنوز به حد کافی پول جمع‌آوری نشده است. این کتاب شامل رویدادهای اخیر سیاسی ایران و دربارهٔ خاندان جلیل سلطنت و به‌خصوص اعلیحضرت رضاشاه کبیر بحث مفصل شده و علیه حزب منحلهٔ توده مطالبی درج گردیده که تنها امید جامعهٔ سوسیالیست‌ها از اینکه بتوانند این کتاب را به چاپ برسانند وجود همین مطالب علیه حزب منحلهٔ توده و نقدی بر انقلاب اکتبر ۱۹۱۷ شوروی است.[۱]

نظریهٔ منبع

۱. در این جلسه با وجود آنکه در نهایت دقت افراد آن انتخاب شده بود، بحث علنی صورت نگرفت.

۲. سران و فعالین جامعهٔ سوسیالیست‌ها به میرحسین سرشار اعتماد و علاقه‌ای ندارند و اکثراً نسبت به او بدبین هستند.

۳. احتمالاً مهندس شعاعیان در هنرستان نازی‌آباد تدریس می‌نماید.

ملاحظات ۳۱۲:

تشکیل جلسهٔ فوق به صورت خیلی پنهانی و غیر منتظره بود و به احتمال زیاد منظور از دعوت از متین دفتری در این جلسه، دوستی او با جلال آل‌احمد و نیز بهره‌برداری از مشارالیه در صورت فعالیت احتمالی آینده از جهت مادی می‌باشد.

قسمت عمدهٔ فعالیت این افراد در کانون نویسندگان متمرکز گردیده بود، که با اقداماتی که علیه این کانون به عمل آمد مجدداً نامبردگان به یکدیگر پیوسته و در جهت تشکیل جلسات پنهانی فعالیت می‌کنند. عوامل محرکهٔ این عده منوچهر هزارخانی، عباس عاقلی‌زاده و اسلام کاظمیه و احتمالاً هوشنگ وزیری هستند.

---

۱. نسخهٔ این کتاب به دست نیامده است، و باید در یورش‌های سازمان امنیت از بین رفته بوده باشد. ــ ویراستار

انگیزهٔ تشکیل جلسهٔ مورد بحث صرفنظر از اینکه جمع‌آوری پول برای چاپ کتاب ***تاریخ معاصر ایران*** بوده به احتمال فراوان برای سمت‌گیری فعالیت آینده هم صورت گرفته که به منظور روشن‌شدن چگونگی، موضوع تحت پیگیری می‌باشد.

[در حاشیه آمده است:] رونوشت برابر اصل است. اصل شماره ۱۲۲۰۱۷ می‌باشد.[۱]

۱. مرکز اسناد انقلاب اسلامی، سند شماره ۱۳۰ و ۱۲۹-۷۰۰

[سند شماره ۴]

[گزارشی از اظهارات منوچهر صفا در مورد اعضاء کانون نویسندگان]

رونوشت گزارش خبر شماره ۲۰/۹۱۰۶هـ ۲ ـ ۴۹/۳/۲۵ منبع ۲۰۹۰

موضوع اظهارات منوچهر صفا درمورد احضار اعضاء کانون نویسندگان و مسافرت میرحسین سرشار

منوچهر صفا اظهار نمود تنکابنی که از اقوام جلال آل‌احمد می‌باشد اخیراً کتابی نوشته است و سازمان امنیت کتاب‌های ایشان را جمع‌آوری و خود او را بازداشت کرده است. و[ی] افزود تنکابنی عضو کانون نویسندگان می‌باشد و درحدود شصت نفر از اعضاء کانون‌نویسندگان برای حمایت از او و همچنین اعتراض به سانسور مطبوعات اعلامیه داده‌اند و زیر آن را امضاء کرده‌اند، و حاج سید جوادی ـ دکتر غلام‌حسین ساعدی ـ داریوش آشوری ـ شمس آل‌احمد ـ قاضی و منوچهر صفا ازجمله امضاءکنندگان بوده‌اند، و بدین‌جهت داریوش آشوری را احضار کرده‌اند و ممکن است مرا هم احضار کنند. صفا ادامه داد: سازمان امنیت می‌خواهد از میرحسین سرشار تعهد بگیرد و سپس از ایران عازم خارج شود، ولی سرشار از دادن تعهد خودداری نمود. وی گفت دکتر غلام‌حسین ساعدی به‌طور مرتب به تمام دهات ایران مسافرت نموده و از نزدیک به وضع کشاورزان ایران آشنایی کامل دارد. ضمناً قرار است عده‌ای با رفقا مهندس پرویز نیکخواه از نزدیک تماس بگیرند و از آنها توضیح بخواهند که چرا نیکخواه چنین اقدامی نموده [است].

حسین تحویلدار که در مذاکرات حضور داشت در مورد نیکخواه گفت که او راجع به جامعهٔ سوسیالیست‌های ایرانی مقیم خارج اطلاعاتی در اختیار سازمان امنیت گذارده، و ضمناً قرار است رضا شایان عضو کانون وکلاء شود، ولی اعضاء کانون از عضویت او خودداری می‌کنند. در این مذاکرات خانم یگانه همسر تحویلدار نیز حضور داشتند.

نظریه ۲۰هـ ۲ـ۱ـ در مورد قصد مسافرت میرحسین سرشار به خارج از کشور قبلاً گزارش خبری ایفاد گردیده بود.

۲. تحقیق مستقیم از افراد فوق‌الذکر پیرامون مفاد خبر به صلاح نمی‌باشد.

رونوشت برابر اصل است. اصل در شمارهٔ ۲۲۸۰۳ می‌باشد.

[در حاشیه آمده است:] ـ یک قطعه عکس برداشته شد. [امضاء ناخوانا]

۵۰/۳/۳۱

ـ در ۷۳۴۴۶ بایگانی شود.

ـ ۳۱۲ بایگانی شد.[۱]

---

۱. مرکز اسناد انقلاب اسلامی، سند شماره ۵۹-۶۹۸.

[سند شماره ۵]

[اعلامیهٔ نویسندگان ایرانی در محکومیت بازداشت فریدون تنکابنی]

اعلامیهٔ نویسندگان ایران

فریدون تنکابنی نویسندهٔ معاصر ایران و دبیر ادبیات که تاکنون کتاب‌های **مردی در قفس**، ***اسیر خاک***، **پیاده شطرنج**، ***ستاره‌های شب تیره*** و ***یادداشت‌های شهر شلوغ*** از او منتشر شده، مدتی است که بر اثر انتشار کتاب آخرش در بازداشت به سر می‌برد. بازداشت این نویسنده نقض اصول آزادی و حقوق اهل قلم است. این بازداشت ناروا مایهٔ سرافکندگی ملتی است که همیشه شاعران و نویسندگان خود را در سایهٔ حمایت و حرمت و قدردانی و تفاهم خویش گرفته است.

ما امضاءکنندگان زیر به این بازداشت معترضیم و آزادی فریدون تنکابنی را در اسرع وقت خواستاریم.

علی‌اصغر حاج سید جوادی ـ اسماعیل نوری‌علا ـ فریدون معزی‌مقدم ـ شهرام شاهرخ‌تاش ـ پوران صارمی ـ محمدرضا فشاهی ـ جواد مجابی ـ احمد الهیاری ـ علی‌رضا نوری‌زاده ـ عطاءالله نوریان ـ جعفر کوش‌آبادی ـ منوچهر آتشی ـ محسن یلفانی ـ محمود دولت‌آبادی ـ عبدالمحمد آیتی ـ محمدرضا اصلانی ـ محمود طیاری ـ هوشنگ گلشیری ـ محمد کلباسی ـ ابوالحسن نجفی ـ پرویز منصوری ـ کاوه دهگان ـ اسماعیل خوئی ـ اکبر رادی ـ رضا براهنی ـ هوشنگ وزیری ـ محمدرضا زمانی ـ م. ا. به‌آذین ـ سیاوش کسرایی ـ محمدعلی سپانلو ـ علی‌اشرف درویشیان ـ حسن حسام ـ ناصر رحمانی‌نژاد ـ حسین رسائل ـ محمد حقوقی ـ غلامحسین ساعدی ـ منوچهر هزارخانی ـ سیمین دانشور ـ م. آزاد ـ شمس آل‌احمد ـ فیروز شیروانلو ـ فریده فرجام ـ نادر نادرپور ـ نادر ابراهیمی ـ داریوش آشوری ـ بهرام بیضایی ـ محمدرضا شفیعی کدکنی (م. سرشک) ـ اسلام کاظمیه ـ ابراهیم رهبر ـ سعید سلطان‌پور ـ نعمت میرزازاده (م. آزرم) ـ اسماعیل شاهرودی ـ عبدالله انوار ـ محمدعلی مهمید ـ باقر پرهام ـ منوچهر صفا (ع. داود) ـ علی‌محمد افغانی ـ حمید مصدق ـ محمد زهری ـ شاهرخ مسکوب ـ محمد قاضی ـ مصطفی شعاعیان ـ نصرت‌الله نویدی ـ حسن هنرمندی[1]

۱. مرکز اسناد انقلاب اسلامی، سند شماره ۲۸-۷۰۱

[سند شماره ۶]

[اعلامیهٔ هنرمندان و نویسندگان در اعتراض به بازداشت محسن یلفانی و سعید سلطان‌پور]

اعلامیهٔ هنرمندان تئاتر و نویسندگان ایران

مدتی است که محسن یلفانی (نویسنده) و سعید سلطان‌پور (کارگردان، هنرپیشه و شاعر) به علت اجرای نمایشنامهٔ *آموزگاران* که مقامات رسمی کشور اجرای آن را مجاز شمرده بودند، در بازداشت به سر می‌برند.

با توجه به اینکه این نمایشنامه یک‌بار با نام *درکنار زندگی* و بعداً در تاریخ ۱۳۴۹/۹/۲۱ طی شماره ۱۲۱۵ به علت تغییر نام به *آموزگاران* به تصویب رسیده است، توقیف ناگهانی نمایش در شب یازدهم اجرا و بازداشت نویسنده و کارگردان آن، رفتاری متناقض و موهن است. لازم به تأکید می‌باشد که ادامهٔ چنین رفتاری نشانهٔ تهدید فرهنگ و هنر فعال و زندهٔ معاصر ما است.

ما هنرپیشگان، کارگردان‌ها، شاعران و نویسندگان نسبت به بازداشت همکاران هنرمند خود معترضیم و آزادی آنان را قویاً خواستاریم.

محمود آزاد تهرانی، نادر ابراهیمی، نعمت اسداللهی، محمدرضا اصلانی، اصلان اصلانیان، محمود اعتمادزاده (م. ا. به‌آذین)، مهوش افشارپناه، احمد اللهیاری، ایرج امامی، سعید امیرسلیمانی، رضا بابک، رضا ابراهیمی، مرضیه برومند، بهرام بیضایی، باقر پرهام، خسرو پیمان، سوسن تسلیمی، هوشنگ توزیع، فریدون تنکابنی، علی‌اصغر حاج سید جوادی، حسن حسام، منوچهر حسین‌پور، پرویز خضرایی، اسماعیل خلج، اسماعیل خویی، سیمین دانشور، عباس دروديان، محمود دولت‌آبادی، اکبر رادی، ناصر رحمانی‌نژاد، حسین رسائل، علی‌رضا رضایی، ابراهیم رهبر، نسرین رهبری، مهشید روحانی، محمدرضا زمانی، اکبر زنجان‌پور، غلام‌رضا ژیان توانا، غلام‌حسین ساعدی، کورس سلحشور، حمید سمندریان، بهرام شاه‌محمدلو، خسرو شایسته، مصطفی شعاعیان، ولی شیراندامی، محمدرضا صادقی، حسن عسکری، محمدباقر غفاری، مهدی فتحی، بهزاد فراهانی، داریوش فرهنگ، محمد قاضی، باقر کریم‌پور، سیاوش کسرایی، جعفر کوش‌آبادی، فریدون گیلانی، فرهاد مجدآبادی، حسین محبوب، خلیل موحد دیلمقانی، ناصر مؤذن، محمدعلی مهمید، نعمت میرزاده (م. آزرم)، مسعود میناوی، عطاءالله نوریان، اسماعیل نوری علاء، بهرام وطن‌پرست، علی‌رضا هدایی، منوچهر هزارخانی، عزیزالله هنرآموز، نیاز یعقوب‌شاهی.

[در حاشیه آمده است:] در پرونده ۴۴۶۸۷ بایگانی شود.

[امضاء ناخوانا] ۱۳۵۰/۲/۱۸[1]

---

۱. مرکز اسناد انقلاب اسلامی، سند شماره ۵۶ و ۷۰۱۵۵.

[سند شماره ۷]

[بخشی از پروندهٔ بازجویی وحید افراخته در ساواک]

بازجویی از رحمان (وحید) فرزند سعید، شهرت افراخته دربارهٔ مصطفی شعاعیان

س: با احراز هویت شما «رحمان معروف به وحید ـ فرزند سعید، شهرت: افراخته» لطفاً شرح اطلاعات خودتان را دربارهٔ مصطفی شعاعیان با ذکر جزئیات مرقوم دارید.

ج: دربارهٔ مصطفی شعاعیان: این فرد قبل از شروع مبارزهٔ مسلحانه دارای فعالیت‌های روشنفکری از نوع علنی آن از قبیل نوشتن مقالاتی در ***جهان‌نو***...... بوده است. و حاصل این دوران از فعالیت، سرشناس‌شدن و پیداکردن دوستان و آشنایان زیادی در میان «روشنفکران» می‌باشد. گویا در سال‌های جوانی نیز عضو سازمان جوانان حزب توده بوده[۱]، و به‌هرحال از ابتدا در میان گروه‌ها و سازمان‌های موجود پرسه می‌زده و سر و گوش آب می‌داده است و این مسئله از اطلاعات زیادی که نسبت به تاریخچهٔ مبارزات دارد، برمی‌آید. پس از شروع مبارزهٔ مسلحانه گویا او نیز بدان روی می‌آورد و همراه با نادر شایگان دست به تشکیل گروه مسلح می‌زند. (حسن رومینا، عبدالله اندوری و...) نادر شایگان در ترکیه آموزش‌هایی در زمینهٔ جنگ چریکی در شهر دیده، و مصطفی از برتری تئوریک برخوردار است. مشخصهٔ این گروه را باید نظرات جدید مارکسیستی آنها دانست. هرچند که چپ‌روی، روحیهٔ نظامی‌گری و پربهادادن به عملیات نظامی و هرچه بیشتر ضربه‌زدن به رژیم نیز از ویژگی‌های آنها است. این نظرات جدید را که عمدتاً از روحیهٔ ضد شوروی مصطفی سرچشمه می‌گیرد بعداً به‌طور کامل‌تر و مدون در کتاب **شورش** می‌بینیم [نام این کتاب بعداً ***انقلاب*** شد، با نام مستعار نویسنده: «سرخ»][۲] عقاید مطرح‌شده در این کتاب را می‌توان به صورت زیر خلاصه کرد:

۱. لنین با افزودن اصل «همزیستی مسالمت‌آمیز لنینی» به مارکسیسم، آن را تحریف کرد و از بنیان به ضد خود تبدیل نمود.

۲. اعتقاد به لنینیسم در میان گروه‌های انقلابی و جنبش‌های انقلابی در سطح جهان و احزاب کمونیست، موجب انحراف آنها از خط‌مشی واقعاً پرولتاریایی می‌شود. هدف از نگارش **شورش** پیراستن مارکسیسم از آلودگی لنینیسم است.[۳]

۳. به نظر مصطفی، اعتقاد به همزیستی مسالمت‌آمیز با جهان سرمایه‌داری و باورداشتن به پیروزی سوسیالیسم و پیروزی طبقهٔ کارگر در یک کشور، اندیشهٔ ایده‌های ضد مارکسیستی و

---

۱. این نکته صحت ندارد. نگاه کنید به سرگذشت وی. ـ ویراستار

۲. قلاب‌ها و متن داخل آن در اصل سند است.

۳. پایان صفحهٔ اول بازجویی.

ضدکارگری است. شورش طبقهٔ کارگر و انقلاب کمونیستی باید تا نابودی کامل سرمایه‌داری جهانی و امپریالیسم و تا محو نهایی استثمار انسان از انسان ادامه یابد. درحالی‌که در یک نقطه از جهان، هنوز بورژوازی دارای قدرت است، طبقهٔ کارگر در یک کشور سوسیالیستی نمی‌تواند نسبت به این مسئله بی‌تفاوت باشد و به یاری کارگران تحت ستم نشتابد. مصطفی معتقد است که وجود مرزها و کشورهای مختلف در جهان ناشی از تمایلات سودجویانهٔ سرمایه‌داران و استعمارگران است که هر یک محدوده‌ای را منحصر به خود دانسته است. وجود مرز نشانهٔ تضاد منافع سرمایه‌داران با یکدیگر است. ولی طبقهٔ کارگر طبقه‌ای است جهانی و چون استثمار نمی‌کند، تضاد منافع بین کارگران کشورهای مختلف نیست. از این‌رو ناسیونالیسم، ایدئولوژی بورژوازی و انترناسیونالیسم ایدئولوژی طبقهٔ کارگر است. لازمهٔ اعتقاد به انترناسیونالیسم پرولتری، انقلاب ادامه‌دار و جهانی است.

۴. با توجه به اعتقادات فوق مصطفی کنفرانس صلح ویتنام را در پاریس محکوم می‌کند و با پایان جنگ در ویتنام مخالف است. روابط دیپلماتیک برقرارکردن با ایران و سایر کشورهای سرمایه‌داری و «ارتجاعی» را از طرف ویتنام، کوبا، شوروی و... اعمالی ضدکمونیستی می‌داند. سفر شهبانو به چین و استقبال باشکوه از ایشان را، به حساب روحیهٔ سازش‌کاری در رهبری حزب کمونیست چین می‌گذارد، و قطع کمک چین را به شورشیان ظفار، نشانهٔ روشن‌تری از این سازش‌کاری و فداکردن منافع انقلاب جهانی به خاطر منافع تنگ‌نظرانه و محدود ملت چین. به همان اندازه که عمل چه‌گوارا یعنی ترک پست وزارت ناشی از روحیهٔ انترناسیونالیستی پرولتاریایی و ایمان به آرمان کمونیسم و جهان بی‌طبقه است، رفتار کاسترو در عدم حمایت فعال از چریک‌های امریکای لاتین، یک عمل اپورتونیستی و ضد انقلابی است.[۱]

۵. مصطفی اصولاً انقلاب اکتبر روسیه را یک انقلاب به معنی واقعی نمی‌داند، بلکه بیشتر آن را به یک کودتا، شورش خودبه‌خودی و غیر آگاهانهٔ توده‌ها و یک تغییر سطحی در جامعه...[۲] تشبیه می‌کند. زیرا در روسیه پیروزی طبقهٔ کارگر در نتیجهٔ یک جنگ طولانی و درازمدت به دست نیامد. اصولاً لنین به نبرد مسلحانه کمتر از اعتصاب و شورش کارگری اهمیت می‌داد. در روسیه ارتش خلق تشکیل نشد. طبقهٔ کارگر در روسیه ماشین نظامی و سیستم بوروکراسی را در کشور خرد و داغان نکرد، بلکه تنها حاکمیت بر آن را به دست آورد. به همین علت نتوانست انقلاب سوسیالیستی را پس از به دست‌گرفتن قدرت ادامه دهد، زیرا لنین برای پی‌ریزی ارتش سرخ مجبور شد دست کمک به سوی ژنرال‌های ارتش تزاری دراز کند؛ پس این چه ارتش انقلابی [است] که شالودهٔ آن را ژنرال‌های ضد انقلابی بریزند. همچنین برای ادارهٔ مملکت نیز از مهندسان، دانشمندان، دکترها و تحصیل‌کرده‌هایی استفاده شد که کمونیست نبودند. زیرا اعضای حزب کمونیست تخصص لازم را

---

۱. پایان صفحه دوم بازجویی. ۲. یک کلمهٔ ناخوانا.

برای ادارهٔ مملکت نداشتند. افتادن مشاغل حساس به دست عناصر بورژوا، راه را برای نفوذ ایدئولوژی بورژوایی در میان کمونیست‌ها باز کرد و سرانجام بورژوازی به شکلی دیگر قدرت را در روسیه به دست گرفت.

۶. مصطفی به کسانی که می‌گویند انقلاب صادرشدنی نیست، پاسخ می‌دهد وقتی ما مرزی برای طبقهٔ کارگر قائل نباشیم مسئلهٔ صدور انقلاب خودبه‌خود از بین می‌رود. افراد دیگری با اتکاء به اسناد مارکسیستی، تئوری «رشد ناهمگون جوامع» را پیش می‌کشند. آنها می‌گویند لازمهٔ پیروزی انقلاب، شرایط اقتصادی و تغییرات زیربنایی در جامعه می‌باشد و چون در نقاط مختلف، سرعت رشد فرق می‌کند، پس امکان پیروزی انقلاب در تمام این نقاط موجود نیست و باید صبر کرد تا این کشورها نیز به آن درجه از رشد برسند که به‌طور جبری خودشان از درون و به‌طور اتودینامیکی دست به شورش بزنند.

مصطفی این نظریه را رد می‌کند و می‌گوید: نقاطی که رشد بیشتری یافته‌اند، می‌توانند رشد نقاط دیگر را با دخالت فعال خود تسریع نمایند. اگر ما تئوری رشد ناهم‌گون را قبول کنیم به این معنی است که مثلاً وقتی انقلاب در تهران و تبریز و اصفهان پیروز شد، دیگر کاری به زاهدان و قوچان نداشته باشد و صبر کند تا آنها نیز سیر رشد اقتصادی خود را به‌طور طبیعی طی نمایند.[1]

این بود خلاصه‌ای از نقطه‌نظرهای ایدئولوژیک مصطفی که در کتاب **شورش** یا ***انقلاب*** طرح کرده است. البته در این کتاب خیلی به‌تفصیل و حتی تکرار، مطالب توضیح داده شده و با یک انشاء عجیب‌وغریب که پر بود از لغات اختراعی و ظاهراً سعی کرده بود این لغات فارسی باشد. بعدها در نسخهٔ دوم این انشاء را تا حدی درست کرد و در مقدمه توضیح داد که هدف از شیوهٔ نگارش قبلی این بود که اگر جزوه به دست پلیس افتاد نویسنده را نشناسد. زیرا ساواک با شیوهٔ نگارش او آشنا است که البته پس از مدتی فردی دستگیر می‌شود و این موضوع لو می‌رود.

این ظاهر قضیه است ولی اصل موضوع بی‌رابطه با ادا و اطوارهای «روشنفکری» و اظهار فضل‌های تئوریک مصطفی نیست، زیرا اصولاً مصطفی با اینکه در برخوردهای معمولی فردی متواضع و درویش‌مسلک است، اما درواقع عاشق افکار خویش است و به بافته‌های ذهن خود که، نه از درون برخورد عملی با واقعیات اجتماعی، بلکه از لابه‌لای صفحات کتاب‌ها و لابه‌لای افکار و رؤیای خوش‌آب‌ورنگ خویش درآورده است، بسیار پر بها می‌دهد و معلومات کتابی خود را فراوان به رخ می‌کشد. ذهنی‌گری و خیال‌بافی مصطفی را در بسیار جاها می‌توان دید. اصولاً در کارهای عملی ضعیف است، مسائل عملی و تشکیلاتی یک گروه را نمی‌تواند به‌خوبی حل کند و خودش نیز این ضعف را قبول داشت. در طرح‌های نظامی بسیار ساده‌اندیش بود. مثلاً می‌گفت «آن‌قدر از این

---

۱. پایان صفحه سوم متن بازجویی.

نارنجک‌ها بسازیم که هر کس همراهش باشد و هر جایی مناسب بود یکی بیندازد. مثلاً داخل کلانتری‌ها، پاسگاه‌های پلیس و...[۱] ! مسائل سیاسی را از نظرگاه کاملاً افراطی اکونومیستی «اقتصادی» می‌دید و، به قول خودش، می‌خواست برخوردی زیربنایی داشته باشد. مثلاً، می‌گفت در رابطه با انفجار دکل‌های برق باید راجع به اینکه چراغ برق گران است صحبت کنیم و شعار «برق باید مثلاً هر کیلو وات ۱ ریال باشد» را تحکم کنیم تا بتوانیم حمایت گروه‌ها را کسب کنیم! و یا در رابطه با انفجار در گارد دانشگاه آریامهر می‌گفت: به جای شعار «پلیس باید از دانشگاه اخراج شود.» باید شعار «شهریه در دانشگاه‌ها نباید گرفته شود»، مطرح گردد.[۲] یکی از عقاید سیاسی مصطفی در تحلیل رژیم ایران این است که اکنون در ایران قدرت خارجی مسلط نه امریکا، بلکه انگلیس است و از این‌رو به عملیات نظامی علیه انگلیس بیشتر اهمیت می‌دهد تا عملیات ضد امریکایی.

چگونگی ورود مصطفی به گروه «فدایی‌ها»:

اولین شرط مصطفی برای ورود به این گروه این بود که باید به من آزادی ایدئولوژیک بدهید. گروه ظاهراً[۳] این شرط را می‌پذیرد ولی در عمل شروع می‌کند به پراکنده‌کردن اعضای گروه و امکانات آن، به طوری که پس از مدتی کسی در اطراف مصطفی باقی نمی‌ماند. مصطفی نیز به علت ضرباتی که قبلاً به گروهش خورده بود نمی‌تواند اعتراض کند، زیرا به او می‌گویند «صلاحیت لازم را در این مسائل نداری و باید از مرکزیت سازمان اطاعت کنی.»

در اینجا بد نیست اشاره‌ای به ضربه‌خوردن گروه مصطفی بشود. آن‌طور که ما از گیرندهٔ بی‌سیم می‌شنیدیم افراد گروه را تعقیب می‌کردند، درحالی‌که این افراد به‌هیچ‌وجه به مسئلهٔ ضد تعقیب آشنایی نداشتند یا رعایت نمی‌کردند. مثلاً دختری را تعقیب می‌کنند، دختر با یک پسر تماس می‌گیرد، سرانجام هر دو را در یک ساندویچ‌فروشی نزدیک چهارراه پهلوی ـ شاهرضا دستگیر می‌کنند. بعد به منزلی در خیابان گرگان می‌رسند. در این منزل وسایل (اسید پیکریک)سازی گروه قرار داشت. (پیکریک‌ها به‌طور مشترک برای گروه و گروه مجاهدین و گروه فدایی‌ها ساخته می‌شد و گویا ابتکار ساختن آن از گروه مصطفی بوده است.) در این منزل نیز عده‌ای همان‌جا دستگیر می‌شوند و عده‌ای بعداً مراجعه می‌کنند، درحالی‌که پلیس آنجا را «تله» کرده بود. نادر شایگان نیز در سر قراری در خیابان جمشیدآباد، درگیر و کشته می‌شود.[۴]

گویا مدتی قبل از این ضربه، مصطفی پیشنهاد کرده بود عملیات مشترکی از طرف سه گروه انجام شود و اعلامیهٔ مشترکی نیز داده شود. (احتمالاً در روزهایی از قبیل ششم بهمن و جشن‌های

---

۱. یک کلمهٔ ناخوانا. ۲. پایان صفحهٔ چهارم بازجویی. ۳. تأکید در اصل متن است.
۴. پایان صفحهٔ پنجم متن بازجویی.

مربوطه)، اما ضربهٔ وارده به گروه مصطفی طرح آنها را غیر قابل اجرا می‌سازد. مجاهدین گویا عمل نمی‌کنند. فدایی‌ها نیز عمل‌شان به شکست منجر می‌شود. (گویا طرح‌شان لو می‌رود و یا اینکه بمب قبل از انفجار لو می‌رود.) یکی از این عملیات انفجار دکل‌های برق و ایجاد خاموشی بوده است.

اصولاً مصطفی به لزوم تشکیل جبهه و همکاری مذهبی‌ها و چپی‌ها معتقد است. او با اینکه مجاهدین را یک گروه مذهبی و خرده‌بورژوا می‌دانست ولی حاضر بود با آنها همکاری کند. در جلساتی که او و رضا رضایی و بهرام آرام داشتند او پیشنهاد کرده بود به عنوان اولین گام برای تشکیل جبهه، نشریهٔ مشترکی (بین مجاهدین و فدایی‌ها) انتشار یابد و با پخش اعلامیه‌های مشترک که نام هر دو گروه زیر آنها نوشته شده است، مشروط به اینکه نه مجاهدین آیه‌ای در بالای آن بیاورند و نه فدایی‌ها نامی از مارکسیسم ببرند. این پیشنهاد با مخالفت شدید رضا مواجه می‌شود و او می‌گوید ما اصرار داریم آیه در اعلامیه باشد. مصطفی در یکی از نوشته‌های خود می‌نویسد: «مهم پرتاب نارنجک به سوی دشمن است، اینکه در هنگام پرتاب، پرتاب‌کننده "یاعلی" بگوید یا "یا مارکس" فرقی نمی‌کند.»

در اینجا می‌توان اشاره کرد به نوشته‌ها و انتشارات داخل گروهی مصطفی

دو جزوه به نام «پرده‌دری» را او نوشته. پرده‌دری شمارهٔ ۱ راجع به «انقلاب اداری» است. او در این جزوه می‌خواهد ثابت کند که انقلاب سفید دروغ است. از این‌رو می‌گوید چگونه انقلابی در ایران صورت گرفته و اصلاحات ارضی شده درحالی‌که به عقیدهٔ خود رهبران رژیم، هنوز انقلاب اداری به نتیجه نرسیده است؟ مگر نه این است که مجریان اصلاحات ارضی و اصول دیگر انقلاب همین ادارات فاسد و غیر انقلابی بوده‌اند؟[1]

مقدمه‌ای بر کتاب ***دفاعیات*** مجاهدین. بیانیه‌ای ۱۰-۱۴ صفحه‌ای در رابطه با ترور ناموفق شعبان جعفری که بیشتر راجع به «رستاخیز ۲۸ مرداد» در آن صحبت کرده و آن را کودتایی به دستور امریکا و به کمک افرادی از قبیل جعفری شمرده است. در این بیانیه «آیت‌الله کاشانی» را عامل انگلیسی‌ها معرفی کرده است.

چند قطعه شعر سروده، مثلاً یکی از آنها که در جزوات [ناخوانا] و نشریات داخلی مجاهدین آمده است:

دانه افشاندم و باد
دانه‌ها را بربود.
به گمانی که به نابودگر مرگ کشد دانه به مرگ
دانه‌ها در دل کوه

---

۱. پایان صفحهٔ ششم متن بازجویی.

دانه‌ها در دل دشت
دانه‌ها در بُن دریای زمان
دانه‌ها نیش‌زنان بالیدند
باد بدمست ز بدمستی، دوش
باد خندید که قه‌قاه که مُرد.
....
....

او اسم برادرهای[۱] نادر شایگان را (یا شاید خواهر و برادر؟) «دانه» و «جوانه» گذاشته است که اینک با فدایی‌ها می‌باشند و مادر نادر را «رفیق مادر» می‌نامید.

تحلیلی بر اوضاع خاورمیانه نوشته و تمام جنبش‌های موجود در خاورمیانه را به دلیل پایین‌بودن سطح تولید و نبودن طبقهٔ کارگر و ایدئولوژی واقعاً کمونیستی در میان آنها جنبش‌هایی خرده‌بورژوایی دانسته که سرانجامی جز سازش و بورژواشدن ندارند و حتی روزی جنبش فلسطین نیز دارای ماهیتی مثل سوریه، الجزایر.[۲]

جزوه‌ای نوشته تحت عنوان «چند نگاه شتاب‌زده» دربارهٔ تاریخچهٔ اخیر مبارزات ایران. اخیراً پس از اینکه فدایی‌ها در پاسخ **شورش** جوابیه و ردیه‌ای نوشتند به نام **شورش نه، قدم‌های سنجیده!** مصطفی مجدداً ردّیه‌ای به ردیه نوشت به نام ***پاسخ‌های نسنجیده به قدم‌های سنجیده!*** و نیز «نامه‌ای سرگشاده به چریک‌های فدایی خلق» که تهدید کرده اگر به انتقادات او پاسخ ندهند این نوشته را در سطح وسیع پخش خواهد کرد و قصد داشت بفرستد خارج برای انتشارات مزدک (گویا دنبال دستگاه پلی‌کپی می‌گشت برای تکثیر نوشته‌های خود.)

به‌هرحال مصطفی زیاد می‌نوشت و با دقت فراوان. غالباً گوشه‌ای در خرابه‌ها پیدا می‌کرد و مشغول نوشتن می‌شد. جاسازی او نیز در خرابه‌ها بود و چند بار وقتی رفت سراغ نوشته‌هایش متوجه شد کسی آنها را برداشته و باز با حوصلهٔ زیاد به نوشتن دوباره مشغول می‌شد. حتی گاهی شب‌ها نیز در خرابه‌ها می‌خوابید، می‌گفتند در اتاقش روی یک پوستین زندگی می‌کند. غذاهایش بسیار ساده و گاه عجیب‌وغریب است. مثلاً نان و پرتقال، نان و کشمش و از همه جالب‌تر، یک قرص ویتامین C را در آب حل می‌کرد و با نان می‌خورد! بیشتر تمایل به پوشیدن لباس ساده، زندگی و حرکت در جنوب شهر و استفاده از پوشش‌های «توده‌ای» دارد. اصولاً به مسئلهٔ «ادبیات انقلابی» اهمیت زیاد می‌داد. گویا به «دانه» و «جوانه» آموخته بود که داستان‌های انقلابی بنویسند.[۳]

---

۱. بر روی این عبارت خط کشیده شده است: «فرزندان مادر».
۲. پایان صفحهٔ هفتم متن بازجویی.
۳. پایان صفحهٔ هشتم متن بازجویی.

یک‌بار حدود ۸۰ هزار تومان پول به بهرام آرام و رضا رضایی می‌دهد، ظاهراً به این معنی که در صورت احتیاج استفاده کنند. مدتی بعد حمید اشرف (با نام مستعار فریدون) می‌آید سر قرار بهرام و می‌گوید: «در ضمن مصطفی با شما کار دارد.»

در این موقع مصطفی عضو فدایی‌ها بوده است. مصطفی به بهرام می‌گوید «آن پول‌هایی را که به شما **امانت**[1] داده بودم بدهید.» این مسئله کدورت زیادی در مجاهدین نسبت به فدایی‌ها ایجاد می‌کند و بهرام می‌گفت آنها به مصطفی انتقاد کرده‌اند چرا این پول را به مجاهدین داده‌ای؟ و مصطفی را وادار می‌کنند پول را پس بگیرد.

* * *

صحبت از چگونگی پیوستن او به فدایی‌ها بود. او به امید اینکه بتواند در میان فدایی‌ها هوادارانی برای نقطه‌نظرهای ایدئولوژیک خود پیدا کند به میان آنها می‌رود، ولی مواجه با رفتاری تحمل‌ناپذیر می‌شود. فدایی‌ها که دارای غرور بی‌پایان و تعصب فراوانی نسبت به حقانیت و خدشه‌ناپذیری «مارکسیسم ـ لنینیسم» می‌باشند، نمی‌توانند تحمل کنند کسی به ساحت قدس «پنج‌تن» معصوم آنها؛ مارکس، انگلس، لنین، استالین و مائو، اهانتی روا دارد. آنها مصطفی را روشنفکر ایدآلیستی بیش نمی‌دانند و اجازه نمی‌دهند پا در کفش بزرگان آنها کند. آنها خوب می‌دانند ردکردن لنین یعنی فاتحهٔ یک گروه کمونیستی را خواندن. پس شروع می‌کنند از یک‌سو بایکوت‌کردن مصطفی و بی‌اعتنایی به او و از سویی دیگر انتشار جزواتی دربارهٔ لنین، استالین، انقلاب شوروی و... (البته آنها هم شوروی کنونی را قبول ندارند ولی معتقدند دلیل انحراف رویزیونیست‌های شوروی، عدول از آیات مقدس و جاودانی مارکسیسم ـ لنینیسم است.)[2]

مصطفی سروصدایش درمی‌آید و در نامهٔ سرگشادهٔ خود «آبروی» فدایی‌ها را می‌ریزد. در آنجا می‌نویسد که چگونه افسار او را به تلفنی در مشهد بسته‌اند. به این ترتیب که به او می‌گویند در فلان ساعات پای تلفن بنشین تا اگر ما خواستیم، بتوانیم تماس بگیریم و به این ترتیب روزهای زیادی او را علاف تلفن می‌کنند. آنها مرضیه احمدی را که به‌اصطلاح زنِ مصطفی بوده، از او جدا می‌کنند و مرضیه (نام مستعار = فاطمه) را چنان به مصطفی بدبین می‌کنند که دیگر ارزشی برای او قائل نمی‌شود.

مصطفی فداییان را در این نوشته‌ها افرادی قزاق‌صفت می‌نامد که از مبارزهٔ مسلحانه تنها اسلحه‌بستن را یاد گرفته‌اند و از نظر سیاسی در سطح پایینی قرار دارند. به نظر او فدایی‌ها با هزاران کلک و حقه‌بازی خواسته‌اند از زیر پاسخ به نظرات او فرار کنند و به علت تعصبی که در مارکسیسم دارند، شهامت شنیدن و فکرکردن روی حرف‌های او را ندارند. آنها دموکراسی را در گروه نقض کرده‌اند و...

---

۱. تأکید در اصل متن است.   ۲. پایان صفحهٔ نهم متن بازجویی.

سرانجام این جنگ و جدال‌ها این بود که فدایی‌ها مصطفی را همچون تفاله‌ای بی‌فایده از گروه بیرون انداختند. درحالی‌که مصطفی آنها را با دلی پرکینه ترک می‌کرد. هیچ بعید نیست در آینده فدایی‌ها اگر با تبلیغاتی علیه خود از طرف مصطفی روبرو شوند او را ترور کنند، زیرا آنها نمی‌توانند کسی را تحمل کنند که منکر صلاحیت رهبری و پیشتازبودنشان شود. مصطفی به احتمال زیاد کوشش خواهد کرد افرادی را دور خود جمع کند و گروهی دیگر راه بیندازد. در این راه سعی می‌کند از مجاهدین نیز کمک‌هایی بگیرد. مثلاً گرفتن مدارک و تجارب تکنیکی و غیره... مجاهدین نیز به خاطر تضادهایی که با فدایی‌ها دارند بدشان نمی‌آید از مصطفی استفاده کنند و او را چون برگ برنده‌ای در مذاکره و معامله با فدایی‌ها در دست داشته باشند.[۱]

بعید نیست اکنون که مصطفی به امکانات و افراد همفکر احتیاج دارد، برود سراغ دوستان و آشنایان سابق. رابط مصطفی و مجاهدین محمد یزدانیان است و هفته‌ای یک‌بار یکدیگر را می‌بینند بدون اینکه در این فاصله علامت بزنند و از سلامتی هم باخبر باشند. چون جایی برای صحبت ندارند درکوچه‌ها قدم می‌زنند. قرار معمولاً بعدازظهرها می‌باشد. یک‌بار آنها را درکوچه‌های پشت بانک کارگشایی (جنوب غربی میدان اعدام) دیدم.

اکنون که مجاهدین اعلام می‌کنند مارکسیست شده‌اند، بعید نیست مصطفی بخواهد تماسش را با آنها فعال‌تر کرده و حتی عضو آنها شود. ولی پذیرفتن او از طرف مجاهدین بعید است زیرا هم نقطه‌نظرهای ایدئولوژیک او را قبول ندارند و هم غرور تئوریکش را و ذهن‌گرایی‌های فراوانی که در مسائل دارد.

احتمالاً اسلحهٔ کمری او از نوع «رولور» مارک شهربانی، مصادره‌شده از زندان ساری می‌باشد که مجاهدین به او داده‌اند. احتمال زیاد نارنجک هم می‌بندد.[۲]...

[صفحاتی از متن بازجویی از صفحهٔ ۱۲ تا ۲۰ و شماره‌گذاری ۷ تا ۳۲ به موضوعاتی دیگر پرداخته است.]

---

۱. پایان صفحهٔ دهم متن بازجویی.

۲. پایان صفحهٔ یازدهم متن بازجویی. بخش مصطفی شعاعیان از پروندهٔ وحید افراخته ـ ۱۴۲۲۱.

۳۳. داستان اختلافات مصطفی شعاعیان با چریک‌های فدایی خلق نیز شنیدنی است. در ابتدا چریک‌های فدایی خلق با زرنگی تمام و مصطفی با سادگی مطلق وارد یک معامله شدند. مصطفی به شرط داشتن آزادی ایدئولوژیک، تمام گروهش را (بقایای گروه نادر شایگان) در اختیار «ف»[۱] می‌گذارد. «ف» گروه را پاره پاره کرد و از هضم رابع نیز گذراند، و مصطفی در حال آراستن و پیراستن **شورش** ردیه‌ای بر لنینیسم و دائماً فشار می‌آورد که این کتاب را یا منتشر کنید و یا جوابش را بدهید؛ و «ف» پوزخند بر لب مصطفی را می‌فرستاد دنبال نخودسیاه و سرش را می‌کوبید به تاق و یا به قول خودش افسارش را بستند به میخ طویله تلفن در مشهد که باش تا با تو تماس بگیریم. و او حرص و جوش‌خوران در انتظار!

تا اینکه بالاخره جوش آورد، صبر و حوصله‌اش تمام شد و جزوه‌ای نوشت تحت عنوان «یک نامهٔ سرگشاده به چریک‌های فدایی خلق» و در آن «ف» را سرتاپا مفتضح کرد و التیماتوم داد که تا فلان تاریخ اگر پاسخ داده نشود، آن را منتشر خواهم کرد، ولی «ف» ظاهراً عین خیالشان هم نبود. تا اینکه سرانجام اختلافات شدت گرفت و مصطفی را با یک تیپا انداختند بیرون. درحالی‌که همه چیزش را از «مادر» گرفته تا «دانه» و «جوانه» از دستش گرفته بودند و او با سبیل آویزان دست به دامن مجاهدین شد، درحالی‌که دلی پرکینه از «ف» داشت و در آرزوی انتقام و دیر نیست که این اختلافات بالا گیرد و حتی منجر به ترور مصطفی به وسیلهٔ «ف» شود.[۲]

۱. ف = فریدون = حمید اشرف. ۲. از ص‌ص ۲۱ـ۲۲ بخشی از متن بازجویی وحید افراخته ـ ۱۴۲۲۱.